인민중심의 새로운 발전 이념 고수

시진핑 신시대
중국 특색
사회주의 사상
학습 총서

인민중심의 새로운 발전 이념 고수

리페이린(李培林) 지음

김선녀(金善女) 옮김

역락

새로운 발전 이념으로 전반적인 발전을 이끌어야 한다

"오랜 노력 끝에 중국 특색 사회주의는 새로운 시대로 들어섰다. 이는 중국 발전의 새로운 역사 방향이며 중화인민공화국의 발전사와 중화민족 발전사에서 중요한 의의가 있을 뿐 아니라, 세계 사회주의 발전 및 인류사회의 발전 역사에서도 큰 의의가 있다."[1] 많은 상황하에서 무작정 앞서가려는 용기와 열정만으로는 발전을 모색하기가 부족하고, 올바른 발전 이념이 뒷받침되어야 시행착오를 덜 겪고, 꿈을 이룰 수 있다는 사실이 역사적으로 거듭 증명되었다. 18차 당대회 이후, 시진핑[習近平] 동지를 핵심으로 하는 당 중앙은 국제 정세와 발전의 단계적 특성을 보이는 국내의 중대한 변화에 맞춰 국정 운영에 대한 새로운 사상과 이념 및 새로운 전략을 제시함으로써 시진핑 신시대 중국 특색 사회주의 사상을 형성했다. 이는 현재와 앞으로 상당 기간 전면적인 샤오캉[小康]사회 실현과 전면적인 사회주의 현대화 국가 건설이라는 새로운 여정의 지도 사상이자 행동 강령이 될 것이다. 시진핑 신시대 중국 특색 사회주의 사상의 주요 내용 중 하나는 바로 국내외의 발전 경험을 종합하여 이를 기반으로 혁신, 조화, 녹

---

1   시진핑, 『샤오캉사회 전면 실현의 결정적인 승리를 이룩하여 신시대 중국 특색 사회주의 위대한 승리를 거두자-중국공산당 제19차 전국대표대회 보고(2017년 10월 18일)』, 인민출판사, 2017년판, 10면, 12면.

색, 개방, 공유라는 새로운 발전 개념을 제시함으로써 당과 국가의 발전 이념을 시대와 함께 발전시켜 나간 것이다. 이는 중국의 발전 이념을 다시 한 번 업그레이드한 것으로 발전 전반과 연계된 심오한 변화를 보여주는 것이다. 시진핑 총서기는 개혁개방 40년 동안 축적된 귀중한 경험에 대해 종합하며 "미래를 향해 나아가는 길에서 우리는 날로 늘어나는 아름다운 생활에 대한 사람들의 수요와 불균형적이고 불충분한 발전 사이에서 나타나는 사회의 주요 모순을 잘 해결함으로써 혁신, 조화, 녹색, 개방, 공유의 발전 이념을 철저히 관철하고……, 더 높은 품질의 효율적이고, 공평하면서 더 지속 가능한 발전을 실현하기 위해 노력해야 한다."[2]고 강조했다.

1. 개혁개방 이후 중국 발전 이념의 혁신과 향상

개혁개방 이후 중국공산당은 경제 건설을 중심으로 인민 생활 수준 향상을 주요 목표로 하는 발전 이념을 내세웠고, 특히 1인당 국민총생산 (GNP)을 빠르게 높일 수 있는 발전 요건을 제시했다. 개혁개방 초기, 덩샤오핑[鄧小平] 동지는 심층적인 조사연구 끝에 20세기 말 당의 전략 목표를 인민의 의식주가 기본적으로 해결되는 샤오캉 실현으로 정하고, 21세기 중반까지 중등선진국 수준 실현을 목표로 하는 현대화 실현의 '3단계'를

---

2   시진핑, 『개혁개방 40주년 기념대회 연설(2018년 12월 18일)』, 인민일보, 2018년 12월 19일, 2면.

인민중심의 새로운 발전 이념 고수

제시했다. 덩샤오핑 동지는 "샤오캉은 인민총생산 측면에서 1인당 연평균 인민총생산이 800달러가 되는 것이다"[3]고 말하고, 1인당 GNP로 발전 수준과 생활 수준을 가늠하는 것은 중국의 발전 이념에서 큰 돌파구이자 진보라고 덧붙였다. 중국은 그동안 1인당 지표를 거의 사용하지 않았으며 일반적으로 산업 및 농업의 총생산 가치의 성장 속도를 기준으로 발전을 가늠해왔다. 이 지표는 순 생산량과 1인당 생활 수준을 반영할 수 없었기 때문에 수치상으로 성장률이 낮지는 않았지만, 인민 생활은 오랫동안 크게 개선되지 않았고, 중국의 실질적인 발전 수준을 반영하기 어려웠다. 실제로 1978년 중국의 1인당 GNP는 156달러에 불과해 세계 160여 개 국가와 지역 가운데 하위권에 머물렀고, 심지어는 저소득 국가의 평균 수준보다 낮았다. 1인당 GNP를 기준으로 발전 수준과 생활 수준을 가늠해 발전 및 생활 수준에 대한 중국의 목표를 보다 정확하게 확립하고, 발전 전략과 경로가 국정과 발전 법칙에 더 부합할 수 있게 하였다.

발전 목표에서 1인당 GNP의 성장을 강조한 것은 당시에도 국제 발전 동향의 영향을 받았기 때문이다. 2차 세계 대전 이후 식민통치에서 벗어난 개발도상국들은 생산력 발전, 빈곤 완화, 국력 신장과 같은 중요한 문제에 직면하게 되었고, 대다수는 경제 성장, 더 정확하게 말하자면 1인당 GNP 향상을 목표로 하는 발전 전략을 세웠다. 1960년대 유엔에서 시행한 '제1차 UN 개발 10년 전략(1960)'과 70년대의 '제2차 UN 개발 10년 전략(1970)' 모두 1인당 GNP 성장을 가장 중요한 발전 목표로 삼았다. 더욱이 이 기간에 동아시아와 라틴 아메리카의 일부 국가와 지역의 급성장을 통

---

3   『덩샤오핑 문선』 제3권, 인민출판사, 1993년판, 64면.

해 1인당 GNP 증가의 중요성을 확인할 수 있었다. 그러나 1인당 GNP 중심의 경제 성장을 일방적으로 강조하고 전반적인 발전을 소홀히 한 결과, 산업 기형, 자원 낭비, 환경 오염, 빈부 격차, 높은 부채와 같은 문제들이 나타났고, 발전 없는 성장으로 이어졌으며, 심지어 일부는 '중진국 함정'에 빠지기도 했다.

개혁개방 초기 중국은 발전 이념을 보완해야 하는 중요성을 이미 깨달았다. 1982년 말, 중화인민공화국 제5기 전국인민대표대회 제5차 회의에서는 '제6차 5개년 계획'을 통과시키고, 사회 발전의 이념을 강조하기 위해 '국민경제 5개년 계획'의 명칭을 '국민경제와 사회발전 5개년 계획'으로 바꾸었다. 실천의 발전과 함께 중국공산당은 '경제 사회의 조화로운 발전, 지속 가능한 발전, 사회 진보, 전인적 발전, 전면적인 샤오캉사회 건설, 조화로운 사회건설, 생태 문명 건설'과 같은 발전 이념을 제시하고, 전면적이고 조화로우면서 지속 가능한 과학 발전관을 형성했다. 중국 특색 사회주의의 전반적인 포석은 물질문명, 정치문명, 정신문명의 삼위일체에서 경제건설, 정치건설, 문화건설, 사회건설, 생태문명건설이라는 오위일체로 확대되었다. 발전 이념의 업그레이드는 개혁 발전 과정을 수반하고, 개혁과 발전을 촉진하고 실천을 추진하여 큰 성과를 거두었다. 시진핑 동지를 중심으로 하는 당 중앙위원회는 혁신, 조화, 녹색, 개방, 공유라는 새로운 발전 이념을 제시하고, 경제 사회 발전 법칙에 대한 깊은 이해를 바탕으로 중국의 발전 이념을 또다시 업그레이드했다.

새로운 발전 이념의 이론적 혁신은 중국의 발전 이론에 구현되어 발전 동력에서 발전 목표에 이르는 완전한 체계를 형성했으며, 5대 발전 이념은 하나의 완전체로써 불가분의 관계가 있기 때문에 어느 것 하나라도 빠져서는 안 된다. 새로운 발전 이념의 이론적 혁신은 처음으로 '혁신'을 발전 이념에 도입한 것이다. 이는 강한 시대성 및 문제와 현실에 대한 지향성을 가지고 새로운 상황에서의 성장 모멘텀에 대한 우리의 이해를 심화시켰다. 새로운 발전 이념의 이론적 혁신은 공유의 발전 목표를 특별히 부각했고, '인민 중심'의 발전 사상을 구현했다.

2. 현재 중국 발전의 단계적 특징

"중국 특색 사회주의가 새로운 시대로 접어들면서 인민들의 날로 늘어나는 아름다운 삶에 대한 수요와 불균형하고 불충분한 발전 사이에서 나타나는 갈등이 사회의 주요 모순으로 발전했다. 10억 명이 넘는 인구의 먹고사는 문제를 안정적으로 해결하여 전반적으로 샤오캉을 실현하고 멀지 않아 전면적인 샤오캉사회를 실현할 것이다. 아름다운 삶에 대한 인민의 수요가 늘어나면서 물질적·문화적 삶에 대한 요구가 높아졌을 뿐 아니라 민주·법치·공평·정의·안보·환경 등 분야에서의 요구도 나날이 증가하고 있다. 아울러 중국의 사회 생산력 수준이 전반적으로 크게 향상되어 많은 분야에서 세계 상위권으로 진입했다. 하지만 여전히 불균형하고 충분하지 못한 발전 문제들이 두드러지고 있다. 이러한 문제들은 날로 늘어나는 아름다운 삶에 대한 인민의 수요를 충족시키는데 주요 제약 요소가 되었다.……중국 사회의 주요 모순의 변화는 전반적인 상황과 관련된 역사적 변화이다……"[4]

"중국 사회의 주요 갈등의 변화로 중국 사회주의가 처한 역사적 단계에 대한 우리의 판단이 달라지지 않았다는 점을 반드시 인식해야 한다. 중국은 여전히 사회주의 초급단계에 처해있고 당분간 유지될 것이라는 기본적인 국정도 그대로이며, 세계 최대 개발도상국이라는 국제적 위상에도 변함이 없다."[5] 현재 국제 정세는 격동하고 있으며, 중국의 중요한 전략적 기회라는 시간에 내포된 의미가 크게 변했다. 특히 40년 전과 비교하여 오늘날 중국의 사회 경제발전은 많은 새로운 상황과 새로운 동향, 새로운 문제와 새로운 도전에 직면해 있다. 새로운 상황을 이해하고, 새로운 동향을 파악하며, 새로운 문제를 해결하고, 새로운 도전에 대처하기 위해 발전 이념을 더욱 개선하고 업그레이드시킬 필요가 있다.

경제 뉴노멀은 현재 중국 경제발전의 새로운 특성을 표현하는 중요한 개념으로 성장 속도의 기어 전환, 산업 및 소비구조의 고도화, 발전 모멘텀의 전환이라는 내용을 기본적으로 포함하고 있다. 일반적으로 경제와 사회 발전은 연결되어 있다. 경제 뉴노멀의 배경 속에서 사회 발전은 실제로 새로운 단계에 접어들었고, 일부 사회 경제발전의 중요한 측면에서는 심오한 전환이 일어나고 있다.

첫째, 도시화 발전의 단계적 전환이다. 국제적으로 도시화는 인구집중 도시화(Urbanization), 교외화(Suburbanization), 역도시화(Counterurbanization),

---

4   시진핑, 『샤오캉사회 전면 실현의 결정적인 승리를 이룩하여 신시대 중국 특색 사회주의 위대한 승리를 거두자–중국공산당 제19차 전국대표대회 보고(2017년 10월 18일)』, 인민출판사, 2017년판, 11면.

5   상동, 12면.

재도시화(Reurbanization)와 같은 발전단계를 거친다. 중국의 도시화 수준은 2011년부터 50% 이상을 넘기 시작하면서 2017년 58.52%에 이르게 되어 농업 대국에서 도시 인구를 중심으로 한 사회로 들어섰지만, 기본적으로 아직은 여전히 인구집중 도시화와 교외화의 단계에 머물러 있다. 그러나 지금은 상황이 변하고 있다. 도시화 과정의 대규모 토지 정비와 철거가 마무리 단계에 접어든 듯하고, 특대도시의 인구집중 과정도 거의 끝난 듯 보인다. 그럼에도 나타나야 할 역도시화의 흐름이 보이지 않는 이유는 발전단계가 아직 오지 않았거나 농촌 인프라 건설이 취약하기 때문만은 아니고, 호적제도와 관련된 제도적 장애가 더 큰 이유라 볼 수 있다. 이 같은 제도적 장애는 농민의 도시 진출뿐 아니라 도시인의 시골 진출까지 제한하고 있다. 그럼에도 불구하고 최근 중국의 역도시화의 징후가 점점 두드러지면서 새로운 추세가 나타나고 있음을 예고하고 있다. 이런 징후들은 전원 레저, 농촌 노후 생활, 도시인의 귀농, 농촌 서비스업 산업 부상 등 형태로만 표현되고 있지만, 이는 미래 조류를 나타내는 신호탄이라 하겠다. 역도시화는 도시화의 후퇴가 아니라 도시화 발전이 새로운 단계로 발전하는 것이다. 도시-농촌 통합의 업그레이드로써 거대한 새로운 성장 공간을 내포하고 있고, 조화로운 발전 및 농촌 활성화에 대해 더 높은 요구를 제시한다.

둘째, 노동 수급 관계의 단계적 전환이다. 노동력 자원이 무한 공급되던 중국의 인구 배당 시대는 이미 막을 내렸다. 2011년은 중국의 노동 가능 총인구수가 증가의 정점을 찍고 감소하는 전환점이 되었다. 최근 노동 가능 인구는 2013년에는 244만 명, 2014년 371만 명, 2015년 487만 명,

2016년 349만 명이 줄어들면서 지속적으로 감소하고 있다.[6] 노동력 감소는 다음과 같은 영향으로 이어졌다. 첫째, 인건비가 급속하게 상승했다. 2006년부터 2015년까지 10년 동안 중국 제조업 노동자의 실제 임금이 거의 배가 올랐고, 농민공(農民工)과 농촌 근로자의 실질 임금은 경기 침체기에도 여전히 오르고 있다.[7] 둘째, 도시와 농촌 간의 노동 유동성이 약화되고 도시로 들어오는 농민공의 수가 해마다 감소하고 있다. 음력설 기간 농민공들이 고향으로 돌아가기 위해 기차역을 가득 메우던 모습은 점점 역사가 될 것이다. 셋째, 중국의 도시 조사 실업률이 경기침체 상황에서도 뚜렷하게 악화되지 않았다. 이는 과거 경제 성장률이 하락했을 때는 한 번도 볼 수 없었던 예상치 못한 놀라운 일이다. 중국이 오랫동안 의존해 왔던 노동력의 비교 우위가 점차 약화되고 경제 성장 모멘텀이 큰 변화를 겪고 있다. 이론적으로 추산되는 농촌 지역의 많은 잉여 노동력은 농촌 노동력의 보편적인 고령화와 연령 정합으로 인해 산업 인력에 대한 효과적인 공급으로 이어지기 어려울 수 있어 향후 중국의 구조적 노동력 부족 문제가 더 부각될 수 있다. 이에 발전 방식의 전환을 더는 늦출 수 없고, 혁신과 산업 구조의 고도화를 위해 노동력의 질적 향상이 필요하다.

셋째, 소득 분배의 단계적 전환이다. 개혁개방 이후 오랫동안 비효율적이었던 '균등' 분배 시스템을 깨기 위해 '일부 사람과 일부 지역이 먼저

---

6   국가통계국 2012년~2016년 「중화인민공화국 국가경제및사회발전통계공보」에 의하여 계산.

7   CEES연구진, 「중국 제조업기업은 인건비 상승에 어떻게 대응할 것인가?」, 거시적품질연구(宏觀質量研究), 2017년, 제2기.

인민중심의 새로운 발전 이념 고수

부자가 되자'는 주요 정책[8]을 시행하여 대중들의 생산에 대한 열의를 크게 키워 자원 배분의 효율성을 적극 높였다. 그러나 동시에 도시와 농촌 사이, 지역 사회 구성원 간의 소득 격차가 확대되면서 다양한 사회문제를 일으키는 근원이 되었고, 많은 대중들의 불만을 사게 되면서 소득 격차 해소에 대한 목소리가 커지고 있다. 최근, 중국은 소득 분배 조정을 위한 일련의 정책을 통해 소득분배지표인 지니계수가 2008년 0.491로 정점을 찍고 떨어지기 시작한 후 2015년까지 7년 연속 소득 격차는 천천히 줄어들고 있다. 2016년과 2017년에 미약하게 오르긴 했지만, 감소세가 바뀌지는 않았다. 이러한 감소세를 보인 요인으로는 다음 3가지를 꼽을 수 있다. 첫째, 소득 격차의 주요 원인인 도시-농촌 격차가 줄어들기 시작한 것이다. 농민의 1인당 순소득이 수년 동안 도시 주민의 1인당 가처분소득보다 빠르게 증가하면서 도농 주민 간 1인당 소득 격차는 3배 이하로 줄어들었다. 둘째, 지역 격차가 통제되고 있다는 점이다. 상대적으로 발전이 지체된 중서부 지역이 몇 년째 발전된 동부지역보다 빠르게 성장하고 있다. 셋째, 초급 노동력 공급이 구조적으로 부족한 상황에서 농민공의 임금이 계속 상승하고 있다는 점이다. 이러한 소득 격차 축소 추세가 안정적으로 지속될 수 있을지의 여부는 아직 불분명하고, 효율성과 형평성의 균형을 이루기도 쉽지 않다. 소득 분배 구조조정으로 강성 이익 구도에 영향을 미칠 수 있지만, 지금은 민생 개선, 사회 화합과 안정 유지, 발전 방식 전환, 사회 활력 촉진을 위해 반드시 소득 분배 메커니즘을 해결하는 것이 필요하다. '공유'는 발전에 대해 사람들이 일반적으로 바라는 바가 되었다.

---

8   『덩샤오핑 문선』 제3권, 인민출판사, 1993년판, 155면.

넷째, 직업 구조의 단계적 전환이다. 2015년 3차 산업의 부가가치는 중국 경제 총생산에서 처음으로 50%를 넘어 50.5%에 이르렀고, 2차 산업의 부가가치는 43.9%, 1차 산업의 부가가치는 9.0%를 차지했다. 이는 중국이 산업화가 중기에서 중후기로 전환하고 있다는 중요한 신호탄이 되었다. 서비스 산업의 취업 탄력성은 공업보다 높고 농업보다는 더 높기 때문에 이러한 경제 구조의 변화는 직업 구조의 변화에도 더욱 깊이 반영될 것이다. 즉, 중국은 '화이트칼라'의 직원 수가 '블루칼라'의 수를 초과하는 이른바 '화이트칼라 시대'라는 새로운 직업 구조 단계가 시작되는 것이다. 서구 선진국에서 논쟁의 소지가 있었지만, 관심을 끌었던 이슈인 '대중 소비 시대'나 '중산층' 등도 이 단계에서 나왔다. 이러한 발전단계에서는 교육·의료·노후 문제와 관련된 현대 서비스업의 육성에 주력하는 한편, 발전성과의 공유에 대한 문제를 잘 해결함으로써 방대한 중산층을 형성해 대중소비가 경제 성장의 지속적인 버팀목이 될 수 있도록 촉진해야 한다.

다섯째, 주민 생활 소비의 단계적 전환이다. 2000년 이후 중국의 최종 소비율과 가계 소비율 모두 10여 년 연속 줄어드는 상태를 보였다. 하지만, 최근 2년 동안 상황에 변화가 생기고 있다. 특히 최종 소비와 가계 소비의 경제 활성화 역할이 점점 강해지고 있다. 2017년 중국의 GDP 성장에 대한 최종 소비 지출의 기여율은 58.8%에 달했다.[9] 국내 소비는 이미 투자와 수출을 넘어 가장 중요한 경제 성장의 원동력이 되었다. 주민 생활 소비 수준이 지속적으로 개선되면서 주택, 자동차, 레저, 관광, 통신, 온라인쇼핑

---

9   국가통계국, 「'2017년 중화인민공화국 인민 경제와 사회 발전 통계' 공보(2018월 2월 28일)」, 인민일보, 2018년 3월 1일, 10면.

이 주도하는 새로운 대중 소비시대가 도래하고 있으며, 공급측 구조개혁의 제안도 적기에 접어들었다.

여섯째, 사람들의 삶의 질적 전환이 단계적으로 이루어지고 있다. 중국은 이미 기본적인 의식주가 해결되는 먹고 입는 단계를 넘어서 거의 14억 인구의 식량 문제를 해결했다. 이는 인구가 많은 개발도상국으로서 대단한 성취를 이룬 것이다. 인민들의 생활 수준이 지속적으로 향상됨에 따라 사람들은 삶의 질에 대한 더 높은 차원의 요구를 제시하고 있다. 건강, 식품안전, 깨끗한 물과 맑은 공기, 만족감, 행복감 등은 모두 삶의 질을 가늠하는 새로운 지표가 되었다. 이렇게 삶의 질에 더 많은 관심을 기울이는 새로운 단계가 시작되었다. 이 과정에서 생태환경이 삶의 질을 측정하는 중요한 지표가 되었고, 푸른 산과 맑은 물, 맑은 하늘에 대한 갈망이 녹색 발전에 대한 강성 메커니즘을 형성했다.

3. 새로운 발전 이념을 실천하는 것은 중국의 전반적인 발전에 관계되는 관건적인 선택이다

새로운 발전 이념은 발전단계의 국정의 큰 변화에 초점을 맞추고 문제 해결 지향성을 강조한 것으로 강한 현실 목적성을 가지고 있다. 하지만, 새로운 발전 이념을 진정으로 실천하고 실제에 구현하는 것은 결코 쉬운 일이 아니다. 새로운 발전 이념의 실천은 오랫동안 익숙해진 발전 방식을 바꾸고, 기득권의 장벽을 타파하는 것이기 때문에 필연적으로 적응하지 못하는 여러 상황이 나타날 수 있다. 그러나 새로운 발전 이념의 실천은 중국의 전반적 발전과 관련된 중요한 선택이라 할 수 있다.

혁신은 발전을 이끄는 첫 번째 원동력이다. 혁신하지 않으면 막다른 골목에 이르게 된다.[10] 개혁개방 이후 중국은 오랫동안 투자, 수출, 노동력 공급에 의존해 왔으며, 외자 유치, 수출 지향적 개발 전략의 실행, 노동력의 비교 우위를 사용함으로써 지속적이고 빠른 경제 성장을 유지해 왔다. 현재 이런 조건들은 근본적인 변화가 일어났는데 생산은 과잉되고, 수출이 막히며, 인건비가 대폭 상승하는 양상을 보이고 있다. 전통적인 발전 동력을 이용해 예전처럼 그 길을 계속 따라가는 것은 매우 어렵게 되었다. 이런 상황에서 혁신이 발전의 첫 번째 원동력이 되었다. 혁신은 지속적인 경제 성장과 산업 구조 고도화의 핵심이다. 혁신을 국가발전 전반의 핵심 위치에 두고, 국가발전과 민족 진보의 영혼으로 만들어 사회 전반에 혁신을 대중화시켜야 한다. 혁신에는 과학기술 혁신과 산업 구조 업그레이드뿐 아니라 이론 혁신, 제도 혁신, 문화 혁신 등도 포함된다. 혁신은 첨단기술, 로봇, 인터넷 혁신을 지칭할 뿐 아니라 모든 제품과 기계 설비의 업그레이드와 표준 제정권으로 구현된다. 과거 우리는 개혁만이 살 길이라고 말해 왔다. 지금은 혁신만이 살 길이라고 말할 수 있다. 혁신은 어렵고도 힘든 일로 오랜 시간이 필요하며, 단기간에 효과를 보기 힘든 일이다. 글로벌 산업 구조와 산업 체인의 상단은 오랫동안 서구 선진국에 의해 독점되었다. 이런 독점을 깨려 한다면 불가피하게 억압과 배척을 당하게 될 것이다. 따라서 우리는 장기적이고 어려운 본성을 가지고 있는 혁신에 대비해 만반

---

10   중공중앙문헌연구실 편저, 『18차 당대회 이후 중요 문헌 선집』(중)에 실린 '국민 경제와 사회발전을 위한13차 5개년 계획에 관한 중국 공산당 중앙위원회의 제안(2015년 10월 29일 중국공산당 제18기 중앙위원회 제5차 전체회의에서 채택됨)', 중앙문헌출판사, 2016년판, 792면.

의 준비를 해야 한다. 최근 몇 년간 중국은 대형 항공기, 중형차, 스마트 공작기계, 고속철도, 고속도로, 대형교량, 휴대전화, 인터넷 등 분야에서 혁신의 길을 성공적으로 걷고 있으며, 혁신 파워 뿐 아니라 잠재력과 폭넓은 전망을 보여주고 있다. 우리는 혁신을 통해 하루빨리 원동력의 신구 교체를 실현하고, 성공적인 발전의 변혁을 이룰 수 있다는 믿음을 다져야 한다.

조화는 지속적이고 건강한 발전을 위한 내재적인 요구이다. 이를 발전에서 잘 처리해야만 중진국 함정을 극복할 수 있다.[11] 개혁개방 이후 중국은 경제 도약과 함께 급성장 시기로 들어섰다. 1978년 200달러를 밑돌던 1인당 GDP가 2000년 800달러 이상이 되기까지 600여달러를 늘리기 위해 20여 년의 시간이 걸렸지만, 2000년 이후 15년 만에 1인당 GDP는 800달러에서 8000달러로 7000여 달러나 껑충 뛰어올랐다.[12] 세계가 경탄해마지않는 빠른 발전 속에서 조화롭지 못한 발전 문제가 부각되었다. 특히 도시와 농촌 간, 지역 간 발전의 부조화 및 불균형, 사회 구성원 사이의 지나친 소득 격차는 중국 발전에서 두드러진 단점이 되었다. 1인당 GDP 1만 달러는 중진국 함정에 빠진 라틴 아메리카 국가들이 직면한 성장의 '한계점'이다. 이들은 경제 사회 발전 불균형으로 인해 그 '등선(Ridge)'에서 일이십년 동안 머물러 있었다. 중국의 '13차 5개년 계획' 기간은 전면적인 샤오캉사회의 실현을 결정짓는 시기이자, 중위소득 국가에서 고소득 국가(1인당 GDP

---

11 중공중앙문헌연구실 편저, 『18차 당대회 이후 중요 문헌 선집』(중)에 실린 '국민 경제와 사회발전을 위한13차 5개년 계획에 관한 중국 공산당 중앙위원회의 제안(2015년 10월 29일 중국공산당 제18기 중앙위원회 제5차 전체회의에서 채택됨)', 중앙문헌출판사, 2016년판, 792면.

12 국가통계국이 매년 발표한 중화인민공화국 국민 경제계획의 실행 결과에 관한 공보 및 인민 경제와 사회 발전 통계 공보에 의하여 계산.

12,000달러 이상)의 문턱을 넘는 중요한 시기이다. 따라서 반드시 조화로운 발전, 특히 농촌 지역과 개발이 낙후된 지역의 빈곤 인구의 발전 문제를 잘 해결해야 한다. 국내외의 발전 경험과 교훈을 통해 조화로운 발전이 일련의 중차대한 관계를 처리하는 기본 원칙임을 알 수 있다.

녹색 즉 친환경은 영속적 발전을 위한 필요조건이자 현대화 건설의 필연적인 방향이다.[13] 개혁개방 초기 중국은 현대화 과정에서 '선 오염, 후 관리'를 해온 국가들의 전철을 밟지 않겠다고 언급한 바 있다. 그러나 실제로 발전 과정에서 일부 지방에서는 가난에서 빨리 벗어나 부자가 되기 위한 욕구가 환경보호와 자원절약의 요구를 눌러버리고, 경제 성장이라는 단기적인 정치성과만을 추구한 결과 심각한 환경 파괴와 자원 낭비를 초래하기도 했다. 스모그, 식수와 토양 오염, 식품·의약품 안전 등이 사람들의 건강과 삶의 질을 심각하게 훼손하고 있다는 반성이 일고 있다. 수십 년을 노력해도 맑은 하늘과 깨끗한 물을 되찾을 수는 없다는 이들도 있다. 다소 극단적이지만 이는 녹색발전의 중요성을 보여주는 말이다. 녹색발전을 강조하는 것은 국제 사회의 압박 때문도 아니고 슬로건을 홍보하기 위해서도 아닌 중국이 큰 대가를 치르고 내린 강력한 의지이자 결단이다. '청산녹수는 금은보화보다 귀중하다'[14]는 말은 중국이 발전을 실천하면서 체득한 지당한 명언으로 부의 원천 이론에 관한 새로운 사상이며, 사람과 자연이 조화롭게 발전하는 새로운 현대적 패턴 형성을 목적으로 한다.

---

13   중공중앙문헌연구실 편저, 『18차 당대회 이후 중요 문헌 선집』(중)에 실린 '국민 경제와 사회발전을 위한13차 5개년 계획에 관한 중국 공산당 중앙위원회의 제안(2015년 10월 29일 중국공산당 제18기 중앙위원회 제5차 전체회의에서 채택됨)', 중앙문헌출판사, 2016년판, 792면.

14   『시진핑, 국정운영을 논하다』 제2권, 외문출판사, 2017년판, 393면.

인민중심의 새로운 발전 이념 고수

개방은 국가의 번영과 발전을 위해 필요한 길이며, 이는 중국의 기본 국책이다.[15] 중국의 대외개방은 연안 개방, 국경 개방, 내륙 개방에서 전면 개방에 이르기까지 경제 세계화와 중국 경제가 세계 경제에 깊이 융합되는 대세에 맞춰 가면서 경제의 지속적인 번영과 발전을 이루었다. 세계의 발전 과정을 통해 그 어떤 나라도 세계 경제 체제로부터 고립되어 발전할 수 없다는 것이 증명되었다. 우리는 중요한 전략적 기회의 시기를 잘 활용하여 이 시기에 발생할 수 있는 심오한 변화를 깊이 인식하고, 더욱 고차원적인 개방형 경제를 발전시켜 글로벌 거버넌스에 적극적으로 참여해야 한다. 또한, 일대일로 건설을 추진하고, 이익 공동체와 운명 공동체를 광범위하게 구축해야 한다. 글로벌 거버넌스 규칙 제정에 대한 중국의 발언권을 강화하고, 국가 경제 및 정치 안보를 지키며, 국제적인 위험이 중국에 시스템적 영향을 미치는 것을 방지해야 한다.

공유는 발전의 목표이며, 중국 특색 사회주의의 본질적인 요구다.[16] 사회주의 국가인 중국이 건설하려는 전면적인 샤오캉사회는 함께 만들고 함께 공유하는 사회이다. 따라서 공유를 중요한 원칙으로 삼아 이행해야 한다. 특히 중요한 민생문제 해결을 위해 잘 이용해야 한다. 현재 취업 분야에서는 대졸자 위주의 청년 취업 문제, 공기업의 과잉 생산능력과 수익성 하락에 따른 정리실업자 정착 문제, 농촌 노동력의 추가 이전 문제에 세심한 주의를 기울여 해결해야 한다. 교육 분야에서는 교육 형평성 문제를

15　중공중앙문헌연구실 편저, 『18차 당대회 이후 중요 문헌 선집』(중)에 실린 '국민 경제와 사회발전을 위한13차 5개년 계획에 관한 중국 공산당 중앙위원회의 제안(2015년 10월 29일 중국공산당 제18기 중앙위원회 제5차 전체회의에서 채택됨)', 중앙문헌출판사, 2016년판, 792면.

16　상동.

해결하고, 농촌 교육에 대한 투자를 확대하고, 농민공의 직업 훈련을 강화해야 한다. 농촌 빈곤층의 교육 부족으로 인한 빈곤의 대물림을 방지해야 한다. 소득 분배 분야에서 도농 간, 지역 및 사회 구성원 간의 소득 격차를 더욱 좁히고, 빈곤감소의 속도를 높여 2020년까지 현행 표준 이하의 빈곤 인구가 예정대로 모두 빈곤에서 벗어날 수 있도록 보장해야 한다. 사회보장 분야에서는 농민공이 호적 전환 후 동등한 취업 기회와 사회보장을 받을 수 있는 문제를 잘 해결해야 하며, 등록 인구의 도시화에 박차를 가해 기본적인 사회보장의 법정 인구를 완전히 커버할 수 있도록 해야 한다. 의료보건 분야에서는 어렵고 비용이 많이 드는 진료 문제를 해결하고, 식품·의약품 안전 문제를 해결할 필요가 있다. 사회 거버넌스 측면에서 토지 수용, 철거 이전에 대한 보상, 전역 군인의 정착, 수자원 관리 프로젝트로 인한 이주민의 정착 분야에서의 갈등을 잘 조정하고, 법적인 사고와 방법으로 청원 및 집단 민원 사건을 처리하여 사회 치안과 질서뿐 아니라 인민의 생명과 재산을 수호함으로써 전 인민이 발전의 혜택을 더 많이 누릴 수 있도록 해야 한다.

4. 새로운 발전 이념이 내포하고 있는 중대한 원칙을 고수하여야 한다

개혁개방 이후 중국은 중국 특색 사회주의 강국을 건설하고 인민이 잘 살 수 있는 길을 걸어오는 동안 인플레이션, 정치적 혼란, 대규모 기업 손실, 국제 금융 위기, 대규모 자연재해·전염병과 같은 중대한 도전에 직면했으나 모두 성공적으로 대처하고 극복했다. 이 시기의 발전 경험을 종합해 볼 때, 가장 중요한 하나는 바로 발전 이념을 지속적으로 보완하고 업그레이드시키며 새로운 발전 이념으로 전체 발전을 주도한 것이다. 혁신, 조화, 녹색, 개방, 공유의 새로운 발전 이념은 중국 특색의 사회주의 발전의 중대한 원칙을 내포하고 있다. 새로운 발전 이념을 실천할 때, 우선 다음과 같은 중대한 원칙을 견지해야 한다.

첫째, 사회주의 초급단계에서 당의 기본 노선을 고수한다. 시진핑 총서기는 "사회주의 초급단계에서 당의 기본 노선은 당과 국가의 생명선이다. 우리는 '하나의 중심, 두 개의 기본점'을 흔들림 없이 유지해야 한다……"[17]고 지적했다. 새로운 발전 이념은 경제 건설을 중심으로 4가지 기본 원칙과 개혁개방이라는 두 개의 기본점을 중국 특색 사회주의의 위대한 실천에 통합해야 한다. 우리의 발전은 경제 건설을 중심으로 전면적이고, 조화롭고, 지속 가능한 발전을 말한다. 발전은 반드시 일정한 속도를 유지하고, 동시에 질적인 부분에 더 집중적으로 관심을 가져야 한다. 발전 속도와 질은 변증 통일적인 관계를 가진다. 당의 지도는 중국 특색 사회주의의 본질적인 특징이기 때문에 발전 속에서 당의 지도를 강화하고 개선해야 한다. 19차 당대회 보고는 "당 전체가 사회주의 초급단계라는 기본 국정을 굳건하게 파악하고, 사회주의 초급단계의 현실에 입각해, 당의 기본 노선인 당과 국가의 생명선과 인민의 행복을 확고하게 지켜야 한

---

17 중공중앙문헌연구실 편저 『18차 당대회 이후 중요 문헌 선집』(상)에 실린 '중국 특색 사회주의의 고수와 발전을 긴밀히 둘러싸고 18차 당대회 정신을 배우고 알리고 행동에 옮기자'(2012년 11월 17일), 중앙문헌출판사, 2014년판, 76면.

다······"[18]고 강조했다. 새로운 발전 이념은 새로운 시대에 나타나는 어려운 문제와 장애 그리고 단점을 해결하기 위해 제시된 것이다. 이는 사회주의 초급단계의 기본 노선을 꿰뚫은 발전 원동력과 목적에 이르기까지 불가분의 완전체를 이루고 있다.

둘째, 인민 중심의 발전 사상을 유지한다. 중국 특색 사회주의의 제도적 우월성은 지속적인 경제의 빠른 발전과 인민 생활의 개선에서 집중적으로 나타나야 한다. 경제발전은 민생 개선의 기초이며, 민생 개선은 경제발전의 근본적인 목적이다. 시진핑 동지를 핵심으로 하는 당 중앙은 인민 중심의 발전 사상을 굳건히 수립하고 시행할 것을 거듭 강조해왔다. 시진핑 총서기는 "더 나은 삶에 대한 인민의 염원이 바로 우리가 노력하고 분투해야 하는 목표다.[19] 민생은 민심과 사회 여론을 알 수 있는 풍향계이자 바로미터이며, 발전의 자신감과 의지에 대한 밸러스트이다. 민생 복지 증진은 발전의 근본적인 목적이다. 민생을 위해 더 많은 혜택을 추구하며 민생의 우려를 해소함으로써 발전 속에서 나타날 수 있는 민생 부분의 단점을 보완하고, 사회 공정과 정의를 촉진해야 한다. 유아 양육, 교육, 노동 소득, 의료, 노인 지원, 거주, 소외층 지원 부분에서 끊임없이 새로운 진전을 거두고 빈곤 해소를 위해 심층적인 공략을 전개하여 '인민 전체가 함께 만들고 나누는 과정에서 더 많은 획득감'을 느낄 수 있도록 보장함으로

---

18 시진핑, 『샤오캉사회 전면 실현의 결정적인 승리를 이룩하여 신시대 중국 특색 사회주의 위대한 승리를 거두자–중국공산당 제19차 전국대표대회 보고(2017년 10월 18일)』, 인민출판사, 2017년판, 12면.

19 중공중앙문헌연구실 편저, 『18차 당대회 이후 중요 문헌 선집』(상)에 실린 시진핑의 '더 나은 삶에 대한 인민의 요구를 충족시키는 것이 우리의 분투목표다', 중앙문헌출판사, 2014년판, 69면.

써[20] 인민 모두의 전인적 발전과 공동 번영을 계속 추진해야 한다. 새로운 발전 이념을 이행하기 위해 인민 중심의 발전 사상을 일관되게 유지하면서 민생 개선과 보장을 모든 업무의 출발점과 최종 목표로 삼아야 한다.

셋째, 개혁과 법치를 이용해 발전을 위한 장애를 없애고 발전을 보장하도록 해야 한다. 시진핑 총서기는 개혁과 법치를 통해 새로운 발전 이념을 철저하게 이행하고, 개혁의 추진 역할과 법치의 보장 역할을 발휘할 수 있도록 방법을 혁신해야 한다고 지적했다.[21] 지금부터 21세기 중반까지는 아직 30여 년의 시간이 남아 있고, 지금은 개혁개방부터 현대화까지 70여 년의 역사를 이어가는 중간 기점으로 새로운 역사의 출발점에 있다고 할 수 있다. 이런 새로운 역사적 출발점을 시작으로 2020년까지 전면적인 샤오캉사회를 실현하고 고소득 국가의 문턱에 다가가거나 문턱을 넘어 첫 번째 100년 분투 목표를 실현해야 한다. 그리고 다시 30여 년의 시간을 들여 중진국 수준에 도달해 두 번째 100년 분투 목표를 실현함으로써 중화민족의 위대한 부흥인 중국몽을 이룬다.[22] 쉽지 않은 이러한 발전 목표를 실현하기 위해서 반드시 발전 수단을 혁신하고, 발전 방식을 전환하며, 발전 경로를 확대할 필요가 있다. 개혁 심화를 통해 발전에 지속적으로 활력을

20   중공중앙문헌연구실 편저, 『18차 당대회 이후 중요 문헌 선집』(중)에 실린 '국민 경제와 사회발전을 위한 13차 5개년 계획에 관한 중국 공산당 중앙위원회의 제안(2015년 10월 29일 중국공산당 제18기 중앙위원회 제5차 전체회의에서 채택됨)', 중앙문헌출판사, 2016년판, 793면.

21   시진핑, 「18기 5중 전회 정신을 배우고 이행하기 위한 성급, 부급 주요 지도간부 특별 세미나 연설(2016년 1월 18일)」, 인민일보, 2016년 5월 10일, 2면.

22   시진핑, 『샤오캉사회 전면 실현의 결정적인 승리를 이룩하여 신시대 중국 특색 사회주의 위대한 승리를 거두자-중국공산당 제19차 전국대표대회 보고(2017년 10월 18일)』, 인민출판사, 2017년판, 27-29면.

주고 동력을 제공하며, 법치 강화를 통해 안정적이고 질서 있는 발전 환경과 조화롭고 안정된 사회 환경을 조성해야 한다. 개혁과 법치의 협력을 통해 중국이 풍부한 발전을 실천하고 발전의 경지를 높이며, 발전의 길을 넓힐 수 있도록 장애를 없애고 발전을 보장해야 한다.

5. 새로운 발전 이념을 실천하는데서 중점은 '인민이 좋은 삶을 영위하도록 하는 것이다'

중국 특색 사회주의의 제도적 우월성은 궁극적으로 종합적인 국력의 끊임없는 증진과 인민 생활의 빠른 개선 측면에서 나타나야 한다. 인민 중심의 발전 사상의 요점 중 하나는 지속적인 민생 개선을 강조하는 것이다. 시진핑 총서기는 "인민이 좋은 삶을 영위하게 하는 것이 우리의 모든 업무의 출발점이자 최종 목표이다"[23]라고 지적했다. 그렇다면 인민이 생각하는 좋은 삶이란 무엇인가? 한마디로 '유아 양육, 교육, 노동 소득, 의료, 노인 지원, 거주, 소외층 지원 부분에서 새로운 진전을 이루는 것'이라고 말할 수 있다.[24] 최근 중국사회과학원의 사회 실태 종합 조사 결과에 따르면, 서민들이 가장 관심을 가지는 민생문제는 취업, 교육, 사회 보장, 소득 분배,

---

23   중공중앙선전부 편저, 『시진핑 총서기의 중요 연설 시리즈(2016년판)』, 학습출판사·인민출판사, 2016년판, 213면.

24   시진핑, 『샤오캉사회 전면 실현의 결정적인 승리를 이룩하여 신시대 중국 특색 사회주의 위대한 승리를 거두자–중국공산당 제19차 전국대표대회 보고(2017년 10월 18일)』, 인민출판사, 2017년판, 23면.

의료 및 보건, 환경 보호, 사회 안보 등으로 나타났다. 18차 당대회 이후 시진핑 동지를 핵심으로 하는 당 중앙은 인민 중심의 발전 사상을 심층적으로 이행하여 인민에게 혜택을 주는 방안을 대거 실시했고, 인민이 체감하는 획득감도 크게 향상되었다. 빈곤 탈피 부분에서도 결정적인 진전을 보였다. 6천만 명 이상의 빈곤 인구가 꾸준히 빈곤에서 벗어나면서 빈곤 발생률은 10.2%에서 4% 미만으로 줄어들었다. 교육 사업을 전반적으로 발전시켜 중서부와 농촌 교육이 확실하게 강화되었다. 매년 도시 지역에서 평균 1,300만 개 이상의 신규 일자리가 창출되면서 취업 상황이 지속적으로 개선되고 있다. 도시와 농촌 주민들의 소득 증가율은 경제 성장률을 넘어섰고 중산층이 계속 확대되었다. 도시와 농촌 주민을 포괄하는 사회보장 제도가 기본적으로 구축되어 인민 건강과 의료, 보건 수준이 크게 향상되었으며, 보장성 주택 건설이 꾸준히 진행되고 있다. 사회 거버넌스 시스템이 더욱 개선됨에 따라 전반적인 사회 상황이 안정되었으며, 국가 안보가 포괄적으로 강화되었다.[25] 이와 동시에 우리는 불균형적이고 불충분한 발전으로 인해 부각된 문제들이 아직 해결되지 않았다는 것을 깨달아야 한다. 발전의 효율성과 질적 수준 향상, 혁신 능력 강화, 실질경제의 수준 제고 및 생태환경 보호를 위한 임무가 막중하고 아직 갈 길이 멀다는 것을 알아야 한다. 또한, 민생 분야에서 부족한 부분이 많이 있고 빈곤 탈출이라는 막중한 임무를 가지고 있다. 도시와 농촌 지역발전과 소득 격차가 여전히 벌어져 있고, 취업, 교육, 의료, 주거, 노후와 관련해 인민이 많은 어려

---

25 시진핑, 『샤오캉사회 전면 실현의 결정적인 승리를 이룩하여 신시대 중국 특색 사회주의 위대한 승리를 거두자-중국공산당 제19차 전국대표대회 보고(2017년 10월 18일)』, 인민출판사, 2017년판, 5면.

움에 직면해 있음을 알아야 한다. 사회 문명 수준의 개선이 아직 필요하고, 사회적 갈등과 문제들이 얽혀 있어 전면적인 법치를 이루는 길은 여전히 험난하다. 이 모든 것을 위해 국가 관리 체계와 거버넌스 역량을 강화해야 한다는 것을 알아야 한다.[26]

중국의 경제발전과 인민 생활 수준이 보편적으로 향상됨에 따라 전면적인 샤오캉사회 실현에 대한 새로운 요구들이 생겨났고, 더 나은 삶에 대한 새로운 갈망이 끊임없이 나타나고 있다. 2012년 11월 15일 시진핑 총서기는 제18차 정치국 상무위원회 내외신 기자 회견에서 "중국 인민은 삶을 사랑하며, 더 나은 교육, 더 안정된 직업, 더 만족스러운 소득, 더 믿을 만한 사회보장, 더 나은 의료 보건 서비스, 더 쾌적한 주거 여건과 더 나은 환경 등과 같이 더 나은 삶을 향한 열망이 있다. 우리의 목표는 그들의 염원이 실현될 수 있도록 하는 것이다"[27]라고 밝혔다.

민생 개선과 보장을 위해 인민의 최대 관심사와 직접적이고 실질적인 이익 문제가 무엇인지를 파악해 최선의 노력과 기량을 다해 하나하나 해를 거듭해 나가며 처리해야 한다.[28]

"교육 강국 건설은 중화민족의 위대한 부흥을 위한 기본사업으로 반

---

26 시진핑, 『샤오캉사회 전면 실현의 결정적인 승리를 이룩하여 신시대 중국 특색 사회주의 위대한 승리를 거두자-중국공산당 제19차 전국대표대회 보고(2017년 10월 18일)』, 인민출판사, 2017년판, 9면.

27 중공중앙선전부 편저, 『시진핑 총서기의 중요 연설 시리즈(2016년판)』, 학습출판사·인민출판사, 2016년판, 212면.

28 시진핑, 『샤오캉사회 전면 실현의 결정적인 승리를 이룩하여 신시대 중국 특색 사회주의 위대한 승리를 거두자-중국공산당 제19차 전국대표대회 보고(2017년 10월 18일)』, 인민출판사, 2017년판, 45면.

드시 우선순위에 두어야 한다……."[29] 수년간 중국 교육이 거둔 가장 큰 성과는 1인당 교육 수준을 크게 향상시킨 것이다. 2017년 중국의 고등교육 진학률은 45.7%로 증가했다. 선진국과는 여전히 큰 격차가 있지만, 20여 년 전 10% 미만이었던 것과 비교하면 놀라울 정도로 급격한 변화를 보이고 있다. 시진핑 총서기는 "중국은 인구가 많아 교육수준이 높아지면 미래에는 인재들이 화수분처럼 용솟음치게 될 것이다. 이게 바로 경쟁력이다"[30]라고 지적했다. 중국은 교육의 형평성을 더욱 증진하고, 농촌 교육 특히 빈곤 지역의 교육을 적극적으로 발전시키고 있으며, 교육을 이용하여 가난한 가정의 많은 아이들의 운명과 미래를 바꾸고 있다. 교육 개혁을 심화시키고, 교육 현대화를 앞당기고, 인민이 만족해하는 교육을 실현해야 한다. 도시와 농촌의 의무교육 통합 발전을 추진하고, 농촌의 의무교육에 큰 중요성을 부여하며, 학령전 아동 교육, 특수교육 및 온라인 교육을 잘 운영하고, 고등학교 단계의 교육을 대중화하고, 모든 아이들이 공정하게 양질의 교육을 받을 수 있도록 노력해야 한다.[31]

취업은 가장 큰 생계 수단이다. 더 높은 품질과 더 충분한 취업을 실현하기 위해 취업 우선 전략과 적극적인 취업 정책을 고수해야 한다.[32] 세

29 시진핑, 『샤오캉사회 전면 실현의 결정적인 승리를 이룩하여 신시대 중국 특색 사회주의 위대한 승리를 거두자-중국공산당 제19차 전국대표대회 보고(2017년 10월 18일)』, 인민출판사, 2017년판, 45면.

30 중공중앙선전부 편저, 『시진핑 총서기의 중요 연설 시리즈(2016년판)』, 학습출판사·인민출판사, 2016년판, 216면.

31 시진핑, 『샤오캉사회 전면 실현의 결정적인 승리를 이룩하여 신시대 중국 특색 사회주의 위대한 승리를 거두자-중국공산당 제19차 전국대표대회 보고(2017년 10월 18일)』, 인민출판사, 2017년판, 4546면.

32 시진핑, 『샤오캉사회 전면 실현의 결정적인 승리를 이룩하여 신시대 중국 특색 사회주의

계 각국에서 취업과 실업은 경제발전의 바로미터일 뿐만 아니라 정부 성과의 가장 중요한 지표이자 민심의 풍향계이다. 현재 세계 경기침체로 인해 대부분의 주요 국가들은 높은 실업률을 보이고 있다. 중국 역시 경제 성장 하향 압박의 확대, 기업 이익 감소, 과잉 생산 해소와 같은 힘든 과제를 안고 있다. 이런 상황에서 중국이 기본적인 취업 안정을 유지하고 도시 실업률을 약 5%로 통제하는 것은 쉽지 않다. 시진핑 총서기는 취업은 민생의 기본이라고 재차 강조했다.[33] 중국 정부는 적절한 정책실시를 통해 대졸자 위주의 청년 일자리 문제, 농촌 노동력의 이전 취업 문제, 생산능력이 줄어든 업종의 취업 및 근로자 정착 문제 등 일자리 안정에 만전을 기하여 안정적인 취업형세를 형성했다. 구조적 취업 갈등을 해소하고 창업을 장려해 일자리를 이끌어내는 등 직업 기술교육을 대대적으로 실시해야 한다. 대졸 청년층, 농민공의 다각적인 취업과 창업을 촉진하기 위해 전방위적인 공공 취업서비스를 제공해야 한다. 근면 성실하게 노력하면 누구나 스스로 발전할 수 있는 기회를 가질 수 있도록 노동력과 인재의 사회 흐름을 방해하는 체제 메커니즘의 단점을 제거해야 한다.[34]

　　인민 소득 수준 향상과 생활 개선은 전면적인 샤오캉사회 실현의 중요한 목표 중 하나다. 최근 도시-농촌 주민의 소득 성장 속도가 GDP 성장

위대한 승리를 거두자–중국공산당 제19차 전국대표대회 보고(2017년 10월 18일)」, 인민출판사, 2017년판, 46면.

33　중공중앙선전부 편저, 『시진핑 총서기의 중요 연설 시리즈(2016년판)』, 학습출판사·인민출판사, 2016년판, 216면.

34　시진핑, 『샤오캉사회 전면 실현의 결정적인 승리를 이룩하여 신시대 중국 특색 사회주의 위대한 승리를 거두자–중국공산당 제19차 전국대표대회 보고(2017년 10월 18일)』, 인민출판사, 2017년판, 46면.

속도를 해마다 넘어서고 있다. 특히 농민의 가처분소득은 도시 주민의 가처분소득보다 빠르게 증가하고, 소득 격차를 측정하는 지니계수는 지속적으로 감소하면서 중산층이 수억 명으로 늘어나 큰 규모를 형성했다. 1990년 덩샤오핑 동지는 "우리는 개혁 초기부터 함께 부유해지는 것에 대해 말해왔고, 언젠가는 중심 과제가 될 것이다"[35]라고 지적한 바 있다. 다같이 부유해지는 것은 사회주의의 본질을 구현하는 것으로 오늘날 이미 중심 과제가 되었다. 우리는 일에 따른 분배의 원칙을 고수하고, 요소별 분배 체계와 메커니즘을 개선하고, 보다 합리적이고 질서 있는 소득 분배를 촉진해야 한다. 근면 성실하게 법을 준수하면서 부유해지는 것을 권장하고, 중산층을 확대하며, 저소득층의 소득을 높이고, 과도한 고소득을 조절하고, 불법 소득을 단속해야 한다. 경제 성장과 함께 주민 소득의 동반 성장, 노동 생산율 향상을 실현하고, 노동 보수를 함께 높여야 한다. 주민 노동 소득과 재산소득의 루트를 넓히고, 정부는 재분배 조절 기능을 잘 이행해 기본적인 공공서비스 평준화 추진에 박차를 가지고, 소득 격차를 더 좁혀야 한다.[36]

사회보장 제도의 구축을 강화하기 위해서 극빈층 지원의 마지노선에 대한 요구와 빈틈없는 네트워크를 조직하고, 메커니즘을 구축하는 요구에 따라 도시와 농촌의 모든 이들을 포괄하고, 권리와 책임을 분명하게 하며,

---

35   『덩샤오핑 문선』 제3권, 인민출판사, 1993년판, 364면.

36   시진핑, 『샤오캉사회 전면 실현의 결정적인 승리를 이룩하여 신시대 중국 특색 사회주의 위대한 승리를 거두자-중국공산당 제19차 전국대표회의 보고(2017년 10월 18일)』, 인민출판사, 2017년판, 46-47면.

적절한 보장과 지속 가능한 다차원적인 사회보장체계를 구축해야 한다.[37]
10여 년의 노력 끝에 세계에서 가장 많은 인구를 망라하는 사회보장체계
를 구축하고, 기본적인 양로와 의료, 최저 생활보장이라는 3대 사회보장
의 지주를 마련했다. 중국은 국가기관과 사업단위에 대한 사회보장 일원
화 개혁을 실시하고, 의료보장 체제 개혁이라는 글로벌 난제에 대한 중국
식 해법을 모색하고 있으며, 저소득층을 위한 주택 공급 보장 시스템을 마
련하고 있다. 전 인민의 보험 가입 계획을 완전하게 실시하기 위해서 근로
자 양로보험제도, 주민 양로보험제도를 개선하고, 전국적으로 통합된 노인
양로보험제도를 조속히 마련하고, 통일된 도농 주민 기초 의료 보험 제도
와 중병 보험제도, 실업 및 업무상 상해 보험 제도를 개선함으로써 통일된
인민 사회 보험 공공서비스 플랫폼을 구축해야 한다. 도시와 농촌의 사회
보장 체계를 통합하기 위해 최저 생활보장제도, 사회 보조 및 사회복지, 자
선, 우대 정착 등 제도를 개선해야 한다. 다양한 공급 주체와 다채널 루트
를 통한 보장, 임대와 구매가 병행되는 주택시스템 구축에 속도를 높여 모
든 인민이 생활할 수 있는 주택이 있도록 하여야 한다.[38]

건강중국(Healthy China) 전략을 실행하고, 국가 보건 정책을 개선하여
전 인민을 위한 종합적이고 완전한 주기를 가진 건강 서비스를 제공하는
것이 필요하다. 의료보건 체제 개혁을 심화하고, 중국 특색을 가진 기초 의
료보건 제도, 의료보장 제도, 고품질의 효율적인 의료보건 서비스 체계를

37   시진핑, 『샤오캉사회 전면 실현의 결정적인 승리를 이룩하여 신시대 중국 특색 사회주의
      위대한 승리를 거두자─중국공산당 제19차 전국대표대회 보고(2017년 10월 18일)』, 인민출
      판사, 2017년판, 47면.
38   상동.

종합적으로 구축하여 현대적인 병원 관리제도를 완비해야 한다. 고수익 의약품으로 병원을 유지하는 현상을 없애고, 의약품 공급 보장 제도를 건전히 해야 한다. 인구 노령화에 적극적으로 대응하고, 봉양과 효도 및 존경 등 노인 케어를 위한 정책 시스템과 사회 환경을 만들어 의료와 노인 요양의 통합을 촉진하고, 실버 사업과 산업 발전을 가속화해야 한다.[39]

　　빈곤 구제를 위한 공략전에서 반드시 승리하여 빈곤 인구와 빈곤 지역을 전국과 함께 전면적인 샤오캉사회로 진입시켜야 한다.[40] 2012년 12월 말 시진핑 총서기는 집권 직후 허베이(河北)성 푸핑(福平)현을 방문해 빈곤 구제와 발전 업무 시찰시에 빈곤 퇴치와 민생 개선, 공동 부유의 실현이 사회주의 본질적인 요구라고 지적했다.[41] 그는 또 "전면적인 샤오캉사회 실현에서 가장 어렵고 복잡하면서도 막중한 과제는 농촌 지역 특히 농촌 빈곤 지역에 있다"[42]라고 강조했다. 2015년 1월, 시진핑 총서기는 윈난[雲南] 우멍산[烏矇山] 인근에 집중된 빈곤 지역을 점검하면서 "빈곤 구제와 개발은 우리의 첫 번째 100년 목표의 중점 사업으로 가장 어려운 과제이다"라고 지적했다.[43] 2015년 6월 시진핑 총서기는 구이저우[貴州] 조사연구 당시 전국의 빈곤 퇴치를 위한 새로운 목표를 제시하고, 결점을 보완하기

39　시진핑, 『샤오캉사회 전면 실현의 결정적인 승리를 이룩하여 신시대 중국 특색 사회주의 위대한 승리를 거두자-중국공산당 제19차 전국대표대회 보고(2017년 10월 18일)』, 인민출판사, 2017년판, 48면.

40　위의 책, 47면.

41　시진핑, 『쟈오위루(焦裕祿)와 같은 현 위원회 서기가 되자』, 중앙문헌출판사, 2015년판, 15면.

42　시진핑, 『쟈오위루(焦裕祿)와 같은 현 위원회 서기가 되자』, 중앙문헌출판사, 2015년판, 16면.

43　인민일보사 평론부 편저, 『'4가지 전면' 학습서』에 실린 '시진핑 윈난(云南) 고찰 중 연설(2015년 1월 19일)', 인민출판사, 2015년판, 57면.

위해 '13차 5개년 계획' 기간 빈곤 구제와 발전 사업을 과학적으로 계획하고, 2020년까지 빈곤 인구가 가난에서 벗어나도록 보장해야 한다고 강조했다.[44] 2017년 말, 중국 현재 빈곤 기준에 따르면 농촌 지역에는 아직 3046만 명의 빈곤 인구가 남아 있다. 이는 2020년까지 매년 1000만 명 이상씩 가난을 줄여야 하는 힘든 과제가 남아 있다는 의미다. 지역 여건과 가정 상황에 맞게 정책을 실시하기 위해서 생산 발전을 통해 빈곤에서 벗어나는 그룹, 지역 이전을 통해 빈곤에서 벗어나는 그룹, 생태 보상을 통해 빈곤에서 벗어나는 그룹, 교육 발전을 통해 빈곤에서 벗어나는 그룹, 사회보장의 도움을 받는 그룹으로 나누는 '5개의 그룹[五個一批]' 빈곤 구제 프로젝트를 실시해야 한다.[45] 전체적인 빈곤 구제 구도를 유지하고, 신념과 지혜가 결합된 빈곤 구제에 집중하면서 동서부의 빈곤 구제 협력을 심층적으로 실시하고, 빈곤 지역의 빈곤 탈출 임무를 중점 공략해야 한다. 2020년까지 중국의 현행 기준 이하의 농촌 빈곤 인구가 가난에서 벗어나고, 모든 빈곤 현이 가난의 모자를 벗을 수 있도록 만들어 지역적 빈곤을 해결함으로써 진정한 빈곤 탈출을 실현해야 한다. 물론 빈곤 감소와 퇴치는 상당히 긴 역사적 과정이 필요하다. 2020년에 농촌의 모든 빈곤 인구가 일정대로 빈곤에서 벗어나는 야심 찬 목표를 이루더라도 현행 기준의 극심한 빈곤을 기본적으로 해소하는 것일 뿐, 평균 소득의 50% 이하에 있는 상대적 빈곤층은 오랫동안 존재하게 될 것이다. 따라서 함께 잘 살 수 있는 길은 힘들고도 긴 여정이 될 것이다.

---

44   시진핑, 『극빈지역의 빈곤탈출공략심포지엄에서의 연설』, 인민출판사, 2017년판, 3면.
45   중공중앙선전부 편저, 『시진핑 총서기의 중요 연설 시리즈(2016년판)』, 학습출판사·인민출판사, 2016년판, 221면.

공정성과 정의의 고취와 인민복지의 향상은 중국 개혁 발전의 출발점이자 목표지만 이를 달성하기는 쉽지 않다. 가장 중요한 핵심은 사회정책이 조력자 역할을 해야 한다는 것이다. 첫째, 인민의 생존과 발전의 기본적 욕구를 만족시키기 위해 의무교육, 의료, 양로보험과 같은 기초보장을 지원하는 것이 필요하다. 둘째, 특별한 어려움을 겪고 있는 사람들을 지원하는 것이다. 그들에게 특별한 도움과 지원을 제공하여 '생활의 마지노선'을 유지할 수 있도록 한다. 셋째, 긴급 지원이 필요한 인민이 예상치 못한 생활고를 헤쳐 나갈 수 있도록 돕는 것이다. "위기에 처한 사람들을 돕기 위해 더 많은 일을 하고, 굳이 하지 않아도 되는 헛수고는 덜 해야 한다."[46] 이는 시진핑 총서기의 당부이자 경고다. '사회정책이 뒷받침되어야 한다'는 말에는 실질적으로 사회복지의 중요한 법칙에 대한 이해를 함축하고 있는데, 바로 좋은 사회정책은 보편적인 혜택을 주고, 오래 지속되며 효과적이어야 한다는 것이다. 보편적인 혜택은 발전의 결실이 누구에게나 돌아가도록 해 공동 부유의 길로 가고, 생활의 마지노선을 지킬 수 있도록 도움을 주는 것이다. 개개인의 사회적 재능과 능력, 성과와 기회 등이 다를 수 있기 때문에 얻을 수 있는 보수와 생활 수준에도 차이가 있다. 그러나 사회는 자본 수요 충족의 원칙, 생존권과 발전권을 보장하는 원칙을 바탕으로 기초생활에 대한 보장을 제공해야 한다. 지속적이고 장기적 안정을 달성하기 위해서 사회복지의 공급 수준이 실제 발전 수준에 맞춰져야 한다. 장기 집권을 하는 정당이라면 장기적인 안정에 대한 계산이 있어야 한

---

46   중공중앙선전부 편저 『시진핑 총서기의 중요 연설 시리즈(2016년판)』, 학습출판사·인민출판사, 2016년판, 218면.

다. 현재 일부에서는 '중국은 여전히 사회주의 초급단계에 머물러 있고 앞으로도 오랫동안 지속될 것'이라는 판단에 동의하지 않고, 심지어 겸손함을 표현하는 것이라고 보기도 하는데 이는 중국 국정에 대한 냉철한 이해가 부족한 것이라고 볼 수 있다. 일부 무책임한 정당들처럼 인민의 호감을 사고 표를 받기 위해 현실과 동떨어진 높은 수준의 사회복지를 약속할 수 없으며, 경제발전의 주기적 변동과 지속적으로 견고하게 복지를 강화하는 것 사이의 갈등을 인식해야 한다. 높은 부채를 지고, 금융 위기에 직면하면서 인민의 믿음을 잃는 일부 국가의 전철을 밟지 않도록 해야 한다. 중국은 급속한 노령화 단계로 접어들었다. 사회와 가족 구조에 중대한 변화가 발생하게 되면서 전통적인 노인 봉양과 세대 간 노후지원 메커니즘이 도전을 받게 될 것이다. 기본적인 노후 보장 체제 개선에 박차를 가하는 한편, 장기적으로 보장할 수 있는 능력을 키울 필요도 있다. 효과적인 사회정책은 열심히 일해서 부자가 되도록 장려하는 메커니즘을 구축할 수 있도록 사회보장과 복지를 제공하는 것이다. 사회주의는 평등주의나 '평균 분배주의'가 아니고, 근면함을 응징하고 게으름을 보상하는 것도 아니다. 우리는 이 점에 대한 깊은 교훈을 얻은 바 있다. 사회가 활력이 넘치려면 모든 사람이 열심히 일하고 정직한 경영과 창의력으로 자신의 운명을 바꿀 수 있는 능력을 갖출 수 있도록 공정한 경쟁 사회의 수직적 이동 메커니즘을 구축해야 한다. 시진핑 총서기가 언급한 바와 같이 개인이 열심히 일해서 부를 쌓는 것을 독려하기 위해 공평한 권리와 기회, 규칙을 가진 사회 환경을 조성하고 유지해야 한다. 노력하는 사람에게 성공의 기회가 주어지는

인민중심의 새로운 발전 이념 고수

환경을 만들어야 한다.[47]

　　사회 거버넌스는 국가 통치의 중요한 부분이며, 국가 통치 시스템과 거버넌스 기능의 현대화에는 사회 거버넌스 시스템의 혁신이 필요하다. 함께 만들고 관리하고 공유하는 사회 거버넌스 구도를 만들고, 사회 거버넌스 제도를 강화하기 위해 당 위원회가 지도하고 정부가 책임지며, 사회가 협력하고 대중이 참여하며, 법적으로 보장되는 사회 거버넌스 체제를 완비함으로써 사회 거버넌스의 사회화, 법치화, 정보화 및 전문화 수준을 향상시켜야 한다. 개혁개방 40년 이후 중국의 계급 계층구조, 사회의 조직구조, 사회의 생활 방식, 사회의 이익 구도와 사상 및 관념에 심오한 변화가 일어났다. 이런 심오한 변화는 결국은 사회의 커다란 진보이자 개혁개방의 위대한 성과이다. 하지만 그와 함께 새로운 갈등과 문제가 생겨나 기존의 사회 관리 방식에 도전이 되고 있다. 정부와 사회의 관계, 시장과 사회의 관계를 다루는 방법은 혁신적인 사회 거버넌스 혁신의 핵심 이슈가 되었다. 사회 거버넌스의 혁신은 인민 중심의 민생 보장과 개선을 출발점과 최종 목표로 삼아야 한다. 2016년 4월, 시진핑 총서기는 안후이[安徽] 펑양[鳳陽]현 샤오강[小崗]촌 조사연구 당시 "사회 관리를 강화하고 혁신하기 위해서 민생 개선과 보장을 최우선으로 삼아야 한다"고 지적했다.[48] 사회 거버넌스 강화와 혁신을 통해 인민에게 더 좋은 사회와 생활환경을 마

47　중공중앙선전부 편저, 『시진핑 총서기의 중요 연설 시리즈』, 학습출판사·인민출판사, 2014년판, 112면.

48　시진핑 농촌개혁 심포지엄에서 '새로운 상황에서 농촌 개혁을 더욱 강력히 추진하여 농업 기반을 확고히 하고 농민들이 편안하게 생활하고 즐겁게 일할 수 있도록 촉진할 것'을 강조, 인민일보, 2016년 4월 29일, 1면.

련해 주어야 한다. 한 지역의 안전을 보호하는 것은 가장 기본적인 요구이 자 사회 거버넌스에서도 가장 기본이 되는 요구사항이다. 시진핑 총서기 의 말처럼 '인민의 기본적인 의식주가 해결된 후 첫 번째로 요구하게 되는 것은 평안함이다. 이는 가장 중요한 민생이자 발전을 위한 가장 기본적인 환경이다',[49] 사회 치안과 질서를 유지하고 각종 불법 및 범죄 행위를 엄격 히 단속해야 한다. 청원 및 집단 민원 사건을 합법적으로 해결하고 권리 보 호와 안정 사이의 관계를 잘 처리해야 한다. 인민의 '혀끝 안전'과 '의료 안 전'을 보호하기 위해 식품·의약품에 대한 관리 감독을 강화해야 한다. 사 람들이 깨끗한 물과 신선한 공기를 마실 수 있도록 생활환경을 보호해야 한다. 거짓, 사기, 공격, 매도, 테러, 음란물 및 폭력물이 사이버 공간에서 확산되지 않도록 법에 따라 인터넷을 관리함으로써 건전한 사이버 공간 을 조성해야 한다. 사회 거버넌스의 강화와 혁신을 위해 정부, 사회, 시장 의 협력 관리 능력을 형성함으로써 다양한 사회 역량이 사회 거버넌스에 참여할 수 있도록 해야 한다. 노동조합, 공산당청년단, 여성단체, 산업협회, 도시·농촌 주민자치단체 및 다양한 사회단체의 역할에 각별한 관심을 기 울여야 한다. 가장 광범위한 대중을 단결시키고, 새로운 사회 계층과 집단 의 업무를 잘 수행하려면 민정에 관심을 가지고 여론을 경청해야 한다. 약 8억 명의 네티즌과 약 2억 명의 종교 신자들이 당의 집권 기반이 되어 중 국 특색 사회주의를 가진 살기 좋은 보금자리를 함께 건설하고, 전면적인 샤오캉사회 실현과 현대화 건설이라는 위대한 사업에 함께 헌신할 수 있 도록 만들어야 한다.

---

49   중공중앙선전부 편저, 『시진핑 총서기의 중요 연설 시리즈(2016년판)』, 학습출판사·인민출 판사, 2016년판, 223면.

제1장

인민을 중심으로 하는 발전사상을 고수하여야 한다

시진핑 총서기는 19차 당대회 보고에서 "인민은 역사의 창조자이며 당과 국가의 미래와 운명을 결정하는 근본적인 힘이다. 인민의 주체 지위를 고수하고, 대중을 위해 당을 건설해야 한다. 인민을 위해 나라를 다스리며 인민을 진심으로 섬기는 근본 취지를 실천해야 하며, 국정 운영 전반에 당의 대중 노선을 구현해야 한다. 더 나은 삶에 대한 인민의 갈망을 투쟁 목표로 삼아 인민에 의지하여 역사적 위업을 이루어야 한다"[1]고 지적했다.

인민 중심의 발전 사상을 고수하기 위해서는 항상 인민 모두의 전인적 발전과 공동 부유 실현을 염두에 두고, 인민복지 증진을 모든 일의 출발점과 최종 목표로 삼아야 한다. 인민 민주주의를 발전시키고, 공정성과 정의를 보호하고, 인민의 평등한 참여와 평등한 발전 권리를 보장하며, 사람들의 열정과 적극성과 주동성 및 창의성을 충분히 동원해야 한다. 인민 중심의 발전 사상은 시진핑 신시대 중국 특색 사회주의 사상의 중요한 내용이다. 마르크스주의 인식론과 방법론을 빛낸 이러한 새로운 논점은 '누구를 위한', '누구에 의한', '나는 누구인가'와 같은 발전적 문제에서 중국이

---

1   시진핑, 『샤오캉사회 전면 실현의 결정적인 승리를 이룩하여 신시대 중국 특색 사회주의 위대한 승리를 거두자-중국공산당 제19차 전국대표대회 보고(2017년 10월 18일)』, 인민출판사, 2017년판, 21면.

나아가야 할 방향을 명확하게 제시하고 있다. 인민 중심의 발전 사상을 고수해야만 인민의 주인 지위를 유지할 수 있고, 인민지상주의를 견지할수 있으며 인민을 위한 발전을 고수함으로써 인민에게 발전의 열매를 나눌수 있다는 것이 실천을 통해 증명되었다.[2]

1. 민본국고(民本邦固)는 역대 중국의 국정운영 경험이다

중국의 역사 기록에서 성공의 경험과 실패의 교훈 모두 인민의 발전 요구가 존중되고, 인민의 발전 염원을 따르며, 인민의 발전 요구를 충족했을 때 나라가 태평하고 사회가 안정되고 경제가 번영한다고 설명하고 있다. 정책을 결정하는 층에서 인민을 위한 발전 공간을 넓힐수록 사회 문명 수준이 높아지고 발전 속도도 빨라진다. 대체로 사서에 기록되어 있는 '태평성세'와 '중흥' 등은 모두 어느 정도 백성의 이익과 밀접하게 관련되어 있다.

걸왕(桀王)은 중국 최초로 문자 기록을 한 하(夏)나라의 마지막 왕으로 글재주와 무예가 뛰어난 것으로 전해진다. 이런 자질과 재능과 지혜를 가진 사람이라면 원래 성군이 될 수 있었으나 갈수록 첨예해지는 사회 갈등을 마주하고도 그는 개혁할 생각도 하지 않고, 생산에도 신경을 쓰지 않았을 뿐 아니라 백성들의 생사를 돌보지 않고, 대규모 토목 공사를 벌여 화려한 궁전과 누각을 짓고, 여색에 빠져 음란한 생활을 즐기며 농사철을 지나

---

2   중공중앙선전부 편저, 『과학적 발전관 학습서』, 학습출판사, 2008년판, 30면.

인민중심의 새로운 발전 이념 고수

치는가 하면, 충신을 박해하고 폭정을 실시한 결과 '무자비하게 세금을 거둬들여 만백성이 비탄에 빠지는 상황'[3]을 만들었다. 고달픈 삶을 살아가는 백성들 사이에서 '걸왕이 죽을수만 있다면 같이 죽어도 여한이 없다'[4]는 탄식을 하기까지 이른다. 안으로는 백성의 지지를 얻지 못하고, 밖으로는 상(商)나라 탕(湯)왕의 공격까지 받는 상황에서 모든 사람에게 버림받고 고립무원이 된 걸왕은 하나라를 멸망으로 이끌게 된다.

상나라 탕왕은 하나라 걸왕에서 교훈을 얻어 인후의 덕으로 민심을 얻었고, 관용으로 백성을 다스리는 정책을 취했다. 그는 관대함으로 나라를 다스렸고, 농업의 중요성을 강조하며 백성들의 고통에 관심을 가지고 덕치를 실현했다. 그리하여 농업과 수공예가 급속히 발전을 이루어 상나라 초기의 번영을 맞이했다.[5]

서한(西漢)을 세운 고조 유방과 문무 대신들은 가렴주구로 인해 대규모 농민 봉기가 일어날 수 있음을 깨닫고, 강성했던 진(秦) 나라가 쇠퇴하게 된 연유를 교훈으로 삼아 백성을 혹사하고 재산을 축내는 것과 가혹한 형벌을 내리는 것을 최대한 피하면서 황제(黃帝)[6]와 노자(老子)의 무위이치

---

3 『한시외전(韓詩外傳)』10권: 궈모뤄(郭沫若) 주필의 『중국사고(中國史稿)』 제1권 인용, 인민출판사, 1976년판, 154면.

4 『상서·탕서(尙書·湯誓)』, 류저화(劉澤華) 등 편저 『중국고대사』(상), 인민출판사, 1979년판, 36면.

5 『여씨춘추(呂氏春秋)』10권, 『맹동기·이용(孟冬記·異用)』: 후커선(胡克森)의 『융합-춘추~진한 시대 분열에서 통일로 가는 문화적 사고』 인용, 인민출판사, 2010년판, 42면.

6 옮긴이 주: 신농씨와 마찬가지로 신화 속의 인물. 황제라는 이름은 오행사상의 토(土)와 연관된 사고에서 비롯된 것으로, 토(土)→황(黃)→황제(黃帝)로 칭하게 됨.

(無爲而治)[7]를 통해 관용 정책을 펼치면서 백성들이 원기를 회복할 수 있도록 했다. 농업을 장려하고, 가산을 유지할 수 있도록 조치했고, 인구를 늘려 경제를 회복하고 발전시켜 안정적인 통치라는 목표를 이룰 수 있었다. 수십 년의 발전을 통해 특히 '문경(文景)[8] 통치' 이후 부국강병의 성세를 이루게 되어 한 무제(武帝)가 흉노를 물리치고 서역을 열어 실크로드를 닦을 수 있는 튼실한 기반을 마련해 주었다.

당(唐)나라 초기 태종 이세민은 민생의 중요성을 깊이 인식하고, 수(隋)나라 양제를 항상 반면교사로 삼아 자신과 부하를 경계하고, 수나라 멸망의 교훈을 되새기면서 지난 왕조의 폐해를 바로잡고 통치정책을 조정했다. 그는 "백성은 물이고, 임금은 배다. 물은 배를 띄울 수 있지만 뒤집을 수도 있다"[9]는 말을 남겼다. 임금은 나라에 의지하고, 나라는 백성에 의지한다[10]는 것을 정확하게 이해하고 있었다. 이를 바탕으로 그는 예의 바르게 아랫사람을 대하고, 사람의 능력을 잘 파악하여 적재적소에 임용했으며, 누구나 허심탄회하게 말할 수 있는 분위기를 만들고 충고를 받아들였다.

---

7 옮긴이 주: 무치(無治)라고도 함. 《도덕경(道德經)》에서 나온 말로 도가(道家)의 나라를 다스리는 이념. 노자는 "군왕이 인위적으로 행함이 없어야 백성이 절로 교화되고, 군왕이 고요히 있을 줄 알아야 백성이 절로 바르게 되며, 군왕이 일을 도모함이 없어야 백성이 절로 부유해지고 군왕이 바라는 것이 없어야 백성이 욕심 없이 살게 된다(我無爲而民自化, 我好静而民自正, 我無事而民自富, 我無欲而民自朴)"고 했다. 즉 무위이치는 아무 것도 하지 않는다는 것이 아니라 작위적인 통치 행위나 지나친 간섭이 없어야 백성이 능력을 충분히 발휘할 수 있다는 말임.

8 옮긴이 주: 서한의 문제(文帝)와 경제(景帝).

9 『정관정요(貞觀政要)』3권, 군신감계(君臣鑑戒)6편: 류린종(劉林宗) 편저 『정감(政鑑)』에서 인용, 인민출판사, 2008년판, 4면.

10 『자치통감(資治通鑑)』192권, 고조 무득 9년 11월: 후샤오린(胡曉林) 주필의 『신편 중국 수, 당, 오대사』상편, 인민출판사, 1995년판, 62면.

또한, 그는 백성을 아끼는 마음을 가지고 쉽게 부역을 징발하지도 않았다. 문화와 교육을 부흥시키고, 관리행정을 바로잡았으며 과거제도를 완비했다. 부역제도를 개혁하고, 엄격한 경제 절약을 실시하여 백성들이 편히 생활할 수 있도록 만들어 계급 갈등을 완화했고, 사회질서를 안정시켰으며, 경제 성장을 회복시켜 안정 국면을 맞이했다. 그의 업적은 역사가들에 의해 '정관의 치(貞觀之治)'[11]라 불린다. 천하가 태평해 사형수의 숫자가 적은 해에는 전국에 10여 명 정도가 수감되어 있었다고 전해진다. 백성들은 길에 물건이 떨어져 있어도 줍지 않았고, 밤에 문도 잠그지 않아도 될 정도였다. 당나라의 번영은 개방적인 상황을 형성했다. 사절들과 유학생을 받아들여 문화통합의 장을 만들었을 뿐 아니라 교역로를 열어 육상 실크로드와 해상 실크로드가 모두 뻗어 나갈 수 있었다. 이를 통해 경제적으로 동서양을 연결하고, 문명을 연계시켜 세계 문화 예술의 통합과 발전을 촉진 시킬 수 있었다. 당나라가 실크로도의 안정을 효과적으로 유지하고, 실크로드를 이용하는 상인들이 필요로 하는 인프라를 보장했기 때문에 사람들의 왕래가 끊이지 않았고, 대량의 화물이 동서양을 오가며 실크로드를 세계의 황금 길로 만들 수 있었다.

청(清)나라는 건국 초기 명(明)나라 말기의 상황을 교훈으로 삼아 관료주의를 없애고, 민족 관계를 조정하고, 백성의 부담을 줄이기 위해 민생 차원에서 사회자원을 배분했다. 청나라 성조(聖祖) 애신각라·현엽(爱新觉罗·玄烨)은 "치국은 항상 백성을 먼저 풍요롭게 하고, 나라 안을 풍요롭게 하

---

11   옮긴이 주: 당나라 왕 태종이 다스리던 시기(626년~649년). 연호는 정관(貞觀).

는 것이 으뜸이다"[12]라고 말했다. 이를 바탕으로 그는 농업 발전 계획을 본격적으로 이행하면서 황무지를 농지로 개간하고, 국경 지역에 군둔(軍屯)을 시행했다. 옹정(雍正) 시기, 기인(旗人)[13]들이 농사를 짓도록 했고, 부정부패를 척결하고 수로를 정비하여 수리 사업을 대대적으로 시행했다. 강희(康熙), 옹정, 건륭(乾隆) 황제의 노력 덕분에 농업이 보장되고 세금이 계속 낮아지고, 반복적인 토지세 감면을 통해 농민의 생산 열정이 증가했으며 안정적인 발전 국면을 맞이하게 되었다. 청나라가 북쪽의 제정 러시아를 막고, 남쪽의 '삼번(三藩)의 난'[14]을 평정하고, 대만을 수복하고, 서북부를 안정시키고 오늘날 중국의 토대를 마련한 것은 바로 정치적 청명함과 사회적 안정, 민족 융합과 경제적 번영이 있었기 때문이었다. 아울러 백성들의 지지를 받았기 때문에 강희 30년 동안 만리장성에 의해 형성된 내외 분열, 중국인과 오랑캐의 구별에 대한 전통 관념을 과감히 뛰어넘어 대일통(大一統)의 정치 구도를 발전시킬 수 있었다.

한 마디로 중국 역사상 각 왕조의 흥망성쇠 경험과 교훈을 통해 황제와 임금들이 건국 초기에는 기본적으로 과거 왕조의 실패를 교훈으로 삼아 관리를 단속·정리하고, 민의를 존중하며, 온 힘을 다하여 정치에 힘씀으로써 장·단기적인 발전의 기회를 얻었다는 것을 알 수 있다. 그러나 세습 과정에서 현실에 안주하고, 관리를 방임해 부패가 만연하고, 백성을 억압하고 탈취하는 파렴치한 자들이 나타나게 된다. 그 결과 민중 봉기가 일

---

12 『성조인황제성훈(聖祖仁皇帝聖訓)』 제40권.

13 옮긴이 주: 청나라의 팔기제도(八旗制度)에 속한 사람들의 총칭.

14 옮긴이 주: 1673~1681년 오삼계, 상지신, 경정충 등의 삼번이 청(淸)나라에 대하여 일으킨 반란.

인민중심의 새로운 발전 이념 고수

어나 발전 동력이 사라지고 점점 쇠퇴하게 되며, 농민 봉기로 인해 전복되거나, 혹은 외족에 의해 멸망하게 된다. 이렇게 계속 '흥망성쇠'의 길을 반복해왔다. 여기에서 가장 큰 교훈은 국가 전체의 깨끗한 정치에 대한 희망을 '군주'에 기대었을 때, 성군을 만나게 된다면 백성을 어여삐 여겨 진언을 받아들이고, 생산을 발전시키고 경제가 번영을 이루지만, '멍청한 왕'을 만나게 된다면 온갖 향락에 빠져 백성을 마구 짓밟고, 관리들의 부패가 극에 달해 멸망에 이르게 된다는 점이다.

이 점을 고려하여 역사가들은 "스스로를 돌아보며 반성해 온 우왕과 탕왕은 번영을 이루었고, 남을 탓한 걸왕과 주왕(紂王)이 순식간에 멸망했다"[15]고 결론을 내렸다. 이러한 관점에서 1945년 7월 황옌페이[黃炎培]는 옌안[延安] 시찰에서 '나라의 번영과 멸망'에 대해 언급할 때 역대 모든 왕조가 흥망성쇠의 순환에서 벗어나지 못했다고 지적하고, 중국공산당이 이런 숙명을 피할 수 있는 무기가 어떤 것인지에 대해 마오쩌둥 동지의 가르침을 구했다. 이에 마오쩌둥 동지는 "우리는 이미 새로운 길을 찾았고, 이 순환에서 벗어날 수 있다. 그 새로운 길은 바로 민주이다. 인민이 정부를 감독하도록 해야만 정부가 긴장을 풀 수 없다. 모두가 책임져야만 집권자가 사라졌다고 정책이 중단되는 인망정식(人亡政息)이 생기지 않을 것이다"[16]라고 답했다고 밝혔다.

---

15 『좌전』: 펑밍(彭明) 총편집, 치펑페이(齊鵬飛), 원러췬(溫樂群) 편저 『20세기의 중국-현대화를 향한 여정(정치권 1949-2000)』, 인민출판사, 2010년판, 75면.

16 왕화빈(王華斌) 『황옌페이 전』, 산동문예출판사, 1992년판, P180-181/ 『좌전』: 펑밍(彭明) 총편집, 치펑페이(齊鵬飛), 원러췬(溫樂群) 편저 『20세기의 중국-현대화를 향한 여정(정치권 1949-2000)』, 인민출판사, 2010년판, 76면.

시진핑 총서기는 2014년 란카오[蘭考] 시찰에서 "우리는 공산당이 집권하고 있고, 많은 규율이 공산당에 의해 만들어졌고, 공산당에 의해 시행되고 있다. 마오쩌둥 주석은 황옌페이와 대화에서 금방 흥했다가 한순간에 망하는 역사의 주기성을 벗어나야 한다고 지적했다. 이는 인민이 감독할 수 있도록 하자는 말이다"[17]라고 밝혔다. 같은 해 그는 공자 탄생 2565주년 기념 국제 학술 심포지엄 및 국제유교연맹 제5차 총회 개회식에 참석하여 "문화적 전통을 과학적으로 다루어야 한다. 역사를 잊지 않음으로써 미래를 열 수 있고, 잘 계승해야 혁신을 잘 할 수 있다"[18]고 지적했다.

역사와 현실, 미래는 연결되어 있다고 봐야 한다. 역사는 과거의 현실이고, 현실은 미래의 역사이다. 민본주의를 통해 국가를 굳건하게 만들었던 역사적 경험을 명심하고, 인민 중심의 발전 사상을 깊이 깨달아야만 전면적인 샤오캉사회 실현을 바탕으로 미래를 더 잘 설계하고, 경제 건설을 중심으로 대중의 획득감, 행복감, 안전감을 향상시킬 수 있으며, 역사에서 합격점을 받을 수 있는 답안을 제출할 수 있다. 전면적인 샤오캉사회를 이룬 후, 새로운 '두 단계[兩步走]'라는 대업을 완수하고 2035년에는 기본적으로 현대화를 실현하게 될 것이다. 기본적인 현대화 실현을 토대로 2050년까지 부강하고 민주적이며, 문명화되고, 조화롭고 아름다운 사회주의 현대화 강국으로 만들어 중국 민족의 위대한 부흥인 중국몽을 실현해야 한

---

17   중국공산당 중앙기율검사위원회와 중앙문헌연구실 편저 『엄격한 당 기율과 규칙에 관한 시진핑 논술 엮음』, 중앙문헌출판사·중국방정출판사, 2016년판, 53-54면.

18   시진핑: 『공자 탄생 2565주년 기념 국제 학술 심포지엄 및 국제유교연맹 제5차 총회 개회식 연설(2014.9.24)』, 인민출판사, 2014년판, 11면.

인민중심의 새로운 발전 이념 고수

다.[19]

2. 민생 복지는 모든 업무의 출발점이자 최종 목표이다

중국공산당 창립 이후 오랜 실천과 투쟁을 통해 인민 중심의 발전 이념을 잘 고수했을 때 모든 업무가 원활하게 이루어지면서 인민의 지지를 얻어 가는 곳마다 승전보를 울릴 수 있고, 인민 중심의 발전 사상에서 벗어나면 모든 업무 처리가 어려워지고, 직면한 중요한 문제를 해결하기 힘들어져 여러 가지 좌절에 부딪혀 발전 기회를 포착하기 힘들다는 것이 증명되었다. 이 때문에 시진핑 총서기는 19차 당대회 보고에서 "중국공산당은 중화민족의 위대한 부흥을 실현하기 위해 시대의 흐름에 맞춰 인민의 뜻을 따르면서 과감한 개혁개방을 지향하고, 당과 인민 사업을 위해 언제나 용감하게 전진할 수 있는 강한 동력이 필요하다는 것을 잘 알고 있다. 우리 당은 개혁개방이라는 위대한 혁명을 이루기 위해 인민을 이끌고 계속하여 국가와 민족의 발전을 가로막는 이념적 제도적 장애물을 모두 제거함으로써 중국 특색 사회주의의 길을 열었고, 이렇게 중국은 시대를 따라 잡을 수 있는 큰 발걸음을 내디딜 수 있었다"라고 확실하게 밝혔다.[20]

19 　시진핑: 『전면적인 샤오캉사회를 실현하고 새로운 시대 중국 특색 사회주의의 위대한 승리를 거두자-중국공산당 제19차 전국대표대회 보고』(2017년 10월 18일), 인민출판사, 2017년판, 29면.

20 　시진핑: 『전면적인 샤오캉사회를 실현하고 새로운 시대 중국 특색 사회주의의 위대한 승리를 거두자-중국공산당 제19차 전국대표대회 보고』(2017년 10월 18일), 인민출판사, 2017년판, 14면.

인민 중심의 발전 사상을 고수하려면 민생 복지를 가장 중요한 위치에 두고 이를 모든 업무의 출발점과 최종 목표로 삼아야 한다. 업무의 출발점과 최종 목표를 인민복지와 민족 부흥을 모색하는 핵심 위치에 두어야만 인민과 긴밀한 관계를 구축해 마르크스주의 대중사관을 견지할 수 있다. 혁명전쟁 시기 우리는 이 점을 고수해 결국 국가 정권을 장악하고 중화인민공화국을 수립할 수 있었다. 평화건설 시기에도 우리는 이를 변함없이 지킬 것이다. 개혁개방 40년 동안 중국공산당은 건설에 집중할 수 있도록 인민을 이끌면서 한마음 한뜻으로 발전을 모색하였기 때문에 중국의 종합적 국력이 크게 향상되었고, 인민 생활이 끊임없이 개선되었으며, 국제적 위상도 높일 수 있었다. 이런 역사 과정과 엄청난 발전성과는 사회주의 제도의 본질과 우월성을 반영했다. 이 때문에 시진핑 총서기는 "지난 96년 동안 약하든 강하든, 순조로운 상황이든 역경이 있든, 중국 민족의 위대한 부흥이라는 역사적 사명을 실현하기 위해 우리 당은 초심을 잃지 않고 굳은 의지로 인민을 이끌고 결속하여 수많은 어려움을 이겨내고, 큰 희생을 치르면서도 용감하게 우여곡절에 맞서고 잘못을 바로잡으면서 극복할 수 없을 것 같던 난관을 하나하나 넘었고, 역사에 길이 빛날 인간의 기적을 하나하나 만들어 왔다"고 지적했다.[21]

민생 복지를 모든 업무의 출발점과 최종 목표로 두기 위해서는 문제의식에서 시작해 사람들의 최대 관심사이자 직접적이고 현실적인 의미가 있는 민생문제를 잘 해결해야 한다. 교육, 취업, 사회보장, 인민건강, 정확

---

21   시진핑: 『전면적인 샤오캉사회를 실현하고 새로운 시대 중국 특색 사회주의의 위대한 승리를 거두자-중국공산당 제19차 전국대표대회 보고』(2017년 10월 18일), 인민출판사, 2017년판, 14-15면.

인민중심의 새로운 발전 이념 고수

한 빈곤구제, 공공안전, 국가안보, 국가의 기본 약물 제도, 보장성 주택 건설 프로젝트와 주택 개혁 등 분야에서 인민이 만족할만한 답안을 제시해야 한다.

개혁개방 이후 급속한 성장은 중국을 세계 2위의 경제 대국으로 만들었을 뿐 아니라 전통적 농업 사회에서 산업 사회로, 다시 탈산업 사회로의 사회구조의 전환을 촉진했다. 생산 방식의 변화는 사회생활 방식의 전환을 촉진하면서 많은 인민의 생활이 질적으로 개선될 수 있는 폭넓은 공간을 마련했다. 1978년 중국의 1인당 GDP는 당시 환율로 계산했을 때 156달러에 불과했다. 2016년에 이르러 1인당 GDP는 5만 3980위안(2016년 환율 기준으로 약 8866달러)으로 중상위 소득 국가 대열에 진입했다.[22] 2013년 인간개발지수(HDI)는 0.719에 달하여 중국이 인간개발지수가 높은 국가가 되었음을 보여준다.[23]

이제 전반적인 사회 상황이 안정되고 9년 의무제 교육 제도가 본격적으로 시행되고 있다. 우리는 도시와 농촌의 의무교육 통합 발전을 계속 추진해야 하며, 농촌의 의무교육을 중요하게 생각해야 한다. 학령전 교육, 특수교육 및 온라인 교육을 운영하고, 고등학교 교육을 대중화하고, 모든 아이들이 공정하게 양질의 교육을 누릴 수 있도록 노력해야 한다. 직업 교육과 훈련 시스템을 개선하고 산업과 교육의 통합, 학교와 기업의 협력을 강화한다. 동시에 고등교육이 의미 있게 발전할 수 있도록 인적 자본을 지

---

22 국가 통계국: 『중화인민공화국 2016년 국민경제 및 사회발전 통계공보(2017년 2월 28일)』, 인민일보, 2017년 3월 1일, 제10면.

23 유엔개발계획(UNDP) 『2014년 인류개발보고서-인류의 지속적인 진보 촉진을 위해 취약성을 줄이고 저항력을 키우자』, 싱가포르 CTC번역센터 옮김, 2014년, 161면.

속적으로 개선함으로써 일류 대학과 학문의 건설을 가속화하는 것도 필요하다. 평생 교육을 운영하고 배움의 사회를 구축하는 데 박차를 가하여 인민의 자질 향상을 위해 열심히 노력해야 한다.[24]

18차 당대회 이후 호적제도 개혁은 인구이동 및 노동 시장의 개선을 촉진하여 2017년 말 도시화 수준은 58.52%로 높아졌다. 노동력 유동 시장 배치에서 국민 경제의 중·고속성장을 보장했으며, 연말 등록된 도시 실업률은 3.9%를 나타냈다.[25] 시진핑 총서기는 19차 당대회 보고에서 "보다 높은 품질과 보다 충분한 취업을 달성하기 위해 취업 우선 전략과 적극적인 취업 정책을 고수해야 한다. 대규모 직업 기술 훈련을 실시하고, 취업의 구조적 모순을 해결하는 데 초점을 맞추고, 창업을 장려해 일자리를 이끌어 내야 한다. 대졸 청년층, 농민공의 다각도 취업과 창업을 촉진하기 위해 전방위적인 공공 취업서비스를 제공해야 한다. 근면 성실하게 노력하면 누구나 스스로 발전할 수 있는 기회를 가질 수 있도록 노동력과 인재의 사회적 흐름을 방해하는 체제 메커니즘의 단점을 제거해야 한다"[26]고 지적하고, 마지막으로 취업이 최대 민생임을 강조했다.[27]

사회보장은 무에서 유를 만들어 내어 제도적 장치를 마련했고, 건강

---

24   시진핑: 『전면적인 샤오캉사회를 실현하고 새로운 시대 중국 특색 사회주의의 위대한 승리를 거두자-중국공산당 제19차 전국대표대회 보고』(2017년 10월 18일), 인민출판사, 2017년판, 45-46면.

25   「국가통계국, '2017년 중화인민공화국 경제 사회 발전 통계 공보'(2018년 2월 28일)」, 인민일보, 2018년 3월 1일, 10면.

26   시진핑: 『전면적인 샤오캉사회를 실현하고 새로운 시대 중국 특색 사회주의의 위대한 승리를 거두자-중국공산당 제19차 전국대표대회 보고』(2017년 10월 18일), 인민출판사, 2017년판, 46면.

27   상동.

중국 정책을 전면적으로 추진하고 있다. 기업 직원 양로 보험은 10년 이상 지속적으로 개선되었다. 도시와 농촌 주민들의 거주 면적이 크게 확장되었고 주택 보유율도 대폭 증가했다. 통계에 따르면 중국 도시 인구의 평균 주택면적은 36.6㎡(영국 35.4㎡, 프랑스 35.2㎡, 스페인 25.8㎡)로 확대된 것으로 나타났다. 2017년 말 현재, 중국 도시와 농촌의 엥겔 계수는 각각 28.6%와 31.2%로 줄어들었다.[28] 그만큼 소비지출이 비식품 쪽으로 이동하고 있다는 뜻이다. 소비 구조의 변화는 18차 당대회 이후 중국 경제 성장과 인민의 만족도를 높이는 중요한 하이라이트가 되었다. 이 때문에 중국 인구의 평균 기대수명은 중화인민공화국 건국 초기의 35세에서 2017년 76.7세로 늘어났다.[29]

사회발전에 따른 구조 전환, 인구 이동, 삶의 질 향상은 민생문제의 구조적 공급에 대해 새로운 수요를 형성하고 있다. 민생과 관련된 기본적인 공공서비스의 도농 간, 지역 간 큰 격차와 불균형적이고 불충분한 발전 문제가 더 나은 삶을 위한 사람들의 요구를 만족시키는 부분을 어느 정도 제한하고 있다는 점도 간과할 수 없다. 기존 시스템 구성으로 인한 차이가 있는가 하면, 지역발전 불균형과 불충분으로 인한 격차가 있기도 하며, 사회 변화 때문에 차이가 발생한 경우도 있다. 날로 늘어나는 아름다운 생활에 대한 요구와 불균형하고 불충분한 발전 사이의 갈등을 더 잘 해소하기 위해서는 도시와 농촌 간, 지역 간의 발전 격차를 줄이고, 소득 격차를 더욱 좁히며, 정확한 빈곤 구제를 통해 빈곤 인구의 생활 수준을 개선해야 한

---

28 「국가통계국, '2017년 중화인민공화국 경제 사회 발전 통계 공보'(2018년 2월 28일)」, 인민일보, 2018년 3월 1일, 10면.
29 『중국통계연감』 관련 데이터 정리.

다. 또한, 아름다운 삶에 대한 사람들의 요구가 점차 다양해지면서 사회안전보장, 관광, 교육, 보건 및 의료 자원 배분, 깨끗한 공기, 좋은 생활환경을 공급하는 것은 큰 의미를 갖는다.

인민의 생활 수준이 향상됨에 따라 모든 사회 계층 구성원들은 사회 치안, 교통 안전, 식품 안전 및 생산 안전에 대해 관심을 가지기 시작했다. 도시에서 식품 안전 검사를 강화한 후, 일부 가짜 저질 상품이 농촌 시장으로 흘러 들어가 농부들의 심신 건강에 영향을 미친 경우가 있었다. 농촌 지역에서 신농촌 건설이 추진되고 있지만, 플라스틱 시트에 의한 백색 오염, 사람과 가축의 배설물 폐수로 인한 오염, 짚 소각 오염과 같은 문제가 농촌 주민들의 삶의 질 향상에 심각한 영향을 미치고 있다. 이를 해결하기 위해 농촌 활성화 전략을 실행하는 것이 필요하다.

아이들의 성장에 영향을 미치는 것이 바로 교육이다. 도농 간, 지역 간 교육 격차가 아직도 크다. 다년간 학교 건물과 같은 하드웨어 부분에 대한 공사를 마친 후 일부 외딴 산악 지역을 제외하고는 대부분 초등학교와 중학교는 학교 건물, 책상, 놀이터와 같은 시설들이 기본적으로 수요를 만족시킬 수 있게 되었다. 하지만 소프트웨어의 구성과 교사의 교육 능력과 같은 부분에서는 도시와 농촌 사이에 여전히 큰 격차를 보이고 있다. 한편, 농민공과 함께 그들의 자녀들이 도시로 들어와 취학하게 되어 유입 지역의 도시 교육 자원에 압박을 주게 되면서, 일부 농민공의 자녀들은 도시와 농촌 경계지역에 있는 그들을 위한 학교에서 공부해야 하는 상황이 발생하고 있다. 다른 한편으로는 농촌의 초·중학생이 부족해 교육 자원의 심각한 낭비가 발생하고 있다. 외딴 지역의 우수한 교사들이 현지의 중심 도시로 이동하고, 남아있는 교사들 대부분은 학력이 그다지 좋지 않고, 교수

능력이 상대적으로 떨어진다. 이로 인해 오지 산간지역의 작은 초등학교와 중학교에서 의무교육을 마친 학생들이 순조롭게 좋은 고등학교로 진학하기는 어려운 실정이다. 이를 고려하여 시진핑 주석은 2013년 유엔 '교육 우선' 글로벌 이니셔티브 기념일 축하 연설에서 "모든 사람을 위한 교육 및 평생 교육을 개발하고, 학습 사회를 구축함으로써 모든 아이에게 교육을 받을 기회를 주고, 13억 인구가 더 공정하고 나은 교육을 받아 스스로를 발전시켜 사회에 기여하고, 다른 이들에게 혜택을 줄 수 있는 능력을 가질 수 있도록 노력해야 한다"[30]고 지적했다.

　마찬가지로 의료 자원의 하드웨어 장비들도 최근 몇 년 동안 크게 개선되었다. 향진(鄕鎭)[31] 병원에서도 입원 병상이 늘고 검진 장비가 업데이트되고, 의료진의 교육수준도 향상되었다. 향진병원은 현성(縣城)[32]병원과 지역 중심시립병원과의 의료수준 격차로 인해 향진병원의 입원 치료 환자 수가 감소하는 추세를 보이고 있다. 따라서 향진병원 의료진과 현성병원 의료진 간 능력차가 점점 커질 가능성이 있다. 동부지역 소재 병원의 의료수준도 중서부 지역 소재 병원의 의료수준을 크게 웃돌고 있다. 즉, 1차 병원과 현성병원 간의 의료수준 격차가 커질수록 환자들이 현성병원으로 이동할 가능성이 점점 커진다. 환자들이 현성병원으로 더 많이 이동할수록 향진병원 의사들의 진료 경험이 점점 부족하게 된다. 이런 모순이 해결되지 않는다면 현성병원 혹은 지역 유명 병원의 진료 압박이 줄어들지 않을

30　「시진핑 주석, 유엔 '교육 우선' 글로벌 이니셔티브 1주년 기념 영상 축하 메시지」, 인민일보, 2013년 9월 27일, 3면.

31　옮긴이 주: 현(縣)급 아래의 행정 단위, 한국의 읍·면에 해당함.

32　현 정부 소재지.

것이며, 이로 인해 전국 유명 병원의 진료 압박이 더 확대되고 줄어들지 않을 것이다.

노동 취업서비스의 경우 최근 전국의 등록 실업률이 4%대를 유지하고 있지만, 취업 취약계층인 농민공의 실업률과 정직률을 포함하면 실업률이 5%대로 올라가거나 5%대에서 움직일 것으로 조사됐다.[33] 해안 지역의 수출 지향형 기업의 폐쇄 및 이전(폐업, 폐쇄, 합병, 생산 변경, 공장 이전)은 농민공의 취업 안정에 큰 영향을 미쳤다. 호적제도의 영향으로 도시로 이주한 농민공들은 소재지의 기본적인 공공서비스를 충분히 공유할 수 없다. 이 모든 것들이 농민공들이 사회에서 얻는 행복감과 안정감에 영향을 미칠 수 있기 때문에 개혁을 통해 이행을 앞당길 필요가 있다.

18차 당대회 이후 사회보험 분야에 대한 개혁은 일사천리로 진행되었다. 기존 도시 기업 근로자에 대한 양로보험의 이전과 휴대성을 바탕으로 기관사업단위 양로보험제도 개편이 추진되었고, 멀티 트랙 운영을 통해 제도와 시스템으로 인한 처우 차이 문제를 완화함으로써 '하나의 통일'과 '5개의 동기화'를 마쳤다. '하나의 통일'이란 기본적으로 정부 기관과 사업단위의 양로보험 지급 및 산정 방식을 도시 기업 근로자를 위한 보험과 기본적으로 통일시켜 일원화하는 것을 의미한다. '5개의 동기화'란 정부 기관과 사업단위를 동시에 개혁하고, 직업연금제도와 기초양로보험제도를 동시에 수립하고, 양로보험제도 개혁과 임금제도 보완을 동시에 추진하고, 대우 조정기제와 산정지급방법을 동시에 개혁하고, 전국적인 법

---

33 국가통계국, 「2017년 중화인민공화국 국민 경제와 사회 발전 통계' 공보(2018월 2월 28일)」, 인민일보, 2018년 3월 1일, 10면.

인민중심의 새로운 발전 이념 고수

위에서 개혁을 동시에 시행하는 것을 말한다.[34] 동시에 신농촌 양로 보험과 도시 주민 양로 보험이 점차 통합되어 농촌 주민과 도시 주민의 납부 및 지불 산정 방식이 점점 통일되고 있다. 그러나 사회 보험 제도의 개혁으로 제도적 통합이 완성 되었음에도 불구하고 여전히 대우의 차이가 있음을 지적할 필요가 있다. 정부 기관 및 사업단위의 양로 보험에 설계된 직장 연금과 주택적립금을 통해 재정 지출을 받는 기관의 거의 모든 직원이 혜택을 받을 수 있다. 도시 기업에도 양로보험에 직장 연금이 설계되어 있지만, 기업이 실제로 납부하는 비중이 낮아 기업 근로자들은 이런 혜택을 받기 어렵다. 주택적립금도 기업 근로자 가운데 소수만이 받을 수 있다. 또한, 정부 기관 및 사업단위의 직원들 사이에서도 직장 연금과 주택적립금에 큰 차이가 존재하고 있다. 교육부 소속 중점대학 교직원의 주택적립금은 상대적으로 높지만, 일반 공무원과 비중점대학의 교수들의 주택적립금은 상대적으로 비교적 낮다. 새로운 농촌 보험이나 주민 보험에 가입한 노인의 경우, 받을 수 있는 양로금이 월 70위안에 불과하기 때문에 일반적인 물가상승의 구조에서 농촌과 도시의 노인들이 삶의 질을 향상시키는 어렵다. 즉 개혁을 계속 심화시키고, 민중의 제도적·현실적 이익에 대해 주의를 기울여야 하며, 제도적 설계에서 진전을 보여야 할 뿐 아니라, 시행에 있어서도 기업 직원과 기층에 있는 이들의 이익에 대해서 보다 많은 배려를 해야 한다.

주택의 경우, 개혁개방 이후 인민 1인당 주택면적과 주택 보유율이

---

34   국무원 연구실 집필진 편저, 『12기 전국인민대표대회 3차 회의 '정부 업무 보고'지침서 (2015)』, 인민출판사·중국언실출판사, 2015년판, 362면.

급격히 증가했다. 표1-1에 나타난 조사 결과를 보면, 도시와 농촌 주민의 5.1%만이 무주택자라고 응답했고, 1주택 보유자는 77.0%, 2주택 보유자는 15.5%가 3주택 이상자는 2.4%로 나타났다.

표1-1 중국 주거 주택 보유 상태

단위: %

응답	빈도수	유효 백분율	누적 백분율
무주택	503	5.1	5.1
1주택	7681	77.0	82.1
2주택	1545	15.5	97.6
3주택 이상	243	2.4	100
총계	9973	100	

자료 출처 : 중국사회과학원 사회과학연구소 2015년 CSS 조사

그러나 도시화 및 인구이동의 일반적인 추세에 따라 절대다수의 농민공들은 유입 지역에서 집을 보유하고 있지는 않고, 그들이 떠난 농촌에 있는 집은 수년 동안 비어 있었다는 점에 유의해야 한다. 도시 주택 가격 상승은 공급측에서 농민공의 주택 구매 수요를 제한하고, 상대적으로 낮은 농민공의 임금수준은 수요측에서 농민공의 소비 의지를 제한하고 있다. 최근 몇 년간 집값이 치솟으면서 대부분 대학을 졸업한 청년들이 자신의 월급만으로 집을 사는 것은 어려운 실정이다. 중국 도시화의 속도를 제대로 높이기 위해서는 역사적 발전 추세에 적응하고 민중의 주택 문제를 해결해야 한다. 시진핑 총서기는 19차 당대회 보고에서 "집은 투기용이 아니라 주거용이라는 것에 초점을 맞추어 모든 사람이 살 집을 마련할 수 있

인민중심의 새로운 발전 이념 고수

도록 다양한 주체가 공급하고, 다양한 채널로 보장하며, 임대와 구매가 병행되는 주택 제도를 구축하는 데 박차를 가해야 한다"고 다시 한번 분명하게 지적했다.[35]

　도시와 농촌의 기본적인 민생 격차는 인민의 사회발전 기회에 심각한 영향을 미칠 것이라고 봐야 한다. 현재 개혁의 초점은 공급측 구조 개혁을 통해 다양한 주민들의 민생 요구를 충족시키는 것이다. 민생 현안 가운데 개혁에서 인민의 이익의식에 영향을 미치는 문제는 식품과 의약품 안전, 교육 자원과 의료 자원의 균등 배분 등이다.

　사회발전에 따라 식품 안전과 의약품 안전에 대한 새로운 요구가 나오고 있다. 그러나 현실적으로 농촌 시장에는 여전히 품질이 낮은 상품과 의약품이 많이 있으며, 유통 기한이 지난 상품과 의약품들이 포장만 바꿔 판매되고 있다. 이는 농촌 주민들의 생활필수품 소비의 질과 심신 건강에 영향을 미친다. 농촌 공동화 과정에서 농촌 의무실, 작은 상점, 공급 및 마케팅 협동조합 등의 서비스 시설이 점차 도시로 이동했고, 이는 농민들의 소비 접근성에 지대한 영향을 주고 있다. 공급측의 공급을 최적화하고, 10분 또는 15분 내 서비스 범위를 만들어 농촌 상품의 품질에 대한 감독을 강화해야 식품 품질에 대한 사람들의 우려를 완화할 수 있다.

　시진핑 총서기는 19차 당대회 보고에서 "민생 복지 증진은 발전의 근본적인 목표이다. 민생을 위해 더 많은 혜택을 추구하며 민생의 우려를 해소함으로써 발전 속에서 나타날 수 있는 민생의 단점을 보완하고, 사회

35　시진핑, 『샤오캉사회 전면 실현의 결정적인 승리를 이룩하여 신시대 중국 특색 사회주의 위대한 승리를 거두자-중국공산당 제19차 전국대표대회 보고(2017년 10월 18일)』, 인민출판사, 2017년판, 47면.

공평과 정의를 촉진해야 한다. 유아 양육, 학교 교육, 노동 소득, 의료, 노인 지원, 거주, 소외층 지원 부분에서 새로운 진전을 거두어야 한다"[36]고 지적했다. 이는 중국공산당이 전국대표대회에서 처음으로 기존의 '5유(五有)'[37]를 '7유(七有)'[38]로 확대한 것이다. 유아 양육은 결혼과 출산 인구의 출산 비용에 대한 우려를 완화해 인적 자본을 더 늘리는데 도움이 될 것이며, 소외층 지원은 취약계층이 개혁과 발전의 결실을 함께 나눌 수 있도록 할 수 있다.

한마디로 많은 인민의 복지를 향상하려면 반드시 그들의 일상생활에 관심을 기울여야 한다. 한편으로 품질 좋은 소비품을 제공하고, 다른 한편으로는 도시와 농촌 및 지역의 기본적인 공공서비스의 평준화를 추진해야 한다. 현재 상황을 살펴보면 기본적인 공공서비스의 문제 중 일부는 '있고 없고'의 문제이지만 '구조적 부족'이 문제인 경우가 더 많다. 구조적 부족 문제는 공급측 구조개혁을 통해 공급을 완성하고, 농촌과 소외지역 주민의 높아지는 수요를 충족시켜 수요 공급의 불균형 현상을 해소하는 수밖에 없다.

---

36   시진핑, 『샤오캉사회 전면 실현의 결정적인 승리를 이룩하여 신시대 중국 특색 사회주의 위대한 승리를 거두자–중국공산당 제19차 전국대표대회 보고(2017년 10월 18일)』, 인민출판사, 2017년판, 23면.

37   옮긴이 주: 학교 교육(学有所教), 노동 소득(劳有所得), 의료(病有所医), 노인 지원(老有所养), 거주(住有所居).

38   옮긴이 주: 오유에 유아 양육(幼有所育)과 소외층 지원(弱有所扶)을 더함.

3. 전면적인 샤오캉사회는 함께 만들고 나누고 관리하는 사회이다

인민의 복지를 기반으로 제도를 설계하고, 인민의 획득감, 행복감, 안전감으로 제도를 평가하는 것은 '인민을 위해 봉사한다'는 목적을 고수하고, '누구를 위하여'라는 질문에 답을 했을 뿐이다. 그러나 사회주의라는 빌딩은 수많은 인민 대중의 공동 노력이 있어야만 우뚝 설 수 있다. 전면적인 샤오캉사회를 건설한 후 새로운 '두 단계 스텝'으로 설계한 중국의 현대화 건설은 더욱 고된 노력을 통해야만 이룰 수 있다. 건설의 주체도 인민 대중일 수밖에 없다. 역사 발전의 주된 원동력은 인민이라는 것을 알아야 한다. 인민의 지지 없이는 우리의 대의명분을 이루기는 불가능하다. 따라서 사회주의 현대화 건설에서 인민의 지배적 지위를 고수해야만, 우리는 '누구에게 의지할 것인가'의 문제를 해결할 수 있고, 개혁과 발전의 실천에서 '인민을 위한 것'과 '인민에 의한 것'을 유기적으로 통합할 수 있다. 함께 만들고 나누고 관리하며 양성적 상호작용을 이루어 개혁 실천 전반에 걸친 중요한 가치로 자리매김함으로써 인민의 개척정신이 발휘될 수 있다. 시진핑 총서기는 18기 5중 전회 정신을 배우고 이행하기 위한 성급 및 부급 주요 간부 특별 세미나 연설에서 '공유'가 내포하고 있는 풍부한 의미와 발전 규칙을 명확히 천명했고, 보편적 공유, 포괄적 공유, 공동 건설 공유 및 점진적 공유의 구체적인 의미를 논의했다.[39]

---

39   시진핑, 「18기 5중 전회 정신을 배우고 이행하기 위한 성급, 부급 주요 지도간부 특별 세미나 연설(2016년 1월 18일)」, 인민일보, 2016년 5월 10일, 2면.

전면적인 샤오캉사회 실현에서 공동 건설의 원칙을 실천하기 위해서는 인민에게 정치와 수요를 묻고, 계책을 물어보고, 인민의 의견을 폭넓게 듣고 인민에게 발전 아이디어를 묻고, 제도 혁신의 방향에 대해 질문하고, 재현이 가능하고 일반화될 수 있는 경험을 형성하기 위해 노력하고, 입증된 실수를 반복하지 않기 위해 노력해야 한다. 실천은 정치를 묻고, 필요와 계책을 묻는 과정도 사람들이 의사 결정에 참여하는 과정이라는 것을 증명했다. 인민이 의사 결정에 참여하거나 인민의 지혜를 반영한 의사 결정만이 넓은 통치 기반을 가질 수 있다.

인민에 의거하여 사회를 공동으로 건설하려면 작은 성과에 만족하면서 노력하려 하지 않는 심리를 먼저 해결하고, 더 큰 부를 만들기 위한 대중의 적극성을 동원해 전면적인 샤오캉사회 실현과 사회주의 현대화 건설 사업에 함께 참여하도록 만들어야 한다. 위아래에서 한마음 한뜻으로 민족의 힘을 모아야만 '땔감을 많이 모아 거센 불을 일으킬수 있다는 것'이다. 인민에 의하지 않고 인민을 경시하는 간부들의 그런 업무 방식은 시대의 요구에 맞지 않는다. 일부 지도자들의 마음속에 있는 '기다림', '의존하기', '요구하기'와 같은 생각을 가능한 빨리 없애야 한다. 기꺼이 함께 만들려 하지 않으면서 그저 앉아서 나눔을 기다리는 것, 업무에서의 수동적인 대응, 다른 사람이 문제를 해결해주기를 기다리는 태도, 어려움 앞에서 아무런 행동도 하지 않고, 맹목적으로 돈을 요구하는 것은 절대 불가능하다는 것을 알아야 한다. 일부 빈곤 지역 지도자들은 빈곤 완화 업무에서 자신의 힘에 의지해 자발적으로 발전하기보다는 '빈곤현'이라는 이름을 지키기 위해 백방으로 노력한다. 결연 관계가 있는 지역에서 더 많은 돈을 지불하기를 바라고, 중앙정부의 더 많은 재정 이전 지급, 더 많은 빈곤 구제 기금 마련, 더 많은 구호 사업 구성 아이디어가 시장성이 있기를 희망하고 있다.[40] 일부 가난한 사람들은 빈곤 및 기초 수급 가구가 되기 위해 노력하는 모습들을 강하게 보이고 있다. 이런 생각들은 전면적인 샤오캉사회를 건설하고 사회주의 현대화 강국을 건설하는 과정에서 점진적으로 개선되어야 한다. 정말 가난한 가정에 대해서는 사회 정책적 지원을 해야 하지만 빈곤선을 벗어난 가정에 대해서는 부를 쌓을 수 있는 프로젝트를 시작하고, 생산에 대한 열의를 자극해야 하며, 빈곤 구제 자금과 사업이 실제로 활용될 수 있도록 해야 한다.

민생은 민심과 연결되고 민심은 당의 집권 기반을 결정한다. 샤오캉 사회와 사회주의 현대화를 함께 건설하고 함께 나누어야 한다. 함께 나누기 위해서는 다음과 같은 취약계층의 민생 복지에 관심을 기울여야 한다.

첫째, 농촌 빈곤 인구이다. 샤오캉 실현의 열쇠는 '고향'이 쥐고 있다. 여기에서 농촌 빈곤층이 개혁개방과 사회발전의 결실을 함께 할 수 있는지, 빈곤의 족쇄를 벗을 수 있는지, 발전의 빠른 궤도에 오를 수 있는지를 보는 것이 가장 중요하다. 중화인민공화국 건국 이후, 특히 개혁개방 이후 빈곤 구제에 대한 노력으로 중국의 빈곤 인구수는 점차 감소하고 있다. 빈곤 구제와 발전에 대한 중국의 업적은 전 세계의 주목을 받고 있다.[41] 현

---

40 중앙에서 빈곤현이 빈곤에서 벗어나지 못하면 그 주요 지도자(현 위원회 서기와 현장)는 승진 혹은 기타 지역으로 전근하지 못한다는 결정을 내린 후에 주요 지도자들은 적극적으로 빈곤에서 벗어나려고 하였지만, 일부 주요 지도자가 아닌 일부 간부는 여전히 계속 '빈곤현' 모자를 쓰고 있기를 희망한다.

41 1982년 '산시[三西]' 빈곤 구제 특별 계획이 착수되어 계획적이고 조직적인 대규모 빈곤 구제 개발의 서막을 열었다. 1986년 국무원 빈곤 지역 경제개발 지도그룹(1993년에 국무원 빈곤 구제 및 발전 지도그룹으로 명칭 변경)을 설립해 빈곤현을 식별하고, 빈곤 구제 기준을 결정

재, 2010년 빈곤선을 기준으로 농촌 빈곤 인구는 2014년에는 7천여만 명, 2015년에는 5,575만 명, 2016년에는 4,335만 명, 2017년 연말에는 3,046만 명으로 줄어들었다.[42] 이들 빈곤 인구 중 일부는 병 때문에 혹은 교육으로 인한 경우가 있는가 하면, 늙거나 장애가 있거나 신체적 쇠약으로 인해 빈곤해진 경우도 있다. 또한, 재해로 인한 경우가 있는가 하면 인간이 거주하기 부적합한 지역에서의 생활 등으로 인해 빈궁해지기도 했지만, 발전 기회가 부족하여 빈궁한 경우가 더 많았다. 이런 상황에서 중앙은 2020년까지 기존의 빈곤 완화를 이루기 위해 정확한 빈곤 구제를 목표로 하는 전략적 결정을 내리고 열심히 노력하고 있다. 따라서 향후 몇 년 동안은 매년 1000만 명 이상이 빈곤에서 벗어나도록 유지해야 예정대로 임무를 완수할 수 있다. 빈곤층이 가난에서 완전히 벗어나야만 발전의 성과를 함께 나눌 수 있다. 시진핑 총서기는 19차 당대회 보고에서 "정확한 빈곤 구제와 빈곤 탈피를 위해 당과 사회 전체의 역량을 동원해야 한다. 중앙에서 총괄하고, 성에서 총책임을 지며, 시와 현에서 이행하는 업무 메커니즘을 통해 당과 정부 지도자의 책임 시스템을 강화해야 한다. 전체적인 빈곤 구제의

하고, 빈곤 구제를 위한 특별 재정 자금을 마련했다. 1994년 《8천만 빈곤 가구의 빈곤 주제를 위한 7년 계획(1994-2000)》을 공포하고 실시했다. 2001년과 2011년에 차례로 《중국 농촌 빈곤 구제 및 발전 요강(2001-2010)》과 《중국 농촌 빈곤 구제 및 발전 요강(2011-2020)》을 발표했다.

42 2010년 2,300위안의 고정 가격으로 계산한 빈곤선 기준. 농촌 빈곤 퇴치 기준인 1인당 연간 2,300위안 (2010년 고정 가격)에 따르면 2015년 농촌 빈곤 인구는 5,575만 명이다.「국가통계국, 중화인민공화국'2015년 국민 경제 및 사회 발전 통계 공보'(2016년 2월 29일)」, 인민일보, 2016년 3월 1일, 10면/「국가통계국, '중화인민공화국 2016년 경제 및 사회 발전 통계 공보'(2017년 2월 28일)」, 인민일보, 2017년 3월 1일, 10면/「국가통계국, '중화인민공화국 2017년 국민 경제 및 사회 발전 통계 공보'(2018년 2월 28일)」, 인민일보, 2018년 3월 1일, 10면.

구도를 유지하며 빈곤 구제에 대한 의지와 지혜를 모아 동서부 지역의 빈곤 구제 협력을 심층적으로 실시해야 한다. 극빈 지역의 빈곤 탈피에 초점을 맞추고 2020년까지 중국의 현행 기준 이하의 농촌 빈곤 인구를 빈곤에서 구하고, 모든 빈곤 현들이 빈곤에서 벗어나 지역의 전체 빈곤을 해결하고 진정한 빈곤 완화를 이루어야 한다"[43]고 지적하고, 모든 빈곤 지역과 빈곤 인구들이 전면적인 샤오캉사회로 들어오도록 만들어 가난한 사람과 약자를 돕는 사회주의의 목표를 실현할 것을 분명히 했다.

둘째는 노인 인구이다. 중국 인구의 고령화 과정은 다음과 같은 두 가지 특징을 보여준다. 하나는 부유해지기 전에 늙는 것이다. 즉 2000년 1인당 GDP가 여전히 상대적으로 낮았을 때 고령화 사회로 진입한 것이다. 2017년 말 1인당 GDP는 8,643달러지만 60세 이상 노인 인구와 65세 이상 고령 인구가 전체 인구에서 차지하는 비중은 각각 17.3%와 11.4%까지 높아졌다.[44] 두 자녀 정책의 영향을 감안하더라도 2016년부터 2018년까지 정책 효과가 방출된 이후 출산율은 점차 감소하고 있다.[45] 이런 상황에서 미래 중국 인구 노령화는 여전히 빠르게 진행될 것이다. 최근 전망에 따르면 2028년경 총인구가 정점(약 14억 5천만 명)에 이르게 되면 65세 이상의 인구가 전체의 17% 이상을 차지하게 되어 고령화 사회로 진입하게 될 것이다. 2017년 말 60세 이상 노인 인구는 이미 2억 4천만 명에 달했고, 65세 이상

---

43   시진핑, 『샤오캉사회 전면 실현의 결정적인 승리를 이룩하여 신시대 중국 특색 사회주의 위대한 승리를 거두자-중국공산당 제19차 전국대표대회 보고(2017년 10월 18일)』, 인민출판사, 2017년판, 47-48면.

44   『국가통계국, '중화인민공화국 2017년 국민 경제 및 사회 발전 통계 공보』에 따른 소득 계산/「국가통계국, '2017년 중화인민공화국 경제 사회 발전 통계 공보'(2018년 2월 28일)」, 인민일보, 2018년 3월 1일, 10면.

45   2018년 출생 인구는 2017년의 1,723만 명보다 200만 명 줄어든 1,523만 명을 기록했다.

은 1억 5,800만에 이르렀다(도표 1-1).[46] 고령자의 경우 소득이 낮아지고 질병 발생 가능성이 높아지기 때문에 그들의 생활을 보장하기 위한 다양한 사회 정책이 필요하다. 양로보험이 제도적 보장을 달성했지만, '신농촌보험'과 '도시주민보험'에서 주민들이 직접 부담하는 보험료는 여전히 상대적으로 낮다(두 보험이 '주민보험'으로 합쳐진 후 납부 비율과 금액은 여전히 상대적으로 낮음). '신농촌보험'과 '도시주민보험'을 납부한 적이 없는 노인이 받을 수 있는 양로금 금액은 70위안에 불과하다. 이런 상황에서는 반드시 양로보험제도를 정비하고, 노인 요양보험을 적시에 마련해 노인 부양을 위해 노력함으로써 노인들도 함께 전면적인 샤오캉사회의 성과를 공유할 수 있도록 해야 한다.

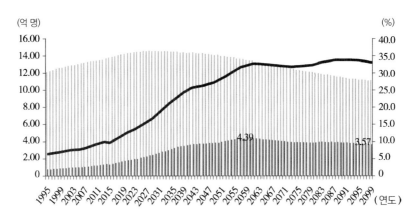

자료 출처: 중국 인구발전전략연구팀

━━━ 총인구   ━━━ 65세 및 그 이상 인구   ━━━ 총인구에서 65세 및 그 이상 인구가 차지하는 비중

도표 1-1 중국 미래 인구 변화 추세

---

46   「국가통계국, '중화인민공화국 2017년 국민 경제 및 사회 발전 통계 공보'(2018년 2월 28일)」, 인민일보, 2018년 3월 1일, 10면.

셋째, 유동인구이다.[47] 개혁개방 이후 중국의 유동인구는 빠르게 증가했다. 최근 상황을 봤을 때 여전히 증가하는 추세를 유지하고 있다. 증가폭이 크게 줄어들기는 했지만, 유동인구 수는 2010년 2억 2100만 명에서 2017년 2억 4400만 명으로 늘어났다. 전국 농민공수도 2억 4,200만명에서 2017년의 2억 8,700만명으로 늘어나고 농민공의 년간 증가폭이 2010년의 5.4%에서 2017년의 1.7%로 줄어들어 증가속도가 둔화되였지만 총수는 여전히 매우 크다. 현재 고향을 떠난 농민공도 1억 7천만 명 가량으로 늘어났지만, 호적제도로 인해 농민공들은 유입지에서 기본적인 공공서비스를 아직 완전하게 누릴 수 없는 상황이다.[48] 중앙정부가 각지에 농민공도 주거안정 대상에 포함시킬 것을 거듭 요구했지만, 사실상 대다수 농민공 스스로가 집을 임대해서 살고 있는 실정이다. 외지에서 일하는 농민공의 소비 가운데 주택 지출이 오랫동안 높은 비중을 차지하고 있다. 도시의 주택 임대료나 집값이 상승할 때마다 농민공들의 소비 스트레스가 가중되고 있다. 2015년 외지에서 일하는 농민공의 1인당 소비지출 가운데 주택임대 지출 비중이 약 46.9%를 차지했다.[49]

또한, 농민공의 연령도 점점 높아지고 있다. 표1-2를 통해 전체 농민공 가운데 41~50세 농민공의 비율은 2011년 24.0%였으나 2015년에 26.9%

47　유동 인구: 현 거주지와 호적등록지가 다른 인구를 가리키지만 시 관할구 내의 호적 분리 인구는 포함하지 않는다. 시 관할구 내의 호적 분리 인구란 직할시 혹은 지구급 관할구 지역 구와 구 사이에 거주지와 호적등록지가 같은 향진이나 가도가 아닌 인구를 가리킨다.

48　「국가통계국, '중화인민공화국 2017년 국민 경제 및 사회 발전 통계 공보'(2018년 2월 28일)」, 인민일보, 2018년 3월 1일, 10면.

49　중국사회과학원 사회 개발 전략연구소의 2016년 농민공 설문 조사 데이터를 바탕으로 계산함.

까지 상승했고, 50세 이상의 비율은 2011년 14.3%에서 2015년 17.9%로 늘어났지만 16~20세 농민공의 비중은 2011년 6.3%에서 2015년 3.7%로 줄어들었고, 21~30세 농민공의 비율은 2011년에는 32.7%였으나 2015년에는 29.2%로 감소한 것을 알 수 있다.

표1-2 농민공의 연령 구성

단위: %

연령 년도	16—20세	21—30세	31—40세	41—50세	50세 이상
2011년	6.3	32.7	22.7	24.0	14.3
2012년	4.9	31.9	22.5	25.6	15.1
2013년	4.7	30.8	22.9	26.4	15.2
2014년	3.5	30.2	22.8	26.4	17.1
2015년	3.7	29.2	22.3	26.9	17.9

자료 출처: 국가통계국이 발표한 '2015년 농민공 모니터링 조사보고서'에 따라 작성됨

농민공의 연령 상승은 농민공이 도시에 실제 거주하는 시간이 점점 길어지고, 농촌 호적을 가진 노동력에 대한 도시의 의존도가 점점 높아짐을 의미한다. 도급지를 양도한 후 도시에서 장기간 거주하면서 취업하고 생활해야 하는 사람들이 많아졌다. 2016년 9월 국무원 판공실은 《비호적 인구 1억 명 도시 정착 추진을 위한 방안》을 발표해 농촌 호적을 가진 전문대 이상 졸업생, 전역 군인, 5년 이상 도시에 거주한 농촌 인구와 신세대 농민공을 중점 전입 대상으로 삼아 2020년에 호적 인구 도시화율을 45%까지 높이기 위해 노력할 것을 명확하게 했다. 이러한 상황에서 농민공의 시민화를 강화하려는 중앙정부의 지시를 충분히 이행해야만 농민공과 도

시 시민이 같은 도시에서 같은 대우를 받는 발전성과를 누릴 수 있다. 그러나 문제는 일부 도시 정부가 농민공을 여전히 노동력으로만 취급하고 도시의 새로운 시민으로 대하지 않는다는 것이다. 농민공이 도시에서 도시 시민과 같은 대우를 받지 못하는 문제가 예정대로 해결되지 않아 의무교육 단계에서 농민공 자녀들의 등교 문제도 잘 풀리지 않고 있다. 호적 포인트 적립 정착 정책[積分落戶政策]을 취하고 있는 도시 대부분은 본 지역민이 입적하기 싫어하는 주변 지역에서 정책을 시행한다. 농민공과 함께 나누려 하지 않고 만들기만 하려는 현상은 노동 시장 통합에 심각한 영향을 주고 있다.

그러므로, 발전의 결실이 더 많이 보다 공정하게 인민 전체에 혜택이 돌아갈 수 있도록, 각급 지도 간부라는 '핵심 소수'를 틀어쥐는 것이 필요하다. 지도 간부에 대한 교육을 강화하여 '핵심 소수'가 '최대 다수'를 이끌어야만 공동 건설과 공유의 관념을 구체적인 업무에 옮길 수 있다. 뿐만 아니라 공유 발전 이념 속의 발전 방향을 잘 잡고, 전반적인 계획을 잘 세워야 인민이 샤오캉사회 건설에 최대한 적극적이고 자발적으로 참여하고 창조성을 발휘할 수 있도록 동원할 수 있다. 모두가 참여하고 최선을 다해 노력하며 함께 누려야 한다는 요구에 따라 마지노선을 지키고, 중점을 부각시키며, 제도를 완비하고 기대를 인도하고 기회의 공평성에 주의를 기울이고, 기본적인 민생을 보장함으로써 전 인민의 전면적인 샤오캉사회를 실현할 수 있게 한다. 인민을 위한, 인민에 의한 발전과 함께 인민이 발전성과를 누려야 한다는 기본 취지를 잘 이행해야 한다.

함께 만들고 함께 나누면서 다 함께 관리해야 한다. 시진핑 총서기는 19차 당대회 보고에서 함께 만들고 관리하며 누릴 수 있는 사회 거버넌스 구도를 만들기 위해서 사회 거버넌스 제도 건설을 강화하고, 당 위원회가 지도하고 정부가 책임지며, 사회가 협력하고 대중이 참여하며, 법적으로 보장되는 사회 거버넌스 체제를 완비함으로써 사회 거버넌스의 사회화, 법치화, 정보화(스마트화) 및 전문화 수준을 향상시켜야 한다고 특별히 강조했다. 사회적 모순을 예방하고 해결하는 메커니즘 구축을 강화하여 인민 사이의 갈등을 올바르게 처리해야 한다. 안전한 발전 이념을 확립하고, 생명 우선과 안전제일 사상을 고취하며, 공공안전 체계를 완비함으로써 인민의 인신권, 재산권, 인격권을 보호해야 한다. 사회 심리 서비스 체계 건설을 강화해 자존감과 자신감을 가지며, 이성적으로 평온하고 긍정적 사고를 할 수 있는 사회 심리를 키워야 한다.[50] 국가 통치 체계와 통치 능력 현대화 수준을 지속적으로 높이고, 사회 거버넌스 체계와 관리 능력의 현대화 수준을 끊임없이 향상시키며, 법치를 고수하고 중국 특색 사회주의 법치 체계 건설을 추진해야만, 함께 만들고 나누고 관리하는 가운데 불균형하고 불충분한 발전 문제를 해결해 전면적인 샤오캉사회를 실현할 수 있다.

이 때문에 시진핑 총서기는 "위대한 조국과 위대한 시대에 살고 있는 중국 인민들은 삶에서 빛날 기회와 꿈을 실현할 기회, 조국과 시대와 함께 성장하고 발전할 기회를 공유한다. 꿈과 기회를 가지고 노력을 통해 모든 아름다운 것을 창조할 수 있다. 전국의 모든 민족은 이러한 사명을 명심하고, 한마음 한뜻으로 한 곳에 힘을 모아 13억 명의 지혜와 힘으로 무적의

---

50   시진핑, 『샤오캉사회 전면 실현의 결정적인 승리를 이룩하여 신시대 중국 특색 사회주의 위대한 승리를 거두자-중국공산당 제19차 전국대표대회 보고(2017년 10월 18일)』, 인민출판사, 2017년판, 49면.

위엄을 보여주어야 한다"[51]고 말했다.

4. 인민을 중심으로 하는 발전 사상을 고수하여야 한다

중국 특색 사회주의는 신시대로 들어섰다. 이는 중화인민공화국 발전사와 중화민족 발전사에서 중요한 의미가 있고, 세계 사회주의 발전 및 인류사회의 발전 역사에서도 큰 의의가 있다. 우리 당은 확고한 자신감을 가지고 중국 특색 사회주의가 보다 강력한 활력을 발휘할 수 있도록 노력해야 한다. 새로운 시대 사회의 주요 모순은 더 나은 삶에 대한 인민의 요구 증가와 불균형하고 불충분한 개발 사이의 갈등으로 변모했다. 인민의 수요가 바로 우리가 노력해야 하는 목표이다. 인민 중심의 발전 사상을 확실히 고수하고 인민 모두의 전인적 발전과 공동 부유를 계속 추진해야 한다는 점을 명확히 해야 한다.[52]

마오쩌둥 동지는 "왜 인간의 문제가 근본적이고 원칙적인 문제인가"[53]라는 질문을 던지고 당 전체에 '인민을 위한 봉사'에 전념할 것을 간곡하게 주문했다. 덩샤오핑 동지는 항상 인민의 지지 여부, 인민의 찬반 여부, 인민의 행복 여부, 인민의 동의 여부 등을 모든 일의 성패와 득실을 판

---

51 시진핑, 「제12차 전국인민대표대회 제1차 회의에서의 연설(2013년 3월 17일)」, 인민일보, 2013년 3월 18일, 1면.

52 시진핑, 『샤오캉사회 전면 실현의 결정적인 승리를 이룩하여 신시대 중국 특색 사회주의 위대한 승리를 거두자-중국공산당 제19차 전국대표대회 보고(2017년 10월 18일)』, 인민출판사, 2017년판, 12, 19면.

53 『마오쩌둥 선집』 제3권, 인민출판사, 1991년판, 857면.

단하는 기준으로 삼아왔다.[54] '세 가지 유익'의 목적도 역시'인민 생활 수준 향상에 도움이 되어야 한다'는 것이다.[55] 장쩌민 동지는 "항상 대다수 인민의 근본적인 이익을 대변해야 한다… 인민의 근본적인 이익을 출발점과 최종 목표로 삼아야 한다"[56]고 강조했다. 후진타오 동지는 "새로운 역사적 조건에서……인민 중심의 인민을 위한 집권이라는 이념을 고수하고, 마르크스주의 대중적 관점을 확고히 확립하고, 당의 대중 노선을 의식적으로 구현하며, 당과 인민 사이의 끈끈한 관계를 항상 유지해야 한다"[57]고 말했다. 대중을 가족처럼 대하면 대중도 우리를 가족으로 대하게 될 것이다. 시진핑 총서기도 대중에 대한 당의 노선을 일맥상통하게 발전시켰다. 그는 '인민 중심의 발전 사상'을 고수하겠다고 밝히면서 '누구에 의해 누구를 위한 발전을 하는가'라는 발전의 근본적이고 원칙적인 쟁점에 대해 명확하게 대답하고, 당이 인민을 사랑하고 인민을 섬기며 인민을 최고로 생각하는 입장과 감정을 충분히 보여주었다.

현재는 성장률의 전환기, 구조조정의 진통 시기, 이전 경기부양의 부화기라는 3가지의 시기가 중첩된 경제 뉴노멀 단계로 들어서고 있다. 빈곤과의 싸움 뿐 아니라 푸른 하늘을 지키기 위한 싸움에서 이기고, 시스템적 금융 리스크를 예방하고 해결하기 위해 노력해야 한다. 구조조정에서 불균형하고 불충분한 발전 문제는 점점 늘어나는 아름다운 삶에 대한 인민

---

54 후진타오, 『덩샤오핑 탄생 100주년 기념식 연설』, 인민출판사, 2004년판, 8면.
55 중공중앙당교 교무부 편저, 『덩샤오핑 문선(제3권)' 부교재』, 인민출판사, 1994년판, 94면.
56 『장쩌민 선집』 제3권, 인민출판사, 2006년판, 279면.
57 후진타오, 「중국공산당 창당 90주년 기념식 연설(2011년 7월 1일)」, 인민일보, 2011년 7월 2일, 2면.

의 요구에 영향을 주게 될 것이다. 어떻게 발전을 고수하면서 소득과 환경 보장의 수준을 향상시키고, 인민의 정치참여 능력을 높일 수 있는지는 우리의 집권 능력을 가늠하는 열쇠가 되었으며, 국가 관리 체계와 관리 능력 현대화의 주제가 되었다. 이 때문에 시진핑 총서기는 개혁, 발전, 안정의 관계를 적절히 다룰 필요가 있다고 강조했다. 이는 인민의 현재 이익과 장기적인 이익을 결합하고, 국부적인 이익과 전체적 이익을 결합하는 일련의 로드맵과 정책을 일관성 있게 펴나가면서 당면한 어려움을 해결함으로써 전면적인 샤오캉사회 실현을 기반으로 이후의 새로운 '2단계 스텝'[58]을 위한 튼실한 발판을 마련할 것을 요구하고 있다.

인민 중심의 발전 사상을 고수하려면 항상 인민의 요구에 주의를 기울여야 한다. 우리가 개혁개방과 현대화 건설을 추진하는 이유는 불균형하고 불충분한 발전 문제를 해결하여 갈수록 늘어나는 더 나은 삶에 대한 인민의 요구를 충족시켜 전인적인 발전을 촉진하기 위해서이다. 발전이 인민의 기대에 부응하지 못하고 인민이 실질적인 이익을 얻지 못하면 발전은 그 의미를 잃게 된다.

인민이 실질적인 혜택을 받을 수 있도록 경제를 발전시켜야 한다. 지속 가능한 경제 성장이 없다면, 민생문제의 해결은 원천이 없는 물과 뿌리가 없는 나무가 될 것이다. 동시에 사람들의 삶의 개선은 생산과 재생산을 촉진하고, 일에 대한 사람들의 열정을 동원할 수 있으며, 소비 잠재력을 방출하고, 내수를 자극하며, 새로운 경제 성장 포인트를 촉진해 미래 발전의

---

58   옮긴이 주: 스텝 1은 2020년~2035년 전면적인 샤오캉 건설과 사회주의 현대화 실현, 스텝 2는 2035년~2050년 기본적인 현대화 실현, 국가 번영과 함께 민주적이며 문명화되고 조화롭고 아름다운 현대 사회주의 국가 건설.

토대를 마련할 것이다. 시진핑 총서기가 당 전체를 상대로 민생문제에 대해 하나하나 따져서 잘 해결하고 대응해야 한다고 훈계를 한 이유는 그만큼 민생문제가 사소한 일이 아니기 때문이다.[59] 대중이 발전 속에서 변화를 보고, 변화를 경험하고, 실질적인 혜택을 누리도록 해야 한다. 이와 동시에 우리는 삶에 대한 사람들의 기대가 끊임없이 높아지고, 다양해지며, 다차원적으로 변하고 있고 물질적, 문화적 삶에 대해 더 높은 요구를 제기할 뿐만 아니라 민주, 법치, 공정성, 정의, 안보 및 환경에 대한 요구도 점점 더 높아지고 있다는 것을 알아야 한다. 따라서 민생 개선은 경제와 사회발전의 구체적 단계와 결합해야 한다. 중국은 아직도 사회주의 초급단계에 처해 있는 세계 최대 개발도상국이다. 이러한 특성이 문제 해결을 위한 전제조건을 결정한다. 인민 중심의 민생문제 해결을 위해 가장 중요한 특징으로부터 출발하여 인민에게 공수표를 날려서는 안 되며, 허풍이나 과장을 해서도 안 되고 말만 하고 지키지 않는 행동을 막아야 한다. 그렇지 않으면 어떤 역효과를 얻게 될지 알 수 없기 때문이다.

사람들의 현재 삶의 개선은 사회주의 초급단계와 세계 최대의 개발도상국이라는 기본적인 국가 조건을 기반으로 한 개선이다. 현실에서 출발해 실사구시 사상을 고수해야 한다. 노동생산율을 높이는 과정에서 인민의 생활 수준을 점차 개선해야만 경제 성장과 사회발전의 단계에서 사람들의 더 나은 삶을 위한 과정을 마련할 수 있다.

인민 중심의 발전을 유지하기 위해서는 인민이 가장 관심을 가지는 현실적인 사회 문제를 잘 파악해야 한다. 조사에서 현재 인민이 가장 관심

---

59   『시진핑, 국정 운영을 논하다』 제2권, 외문출판사, 2017년판, 361면.

인민중심의 새로운 발전 이념 고수

을 가지는 현실적인 문제 가운데 상위 7위까지를 보면 다음과 같다. 진료받기 힘들고 비싼 비용 문제(48.47%), 물가상승 문제(32.36%), 소득 격차 문제(31.22%), 부정부패 문제(26.86%), 취업·실업 문제(26.15%), 식품 안전 문제(24.07%), 높은 주택 가격 문제(20.14%)로 나타났다.

표1-3 인민이 가장 관심을 가지는 사회 문제

단위: %

순서	구체적 문제	비율	순서	구체적 문제	비율
1	진료받기 힘들고 비싼 비용 문제	48.47	8	환경오염 문제	15.37
2	물가상승 문제	32.36	9	노후 보장 문제	14.67
3	소득 격차 문제	31.22	10	교육비 문제	11.35
4	부정부패 문제	26.86	11	사회 신임도 하락 문제	7.63
5	취업·실업 문제	26.15	12	불공평한 농민공 대우 문제	5.53
6	식품 안전 문제	24.07	13	토지 수용·철거 이전에 대한 불공평한 보상 문제	5.42
7	높은 주택 가격 문제	20.14	14	사회치안 문제	5.02

자료 출처: 중국사회과학원 사회학연구소 2015년 CSS조사

상위 7개의 주요 현안 중 부정부패를 제외한 나머지는 모두 민생과 직결된 사안이다. 의료체제 개혁이 상당한 진전을 이루었지만, 의료체제 개혁에 대한 서민들의 요구는 더 높았다. 최근 발표된 물가 상승률은 상대적으로 낮지만, 다년간 쌓여온 소득 증가 속도와 물가 상승률의 차이로 인해 서민들이 느끼는 인플레이션 압박은 여전히 비교적 크다. 최근 몇 년간 소득 격차는 줄어들고 있지만, 여전히 높은 수준이다. 경제가 중·고속성장으로 전환되는 상황에서 전체 노동력 공급이 감소 추세를 보이고 있다. 매

년 약 300만 명씩 감소하고 있으며, 조사된 실업률과 등록된 실업률(조사 실업률 약 5%, 등록된 실업률 약 4%) 모두 낮은 수준을 유지하고 있지만, 구조적 변화와 기업의 세대교체 등이 계절적 실업과 마찰적 실업을 낳고 있다고 사람들은 느끼게 될 것이다. 사람들의 생활 수준이 높아질수록, 식품 안전에 더 많은 관심을 기울이게 된다. 최근 몇 년 동안 치솟는 집값은 도시의 주택 수요에 영향을 미쳤다. 환경오염 문제가 효과적으로 관리되고 있지만, 여전히 인민의 기대에 미치지 못하고 있다. 이런 문제들의 해결과 해결 정도는 인민의 만족 여부와 찬성 여부를 묻는 질문에 대한 상당 부분 답이 될 수 있다. 시진핑 총서기가 19차 당대회 보고에서 집은 투기용이 아니라 생활용이라는 점을 다시 한번 분명히 지적한 이유가 바로 여기에 있다.[60]

인민 중심의 발전을 유지하려면, 확고부동하게 반부패에 맞서야 하며, '인민을 위한 권력을 통해 인민을 위하는 마음으로 인민의 이익을 위한 대책'을 마련할 수 있도록 진정으로 노력해야 한다.[61] 대중을 위해 성실하게 실질적인 일을 하고, 어려운 문제를 해결하기 위해 최선을 다해야 하며, 끊임없이 선행을 해야 한다. 18차 당대회 이후 반부패 업무는 인민으로부터 인정받았다고 할 수 있다. 반부패 효과가 뚜렷하다는 인식이 사회 곳곳에서 퍼져 있는 것으로 조사됐다. 예를 들어 반부패 효과에 대한 응답에서 조직 책임자 중 41.27%가 '매우 뚜렷하다', 47.22%가 '비교적 뚜렷하다'고

60   시진핑, 『샤오캉사회 전면 실현의 결정적인 승리를 이룩하여 신시대 중국 특색 사회주의 위대한 승리를 거두자-중국공산당 제19차 전국대표대회 보고(2017년 10월 18일)』, 인민출판사, 2017년판, 47면.

61   후진타오, 『덩샤오핑 탄생 100주년 기념식 연설』, 인민출판사, 2004년판, 21면.

응답했고, 전문기술자 그룹에서 '매우 뚜렷하다' 혹은 '비교적 뚜렷하다'
고 응답한 비율은 각각 28.40%와 51.85%로 나타났다. 사무직 종사자들은
각각 31.53%와 49.10%, 비즈니스맨은 각각 30.72%와 48.18%라고 응답했
고, 서비스직 종사자 가운데 32.37%가 '매우 뚜렷하다' 고 답했고, 44.44%
가 '비교적 뚜렷하다'라고 응답했다. 농민 중 31.11%가 '매우 뚜렷하다'
고 응답했고, 55.56%는 '비교적 뚜렷하다'고 응답했다. 노동자의 32.66%
가 '매우 뚜렷하다'고 응답했고, 43.67%는 '비교적 뚜렷하다'고 응답했으
며, 군경에서 '매우 뚜렷하다'와 '비교적 뚜렷하다'고 응답한 비율은 각각
41.18%와 58.82%에 이른다.

표1-4 반부패 업무 성과에 대한 응답자들의 대답

단위: %

응답자	당과 정부의 현재 반부패 업무 성과가 뚜렷하다고 생각하는가?					
	매우 뚜렷하다	비교적 뚜렷하다	그다지 뚜렷 하지 않다	매우 뚜렷 하지 않다	말하기 어렵다	합계
조직 책임자	41.27	47.22	9.92	1.19	0.40	100
전문기술자	28.40	51.85	16.20	2.01	1.54	100
사무원	31.53	49.10	16.07	2.25	1.05	100
비즈니스맨	30.72	48.18	15.69	2.21	3.20	100
서비스업 종사자	32.37	44.44	17.01	2.47	3.70	100
농민	31.11	55.56	11.11	0	2.22	100
노동자	32.66	43.67	17.74	2.20	3.73	100
군경	41.18	58.82	0	0	0	100

자료 출처: 중국사회과학원 사회학연구소 2015년 CSS조사

큰 성과를 거두었지만, 반부패는 하루아침에 이룰 수 없다. 정치적

명료성을 확보하고 인민에게 보다 만족스러운 답변을 전달하기 위해 제도적으로 반부패를 위한 노력을 지속적으로 강화해야 할 필요가 있다.

인민 중심의 발전을 위해서 있을 수 있는 '중진국 함정'에서 벗어나 지속 가능한 발전을 이루기 위해 노력해야 한다. 중국의 농업 사회에서 산업 사회로의 변혁, 산업 사회에서 그 이후 나타난 탈산업 사회로의 대변혁은 천년동안 전례 없었던 획기적인 변화라고 할 수 있다.

그러나 사회전환 과정은 복잡하고 변수가 많은 과정이지 반드시 바람직한 방향으로 발전하는 과정은 아니다. 발전 중에 있을 수 있는 '블랙스완(black swan)'[62] 문제를 주목하고, '회색 코뿔소(gray rhino)'[63]도 경계해야 한다. 지금까지의 역사는 거의 모든 인구가 많은 사회와 국가가 사회 변화 과정에서 더 많은 사회적 모순을 겪는다는 것을 보여주고 있다. 정상적인 사회에서 사회 정책 배치를 통해 구성원 모두에게 혜택을 주는 개혁은 전환 단계에서 한 정책으로 한 집단이 이익을 얻으면 다른 집단이 손해를 보는 결과로 이어질 수 있다. 노예 사회에서 봉건 사회로의 인류의 대전환, 봉건 사회에서 자본주의 사회로의 대변신은 보통 총포의 세례를 통해 완성되었다. 중국은 농업 사회에서 산업 사회로 성공적으로 진입했고, 또 산업 사회로부터 탈산업 사회로 어렵게 전환하고 있다. 공산당의 지도 아래 중국은

---

62 옮긴이 주: 절대 일어날 것 같지 않은 일이 일어나는 것을 뜻함. 나심 니콜라스 탈레브가 2007년 동명의 저서에서 서브프라임 모기지 사태를 예견한 후 경제 분야에서 널리 쓰임. 블랙 스완 속성 1) 일반적 기대 영역 바깥에 존재하는 관측값(극단값) 2) 극심한 충격을 동반함 3) 존재가 사실로 드러나면 그에 대한 설명과 예견이 가능.

63 옮긴이 주: 지속적인 경고로 충분히 예상할 수 있지만 쉽게 간과하는 위험 요인을 말함. 세계정책연구소(World Policy Institute) 대표이사 미셸 부커가 2013년 1월 다보스포럼에서 처음 발표한 개념.

인민중심의 새로운 발전 이념 고수

비약적 발전을 거두면서 자본주의가 수백 년을 걸었던 길을 수십 년이라는 시공간 속에서 이룰 수 있었다. 당과 국가의 모든 결정 및 현대 거버넌스 시스템의 신중한 운영을 통해 강력한 행정력으로 다양한 위험을 통제하고 기본적인 사회 안정과 지속적인 경제 성장을 유지하며 위기를 거듭 모면해왔다. 지금까지 우리는 중국 특색 사회주의의 길이 큰 성공을 거두었다고 자부할 수 있다. 세계 각국에서도 이점을 진심으로 감탄하고 탄복하고 있다. 우리는 반드시 노선에 대한 자신감과 이론적 자신감, 제도적 자신감과 문화적 자신감을 충분히 가져야 한다.

시진핑 총서기가 말한 것처럼 우리는 초심을 잃지 않고, 사명을 명심하면서 계속 앞으로 나아가야 한다.[64] 우리가 중등 소득 단계와 중·고소득 단계로 진입하게 되면 많은 발전 위험이 있을 수 있다. 이러한 위험은 글로벌 리스크와 국내 순환 리스크가 결합된 위험이고, 동시에 인구 변화, 경제 전환 및 사회 변화와 함께 발생하는 위험이다. 이러한 이유로 경제 뉴노멀은 객관성과 불가피성을 가진 단계적인 자아 극복이 가능하다. 객관성은 이전 발전의 결과이자 오늘의 결실이다. 불가피성은 어떤 일이 있어도 이 과정을 거쳐야 한다는 것을 말한다. '노멀'에 들어가기 전에 '비정상'에서 '뉴노멀'을 거치는 단계가 필요하다. 자아를 극복하는 것은 다른 외부 힘에 의지할 수 없고 자신만이 스스로를 구할 수 있다는 것이다. 따라서 '비정상'에서 최대한 빨리 벗어나 '노멀'에 들어갈 수 있어야 함정에 빠지는 것을 피할 수 있다. 경제학자들이 말하는 중진국 함정은 사회학 분야에서 주

---

64 시진핑, 『중국공산당 창당 95주년 기념식 연설(2016년 7월 1일)』, 인민출판사, 2016년판, 8면.

로 저소득층이 중위소득층에 들어가지 못하는 함정을 나타낸다. 일단 이런 함정이 발생하면 중위 소득층이 저소득층으로 추락하게 되어 중국이 라틴 아메리카식의 '발전 함정'에 빠져 끝없이 펼쳐지는 포퓰리즘의 소용돌이에 휩쓸려 발전 없는 성장이라는 딜레마를 마주하게 된다면, 인민 생활 수준은 기대한 대로 계속 향상될 수 없을 것이다. 지금 이러한 함정에 빠진 곤란한 지역과 나라들이 기본적으로 그런 상황이다.

'타키투스의 함정(Tacitus Trap)'은 중진국 함정과 수반되어 나타난다. 경기침체의 압박 속에서 일부 사람들은 정부의 사회 정책의 강력한 배분에 의존하여 모든 문제를 해결할 수 있다는 잠재의식을 갖는 경우도 있다. 한편으로는 정부와 시장의 관계, 정부와 사회의 관계, 시장과 사회의 관계를 명확하게 인정하면서도 다른 한편으로는 정부가 모든 것을 도맡아 하는 만능 정부이기를 희망한다. 일단 정부의 조치가 기대에 부응하기 어려워진다면 정부가 실효성이 없다는 판단으로 이어지거나, 정부가 약속은 많으나 당초의 정책 기대를 실현하기 어려워지면 불신으로 이어질 수밖에 없다. 뉴미디어의 등장으로 기존 매체의 홍보와 해석 효과가 사라지게 되면서 수용자들은 여러 정보 채널을 믿지 않게 되어 '타키투스의 함정'에 쉽게 빠질 수 있다. 특정 '불신' 사건은 언론의 과대광고로 증폭되어 후광 효과로 바뀔 수도 있다. '타키투스의 함정'에 걸려들면 당신의 말이 사실이라고 해도 사람들은 믿지 않는 쪽을 택할 수 있다. 이것은 집단기억이나 사회적 기억으로 이어져 공신력을 상실하게 될 것이다.

기존 미디어와 뉴미디어 간 선전용 언어와 콘텐츠의 편차 속에서 '타키투스의 함정'은 점점 더 심각해질 것이다. 이것이 바로 모든 국가가 뉴미디어 이데올로기의 리더십을 놓고 경쟁하려는 이유이다. 현대화 과정에서 정부는 공신력을 유지해야 권위를 가질 수 있고, 권위가 있어야 인민의 행동 선택에 영향을 미치고, 사회의 화합과 안정을 지킬 수 있다. 정부가 권위가 없고, 약속을 지키지 않으면 민주주의는 무질서와 혼란에 빠질 것이다. 이는 일부 아프리카 국가의 민주주의가 보여주는 모습이다. 약속을 지키면서도 통치를 못하는 정부가 있다면 민주주의는 다수의 횡포에 빠지고 포퓰리즘을 형성하며 근대화의 성과를 없앨 것이다. 그러므로 약속을 지키는 정부가 합리적으로 법치를 추진하면서 민주를 도입하는 것은 현대화를 위해 대국이 기본적으로 선택해야 하는 길이다. '타키투스 함정'을 막는 문제는 정부가 약속을 지키고, 더 큰 발전 공간을 모색하기 위해 칭찬할 만한 사회적 안정을 유지하는 문제이며, 인민이 정치에 참여하고 평안하게 생활하고 일할 수 있도록 하는 문제이기도 하다.

'중진국 함정'의 존재가 사회 내적 동요 가능성을 높이고, 경제를 침체시키고, 발전의 위기를 초래한다는 사실을 세계 발전의 역사를 통해 알 수 있다. '타키투스의 함정'은 정부의 권위를 떨어뜨리고, 예상되는 내부 위기를 제대로 관리하지 못해 무질서가 나타날 수 있다. '타키투스의 함정'과 '중진국 함정'은 '투키디데스 함정'이 발생할 가능성을 내부에서 없앨 수 있다. 다시 말해서 앞의 두 가지 함정이 존재한다면 우리는 후자의 함정에 대해 논할 자격이 없으며 스스로 발전 기회를 잃게 된다. 이는 우리에게 비우호적인 이들이 바라는 바이다. 그들은 싸우지 않고 이기려고 하며, 우리가 내분을 형성하고 외적으로 발전할 수 없게 만들려고 애쓰고 있다. 하지만 우리가 바라는 미래는 처음 두 가지 함정을 없애고 나서 자신의 통제 속에서 평화롭게 일어나 긍정적인 발전을 이루고, 중국 문화의 강력한 결속력으로 '투키디데스 함정'을 피하는 것이다. 그러므로 전자는 우리가 원하지 않는 결과물이고, 후자는 우리가 바라는 결과물이다. 후자의 결과를 원한다면 앞에서 언급한 두 개의 함정을 피하기 위해 최선을 다해야 한다. 우리는 이러한 함정을 확실하게 피할 수 있는 저력을 가지고 있다.

논리적으로 전자의 두 가지 함정을 성공적으로 피해야만 후자의 함정을 피하기 위한 힘을 더 많이 축적할 수 있다. 중국의 부상이 더 많은 상생의 결과를 만들어내야만 세계가 중국이 가는 길의 힘을 보고, 중국 모델의 장점과 중국인들의 평화 발전 지향적 문화 기반을 볼 수 있다. 따라서 시진핑 주석은 "우리 모두 '투키디데스 함정'에 빠지지 않도록 노력해야 한다"며 "헤게모니를 추구하는 강국이라는 생각은 중국에 적용되지 않으며, 중국은 그러한 행동을 실행할 유전자가 없다"고 덧붙였다.[65] 2015년 9월 미국을 방문한 시진핑 주석은 "세계에 투키디데스 함정은 없지만, 강대국들 사이에서 반복되는 전략적 오판으로 인해 스스로 투키디데스 함정을 만들 수 있다"고 거듭 천명했다.[66]

인민 중심의 발전은 상술한 세 가지 함정을 힘써 피하는 것을 전제로 인민의 현재 이익과 장기적 이익을 결합하여 한편으로 국내에서 발전을 위한 안정적인 환경을 만들고, 다른 한편으로는 국내외 상황을 전체적으로 조율해야 한다. 이를 통해 장기적인 발전을 추구하고, 국제적인 발언권을 쟁취하여 힘들게 얻은 안정 국면을 유지함으로써 지금의 발전에 기회

---

65 선명저(申孟哲), 「대국은 어떻게 '투키디데스 함정'을 피하는가」, 인민일보(해외판), 2015년 11월 27일, 16면/ 췌이요중(崔耀中), 『전면적인 종업치당: 새로운 요구, 새로운 특징, 새로운 배치』, 인민출판사, 2016년판, 53-54면.

66 중공중앙문헌연구실 편저 『18차 당대회 이후 중요 문헌 선집』(중)에 실린 '시진핑: 워싱턴주 지방 정부와 미국 우정 단체의 합동 환영 연회 연설(2015년 9월 22일)', 중앙문헌출판사, 2016년판, 689면.

를 만들어 줄 뿐 아니라 미래 발전을 위한 튼실한 기초를 다져야 한다. 이렇게 해야만 인민 중심의 발전을 위해 좋은 기회를 창조할 수 있고, 전면적인 샤오캉사회 실현을 기반으로 중국을 21세기 중반에 부강하고 민주적이며 문명화되고 조화롭고 아름다운 사회주의 현대화 강국으로 발돋움을 할 수 있는 발판을 마련하여 최종적으로 중화민족의 위대한 부흥을 맞이할 수 있게 된다.[67]

인민 중심의 발전을 위해 우리가 만드는 샤오캉사회는 소수가 아닌 모두가 함께 누릴 수 있는 사회여야 한다. 단순히 물질적 생활을 공유하는 사회가 아니라 경제, 정치, 문화, 사회, 생태 등 모든 분야의 발전성과를 함께 누리는 사회를 말한다. 물론 함께 만드는 과정에서 함께 나누기 위해서는 단숨에 평등주의적 과정으로 갈 수는 없고, 점진적인 과정이 필요하다. 이 때문에 나눔은 낮은 수준에서 높은 수준으로, 불균형에서 균형으로, 불충분한 것에서 충분한 방향으로, 큰 소득 격차에서 점진적인 소득 격차 축소에 이르는 과정을 보여줄 수밖에 없다.

동서고금의 역사를 통해 인민의 운명은 국가와 민족의 앞날과 밀접한 연관이 있음을 알 수 있다. 나라의 부강과 인민의 행복 사이에는 상호 의존적인 연관 관계가 있다. 국가가 힘이 없으면 국내 환경을 안정되게 지킬 수 없고, 인민의 행복이 없으면 국가의 강함을 말할 수 없다. 동전의 양면과도 같은 인민 중심의 발전과 중화민족의 위대한 부흥의 변증적 관계를 잘 처리해야만 영속한 발전의 기회를 얻을 수 있다. 중국몽을 실현하기

67　시진핑, 『샤오캉사회 전면 실현의 결정적인 승리를 이룩하여 신시대 중국 특색 사회주의 위대한 승리를 거두자-중국공산당 제19차 전국대표대회 보고(2017년 10월 18일)』, 인민출판사, 2017년판, 28-29면.

위해서는 세대 간의 공동 노력이 필요하다. 중국몽은 결국은 인민의 꿈이다. 국가와 민족 그리고 개인을 국가 이익과 민족 이익, 개인의 실제 이익과 밀접하게 연결된 미래를 공유하는 공동체로 여기는 것이 중국몽의 가장 큰 특징이다. 이에 시진핑 총서기는 "중국몽은 민족의 꿈이자 모든 중국인의 꿈이다. 나라가 좋고 민족이 좋아야 모두가 좋다. 더 나은 아름다운 삶에 대한 인민의 염원이 바로 우리가 노력해야 하는 목표다"라고 말했다.[68] 중국몽의 출발점과 최종 목표가 인민이라는 말은 인민 중심의 인민을 위한 집권이라는 근본 가치를 보여준다. 물론 이 위대한 사회 실천 속에서 민주제도를 완비하고, 민주적 형식을 풍부히 하고 민주경로를 넓혀 국가 정치와 사회생활의 모든 측면에서 인민이 주인이 될 수 있도록 보장하는 노력이 필요하다.

---

68   『시진핑, 국정 운영을 논하다』 제1권, 외문출판사, 2014년판, 40면, 64면, 424면.

인민중심의 새로운 발전 이념 고수

제2장

발전을 이끄는 제1원동력:
혁신적 발전

중화인민공화국 수립 이후 특히 개혁개방 40년 이후, 중국은 경제적으로 궁핍하고 지식이 없었던 '일궁이백(一窮二白)'에서 세계 2위의 경제 대국이자 제일의 공업 대국으로 성장하기까지 선진국이 수백 년에 걸쳐 이룬 산업화 과정을 약 70년 만에 이룰 수 있었다. 현재 중국은 산업화 후기에 접어들었고 경제는 고속성장에서 중고속 성장으로 전환되고 있다. 자원과 환경 문제로 인한 제약이 고조되고 있고, 인구 배당 효과가 줄어들고 노령화가 가중되고 있는 가운데 기존 산업의 국제 경쟁력이 점차 약화되면서 경제 구조는 중대한 조정에 직면하고 있다. '뉴노멀'의 특성이 갈수록 뚜렷해지고 있으며, 경제발전 과정에서 시급히 해결해야 할 심층적인 문제와 갈등이 존재한다. 국제적으로 새로운 과학 기술 혁명과 산업 변혁의 발흥, 국제 무역과 투자 질서의 재구성이 일어나고 있고, 선진국은 선진 제조업 발전에 주력하고 있으며, 개발도상국은 저비용 노동집약적 산업 발전을 중시하고 있다. 이로 인해 중국 산업 발전은 선진국의 하이엔드와 개발도상국의 로우엔드의 이중 압박에 직면해 있다. 중요한 발전 전략 기회를 맞이하고, 많은 갈등과 문제들로 인해 도전에 직면한 상황에서 '13차 5개년 계획' 기간 동안 그리고 미래 중국의 경제발전을 이끄는 개념을 과학적으로 결정하는 것이 매우 중요하다. 시진핑 동지를 핵심으로 하는 당 중앙은 역대 중국공산당의 중앙집단사상을 계승하여 혁신 발전을 주요 이념으로 하는 발전관을 제시하고, '새로운 시기에 어떤 발전 이념으로 중국을 더욱 발전시킬 것인가'라는 중대한 질문에 대해 이론적·실천적 측면에서 답을 제시했다. 이는 현재의 세계 기술과 경제발전 정세에 부응하는 것일 뿐 아니라 중국 경제발전단계의 변화에 적응하고 지속적인 경제발전의 촉진을 위해 필요한 것이다. 마르크스주의 혁신 사상의 발전일 뿐만 아니라 시진핑 신시대 중국 특색 사회주의 사상의 중요한 부분이기도 하다. 혁신 발전 이념은 기존의 발전 개념과 다르게 체계성과 계승성을 가지고, 과학적이고 전략적이면서 대중성을 갖추고 있어 발전 개념의 중대한 혁신을 이룬 것이라 하겠다. 혁신 발전 이념을 제시한 것은 전면적인 샤오캉사회를 건설하고, 신시대 중국 특색 사회주의의 위대한 승리를 쟁취하며, '두 개의 100년' 분투 목표를 실현하는데 결정적인 의미가 있다. 아울러 이는 중국몽을 실현하고 대국에서 강국으로 향하는 필연적인 선택이다. 시진핑 총서기는 "개혁개방 40년의 실천은 우리에게 혁신이 개혁개방의 생명이라는 사실을 일깨워 주었다"고 강조했다.[1]

---

1   시진핑, 「개혁개방 40주년 기념 연설(2018년 12월 18일)」, 인민일보, 2018년 12월 19일, 2면.

1. 과학 기술 혁신을 핵심으로 하는 포괄적인 혁신은 발전을 이끄는 제1원동력이다

시진핑 신시대 중국 특색 사회주의 사상에서의 혁신 발전 이념은 일종의 체계적인 발전관이다. 한편으로 혁신 발전 이념에는 과학기술, 문화, 경제, 사회, 생태 등 다양한 분야의 혁신 이념으로 구성된 시스템이 반영되어 국가 혁신 체제의 뒷받침이 필요하다. 이 중에서 과학기술 혁신이 국가 혁신 체제의 핵심이라 할 수 있다. 혁신 발전 이념은 고립된 발전 개념이 아니라 당 18기 5중 전회에서 제시한 혁신, 조화, 녹색, 개방, 공유라는 '오위일체(五位一體)'의 새로운 발전 이념 체계에서 가장 중요한 핵심 발전 이념이다.

(1) 과학기술 혁신을 핵심으로 하는 종합 혁신 발전 이념 체계

혁신은 과학기술 혁신 및 과학기술 혁신에 의한 새로운 산업, 새로운 업무 형태, 새로운 모델 등 경제 분야의 활동을 주로 가리켜왔고, 혁신 발전은 주로 혁신활동을 통하여 과학기술 진보와 경제발전을 촉진하는 것을 가리킨다. 과학기술과 경제 분야의 혁신에 관한 많은 연구가 있는 것을 봤을 때, 과학기술 및 경제의 혁신과 발전이 국가발전의 열쇠임은 분명하다. 시진핑 총서기는 "오늘날 세계에서 과학기술 혁신의 '핵심'을 잡고, 과학기술 혁신에서 기선제압을 하는 자가 기회를 먼저 잡고 우위를 점할 수 있다"[2]고 지적하고, "사회 생산성과 종합 국력 향상을 위한 전략적 지원 요소

---

2   중공중앙문헌연구실 편저 『시진핑의 과학기술 혁신에 관한 논술 엮음』에 실린 '시진핑,

인 과학기술 혁신을 국가발전 전반의 핵심적인 위치에 두어야 한다"[3]고 강조했다.

　그러나 과학기술 혁신은 복잡한 활동이다. 오늘날 세계에서 혁신 활동의 경쟁은 기업 또는 산업의 경쟁일 뿐 아니라 혁신 생태계의 경쟁이기도 하다. 이는 혁신이 과학기술의 돌파를 추구하는 일방적 혁신이 아니라 과학기술, 경제, 문화 전반에 걸쳐 혁신을 꾀한다는 의미이다. 마찬가지로 과학기술 혁신 체제와 메커니즘의 개혁은 과학기술계 내부 문제일 뿐 아니라 정부 관리체제, 화폐 및 금융 제도, 재정 과세 제도, 토지제도, 간부 평가제도, 재산권 보호 제도, 문화 체제 등 사회 경제 전반의 다양한 분야에 대한 개혁과 관련된다. 그러므로 혁신 생태계의 구축과 개선은 혁신 발전을 이룰 수 있는지를 결정짓는 핵심이다. 이에 따라 당 18기 5중 전회는 "혁신과 발전을 위해 혁신을 전반적인 국가발전의 핵심으로 두고, 이론, 제도, 과학기술, 문화 등 다양한 분야에서 혁신을 지속적으로 추진함으로써 당과 국가의 모든 업무에서 혁신을 이루고, 혁신이 사회 전반에서 활성화될 수 있도록 해야 한다"[4]고 지적했다. 시진핑 신시대 중국 특색 사회주의 사상에서의 혁신 발전 이념은 과학기술 혁신을 중심으로 한 종합 혁신 발전 이념 체계이다. 한편으로 시진핑 동지를 중심으로 하는 당 중앙은 혁신 발전을 위한 제도적 뒷받침이 필요하다는 점을 충분히 인식하고, 국가 혁신 체제 구축을 강조하며, 과학기술과 경제 사회 발전의 심층적인 융

　상하이 시찰 당시 연설(2014년 5월 23일-24일)', 중앙문헌출판사, 2016년판, 26면.

3　중공중앙문헌연구실 편저 『시진핑, 과학기술 혁신에 관한 논술 엮음』에 실린 '시진핑, 중국과학원 시찰 당시 연설(2013년 7월 17일)', 중앙문헌출판사, 2016년판, 23면.

4　『중국공산당 제18기 중앙위원회 5차 전체회의 공보』, 인민출판사, 2015년판, 7면.

합을 추진할 것을 요구했다. 아울러 탄탄한 과학기술을 통해 강한 산업, 강한 경제, 강국으로의 길을 열기 위해서 국가 혁신 체계를 구축하고 개선함으로써 과학기술, 산업, 기업, 시장, 제품, 경영방식 및 관리와 같은 다양한 부분의 혁신을 추진하여 혁신이 주도하고 뒷받침하는 경제체계와 발전 모델을 이룰 것을 요구했다.『국가 혁신주도 개발 전략 개요』는 "혁신 드라이브가 바로 혁신이 발전을 이끄는 첫 번째 동력이 된다. 과학기술 혁신과 제도 혁신, 관리 혁신, 비즈니스 모델 혁신, 업무 경영방식 혁신, 문화 혁신을 결합하여 지속적인 지식 축적, 기술 진보, 노동력의 질적 향상에 의존하는 발전 방식으로의 전환을 촉진하고 경제를 보다 높은 수준의 형태로 끌어올리고, 보다 정제된 분업과 더 합리적인 구조를 가진 단계로 진화시켜야 한다"고 지적했다.[5] 또 한편으로 시진핑 동지를 핵심으로 하는 당 중앙은 국가 혁신 체계에서 과학 기술 혁신의 핵심적이고 선도적인 역할을 충분히 깨닫고, 국가 번영의 토대인 과학기술의 혁신을 잡아야 중국의 전반적인 발전에 영향을 미치는 '중요한 코뚜레'를 잡을 수 있다고 강조하며 과학기술 혁신 발전의 새로운 상황을 따라잡고, 추월하기 위해 노력할 것을 당부했다. 18차 당대회에서 제안한 혁신주도 발전 전략을 구현하기 위해 과학기술 혁신을 중심으로 전면적인 혁신을 추진해야 한다. 수요의 지향점과 산업화의 방향을 고수하고, 기업이 혁신의 주체가 되어야 한다. 자원 배분에서 시장이 결정적 역할을 하고, 사회주의 제도의 강점을 살려 경제 성장에 대한 과학기술 발전의 기여를 높이고, 새로운 동력원을 형성함

5 　『국가 혁신주도 개발 전략 요강』, 인민출판사, 2016년판, 2면.

으로써 지속적이고 건강한 경제발전을 촉진해야 한다.[6]

　시진핑 신시대 중국 특색 사회주의 사상에서 과학기술 혁신을 중심으로 한 혁신 발전 이념 체계는 마르크스주의 정치경제학의 기본 원리에 부합하고, 마르크스주의 정치경제학의 기본 원칙이 중국에서 구체적으로 실천된 것이다. 비록 마르크스는 수많은 논저에서 혁신에 대한 특별한 정의를 따로 하지는 않았지만, 기존 연구를 통해 마르크스가 이해한 혁신은 현실의 사람들이 새로운 현실에 대응하여 선인들이 아무도 참여하지 않았던 창의적 실천 활동에 의도적으로 참여하는 것임을 알 수 있다. 이런 창의적인 실천 활동을 통해 객관적 사물과 어울리지 않는 낡은 관념과 이론을 끊임없이 타파하여 객관적 사물의 새로운 속성과 새로운 연결 고리, 새로운 법칙을 발견하여 새로운 물질적·정신적 제품을 생산해 내는 것이다.[7] 시진핑 신시대 중국 특색 사회주의 사상은 혁신을 인간의 창의적 실천으로 폭넓게 이해하고 있는데, 이것이 바로 마르크스주의의 혁신에 대한 기본적인 이해이다. 서구 경제학에 비해 마르크스주의 정치경제학은 이론적 포괄성이 더 강하기 때문에 서구 경제학의 모든 유용한 업적을 다 담을 수 있다.[8] 서구 경제학의 혁신에 대한 연구는 주로 신고전주의 경제학과 진화 경제학에서 이루어졌다. 전자는 혁신 인센티브에 더 많은 관심을 기울인 반면, 후자는 기술 혁신 능력에 초점을 맞추었다. 혁신의 정의와 관련해 비

<hr />

6　중공중앙문헌연구실 편저 『시진핑의 과학기술 혁신에 관한 논술 엮음』에 실린 '중앙 재경 지도 팀 제7차 회의에서의 시진핑 연설(2014년 8월 18일)', 중앙문헌출판사, 2016년판, 17면.

7　류홍위(劉紅玉), 『마르크스 혁신 사상 연구』, 박사학위 논문, 후난(湖南)대학, 2011년.

8　페이샤오거(裴小革), 『혁신 드라이브를 논하다-마르크스주의 정치경제학의 분석 관점』, 경제연구, 2016년, 제6기.

교적 대표적인 것은 슘페터가 새로운 생산함수 혹은 생산요소를 만드는 새로운 조합이라고 규정한 것이다. 여기에서 새로운 조합이란 구체적으로 신제품, 새로운 생산방법, 새로운 시장, 새로운 자원, 새로운 조직 등의 여러 혁신 상황을 가리킨다.[9] 이러한 연구는 상대적으로 구체적이고 제한적이나 정책 참조 가치도 있다고 보아야 한다. 혁신에 대한 마르크스주의의 이해는 서구 경제학의 혁신에 대한 함축적 의미를 포함할 수 있다. 시진핑 동지를 중심으로 한 당 중앙이 제시한 과학기술 혁신을 핵심으로 하는 혁신 발전 이념 체계가 이런 포용성을 보여주고 있다.

(2) 혁신 발전, 발전을 이끄는 첫 번째 원동력

19차 당대회 보고에서는 "혁신은 발전을 이끄는 첫 번째 동력이고, 현대화 경제 체제 구축을 위한 전략적 뒷받침이다"[10]라고 지적했다. 당 18기 5중 전회에서 채택된 '국민 경제와 사회발전을 위한 제13차 5개년 계획 수립에 관한 건의'에서는 혁신 발전, 조화 발전, 녹색발전, 개방적 발전, 공유 발전의 5대 발전 이념을 확고하게 세우고 성실히 이행해야 하며, 새로운 시기의 중국 발전 이념 문제에 대해 체계적이고 구체적으로 답했다고 지적했다.[11] 혁신 발전은 성장 동력 문제를 해결하는 데 중점을 두고, 조화

---

9   [미] 조지프 슘페터, 『경제발전 이론-이익·자본·신용·이자 및 경제주기에 관한 고찰』, 옮긴이:허웨이(何畏)·이자샹(易家詳) 등, 상무인서관(商務印書館) 1990년판, 73-74면.

10   시진핑, 『샤오캉사회 전면 실현의 결정적인 승리를 이룩하여 신시대 중국 특색 사회주의 위대한 승리를 거두자-중국공산당 제19차 전국대표대회 보고(2017년 10월 18일)』, 인민출판사, 2017년판, 31면.

11   중공중앙문헌연구실 편저 『18차 당대회 이후 중요 문헌 선집』(중)에 실린 '국민 경제 및 사회 발전을 위한 13차 5개년 계획에 관한 중국공산당 중앙위원회의 제안(2015년 10월 29일

로운 발전은 발전의 불균형 문제 해결에 역점을 두고 녹색발전은 사람과 자연의 조화 문제 해결에 역점을 두고, 개방적 발전은 발전의 대내외 연동 문제 해결에 중점을 맞추며, 공유 발전은 사회적 평등과 정의에 초점을 둔다.[12] 5대 발전 이념은 상호 연결되어 추진되지만, 핵심은 혁신에 있다. 혁신은 발전을 이끄는 첫 번째 원동력이기 때문에 혁신이 우선되어야 한다.[13] 5대 발전 이념은 복잡하게 얽힌 국제환경에 부딪히고, 국내 개혁 발전의 힘든 임무를 짊어진 중앙정부가 현대의 국가발전 규율을 파악하기 위해 내놓은 새로운 발전 이념 체계다. 현재, 중국은 세계에서 두 번째로 큰 경제를 가진 개발도상국이 되었고 산업화의 후반기에 들어서고 있다. 제13차 5개년 계획 기간 동안 발전 방식의 전환을 이끌 새로운 발전 이념이 시급하게 필요하다. 당 18기 5중 전회에서 제시한 5대 발전 이념은 첫째, 발전의 원동력이 혁신임을 분명하게 하고, 이론과 제도, 과학기술과 문화에 등 다양한 분야의 혁신에서 나오는 것이라고 강조했다. 둘째, 도시와 농촌 지역의 공동 발전, 경제 및 사회의 조화로운 발전, '4화 동보' 발전, 물질문명과 정신문명의 조화로운 발전, 경제 건설과 국방 건설의 통합 발전, 사람과 자연의 조화로운 발전, 중국과 세계의 깊은 통합 상생 협력 발전과 같은 중요한 내용을 포함하고 있다. 셋째, 발전의 궁극적인 목표는 인민이 공동 부유를 실현하고 발전을 결실을 함께 나누는 것이라고 밝혔다. '오위일체'의 새로운 발전 이념 체계는 한편으로는 전면적인 조화와 지속 가능한 발

중국공산당 제18차 중앙위원회 5차 전체회의에서 채택됨)', 중앙문헌출판사, 2016년판, 793면.

12   시진핑, 『당 18기 5중 전회 제2차 전체회의 연설(발췌)』, 구시(求是), 2016년, 제1기.

13   시진핑, 「18기 5중 전회 정신을 배우고 이행하기 위한 성급, 부급 주요 간부 특별 세미나 연설(2016년 1월 18일)」, 인민일보, 2016년 5월 10일, 2면.

전을 추구하는 인민 중심의 과학 발전관을 계승하고, 다른 한편으로는 혁신을 국가발전 전반의 핵심적인 위치에 두고, 혁신을 발전의 출발점으로 놓은 것이다. 이는 과학 발전관을 기반으로 한발 더 나아간 중국 발전 이념에 대한 새로운 돌파구라고 할 수 있다.

혁신 발전을 '13차 5개년 계획' 시기의 가장 중요한 발전 개념으로 삼고 국가발전의 핵심 위치에 두는 것이 중국 발전단계의 기본 요구이며 발전 법칙에 대한 중국공산당의 과학적인 이해라고 할 수 있다. 지난 40년의 개혁개방을 통해 중국은 산업화 초기 단계에서 산업화 후기 단계로 빠르게 이동했다. 성장 동력의 관점에서 보면, 중국은 이미 생산요소 주도 발전단계와 높은 저축율의 투자 주도 발전단계를 거쳤다. 과학기술 수준과 경제 기반 그리고 전반적인 국력이 크게 향상되었지만, 많은 자원을 투자하고 환경을 소비하는 기존의 경제발전 방식을 지속하기는 불가능해졌다. 현실적인 가능성이나 이론적 필요성으로 봤을 때, 중국은 혁신이 주도하는 새로운 발전 단계로 전환해야 한다. 중진국 함정에 빠진 중남미 국가들이 주는 심각한 교훈과 2차대전 이후 성공적으로 변혁과 도약을 이룬 일본, 한국, 싱가포르 등이 주는 긍정적인 교훈은 혁신을 앞당겨야 한다는 것을 우리에게 시사하고 있다.

최근, 중국공산당은 발전 법칙에 대한 과학적 이해를 바탕으로 혁신과 발전 이념을 지속적으로 강화해 왔다. 17차 당대회 보고서는 혁신 국가 건설의 열쇠는 자주 혁신능력을 크게 향상시키는 것이라고 지적했고, 18차 당대회 보고에서는 혁신주도 발전 전략 이행을 공식적으로 제시했다.[14]

---

14   후진타오, 「중국 특색 사회주의의 위대한 기치를 높이 들고 전면적인 샤오캉사회 실현의

2014년 6월 9일, 시진핑 총서기는 중국과학원 제17차 원사 대회, 중국공정원 제12차 원사 대회 개막식 연설에서 흔들림 없는 혁신을 통해 혁신주도형 국가 건설에 박차를 가해야 한다고 강조했다.[15] 2015년 3월 중국공산당 중앙위원회와 국무원은 《체제 메커니즘 개혁 심화 및 혁신주도 발전 전략 실행 가속화에 관한 몇 가지 의견》을 발표했으며, 당 18기 5중 전회에서는 혁신 발전을 '13차 5개년 계획' 시기의 중요한 발전 이념으로 삼아 혁신 발전에 전례없는 중요한 위치를 부여했다.[16]

2. 혁신 발전 이념의 제기는 역사 경험 계승의 혁신이다

시진핑 신시대 중국 특색 사회주의 사상에서의 혁신 발전 이념은 근거 없이 생겨난 것이 아니라 역사적 계승성을 가지고, 계승에 있어서의 혁신이다. 시진핑 총서기가 지적했듯이 역사 유물론자로서 계승 없이는 발전이 있을수 없고 혁신 없이는 미래가 없다는 것을 깨달아야 한다. 반드시 시종일관하게 계승 속에서 혁신하고, 혁신 속에서 발전해야 한다.[17] 지금

새로운 승리를 위해 노력하자-중국공산당 제17차 전국대표대회 연설(2007년 10월 15일)」, 인민일보, 2007년 10월 25일, 1면/ 후진타오, 「확고부동하게 중국 특색 사회주의의 길을 따라 앞으로 나아가고, 전면적인 샤오캉사회 실현을 위해 노력하자-중국공산당 제18차 전국대표대회 보고서(2012년 11월 8일)」, 인민일보, 2012년 11월 18일, 1면.

15   시진핑, 「중국과학원 제17차 원사 대회, 중국공정원 제12차 원사 대회 연설(2014년 6월 9일)」, 인민일보, 2014년 6월 10일, 2면.

16   『중국공산당 제18기 중앙위원회 5차 전체회의 공보』, 인민출판사, 2015년판, 7면.

17   시진핑, 『실전에 임하는 자세로 앞장서야 한다-저장성의 새로운 발전 추진을 위한 사고와 실천』, 중공중앙당교출판사(中共中央党校出版社), 2006년판, 78면.

우리의 모든 일은 선대의 노력을 바탕으로 진행되는 것이다. 현재 시대 발전의 변화에 집중하고 이론적 혁신의 최신 성과를 활용하여 제도 혁신, 기술 혁신, 문화 혁신 및 기타 혁신을 지속적으로 추진하고, 기존의 것을 끊임없이 완비하면서 새로운 국면을 계속 열어나가야 한다.[18]

혁신 발전 이념의 관점에서 혁신 발전 이념의 계승성을 통해 중국공산당이 그동안 과학기술 혁신을 중시해 왔다는 점을 잘 보여준다. 중국공산당은 과학이 역사 발전의 추진 역할을 하는 혁명의 힘이라고 본 마르크스의 생각을 계승하여 과학기술의 혁신과 발전을 촉진하기 위해 전념했다.[19] 중화인민공화국 창건 이후 역대 중앙 지도부는 국내외 과학기술 및 경제발전 상황을 면밀하게 심층 분석하여 중국 경제와 사회의 발전 목표를 합리적으로 세웠고, 과학기술 발전의 일반적 법칙을 파악하여 시기별로 과학 기술 혁신 사상과 목표를 제시했다.

중화인민공화국 창건 당시는 경제적으로 궁핍하고 지식이 없었던 '일궁이백' 상황으로 전반적인 과학기술 수준은 서방 선진국에 비해 거의 백 년은 뒤처졌다. 1840년대부터 1940년대 중반까지의 백여 년 동안 전 세계의 거의 모든 제국 열강들이 중국을 침략했다. 국내외 여러 요인으로 일본 제국주의의 항복으로 끝난 항일전쟁을 제외하고, 중국은 실패와 주권 상실의 치욕적인 조약을 체결하지 않고 끝난 전쟁은 없었는데 그 이유는 바로 사회 제도의 부패와 경제 및 기술의 후진성 때문이었다.

18　시진핑, 『실전에 임하는 자세로 앞장서야 한다-저장성의 새로운 발전 추진을 위한 사고와 실천』, 중공중앙당교출판사(中共中央党校出版社), 2006년판, 78-79면.

19　치우뤄훙(邱若宏), 『중국공산당의 과학 기술 사상과 실천에 관한 연구-창당 시기부터 신중국 성립까지』, 인민출판사, 15면.

마오쩌둥 동지를 핵심으로 한 1세대 중앙 지도부는 과학기술의 후진성에 대해 뼈저리게 느꼈고, 마오쩌둥 동지는 과학기술에 의해 생산력을 키우겠다는 생각을 분명하게 밝혔다. 그는 "과학기술을 위한 싸움을 반드시 해야 하며 잘 싸워야 한다. 과거에 우리는 상부구조와 인민 정권과 인민 군대 수립을 위해 싸웠다. 그렇다면 이러한 상부구조를 구축해서 무엇을 하는가? 바로 생산을 하기 위해서이다. 상부구조와 생산 관계를 다루는 목적은 생산력을 해방시키기 위해서이다. 이제 생산 관계가 바뀌었으니 생산성을 높일 필요가 있다. 과학기술 없이는 생산성이 향상될 수 없다"[20]고 지적했다. 1956년 국내외 과학기술 발전에 관한 중국과학원 학부 주임 4명의 보고를 들은 당 중앙은 전당과 전국에 '과학을 향해 진군'할 것을 호소했다. 문화대혁명 시기 4인방의 광기로 인해 중국의 국민 경제는 한때 붕괴 직전까지 갔고, 지식인들이 박해받았으며 과학기술 수준과 세계 선진 수준 사이의 괴리는 더욱 벌어지게 되었다.

1978년 3월 18일~31일 당 중앙은 역사적으로 큰 영향력을 미친 전국 과학대회를 개최했다. 덩샤오핑 동지는 대회 개막식 연설에서 4개 현대화의 핵심은 과학기술의 현대화이고, 과학기술은 생산력이며, 과학기술의 종사자는 노동자들이라는 중요한 논단을 밝힘으로써 문화대혁명 당시 과학기술과 지식의 중요성에 대한 4인방의 잘못된 이해를 바로잡아 '과학이 봄날'을 맞이할 수 있었다.[21] '과학기술이 가장 중요한 생산력'이라는 생각은

---

20 『마오쩌둥 문집』 제8권, 인민출판사, 351면.

21 『덩샤오핑 문선』 제2권, 인민출판사, 1994년판, 86, 34면. 『덩샤오핑 문선』 제3권, 인민출판사, 1993년판, 107면. 뤄핑한(羅平漢), 『봄-1978년의 중국 지식층』, 인민출판사, 2008년판, 127면.

중국의 과학기술 혁신과 경제발전을 이끄는 핵심 이념이 되었다.[22] 정신노동자도 노동자의 일원이라고 한 덩샤오핑 동지의 판단은 당시의 사상적 혼란을 정리하고, 이후 과학과 교육을 통한 부흥과 인재 강국 전략을 실현하기 위한 이론적 토대를 마련했다.

중국은 1990년대 중반까지 사회주의 시장경제체제 구축을 결정했고, 조방형 경제 성장에서 효율적 성장으로의 변혁을 실현해야 했기 때문에 과학기술 진보를 사회 경제발전 가속화를 위한 강력한 원동력으로 삼아야 했다. 이런 배경에서 1995년 5월 6일 발표한 『과학기술 진보 가속화에 관한 중국공산당 중앙위원회 국무원의 결정』(이하 『결정』으로 칭함)에서 과학과 교육을 통한 국가 부흥 전략을 제시했다. 이는 역사의 경험을 종합하고 중국의 현 상황에 따라 내놓은 중대한 포석이었다.[23] 『결정』은 "과학과 교육을 통한 국가 부흥은 과학기술이 제일의 생산력이라는 생각을 충분히 구현하고, 교육을 기본으로 과학기술과 교육을 경제 사회 발전에서 중요한 위치에 두고, 국가 과학기술력과 실질적인 생산 전환 능력을 향상하고, 전 인민의 과학기술 문화 소질을 높여 경제 건설을 과학기술 진보와 노동자의 자질을 높이는 궤도에 올려 국가의 번영과 강성대국 실현에 박차를 가하는 것이다.[24] 과학과 교육을 통한 국가 부흥 전략은 과학기술이 제일의 생산력이라는 생각을 충분히 구현하는 전략적 결정이고, 국민 경제가 빠르게 지속적으로 건전하게 발전할 수 있는 근본적인 조치이자, 사회주의

---

22   『덩샤오핑 문선』 제3권, 인민출판사, 1993년판, 274면.

23   장쩌민, 『과학기술을 논하다』, 중앙문헌출판사, 2001년판, 51면.

24   『과학기술 진보 가속화에 관한 중국공산당 중앙 국무원의 결정(1995.5.6)』, 인민출판사, 1995년판, 4면.

현대화의 웅대한 목표를 실현하기 위한 필연적인 선택으로서 중화민족의 진흥을 위한 필수적인 길이다"[25]라고 지적했다.

21세기 들어 세계 과학기술 혁명이 급격히 진행되면서 세계 각국, 특히 선진국들은 과학기술 혁신을 국제 경쟁력 유지와 경제발전 추진을 위한 중요한 전략으로 간주하고 있다. 후진타오 총서기를 위시한 당 중앙은 덩샤오핑 동지의 '과학기술은 생산력이다', 장쩌민 동지의 '과학과 교육을 통한 나라 부흥'과 같은 과학기술 혁신 사상을 이어나가면서 과학기술을 제일의 생산력으로 삼고, 과학과 교육을 통한 부흥 및 인재 강국 전략을 확고부동하게 실행하여 과학기술에 의한 경제 사회 발전을 실현하고, 경제 건설과 사회발전 정책에 맞는 과학기술 발전을 이룰 것을 요구했다.[26] 또 한편으로는 혁신주도형 국가 건설이라는 중대한 결정을 제시했다. "혁신주도형 국가 건설의 핵심은 자주 혁신능력 향상을 과학기술 발전의 전략적 기반으로 삼아 중국 특색의 자주 혁신의 길을 따라 과학기술의 비약적 발전을 추진하는 것이다. 자주 혁신능력 강화를 산업구조조정, 성장모델 전환의 중심고리로 삼아 자원 절약형, 친환경 사회를 건설하여 빠르고 건전한 인민 경제발전을 추진한다. 자주 혁신능력 강화를 국가 전략으로 삼아 현대화 건설의 모든 분야에 적용한다. 전 인민의 혁신 정신을 자극해 높은 수준의 혁신 인재를 양성한다. 자주 혁신을 위한 체제 메커니즘을 형성해 이론 혁신, 제도 혁신, 과학기술 혁신을 추진함으로써 중국 특색 사회주

---

25   『과학기술 진보 가속화에 관한 중국공산당 중앙 국무원의 결정(1995.5.6)』, 인민출판사, 1995년판, 4면.

26   후진타오, 「중국과학원 제13차 원사 대회, 중국 공정원 제8차 원사 대회 연설(2006년 6월 5일)」, 인민일보, 2006년 6월 6일, 2면.

의의 위대한 사업을 끊임없이 공고히 하고 발전시켜야 한다".[27] 여기에서 '자주 혁신능력 강화'는 혁신주도형 국가 건설 전략의 핵심이며, 후진타오 동지가 거듭 강조한 내용이라는 것을 알 수 있다. 2007년 17차 당대회 보고에서 후진타오 동지는 "자주 혁신능력을 높여 혁신주도형 국가를 건설해야 한다. 이는 국가발전 전략의 핵심이자 종합 국력을 높이는 열쇠이다. 중국 특색의 자주 혁신의 길을 고수해야 하고, 자주 혁신능력을 현대화 사업의 모든 분야에서 향상시켜야 한다"[28]고 강조했다. 2010년 6월 중국과학원과 중국공정원 원사 대회에서 후진타오 동지는 앞선 세 가지 '확고부동함'에 '중국 특색의 자주 혁신의 길을 걷다'라는 표현을 덧붙여 과학기술을 우선 발전의 전략적 위치에 두어야 한다고 지적했다.[29] 2012년 중국공산당 중앙위원회와 국무원은 『과학기술 체제 개혁 심화 및 국가 혁신 체계 구축 가속화에 관한 의견』을 발표해 중국 특색의 국가 혁신 체제 구축을

---

27 후진타오, 『중국 특색 자주 혁신의 길을 고수하고 혁신적인 국가 건설을 위해 노력하자-전국 과학기술대회 연설(2006년1월 9일)』, 인민출판사, 2006년판, 8면.

28 후진타오, 「중국 특색 사회주의의 위대한 기치를 높이 들고 전면적이 샤오캉사회 실현의 새로운 승리를 위해 노력하자-중국공산당 제17차 전국대표대회 연설(2007년 10월15일)」, 인민일보, 2007년 10월 25일, 1면.

29 후진타오, 『중국 특색 자주 혁신의 길을 고수하고 혁신적인 국가 건설을 위해 노력하자-전국 과학기술대회 연설(2006년 1월 9일)』, 인민출판사, 2006년판, 8면. 후진타오, 『중국과학원 제16차 원사 대회, 중국 공정원 제11차 원사 대회 연설(2012년 6월 11일)』, 인민출판사, 2012년판, 1면. 후진타오는 중화인민공화국 창건 60주년 기념식 연설에서 중국 특색 사회주의 길을 확고하게 견지하고, '평화적 통일, 일국양제' 방침을 확고하게 고수하며, 자주 독립적인 평화외교 정책을 확고하게 이어나가야 한다는 내용의 '확고하게 해야 할 3가지[三个坚定不移]'를 제시했다. 후진타오, 「중화인민공화국 창건 60주년 기념식 연설(2009년 10월 1일)」, 인민일보, 2009년 10월 2일, 14면.

추가로 제안했다.[30] 2012년 6월 중국과학원과 중국공정원 원사 대회에서 후진타오 동지는 "새로운 과학기술혁명의 전략적 기회를 포착하여 자주 혁신능력을 크게 향상시켜야 한다. 공통적이고 핵심적이며 중요한 기술의 혁신능력을 강화하고, 과학기술 성과를 실제 생산력으로의 전환을 추진하여 민생이 과학기술의 혜택을 받을 수 있게 하고, 중국의 사회 경제발전을 혁신이 주도하는 궤도에 올려놓기 위해 노력해야 한다"[31]고 재차 강조했다.

시진핑 신시대 중국 특색 사회주의 사상에서 혁신 발전 이념은 역대 중앙 지도부의 혁신 사상과 일맥상통하는 것이다. 과거 혁신 발전 경험을 바탕으로 사회 경제발전의 새로운 여건과 문제 그리고 새로운 실천에 입각해 중국의 혁신 발전 사상을 더욱 풍부하게 완성했다. 2020년 중국 경제 발전 여건은 크게 달라졌다. 수십 년의 고속성장을 거쳐 중국 경제는 중고속 성장의 '뉴노멀'로 들어서 자원 소비, 자금과 인력 투입에 의존했던 과거의 조방형 성장 방식을 지속하기 어렵게 되고, 총 요소의 생산성이 떨어지고 환경 및 배출 감소의 압박이 증가했고, 공급 개발이 주민 수요에 미치지 못하고 있다. 인구 배당 효과가 약화되고 임금수준이 상승함에 따라 중국이 가지고 있던 저비용 경쟁 우위가 줄어들었다. 따라서 지속 가능한 새로운 발전 방안을 모색해야 한다. 요소와 투자 규모가 주도했던 중국 경제 성장의 원동력을 혁신주도 발전으로 전환해야 한다. 과학 기술 혁신을 통해 새로운 공급을 창출하고 새로운 수요를 충족하여 총 요소 생산성을 높

---

30 『과학기술 체제 개혁 심화 및 국가 혁신 체계 구축 가속화에 관한 의견』, 인민출판사, 2012년판, 4면.

31 후진타오, 「중국과학원 제16차 원사 대회와 중국 공정원 제11차 원사 대회 연설(2012년 6월 11일)」, 인민일보, 2012년 6월 12일, 2면.

인민중심의 새로운 발전 이념 고수

이고, 글로벌 가치사슬의 중상위권으로의 도약을 촉진해야 한다. 당 중앙은 국내외 동향에 대한 포괄적인 분석과 전반적인 발전 상황을 바탕으로 18차 당대회 보고에서 '혁신주도 발전 전략 실행'을 위한 중대한 배치를 내놓았다.[32] 혁신주도 발전 전략의 이행은 발전 환경 변화에 대응하고 발전의 자율성을 파악한 것으로 핵심 경쟁력을 높이기 위한 필연적인 선택이며, 경제발전 방식의 변혁을 가속화하고 경제발전의 심층적인 갈등과 문제 해결을 위한 불가피한 선택일 뿐 아니라, 국가 경제를 뉴노멀로 이끌고 중국 경제의 지속적이고 건강한 발전을 유지하기 위한 필연적인 선택이다.[33] 19차 당대회 보고는 "실천은 끝이 없고 이론 혁신에도 끝이 없다. 세계는 시시각각 변화하고 있고, 중국도 끊임없이 변화하고 있다. 우리는 이론적으로 시대에 뒤떨어지지 않고, 끊임없이 법을 이해하고, 이론적 혁신, 실천적 혁신, 제도적 혁신, 문화 혁신 및 기타 각 분야의 혁신을 지속적으로 추진해야 한다"고 지적했다.[34] 2016년 5월 중국공산당 중앙위원회와 국무원이 발표한 『국가 혁신주도 개발 전략 개요』는 혁신주도 발전을 이끄는 지도 원칙적인 문건이 되었다.

---

32 후진타오, 「확고부동하게 중국 특색 사회주의의 길을 따라 앞으로 나아가고, 전면적인 샤오캉사회 실현을 위해 노력하자-중국공산당 18차 전국대표대회 보고서(2012년 11월 8일)」, 인민일보, 2012년 11월 18일, 1면.

33 시진핑, 「세계적인 과학 기술 강국 건설을 위해 노력하자-전국 과학기술 혁신 대회, 양원원사 대회, 중국 과학협회 제9차 전국대표대회에서의 연설」(2016년 5월 30일), 인민일보, 2016년 6월 1일, 2면.

34 시진핑, 『샤오캉사회 전면 실현의 결정적인 승리를 이룩하여 신시대 중국 특색 사회주의 위대한 승리를 거두자-중국공산당 제19차 전국대표대회 보고(2017년 10월 18일)』, 인민출판사, 2017년판, 26면.

3. 혁신 발전 이념은 객관적인 법칙을 따르는 과학적 발전관이다

시진핑 신시대 중국 특색 사회주의 사상에서의 혁신 발전 이념은 국내외 환경 변화를 기존으로 혁신 발전 동향과 발전 법칙에 입각해서 나온 것이다. 이는 실천을 바탕으로 현실을 존중하고 과학을 숭상하며 법칙을 준수하는 과학적 발전관으로써 다음 두 가지 측면으로 분석할 수 있다.

첫째, 혁신 발전의 이념은 세계정세와 국정 전반을 분석하고, 발전 속에서 직면할 수 있는 새로운 기회와 도전, 새로운 문제를 명확하게 이해하여 세계 경제, 사회, 과학기술의 발전 동향에 대한 정확한 판단에서 내놓은 과학적 선택이다.

국내적으로는 경제발전의 병목 현상을 타개하고 뿌리 깊은 모순과 문제를 해결하기 위해서는 혁신에 의존해야 한다. 개혁개방 40년 이후 중국의 지속적이고 빠른 경제 성장은 주로 세계 산업 이동의 추세를 포착하고, 중국의 풍부한 노동 자원의 비교 우위를 충분히 발휘한 덕분이다. 그러나 최근 몇 년 동안 인구 배당 효과가 줄어들고 임금수준이 상승함에 따라 저비용을 기반으로 형성된 중국의 국제 경쟁력이 약화되었고, 아울러 글로벌 금융위기 이후 세계 경제 침체로 인해 많은 업종에서 생산 과잉, 기업 재고 증가, 경제 효율성 저하, 적자 확대, 좀비기업 증가 등의 문제가 발생하고 있다. 국제 금융 위기 이후 선진국은 제조업을 부활시키고 개발도상국은 산업화에 주력하는 상황에서 중국 경제는 선진국의 선진 기술과 개발도상국의 저비용 경쟁이라는 이중고를 겪고 있다. 생산의 1차 요소를 기반으로 한 낡은 운동 에너지가 점차 고갈되어 노동과 자원, 토지 투자에 의존하는 전통적인 발전 방식이 지속되기 어렵다. 경제발전의 병목 현상과 심층적인 갈등을 해소하고, 경제 성장 방식의 전환과 경제 사회의 건전한 발전을 실현하기 위한 근본적인 방법은 지속적으로 과학기술 혁신을 추진하고, 사회 생산력을 해방하고 발전시키며, 노동생산성을 제고하는 데 있다.[35] 새로운 성장 포인트를 만드는 데 있어서 혁신의 중요한 역할을 중시해온 시진핑 총서기는 '혁신이 발전을 이끄는 첫 번째 원동력'이라고 여러 차례 지적하고, 혁신 발전의 성장 동력 문제 해결에 주력할 것을 주문했다.[36] 그는 "종합 국력의 경쟁은 결국은 혁신의 경쟁이다. 새로운 혁신 발전 전략을 심도 있게 실시하기 위해서 과학기술, 산업, 기업, 시장, 제품, 경영 방식, 관리와 같은 다양한 부분의 혁신을 추진하여 혁신이 주도하고 뒷받침하는 경제 체제와 발전 모델을 만들어야 한다"[37]고 강조하며, "혁신이 첫 번째 원동력임을 충분히 깨닫고 질 높은 과학기술을 공급하여 현대화된 경제시스템 구축을 지원하기 위해 노력해야 한다"[38]고 덧붙였다.

국제적인 관점에서, 새로운 산업 혁명이 가져온 기회를 포착하기 위해서는 혁신이 필요하다. 과학 기술 혁명이 있을 때마다 세계 발전의 패턴

---

35   중공중앙문헌연구실 편저 『시진핑의 과학기술 혁신에 관한 논술 엮음』에 실린 '중앙 재경 지도팀 제7차 회의에서의 시진핑 연설(2014년 8월18일)', 중앙문헌출판사, 2016년판, 30면.

36   중공중앙문헌연구실 편저 『시진핑의 과학기술 혁신에 관한 논술 엮음』에 실린 '12기 전국 인민대표대회 3차 회의 상하이 대표단 심의 참가 당시 연설(2015년 3월 5일)', 중앙문헌출판사, 2016년판, 7면.

37   중공중앙문헌연구실 편저 『시진핑의 과학기술 혁신에 관한 논술 엮음』에 실린 '중국 동부 7개 성과 상하이시 당위원회 주요 책임자 심포지엄 참가 당시 연설(2015년 5월 27일)', 중앙 문헌출판사, 2016년판, 7-8면.

38   시진핑, 「중국과학원 제19차 원사 대회와 중국 공정원 제14차 원사 대회 연설(2018년 5월 28일)」, 인민일보, 2018년 5월 29일, 2면.

은 근본적으로 변화되었고, 경제, 과학기술, 국방 등의 종합적인 국력을 빠르게 증강시킬 수 있는 역사적 계기가 되며, 후발국가가 선발 주자들을 따라잡고 산업 강국으로 도약할 수 있는 흔치 않은 기회였다는 점을 신세대 중앙 지도부는 똑똑히 인식하고 있다.[39] 신기술 분야에서 국가 간 격차가 크지 않고 후발국가들은 기존 기술 시스템에 대한 누적 투자가 적어 전환 비용이 적게 들기 때문에 혁신에 관심을 가지고 추구하면 그 여세를 몰아 선발국을 추격해 따라잡을 수도 있다. 예를 들어 미국은 전기 혁명 시기에 영국을 제치고 세계 최대 경제 대국이 되었고, 일본은 전자 정보 혁명 기간에 제조업 강국이 되었다. 반대로 신기술 혁명과 산업 변혁에 관심이 부족하면 후발국들이 좁혀 온 기술 격차가 더욱 벌어질 수 있다. 현재 빅데이터, 클라우드 컴퓨팅, 사물인터넷(IoT), 로봇, 인공지능(AI), 가상현실, 신소재, 바이오테크놀로지 등으로 대표되는 신기술이 속속 등장하고 있고 중대한 혁신기술이 끊임없이 나타나 전통산업의 제품과 비즈니스 모델, 산업 형태에 지대한 영향을 주어 새로운 산업 분야도 많이 탄생할 것으로 기대된다. 인재, 특허, 표준 등 전략적 자원을 선점하고, 신기술 배치와 신흥 산업을 육성하기 위한 노력을 강화하기 위해 세계 주요 선진국들은 새로운 혁신 전략과 정책을 내놓았다. 새로운 과학기술 혁명과 산업 변혁은 후발국들이 '코너링 추월의 기회'를 제공한다. 중국의 과학기술력은 크게 향상되었고, 새로운 산업 혁명과 산업 변혁의 기회를 잡을 여건이 마련되어 있어 선진국을 따라가는 대신 추월할 수 있는 '기회의 창'을 통해 양적 축

---

39 시진핑, 「세계적인 과학 기술 강국 건설을 위해 노력하자-전국 과학기술 혁신 대회, 양원 원사 대회, 중국 과학협회 제9차 전국대표대회에서의 연설」(2016년 5월 30일), 인민일보, 2016년 6월 1일, 2면.

인민중심의 새로운 발전 이념 고수

적에서 질적 비약을 실현하고, 포인트 혁신에서 시스템 기능 향상까지 실현할 수 있다. 일부 중요한 분야에서는 따라가고 흉내를 내는 것에서 나란히 가고 선두가 되어 매진하고 있다. 경제발전 수준과 기술, 산업여건과 새로운 산업 혁명의 기회가 맞물린 상황에서 중국은 역사상 그 어느 때보다도 '두 개의 100년' 분투 목표와 중화민족의 위대한 부흥을 실현하는데 근접해 있다.

둘째, 혁신과 발전의 법칙을 파악하고 중국의 혁신과 발전이 직면한 문제를 분석한 결과, 혁신 메커니즘을 완성하고 인재의 활력을 자극하는 것이 혁신과 발전을 촉진하는 열쇠라는 것이 과학적으로 인정되고 있다.

지난 40년의 개혁개방을 통해 중국의 경제 체제는 계획경제에서 사회주의 시장경제로 점진적으로 변화해왔고, 과학기술 체제도 마찬가지로 과학 기술 혁신의 요구를 충족시키기 위해 끊임없이 개혁해야 한다. "중국은 수년 동안 과학 기술적 성과가 실제 생산력으로 효과적으로 순조롭게 만족스럽게 전환되지 못한 고질적인 문제가 존재했다. 중요한 문제 중 하나는 과학 기술 혁신 체인에 많은 체제 메커니즘의 관문이 있고, 혁신과 전환의 연결 고리들이 밀접하게 연결되지 않았다는 것에 있다. 이 문제를 해결하기 위해서는 과학기술 체제 개혁을 심화해야 한다.[40] 혁신 중심의 발전 전략을 실행하기 위해 체제 메커니즘의 장애물을 무너뜨리는 것이 가장 시급하다. 각종 제도적 장벽을 허물고, 과학기술과 경제의 연결, 혁신 성과와 산업 연결, 혁신 프로젝트와 실질 생산력과의 연결, 연구개발

---

40   시진핑, 「중국과학원 제17차 원사 대회와 중국 공정원 제12차 원사 대회 연설(2014년 6월 9일)」, 인민일보, 2014년 6월 10일, 2면.

(R&D) 인력의 혁신 노동과 그들의 소득 연결을 강화하고,[41] 혁신 성과를 만들고 혁신 성과의 산업화에 도움이 되는 새로운 메커니즘을 형성한다. 구체적으로 과학기술 및 관련 시스템 변혁하고, 기업을 기술 혁신의 의사 결정, R&D 투자, 과학 연구 기관 및 성과 전환의 주체로 만들어야 한다. 과학 연구소와 연구형 대학의 과학 연구 배치와 상호 협력을 최적화하며, 지방이 혁신에서 적극성과 자발성을 발휘할 수 있도록 만들어야 한다. 당 18기 3중 전회는 기술 혁신 메커니즘, 지적 재산권 보호, 과학기술 기획과 자원 통합, 군과 민간의 통합 발전 분야에서 과학기술 체제 개혁을 심화시킬 것을 요구했다.[42] 시진핑 총서기는 중국과학원 제17차 원사 대회, 제12차 중국 공정원 원사 대회 연설에서 국가 과학 기술 혁신 전략을 계획하고, 자원 배분 체제 메커니즘을 개혁하며, 성과 평가 시스템 및 인센티브 정책을 개선하고, 산학연 협력을 강화할 것을 요구했다. 아울러 과학 기술 혁신에 대한 종합적인 계획과 조정을 강화하고, 건전한 국가 과학기술 보고 제도, 혁신 조사 시스템 및 국가 과학기술 관리 정보 시스템 구축과 개선을 가속화하고, 기초 연구 체제와 메커니즘을 마련해 국가의 중대한 과학 계획과 프로젝트를 실행할 수 있도록 요구했다.[43] 2015년 3월 발표된 『중국공산당 중앙위원회와 국무원의 체제 메커니즘 개혁 심화 및 혁신주도 발전 전

---

41   『중국공산당 중앙 국무원의 체제 메커니즘 개혁 심화 및 혁신주도 발전 전략 실행 가속화에 관한 몇가지 의견』, 인민출판사, 2015년판, 2면.

42   「전면적인 개혁 심화를 위한 몇 가지 주요 문제에 대한 중국공산당 중앙의 결정(2013년 11월 12일 중국공산당 제18기 중앙위원회 3차 전체회의에서 통과됨)」, 인민일보, 2013년 11월 16일, 1면.

43   시진핑, 「중국과학원 제17차 원사 대회와 중국 공정원 제12차 원사 대회 연설(2014년 6월 9일)」, 인민일보, 2014년 6월 10일, 2면.

략 실행 가속화에 관한 몇 가지 의견』에서는 혁신주도에 영향을 주는 다양한 제도적 메커니즘에 대한 30가지 구체적인 의견이 제시되었다.[44] 2016년 5월 『국가 혁신주도 개발 전략 개요』를 발표해 혁신주도 개발에 적합하지 않은 모든 생산 관계를 조정하고 과학기술, 경제 및 정부 거버넌스의 세 가지 측면의 체제 메커니즘 개혁을 통합적으로 추진함으로써 혁신 활력을 극대화하고, 다양한 혁신 주체가 원활하게 이동하고 효율적으로 배치되는 생태계를 구축하여 혁신주도 개발을 위한 실천적 케리어와 제도적 장치를 마련하고 환경적인 보장을 추가로 제안했다.[45] 개혁개방 40주년을 맞아 시진핑 총서기는 "과학기술체제의 개혁은 맡은 바 임무를 완수하고, 험난한 위험을 무릅쓰고 난관을 극복해 과학기술 혁신을 제약하는 사상적 장애와 제도적 울타리를 제거해야 한다"[46]고 지적했다. 혁신 체제 메커니즘에서 인재 육성과 활용 메커니즘은 매우 중요한데 그 이유는 혁신 드라이브는 실질적으로 인재 드라이브이기 때문이다.[47] 하드 파워와 소프트 파워는 결국 인재의 실력에 의지해야 한다.[48] 따라서 시진핑 총서기는 과학 기술

---

44 중공중앙문헌연구실 편저 『18차 당대회 이후 중요 문헌 선집』(중)에 실린 '중국공산당 중앙 국무원의 체제 메커니즘 개혁 심화 및 혁신주노 발전 전략 실행 가속화에 관한 몇가지 의견(2015년 3월 13일)', 중앙문헌출판사, 2016년판, 420-434면.

45 『국가 혁신주도 개발 전략 개요』, 인민출판사, 2016년판, 10면.

46 시진핑, 「중국과학원 제19차 원사 대회 및 중국 공정원 제14차 원사 대회 연설(2018년 5월 28일)」, 인민일보, 2018년 5월 29일, 2면.

47 중공중앙문헌연구실 편저 『시진핑의 과학기술 혁신에 관한 논술 엮음』에 실린 '중앙 재경 지도팀 제7차 회의에서의 시진핑 연설(2014년 8월 18일)', 중앙문헌출판사, 2016년판, 119면.

48 시진핑, 「중국과학원 제19차 원사 대회 및 중국 공정원 제14차 원사 대회 연설(2018년 5월 28일)」, 인민일보, 2018년 5월 29일, 2면.

혁신에서 인재 육성을 최우선으로 하고, 인재 양성·도입·활용 메커니즘을 개혁하고, 제도 혁신을 통해 그들의 열정을 동원하여 과학 연구 인력을 위한 좋은 환경을 조성할 것을 주문했다. 과학기술 보급 업무를 강화하고, 혁신을 장려한다. 실패를 견디고, 과학을 말하고, 과학을 사랑하고, 과학을 배우고, 과학을 사용하는 좋은 분위기를 조성해야 한다. 세계적 수준의 과학자, 과학기술 분야의 선도적 인재, 엔지니어 및 수준 높은 혁신팀을 만들기 위해 노력하며, 일선 혁신 인재와 젊은 과학기술 인재 육성에 중점을 두어야 한다고 지적했다.[49] 19차 당대회 보고에서도 "인재 강국 건설에 박차를 가하고, 인재가 되기를 바라고 노력하면 모두가 인재가 될 수 있는 좋은 여건을 조성해 온갖 인재의 혁신 활력이 터져 나오고 총명함이 샘솟을 수 있도록 해야 한다. 국제적 수준을 갖춘 전략적인 과학기술 인재, 과학기술 분야의 선도적 인재, 청년 과학기술 인재, 수준 높은 혁신팀을 육성함으로써 지식 기반의 숙련된 혁신적인 인력을 양성할 수 있다"고 밝혔다.[50]

4. 혁신 발전 이념은 인민 중심 발전 사상의 구현이다

혁신의 근본적인 목적은 인민을 위해 봉사하는 것이다. 시진핑 총서

---

49 시진핑, 「중국과학원 제17차 원사 대회와 중국 공정원 제12차 원사 대회 연설(2014년 6월 9일)」, 인민일보, 2014년 6월 10일, 2면.

50 시진핑, 『샤오캉사회 전면 실현의 결정적인 승리를 이룩하여 신시대 중국 특색 사회주의 위대한 승리를 거두자-중국공산당 제19차 전국대표대회 보고(2017년 10월 18일)』, 인민출판사, 2017년판, 64, 65, 31-32, 31면.

기는 중앙과학원 제19차 원사 대회와 중국 공정원 제14차 원사 대회 연설에서 "기술 혁신의 발판이 되는 더 나은 삶을 바라는 인민의 열망을 충족시키는 것을 과학기술혁신의 입각점으로 삼고 인민에게 혜택과 이익을 주고 삶을 풍요롭게 하고 개선하는 것을 기술 혁신의 중요한 방향으로 삼아야 한다"[51]고 지적했다.

혁신 주체의 관점에서 봤을 때, 시진핑 신시대 중국 특색 사회주의 사상에서의 혁신 발전 이념은 혁신 주체로서의 인민의 지위를 부각시키고 인민의 주체적 특징을 살린 발전관이다. 당 중앙은 "혁신과 창업 활력을 자극하고, 대중의 기업가 정신과 혁신을 추진해야 한다. 새로운 수요를 방출하고, 새로운 공급을 창출하고, 신기술, 신산업 및 새로운 경영방식의 발전을 촉진하고, 발전 모멘텀의 변화를 가속화 해야 한다"[52]고 여러 차례 지적한 바 있다. 시진핑 총서기는 "대중의 개척정신을 충분히 존중하고, 생산력의 해방과 발전에 초점을 맞추어 대중들이 대담한 실천과 모색을 통해 과감하게 혁신할 수 있도록 폭넓게 지원해야 한다. 대중의 성공적인 경험을 적시에 발견해 종합하고 홍보함으로써 대중들의 적극성과 창업 정신을 잘 이끌고 보호할 수 있도록 해야 한다. 이를 통해 개혁개방과 현대화 건설에서 대중들이 주체적 역할을 충분히 발휘하여 개혁 발전을 위한 편안한 환경을 조성하고, 사람들의 숨겨진 창조력을 충분히 자극할 수 있도

---

51 시진핑, 「중국과학원 제19차 원사 대회 및 중국 공정원 제14차 원사 대회 연설(2018년 5월 28일)」, 인민일보, 2018년 5월 29일, 2면.

52 「국민 경제 및 사회발전을 위한 13차 5개년 계획 수립에 대한 중국공산당 중앙위원회의 제안(2015년 10월 29일 중국공산당 제18기 중앙위원회 5차 전체회의에서 통과됨)」, 인민일보, 2015년 11월 4일, 2면.

록 만들어야 한다"[53]고 여러 차례 강조한 바 있다.

　중국은 18차 당대회 이후 혁신의 주체로서 인민의 열의를 고취하기 위해 혁신주도 개발 전략에 관한 일련의 법과 정책을 발표하고 개정했다. 『중화인민공화국 과학기술 성과 전환 촉진법(2015년 개정)』, 『중국공산당 중앙위원회 및 국무원의 체제 메커니즘 개혁 심화 및 혁신주도 개발 전략 실행 가속화에 관한 몇 가지 의견(2015년)』, 『대중의 기업가 정신과 혁신을 적극적으로 추진하기 위한 정책 방안에 대한 국무원 의견(2015년)』, 『국가 혁신주도 개발 전략 개요(2016년)』 등을 발표했다. 이러한 법률과 정책들은 사회 각계각층 사람들의 혁신과 창업에 대한 열정을 동원하고, 체제 메커니즘 혁신을 통해 혁신 에너지를 방출하고, 인재의 활력을 자극하며, 생산력을 해방시키고 개발하는 데 초점을 맞추고 있다. 예를 들어 대중의 창업과 혁신과 관련, 『대중의 기업가 정신과 혁신을 적극적으로 추진하기 위한 정책 방안에 대한 국무원 의견』은 "구조개혁과 혁신을 통해 행정 간소화와 분권화, 경영 결합, 서비스를 더욱 최적화하고, 창업 혁신 제도 공급을 강화하고, 관련 법률 및 법규를 보완하며, 정책과 인센티브 및 조치를 지원함으로써 동등하고 포용적인 환경을 조성해 사회의 수직적 이동을 추진해야 한다"[54]고 지적했다. 또한, 과학 연구 인원의 혁신 창업과 관련, 『중화인민공화국 국민 경제 및 사회발전을 위한 13차 5개년 계획 요강』은 다음과

53　『실전에 임하는 자세로 앞장서야 한다-저장성의 새로운 성장 추진을 위한 사고와 실천』에 실린 '시진핑, 저장 산시(陝西) 경제 사회 발전 상황 교류회 연설(2003년 11월 24일)', 중공중앙당교출판사, 2006년판, 318면. 시진핑, 「개혁개방 40주년 기념 연설(2018년 12월 18일)」, 인민일보, 2018년 12월 19일, 2면.

54　『대중창업과 대중혁신의 약간한 정책 조치에 관한 국무원의 의견』, 인민출판사, 2015년판, 4면.

　　　　　　　　　　　　　　　인민중심의 새로운 발전 이념 고수

같은 내용을 언급했다. "혁신 리더에게 자산을 통제하고 기술적 경로를 결정할 수 있는 권한을 더 많이 부여하고, 독립적인 탐색을 지원하며, 합의되지 않은 혁신을 허용한다. 혁신 성과에 대한 처분권, 사용권과 수익원을 전부 이관하고, 과학 연구원의 성과 수익 전환 비율을 높인다. 과학기술 성과의 전환을 위해 시간제 혹은 사외 연구원을 지원한다. 지식 가치 지향적인 분배 정책을 실시해 혁신 인재에 대한 지분·옵션·배당 인센티브를 강화한다."[55] 『'중화인민공화국 과학기술 성과 전환 촉진법' 실시에 관한 규정』에서 다음과 같은 사실을 더욱 명확히 했다. 국가가 설립한 연구개발 기관 및 고등 교육 기관은 과학 연구 결과의 이전, 허가 또는 투자를 독립적으로 결정할 수 있고, 원칙적으로 승인 또는 제출이 필요하지 않다. 과학 연구 성과 전환으로 얻은 모든 수입은 과학기술 인력에 대한 장려금, R&D, 성과 전환 사업에 사용될 수 있도록 연구 기관으로 귀속한다. 기술이전이나 인허가로 얻은 순수입과 연구 성과물 평가 투자로 취득한 주식 또는 출자 비율 중 50%를 인센티브로 활용하며, 주요 공헌자에 대한 보상은 총 보상액의 50% 이상이어야 한다. 새로운 규정은 과학 연구 인력의 지적 노동의 시장 가치를 인정하여 연구개발 결과로 창출된 시장 가치를 보상의 형태로 과학 연구 인력의 투명 수당으로 전환하고, 핵심 과학 연구 인력의 공헌을 중시한다.[56]

많은 인민 대중을 혁신 주체로 삼은 것은 시진핑 신시대 중국 특색

---

55 「중화인민공화국 인민 경제 및 사회 발전을 위한 13차 5개년 계획 요강」, 인민일보, 2016년 3월 18일, 1면.

56 「국무원, '중화인민공화국 과학기술 성과 전환 촉진법 시행에 관한 규정' 발표」, 인민일보, 2016년 3월 3일, 2면.

사회주의의 혁신 발전 이념과 서구 경제학 혁신 이론을 구별하는 핵심 포인트이다. 서구 경제학에서는 기업가 정신을 혁신 정신과 모험정신과 동일시할 정도로 기업가가 혁신의 주체라는 점을 강조한다. 그러나 마르크스주의 정치경제학은 자본가들이 잉여 가치를 추구하기 위해 끊임없이 혁신을 해왔지만 기술 혁신 과정에서 노동자들은 자신의 상황을 개선하기 위해 끊임없이 '경험학습(learning by doing)'을 통해 기술적 진보를 실현한 중요한 역할을 해왔다고 지적한 바 있다. '제니의 방적기'를 발명한 하그리브스는 영국의 방직공이었고, 증기 기관의 발명가인 뉴코멘은 스코틀랜드의 대장장이였다. 이러한 발명들은 산업 발전과 인류 발전에 큰 의미가 있다. 아울러 마르크스는 전문적인 혁신자의 존재와 혁신에 대한 그들의 중요성도 지적한 바 있다. "발명은 특별한 직업이 되었다. 따라서 자본주의 생산의 확대와 함께 과학적인 요소들이 처음으로 의식적으로 폭넓게 발전하여 현실 생활에 적용되고 반영되어 왔으며, 이전에는 상상할 수 없을 정도의 규모를 보이고 있다."[57] 따라서 마르크스가 생각하는 혁신 주체는 노동자와 자본가, 전문 혁신가를 포함하여 훨씬 광범위하다. 시진핑 동지를 핵심으로 하는 당 중앙은 대중이 혁신 주체라는 발전관을 고수하고, 마르크스주의 정치경제학의 기본 원리를 계승하며, 동시에 중국의 국정과 결합하여 서구 경제학 혁신 발전 이론과 견주어 발전관의 새로운 돌파구를 실현했다.

---

57   『마르크스 엥겔스 전집』 제47권, 인민출판사, 1979년판, 572면.

인민중심의 새로운 발전 이념 고수

5. 국가 혁신주도 발전 전략은 혁신 발전 이념의 구체적인 실현이다

시진핑 신시대 중국 특색 사회주의 사상에서의 혁신 발전 이념은 일종의 전략적 발전 개념으로서 전략적인 지향성 강화를 통해 구체적으로 실현해야 한다. 2016년 5월 출범한 『국가 혁신주도 개발 전략 개요』는 혁신 발전 이념을 구현했다. 『국가 혁신주도 개발 전략 개요』를 통해 혁신 발전 이념은 혁신 발전 전략 목표와 우선순위, 혁신 발전 전략 중심과 같은 내용으로 구체화된다.[58] "우리는 혁신이 제1의 원동력이고 인재가 제1의 자원이라는 개념을 고수하면서 혁신주도형 발전 전략을 통해 국가 혁신 체계를 완비하고, 중요 핵심기술의 자주 혁신을 가속화하며, 경제 사회 발전을 위한 새로운 엔진을 만들어야 한다."[59]

(1) 혁신 발전 전략 목표

『국가 혁신주도 개발 전략 개요』는 혁신주도 발전을 위한 '3단계' 목표를 확정했다. 1단계에서는 2020년까지 혁신국가 대열에 진입해 중국 특색의 국가 혁신 체계를 기본적으로 구축한다. 혁신주도형 경제 구도를 조보적으로 형성함으로써 자주 혁신능력을 크게 향상시키고, 혁신 체계의 시너지와 고효율을 만들어내며, 혁신 환경을 더욱 최적화한다. 2단계에서는 2030년까지 혁신주도형 선도국가로 발돋움하고, 성장 동력의 근본적인

---

58   『국가 혁신주도 개발 전략 개요』, 인민출판사, 2016년판, 6, 9, 11-18면.

59   시진핑, 「개혁개방 40주년 기념 연설(2018년 12월 18일)」, 인민일보, 2018년 12월 19일, 2면.

변화를 이루어 경제 사회 발전 수준과 국제 경쟁력을 대폭 높인다. 주요 산업이 글로벌 가치사슬의 중상위권에 진입하면서 추적 위주의 과학기술 혁신 상황을 역전시키고, 국가 혁신 체계를 더욱 완비하여 강한 혁신 문화의 분위기와 법치 보장을 이룬다. 3단계에서는 2050년까지 중국을 세계 과학기술 혁신 강국으로 건설하여 세계 주요 과학 중심지이자 혁신 고지로 만든다.[60] 19차 당대회 보고에서는 전면적인 샤오캉사회 실현을 위한 준비와 함께 2020년부터 21세기 중반까지 두 단계의 사회주의 현대화 국가 건설을 위한 새로운 목표를 명확히 하고, 2035년까지 사회주의 현대화를 기본적으로 실현하고 경제력과 과학기술력을 비약적으로 키워 창조적 혁신국가의 선두로 부상해야 한다고 지적했다.[61]

(2) 혁신 발전 전략의 중점

첫째, 자주 혁신을 강화해야 한다. 과학기술은 공공재의 속성을 가지고 있다. 이는 국가 혹은 기업 경쟁력의 주요 원천이기 때문에 선진 기술을 살 수가 없다. 이유는 다음과 같다. 첫째, 기술 혁신 자체로 봤을 때 과학기술 성과를 거두고 과학기술의 선도적 지위를 확립하기 위해서는 많은 인력과 물적 자원이 필요하며, 이 과정에서 인적 자본과 데이터 및 방법이 축적된다. 이렇게 기술은 인력 자본과 조직 관행 속에 내재되어 있기 때문이다. 둘째, 과학기술은 제품과 생산장비 형태의 '하드 테크놀로지'일 뿐 아

---

60 『국가 혁신주도 개발 전략 개요』, 인민출판사, 2016년판, 6-8면.

61 시진핑, 『샤오캉사회 전면 실현의 결정적인 승리를 이룩하여 신시대 중국 특색 사회주의 위대한 승리를 거두자-중국공산당 제19차 전국대표대회 보고(2017년 10월 18일)』, 인민출판사, 2017년판, 28면.

　　　　　　인민중심의 새로운 발전 이념 고수

니라 이전할 수 없는 암묵적 지식과 이전을 꺼리는 영업비밀과도 같은 노하우를 포함하고 있다. 셋째, 선도적 지위를 유지하기 위해 국가와 기업 모두 기술의 유출과 확산을 통제할 것이다. 넷째, 선진국들은 이념 차이와 국제 산업 경쟁을 고려해 일부 국가에 대해 기술 봉쇄를 할 것이기 때문이다. 예를 들어 냉전 시기 서구 선진국은 '대공산권 수출 조정 위원회(일명 파리 위원회 또는 코콤이라고도 함)'를 설립해 회원국이 전략 물자와 첨단기술을 사회주의 국가에 수출하는 것을 제한했다. 1994년 4월 1일 코콤이 해체된 후에도 서구 선진국은 여전히 일부 군사 관련 설비와 재료의 수출을 제한했다. 따라서 이론적으로든 현실에서든 과학기술의 발전, 특히 첨단산업의 발전과 과학기술의 수준을 따라잡고 뛰어넘는 것은 단순한 도입에 기대를 걸 수 없으며 타인에 대한 지나친 의존은 타인을 따를 뿐이고 심지어 타국의 기술적 신하가 될 수도 있다. 중요한 핵심기술은 요구할 수도 살 수도 구할 수도 없다. 중요한 핵심기술을 자신의 손에 넣어야만 국가 경제 안보, 국방 안보 및 기타 안보를 근본적으로 보장할 수 있다.[62] 우리는 실천을 통해 자력갱생이야말로 중화민족이 세계에서 자립하기 위한 투쟁의 기초이며 자주 혁신은 중국이 세계 과학기술의 최고봉에 오르기 위한 유일한 길이라는 것을 알았다. 갈수록 치열해지는 글로벌 종합 국력의 경쟁 속에서 우리는 더는 선택의 여지가 없이 자주 혁신의 길을 걸을 수밖에 없다. 혁신 주도형 발전 전략을 구현하기 위해 근본적으로 자주 혁신 능력을 키우는 것이 필요하다.[63]

---

62   시진핑, 「중국과학원 제19차 원사 대회, 중국 공정원 제14차 원사 대회 연설(2018년 5월 28일)」, 인민일보, 2018년 5월 29일, 2면.

63   시진핑, 「중국과학원 제17차 원사 대회와 중국 공정원 제12차 원사 대회 연설(2014년 6월

자주 혁신을 강조하면서 중국의 과학 기술 혁신 체제의 특수성에도 주목해야 한다. 우리의 최대의 장점은 사회주의 체제가 주요 과제에 역량을 집중할 수 있다는 것이다. 정부는 소수의 전략적, 전체적, 미래 지향적인 주요 혁신 프로젝트에 노력을 집중해야 한다. 국가 경제와 민생, 산업의 명맥과 관련된 분야에서… 적극적인 행동을 취하고, 지원과 협조를 강화해 기술 방향과 노선을 총체적으로 결정하고 국가 과학기술의 중대한 특별 프로젝트와 주요 공정을 잘 활용해 지휘권을 잡아야 한다.[64] 중국의 혁신 체계 우위의 이론적 기초는 두 가지 측면에서 구현된다. 한편으로 앞선 기술은 기술 노선, 비즈니스 모델, 시장 등 분야에서 불확실성이 강하고 '승자 선택'이라는 선택적 산업 정책이 효과적이지 않지만, 후발주자인 중국은 국가발전을 제한하는 핵심 부품 및 주요 장비 분야에서 선진국의 경험을 참고할 수 있다. 이러한 정확하게 볼 수 있는 기술에 대해서는 지원을 위한 힘을 더 실어줄 수 있다. 또 다른 한편으로 아직 성숙하지 않은 기술의 경우, 기술 노선과 비즈니스 모델은 불확실하지만 시장 전망이 낙관적인 기술은 중국의 큰 시장 규모를 활용하고 응용 단계에 대한 지원을 늘리

9일)」, 인민일보, 2014년 6월 10일, 2면/ 중공중앙문헌연구실 편저 『시진핑, 과학기술 혁신에 관한 논술 엮음』에 실린 '12기 전국정치협상회의 제1차 과학기술협회 및 과학기술계 위원 합동 토론회 참석 연설(2013년 3월 4일)', 중앙문헌출판사, 2016년판, 35면. 시진핑 「중국과학원 제17차 원사대회와 중국 공정원 제12차 원사 대회 연설(2014년 6월 9일)」, 인민일보, 2014년 6월 10일, 2면.

64 중공중앙문헌연구실 편저, 『시진핑의 과학기술 혁신에 관한 논술 엮음』에 실린 '시진핑, 중앙 경제 업무 회의 연설(2013년 12월 10일)', 중앙문헌출판사, 2016년판, 60면. / 중공중앙문헌연구실 편저 『시진핑의 과학기술 혁신에 관한 논술 엮음』에 실린 '시진핑, 제18차 중앙정치국 9차 단체 학습 당시 연설(2013년 9월 30일)', 중앙문헌출판사, 2016년판, 57-58면.

인민중심의 새로운 발전 이념 고수

며 시장을 통해 기술 발전을 추진할 수 있다. 기술을 가능한 빨리 성숙시켜 그 과정에서 중국 자체 기술표준을 마련할 수 있다. 중요한 일에 힘을 집중할 수 있는 사회주의 제도의 이점을 최대한 활용하기 위해서는 중점 분야의 과학기술 발전을 위한 전략적 기회를 정확히 파악하고, 제반 사항과 장기적 발전을 위한 전략적 필수 분야와 우선 방향을 잘 선정하고, 효율적이고 합리적인 배치를 해야 한다. 이를 통해 협업 혁신과 개방형 혁신을 추진해 공통의 핵심기술을 위한 효율적이고 강력한 공급 시스템을 구축하고 핵심기술의 혁신을 이루기 위해 노력함으로써 핵심기술을 손에 넣어야 한다.[65] 자주 혁신 강화를 통해 중국은 세계 과학기술의 '팔로워'에서 '동료'로 심지어 '선두주자'로 완전하게 변화할 수 있다.

둘째, 오리지널 혁신을 강화해야 한다. 기술 출처와 국가의 다양한 역할에 따라 혁신은 오리지널 혁신, 통합 혁신, 소화흡수·재혁신으로 나눌 수 있다. 개혁개방 초기, 중국과 선진국의 기술 격차가 컸을 때는 과학기술과 산업 기반의 한계로 인해 통합 혁신과 소화흡수·재혁신이 혁신의 주요 방법이 되었다. 과학기술 선도국들이 과학기술 프론티어 발전을 촉진하고 신기술의 패러다임을 만드는 데는 막대한 시행착오 비용이 든다. 선진국들은 개발도상국이 모방할 수 있는 성공적인 제품 형태, 기술 노선, 비즈니스 모델 및 경제발전 경로를 가지고 있고, 개발도상국들은 외국인 직접투자의 도입을 통해 기술이전과 기술 오버플로를 얻을 수 있다. 따라서 혁신의 높은 불확실성으로 인한 높은 연구개발 비용을 절감할 수 있으며 산업

---

65   시진핑, 「중국과학원 제17차 원사 대회와 중국 공정원 제12차 원사 대회 연설(2014년 6월 9일)」, 인민일보, 2014년 6월 10일, 2면.

발전에 있어 후발주자의 이점을 얻을 수 있다. 그러나, 중국이 기술 개척에 접근함에 따라 일부 기술과 산업 분야에서 이미 팔로워에서 동료 혹은 심지어 선두주자로 바뀌었지만 참조할 수 있는 명확한 기술적 경로가 없다. 또한, 첨단기술, 핵심 부품과 주요 장비에 대한 선진국의 엄격한 통제로 인해 도입이나 구매가 어려워 오리지널 혁신에 대한 수요가 더욱 절실해졌다. 원천 기술과 혁신을 위한 기틀을 다지고 넓은 공간을 마련했다. 오리지널 혁신은 기초과학원리에 대한 깊은 이해와 고도의 통찰력을 바탕으로 해야 한다. 따라서 오리지널 혁신능력을 높이기 위해서는 독창적인 전문 기초이론 혁신돌파에 중점을 두고, 과학 인프라 구축을 강화하여 기초적이고 체계적인 첨단 기술연구와 개발에 대한 지속적인 추진을 보장함으로써 자주 혁신의 오리지널 성과물의 원천 공급을 강화해야 한다.[66]

셋째, 비대칭 혁신 전략을 실시해야 한다. 시진핑 총서기는 2013년 8월 과학기술부 보고를 듣고, '비대칭' 따라잡기 전략을 제시하고 "2050년까지 따라잡을 수 없는 핵심기술 분야에 대한 '비대칭' 따라잡기 대책을 연구해야 한다"[67]고 덧붙였다. 이후 그는 이를 수차례 강조했고, 『국가 혁신주도 개발 전략 개요』는 이 점을 잘 반영했다. 경제 경쟁력 향상의 핵심 열쇠와 사회발전 필요의 시급성 및 국가 안보의 주요 과제에 초점을 맞춰 차별화 전략과 비대칭적 경로를 채택해 핵심 분야와 핵심 링크를 강화해야 한다.[68] 현재 새로운 과학기술 혁명과 산업 변혁이 전 세계에서 태동하고

66   시진핑, 「중국과학원 제17차 원사 대회와 중국 공정원 제12차 원사 대회 연설(2014년 6월 9일)」, 인민일보, 2014년 6월 10일, 2면.

67   중공중앙문헌연구실 편저 『시진핑, 과학기술 혁신에 관한 논술 엮음』에 실린 '시진핑, 과학기술부 보고 청취 당시 연설(2013년 8월 21일)', 중앙문헌출판사, 2016년판, 41면.

68   『국가 혁신주도 개발 전략 개요』, 인민출판사, 2016년판, 11면.

있다. 전통산업은 기술표준과 산업 구도가 이미 결정되어 있어 추격자로서의 중국에게 주도권이 그리 많지 않다. 그러나 신흥산업에서는 기술표준과 산업 구도가 아직 형성되지 않아 새로운 경쟁규칙을 만들고 새로운 경쟁의 장에서 중요한 주체가 될 기회가 아직 남아 있다.[69] 아울러 이는 중국이 비대칭적 혁신을 구현하고 코너링에서 추월할 수 있는 전략적 기회가 될 수 있다.

(3) 혁신 발전 전략 중점 프로젝트

중국의 과학기술 및 산업 발전을 제약하는 병목 기술과 미래 산업을 파악하고, 관련된 첨단기술을 지원함으로써 국가 전체와 장기적으로 관련된 주요 과학기술 프로젝트를 실시하는 것은 새로운 전국적인 체제를 활용하는 중요한 방법이다. 전략적으로 경쟁이 치열한 분야에서 중요한 핵심기술이 타인에 의해 통제되는 상황을 깨고, 새로운 산업 발전 방향과 핵심 분야를 개방하고 새로운 경제 성장 포인트를 육성하는데 더욱 도움이 된다. 19차 당대회 보고는 "세계 과학기술에서 앞서 나가는 것을 목표로 기초 연구를 강화하고, 미래지향적인 기초 연구와 독창적인 성취를 선도하기 위한 돌파구를 마련해야 한다. 응용기초연구를 강화하고, 국가 주요 과학기술사업 시행을 확대하고, 핵심 종합기술, 첨단 선도기술, 현대 공학기술, 획기적인 기술 혁신 등을 부각시켜야 한다"[70]고 지적했다. 『중국제조

69 　시진핑, 「중국과학원 제17차 원사 대회와 중국 공정원 제12차 원사 대회 연설(2014년 6월 9일)」, 인민일보, 2014년 6월 10일, 2면.

70 　시진핑, 『샤오캉사회 전면 실현의 결정적인 승리를 이룩하여 신시대 중국 특색 사회주의 위대한 승리를 거두자-중국공산당 제19차 전국대표대회 보고(2017년 10월 18일)』, 인민출

2025』는 국가의 주요 전략적 요구와 미래 산업 발전의 고도를 목표로 제조업의 주요 분야에서 기술 혁신을 위한 로드맵을 정기적으로 연구하고 제정해 발표할 것을 제시했다. 국가 과학기술 계획(특별 사업, 기금 등)을 통해 핵심기술 개발을 지원하는 등 주요 국가 과학기술 사업을 계속 추진한다. 차세대 정보기술 산업, 고급 수치제어(CNC)공작기계 및 로봇, 항공 우주 장비, 해양 공학 장비 및 첨단 선박, 첨단 철도 운송 장비, 에너지 절약 및 신에너지 차량, 전력 장비, 농기계 장비, 신소재, 바이오 생물 의학 및 고성능 의료 기기 등 10대 중점 혁신 분야를 확정했다.[71] 『국가 혁신주도 개발 전략 개요』도 차세대 정보 네트워크 기술, 스마트 녹색 제조 기술, 생태적이고 친환경적인 고효율의 안전한 현대 농업 기술, 안전하고 깨끗하고 효율적인 현대 에너지 기술, 자원의 효율적 이용 및 생태환경 보호 기술, 해양과 우주에 적용 가능한 첨단기술, 스마트 시티 및 디지털 사회 기술, 효과적이고 안전하고 편리한 첨단 의료보건기술, 비즈니스 모델 혁신을 지원하는 현대 서비스 기술, 산업 변화를 주도하는 획기적인 기술 등 추진해야 할 10대 산업 기술 체제 혁신을 확정했다. 수준 높은 혁신을 뒷받침하는 인프라와 플랫폼을 건설하고, 세계 일류 혁신 기업을 육성하며, 세계 일류 대학·일류 학과와 일류 과학 연구소를 건설하고, 시장 지향의 새로운 연구 개발 기관을 발전시켜 전문화된 기술이전 서비스 체계를 구축한다. 첨단 범용칩, 고급 디지털 제어 공작기계, 집적회로 장비, 광대역 이동통신, 가스전, 원자력발전소, 수질오염 관리, 유전자변형 바이오 신품종, 신약 개발, 감염

판사, 2017년판, 31면.

71   『중국제조2025』, 인민출판사, 2015년판, 13, 30-35면.

인민중심의 새로운 발전 이념 고수

성 질병 예방 및 통제 등 그동안 전개해온 국가 과학기술의 중대 프로젝트 시행에 박차를 가하고, 항공 엔진 및 가스 터빈과 같은 주요 프로젝트를 조속히 시작하여 양자 통신, 정보 네트워크, 스마트 제조와 로봇, 심우주 및 심해 탐사, 중점 신소재와 신에너지, 뇌과학, 보건의료 분야 등에서 국가 전략적 의도를 반영하는 중대한 과학기술 프로젝트와 사업을 재배치한다.[72]

당 18기 5중 전회는 제조 강국 건설 가속화, '중국제조 2025' 이행, 산업 기반 강화 프로젝트 실시에 큰 중요성을 부여할 것이라는 점을 지적할 필요가 있다.[73] 2013년 이후 중국 산업에서 서비스 산업의 비중이 이미 공업의 비중을 넘어섰지만 '13차 5개년 계획' 기간 동안 공업의 중요성은 비중이 내려갔다하여 줄어들지는 않았다. 공업 특히 그중에서 제조업은 국가 경제가 장기적으로 안정적으로 발전하는 열쇠이다. 제조업은 기술 혁신의 주요 원천일 뿐만 아니라 기술 혁신의 사용자이자 전파자이다. 따라서 혁신과 발전의 이념은 제조업의 발전에 더 많은 관심을 기울여야 한다. "중국은 농업 대국에서 공업 대국으로 변모했다. 대규모 공업을 강한 공업으로 전환하는 것이 13차 5개년 계획 기간의 경제발전의 핵심 요건이다. 선진국들이 제조업 활성화를 핵심으로 하는 '재공업화(re-industrialization)'에 나섰다. 이런 매락에서 중국이 혁신의 주요 방향을 제조 강국 건설에 둔 것은 매우 과학적이고 현명한 결정이다".[74]

---

72 『국가 혁신주도 개발 전략 개요』, 인민출판사, 2016년판, 12-16, 21-23면.

73 『중국제조2025』, 인민출판사, 2015년판, 21면.

74 황췬후이(黃群慧), 「혁신 발전: 발전 개념에 대한 새로운 돌파」, 광명일보, 2016년 1월 17일, 6면.

제3장

단점 보완과 장점 보강:
조화로운 발전

조화로운 발전은 5대 발전 이념의 중요한 구성 부분이다. 시진핑 총서기는 "새로운 상황에서 조화로운 발전은 몇 가지 새로운 특성을 가진다. 예를 들어, 조화는 발전 수단일 뿐만 아니라 발전 목표이기도 하며, 발전을 평가하기 위한 표준이자 척도이기도 하다. 또한, 조화는 발전의 양점론(兩點論)과 중점론의 통합이다. 한 국가, 지역 또는 심지어 산업은 특정 발전 시기에 발전 우위와 제약 요인이 존재한다. 발전 사상 측면에서는 문제 해결과 단점 보완에 치중해야 하고, 동시에 기존의 장점을 다지고 강화하는 것도 고려해야 한다. 이 두 가지 측면이 서로 보완하고 돋보이게 함으로써 높은 수준의 발전을 실현할 수 있다"고 지적했다.[1] 18차 당대회는 중국 특색 사회주의 사업인 '오위일체'의 전반적인 포석을 제시하고, 후에 '4개 전면'이라는 전략적인 배치를 내놓았다.[2] 이 모두는 조화로운 발전에 대한 이해의 심화와 유물론적 변증법의 중국 발전 문제 해결에 대한 방법론적 의

---

1   시진핑, 「18기 5중 전회 정신을 배우고 이행하기 위한 성급, 부급 주요 간부 특별 세미나 연설(2016년 1월 18일)」, 인민일보, 2016년 5월 10일, 2면.

2   후진타오, 「확고부동하게 중국 특색 사회주의의 길을 따라 앞으로 나아가고, 전면적인 샤오캉사회 실현을 위해 노력하자-중국공산당 18차 전국대표대회 보고서(2012년 11월 8일)」, 인민일보, 2012년 11월 8일, 1면.

의를 반영했다.

발전 방법론의 관점에서 볼 때, 조화로운 발전의 이념은 유물론적 변증법의 보편적 연결에 대한 기본 원칙을 구현했다. 조화로운 발전을 고수하는 이유는 사물이 보편적으로 연결되어 있고 사물과 그 요소가 서로 영향을 주고 제한하며, 전 세계는 상호 연결된 전체이고 상호작용하는 시스템이기 때문이다. 사회 경제발전의 다양한 요소들 사이의 상호 조화를 무시하면, 발전의 숏보드가 생기고 갈등이 누적될 수 있어 이러한 발전 모델은 결국 지속 불가능할 것이다. 동시에 조화는 발전의 균형과 불균형을 통합하는 것이며, 균형에서 불균형으로 다시 새로운 균형으로 이어지는 것은 사물 발전의 기본 법칙이라는 것에 주목해야 한다. 균형은 상대적인 것이고, 불균형은 절대적인 것이다. 조화로운 발전은 평균주의에 관한 것이 아니라 공평한 발전의 기회, 자원 배치의 균형, 발전의 지속가능성에 더 초점을 맞출 것을 강조한다.

조화로운 발전 이념은 이전의 발전 경험에 대한 요약일 뿐만 아니라 발전의 새로운 단계와 새로운 정세에 근거하여 제기한 맞춤형 발전 이념이기도 하다. 사회주의 건설의 장기적인 실천 과정에서 중국은 이미 조화로운 발전을 위한 이념과 전략을 형성했다. 예를 들어 마오쩌둥 동지는 전체적인 계획을 고려해서 '피아노 연주'를 하듯이 생각하고 일하는 방법을 제시했다.[3] 『10대 관계를 논하다[論十大關係]』는 마오쩌둥 동지가 사회주의 건설 법칙을 설명하기 위해 보편적인 연결이라는 관점을 사용한 모델

---

3   『마오쩌둥 저작 선독』 하편, 인민출판사, 1986년판, 782, 670면.

이다".[4] 개혁개방 이후 덩샤오핑 동지는 "현대화 건설의 과제는 다면적으로 이루어져야 하며, 포괄적인 균형이 필요하고, 한쪽으로 치우쳐서는 안 된다"고 지적했다.[5] 이것들은 모두 다양한 요소를 조정하고 사회와 경제의 조화로운 발전을 촉진하는 중요성을 반영한다.

　새로운 발전단계에서 조화로운 발전 이념은 내실이 더 풍부해졌다. 조화는 발전의 단점과 잠재력을 통합하는 것이다. 중국은 중위소득 국가에서 고소득 국가로 향하는 단계에 있다. 국제적 경험에 따르면, 이 단계는 다양한 갈등이 집중적으로 발생하는 시기로 불가피하게 발전의 부조화가 생기는 등 여러 단점이 존재할 수밖에 없다. 조화로운 발전을 위해서 숏보드를 찾아 보완하는데 더욱 많은 노력을 기울이고, 이러한 노력을 통해 발전 잠재력을 발굴해 발전을 위한 뒷심을 강화해야 한다. '13차 5개년 계획' 기간 발전을 위한 바둑판에서 승리의 열쇠는 조화로운 발전에 있다. 국지적 상황과 전반적인 상황, 현재와 장기간의 관계, 핵심과 비핵심의 관계를 잘 처리하고, 장단점의 균형을 맞추는 데 있어서 가장 유리한 전략적 선택을 할 필요가 있다. 도농 관계의 측면에서 조화로운 발전을 위해 도시와 농촌의 이원적인 발전 방식을 버리고, 도농 통합 발전을 이루면서 함께하는 새로운 도농 발전 모델을 형성해야 한다. 지역 관계의 관점에서 지역 간의 협력 발전을 통해 지역 간 발전 격차를 점차 줄여나가야 한다. 사회와 경제의 발전 측면에서 양자 간의 조화로운 발전과 상호 촉진을 실현해야 한다. 발전의 동력 메커니즘의 관점에서 소프트 파워와 하드 파워의 전반적인

4　시진핑, 「18기 5중 전회 정신을 배우고 이행하기 위한 성급, 부급 주요 간부 특별 세미나 연설(2016년 1월 18일)」, 인민일보, 2016년 5월 10일, 2면.

5　『덩샤오핑 문선』 제2권, 인민출판사, 1994년판, 250면.

발전을 동시에 고려해야 한다.

1. 도농 간, 지역 간 조화로운 발전을 추진하여야 한다

중국은 큰 개발도상국이다. 발전 과정에서 도시와 농촌의 조화로운 발전을 중시해야만 가장 광범위한 대중의 발전을 실현할 수 있고, 모든 인민이 발전의 성과를 공유할 수 있다. 발전 과정에서 도농 간 조화로운 발전에 주의를 기울여야만 많은 계층의 발전을 실현하고, 모든 사람이 발전의 열매를 공유할 수 있다. 새로운 발전단계에서 도시와 농촌의 조화로운 발전을 실현하는 중요한 수단은 도농 통합의 가속화이다. 시진핑 총서기는 2015년 4월 30일 중국공산당 중앙정치국 제22차 단체 학습을 주재하면서 "도농 발전 통합의 가속화는 18차 당대회가 제시한 전략적 과제이며 '4개 전면'을 이행하는 전략적 포석을 위한 필연적인 요구이다. 전면적인 샤오캉사회 실현에서 가장 어렵고 복잡하면서도 막중한 과제는 농촌 지역 특히 농촌 빈곤 지역에 있다. 도시와 농촌 관계 전반의 중요한 돌파구를 마련하기 위해 일을 강화하고 투자를 늘리며 열심히 노력해야 한다. 특히 도농의 이원적 구조를 해결하고 도농 간 요소가 평등하게 교환되며 공공자원의 균등한 분배에서 중대한 돌파구를 마련함으로써 농촌 발전에 새로운 동력을 불어 넣어 대다수 농민이 개혁 발전 과정에 평등하게 참여하고, 개혁 발전의 성과를 함께 공유할 수 있도록 해야 한다"[6]고 강조했다. 19차 당

---

6   「시진핑, 중국공산당 중앙정치국 제22차 단체 학습에서 도농 통합 발전 체제 메커니즘

인민중심의 새로운 발전 이념 고수

대회 보고는 "옛 혁명지구, 민족 지역, 국경 지역, 빈곤 지역의 발전 가속화를 위해 힘을 실어주고, 서부 대개발이 새로운 구도를 이룰 수 있도록 조치를 강화해야 한다. 개혁 심화와 동북의 노후 산업 기지 활성화를 가속화하고, 중부지역의 부상을 촉진하며, 동부의 최적화된 발전을 실현하기 위한 혁신에 앞장서고, 보다 효과적인 지역 조정의 새로운 발전 메커니즘을 구축할 것이다"[7]라고 밝혔다.

상당히 긴 시간 동안 중국의 사회 경제발전은 줄곧 도시와 농촌의 불균형 발전 문제가 발생하면서 도시와 농촌의 구도가 이원화되는 결과를 초래했다. 도농 발전 통합의 추진은 경제발전이 새로운 단계에 진입하는 필연적인 요구이다. 공업화, 도시화, 농업현대화 수준이 점진적으로 높아짐에 따라 기존의 이원적 발전의 패턴이 깨지고, 도농 통합 발전을 조화롭게 실현할 수 있는 여건을 갖추게 됐다. 도농 통합의 조화로운 발전은 국가 현대화의 중요한 상징이자 새로운 발전 패러다임을 구현하는 것이다.

개혁개방 이후 발전 과정을 살펴보면, 중국의 개혁개방 프로세스는 농촌에서 시작되었으며, 농촌의 면모 역시 끊임없는 개혁 사업의 추진을 통해 단시간에 큰 변화를 이루었다. 최근 '삼농'문제를 원만하게 해결하는 것을 모든 업무의 최우선 과제로 간주하고 있다. 구체적인 정책적인 면을 보면, 중앙은 농업을 강화하고 농촌에 혜택을 주고, 농민을 부유하게 만들

을 완비하여 많은 농민들이 개혁 발전의 성과를 누리도록 해야 한다고 강조해」, 인민일보, 2015년 5월 2일, 1면.

7   시진핑, 『샤오캉사회 전면 실현의 결정적인 승리를 이룩하여 신시대 중국 특색 사회주의 위대한 승리를 거두자-중국공산당 제19차 전국대표대회 보고(2017년 10월 18일)』, 인민출판사, 2017년판, 32-33면.

고, 종합적인 농업 생산능력을 지속적으로 강화하기 위한 정책을 실시하고 있다. 1979년부터 2015년까지 농업 총생산액의 연평균 성장률은 5.7%에 달했다. 연이은 생산량 증가를 바탕으로 2017년 곡물 총생산량은 6억 1800만 톤에 달했다.[8] 다양한 현대 생산요소들의 지속적인 투입으로 농업 현대화의 정도가 계속 향상되었다. 인민 경제발전에서 농업의 기본 지위가 크게 강화되었으며 농촌 지역의 다양한 사회적 사업이 뚜렷하게 개선되었다. 이에 맞춰 도농 관계의 전반적인 계획과 조정에 큰 진전이 있었다. 다만 이원적 경제 시기에 과도한 부채와 농촌 발전의 기반이 취약해 도농 발전의 불균형과 불협화음이 여전히 두드러졌고, 소득, 사회보장, 공공서비스 분야에서 도시와 농촌 주민들 사이에는 여전히 큰 수준의 격차가 있으며, 일부 요인들로 인해 도시와 농촌 사이의 격차를 계속 좁히는 과정에 제한을 받고 있기도 하다. 새로운 상황에서 도농 관계에 대해 조율하고, 도농 통합 발전에 박차를 가함으로써 새로운 단계에서 농촌 경제발전에 활력을 불어넣을 뿐만 아니라 중국의 지속 가능한 발전을 위한 중요한 원동력이 될 것이다. 따라서 도농 지역의 조화로운 발전은 시급하면서도 매우 중요한 일이다.

시진핑 총서기는 "도농 통합 발전 추진을 위해 국정 현실, 도농 발전의 불균형과 이원적 구조를 가진 현실을 바탕으로 자연 부존자원, 역사 문화 전통 그리고 제도 체제를 고려해 보편적 법칙을 따라야 한다. 그러나 기존의 잘못된 규범을 묵과해서는 안 된다. 국제적 선진 경험을 거울로 삼아

---

8   「국가통계국, '2017년 중화인민공화국 경제 사회 발전 통계 공보'(2018년 2월 28일)」, 인민일보, 2018년 3월 1일, 10면.

야 하지만 그대로 답습해서는 안 된다. 공업과 농업, 도시와 농촌을 하나로 보고 종합적인 계획을 세워 도시와 농촌이 계획을 포석하고, 요소를 배분하며, 산업 발전과 공공서비스 및 생태 보호 분야에서 상호 융합하고 공동 발전하도록 촉진해야 한다"[9]고 지적했다. 19차 당대회는 농촌 활성화 전략 실시를 추가로 제시했다. 19차 당대회 보고는 "농업·농촌·농민 문제는 국가 경제와 민생과 관련된 근본적인 문제로써 원만한 삼농 문제 해결을 당 전체 사업의 최우선 과제로 삼아야 한다. 농업과 농촌의 우선적인 발전을 위해서 산업 번영, 생태적 보금자리, 농촌 풍속 문명, 효과적인 거버넌스 및 풍요로운 삶이라는 전반적인 요구에 따라 도농 통합 발전 체제 메커니즘과 정책 시스템을 구축하고 개선함으로써 농업 및 농촌 지역의 현대화를 가속화한다. 농업 경영 시스템을 개선하고, 농촌 토지제도의 개혁을 심화하며 도급지에 대한 삼권(소유권, 계약권, 경영권)을 분리하는 제도를 완비해야 한다"[10]고 지적했다.

도농 통합 발전 추진의 초점은 도농 통합 체제 메커니즘 구축을 통해 공업으로 농업을 촉진하고, 도시가 농촌을 이끌며 공업과 농업이 서로에게 혜택을 주고, 도시와 농촌이 하나가 되는 새로운 유형의 도농 관계를 형성하는 것이다. 개혁개방 이후 농촌에서 도시로 유입되는 노동력의 규모가 계속 확대되고 있다. 2017년 농촌에서 빠져나간 농민공은 1억 7200만

9 「시진핑, 중국공산당 중앙정치국 제22차 단체 학습에서 도농 통합 발전 체제 메커니즘을 완비하여 많은 농민들이 개혁 발전의 성과를 누리도록 해야 한다고 강조해」, 인민일보, 2015년 5월 2일, 1면.

10 시진핑, 『샤오캉사회 전면 실현의 결정적인 승리를 이룩하여 신시대 중국 특색 사회주의 위대한 승리를 거두자-중국공산당 제19차 전국대표대회 보고(2017년 10월 18일)』, 인민출판사, 2017년판, 32면.

명에 달했다. 이렇게 농촌에서 빠져나온 노동력이 도시 노동 시장에서 노동력을 공급하는 중요한 원천이 되었다. 2017년 농민공의 월평균 소득은 3,485위안에 이르렀고, 임금 소득은 농민의 소득 증대에 가장 중요한 수단이 되었다.[11] 농민공과 도시 근로자의 임금 격차는 점차 좁혀지고 있으며, 동시에 농업 소득과 비농업 소득의 격차도 줄어들었다. 이는 도시와 농촌의 노동력 시장이 높은 수준의 통합을 실현했고, 도농 통합 발전을 촉진하기 위한 시장 여건이 이미 성숙해졌음을 보여준다.

도시와 농촌의 조화로운 발전은 도농 주민의 기본권 평등화, 도농 간 공공서비스의 평준화, 도농 주민의 소득의 균등화, 도농 간 요소 배분의 합리화 및 도농 간 산업 발전 통합을 점진적으로 실현하는 것을 목표로 한다. 도시와 농촌의 기본적인 공공서비스 평준화를 위한 체제 메커니즘, 특히 농촌에 남아 있는 아동, 여성, 노인을 위한 돌봄 서비스 시스템을 완비해 취약계층에 대한 보살핌을 강화해야 한다. 새로운 발전단계에서 호적제도 개편에 박차를 가해 호적제도 개혁의 정층설계를 강화해야 한다. 도시와 농촌 근로자의 평등한 취업 제도를 완비해 농업 이주민들이 도시에서 살면서 융화되고, 취업과 창업을 할 수 있도록 하고, 농민공의 합법적 권리를 보호하고 도시 및 농촌 근로자의 동등한 취업 권리를 보장해야 한다.

도시와 농촌의 노동 시장 통합 추진을 통해 노동력의 흐름을 촉진하고 도시와 농촌의 조화로운 발전을 실현하는 것 외에 현재의 경제발전단계에서는 공업이 농업에 보답하고, 도시가 농촌을 지원하는 발전 방식을

---

11   「국가통계국, '2017년 중화인민공화국 경제 사회 발전 통계 공보'(2018년 2월 28일)」, 인민
     일보, 2018년 3월 1일, 10면.

통해 조화로운 도농 발전을 추진하는 여건과 기반도 이미 갖추어졌다. 수년간의 급속한 발전을 거쳐 중국의 경제력과 종합적인 국력이 크게 향상되었다. 2017년 1인당 국내총생산은 이미 5만 9700위안에 이르렀다. 국민경제에서 농업의 비중은 이미 7.9%까지 줄어들었고, 농업 취업인구가 전체 취업인구에서 차지하는 비중은 이미 27%로 감소했다.[12] 이는 중국의 비농업 산업의 발전이 도시와 농촌의 통합을 지원할 수 있는 물질적 토대와 기술적 조건을 가지고 있음을 의미한다. 경제발전이 새로운 단계로 들어선 후, 새로운 발전 특성과 요구에 부응하려면 반드시 제도적 우위를 충분히 발휘하고, 체제 메커니즘 건설을 강화하며, 공업이 농촌을 키우고, 도시가 농촌을 지원하는 것을 장기적인 정책으로 삼아야 한다. 이미 실행 효과가 증명된 농업을 강화하고 농촌에 혜택을 주고, 농민을 부유하게 만드는 정책을 고수하고 완비하고, '삼농'에 대한 지원을 확대하기 위해 모든 사회적 힘을 동원함으로써 도농 발전 통합의 새로운 구도를 이루기 위해 노력해야 한다.

시진핑 총서기는 "농촌 지역의 발전은 수억 명의 농민들에게 달려 있다. 농촌개혁과 제도 혁신을 끊임없이 추진하고, 수억 명 농민들이 주체적인 역할과 개척정신을 최대한 발휘할 수 있도록 만들어 농촌 사회의 생산력을 끊임없이 해방하고 발전시키고, 농촌 발전의 활력을 북돋워야 한다"[13]고 지적했다. 농업현대화 수준 향상에 속도를 높여 농업 생산율을 지

---

12 「국가통계국, '2017년 중화인민공화국 경제 사회 발전 통계 공보'(2018년 2월 28일)」, 인민일보, 2018년 3월 1일, 10면.

13 「시진핑, 중국공산당 중앙정치국 제22차 단체 학습에서 도농 통합 발전 체제 메커니즘을 완비하여 많은 농민들이 개혁 발전의 성과를 누리도록 해야 한다고 강조해」, 인민일보,

속적으로 높임으로써 경제발전 방식 전환의 요구에 부응한다. 농업의 종합 생산성을 개선함으로써 농업의 기본적 위치를 다지고, 국가 식량안보 보장을 전제로 농업 생산 효율 향상을 통한 농민 소득 증대 방안을 지속적으로 창출해야 한다. 현대 농업 체제 구축을 가속화하여 농업산업 체인과 농산물 가치사슬을 넓히고, 3대 산업의 교차 통합을 추진하여 농산물의 부가가치를 높인다.

도시와 농촌의 조화로운 발전은 신농촌 건설과 새로운 도시화 건설이 상호 조화를 이루며 호혜적으로 진행된다는 의미도 담고 있다. 경제발전 과정에서 양자가 이륜구동을 형성하려면 개혁을 원동력으로 삼아 도시와 농촌의 이원적 구조를 끊임없이 깨뜨릴 필요가 있다. 계획 체계를 개선함으로써 도시와 농촌 개발 계획의 수립, 통합 설계, 멀티 트랙 통합을 종합적으로 고려하여 과거 계획에서 나타난 도시와 농촌의 단절과 도시를 중심으로 하는 문제를 효과적으로 해결할 수 있다. 도농 통합 계획을 통해 농촌 발전을 촉진할 수 있을 뿐만 아니라, 다양한 생산요소와 경제자원의 배치를 최적화하여 도시 발전에 새로운 활력을 불어넣을 수 있다. 농촌 인프라 건설 메커니즘을 완벽하게 정비하여 도시와 농촌의 인프라를 상호 연결하고, 함께 건설하고 공유해야 한다. 사회주의 신농촌 건설 과정에서 신농촌의 인프라와 공공서비스 시설에 대한 정책 결정, 투자, 건설, 운영 관리 보호 메커니즘을 혁신해야 하고, 신농촌 건설의 자금조달 창구를 개발하고, 농촌의 공익성 인프라 건설에 사회자본의 참여를 적극적으로 유도해야 한다.

2015년 5월 2일, 1면.

인민중심의 새로운 발전 이념 고수

시진핑 총서기는 "도농 발전 통합을 위한 체제 메커니즘 개선은 전반적인 상황과 장기적인 측면과 관련된 중요한 과제이다.[14] 정층설계, 시스템 계획 및 체제 메커니즘의 혁신을 강화하고, 맞춤형 정책 조치를 채택해야만 높은 수준의 도시와 농촌의 조화로운 발전을 점진적으로 이룰 수 있다. 도시와 농촌의 조화로운 발전을 추진하는 동시에 지역 간 발전 관계를 조정하는 것도 조화로운 발전 실현의 중요한 부분이다. 개혁개방 초기 덩샤오핑 동지는 '두개 대국론(兩個大局論)'을 제시했다. 하나는 연해 지역의 대외개방을 가속화 해 먼저 빨리 발전해야 하고 내륙은 대국을 고려해야 한다는 것이고, 다른 하나는 연해지역의 발전이 일정한 시기에 이른후 내륙의 발전을 더욱 잘 도와야 하고 연해지역은 대국을 고려해야 한다는 것이다.[15] 이 같은 전략사상은 경제발전의 단계에 따라 지역 경제의 관계와 지역발전 정책을 달리해야 한다는 내용을 담고 있다. 개혁개방 이후 빈곤 완화계획, 서구 대개발 전략, 동북 구공업 기지 진흥 전략, 중부지역 부흥 전략 등을 순차적으로 시행하여 지역 개발 계획을 통한 다양한 지역의 조화로운 발전을 실현하고 있다.

시진핑 총서기가 지역의 조화로운 발전을 중시하면서 어떻게 각 지역의 조화로운 발전을 공평하게 추진할 것인가에 대해 여러 차례 중요한 논술을 내온 것은 덩샤오핑 동지의 공동 번영 사상의 연장 선상에서 심화시킨 것이다. 18차 당대회 이후, 시기와 형세를 판단한 시진핑 총서기는 중

---

14 「시진핑, 중국공산당 중앙정치국 제22차 단체 학습에서 도농 통합 발전 체제 메커니즘을 완비하여 많은 농민들이 개혁 발전의 성과를 누리도록 해야 한다고 강조해」, 인민일보, 2015년 5월 2일, 1면.

15 『덩샤오핑 문선』 제3권, 인민출판사, 1993년판, 277-278면.

국의 지역발전을 새로운 시대로 이끌기 위한 새로운 전략적 사고를 제시했다. '일대일로' 건설, 양쯔강 경제 벨트 개발, 베이징-톈진-허베이 공동발전이라는 3대 발전 전략을 계속 내놓아 새로운 경제발전단계에서 지역경제발전의 새로운 구도를 구현했다. 아울러 옛 혁명지구, 민족 지역, 국경지역, 빈곤 지역의 발전 가속화를 지원하고, 동서를 연결하고 남북을 관통하는 네트워크되고 다중심적이고 개방적인 지역 개발 구도를 구축해 지역발전의 격차를 끊임없이 줄이고 있다. 새로운 시대의 지역 간 개발 관계를 조정하려면 먼저 정층설계에 집중해야 한다. 베이징-톈진-허베이 공동발전과 관련, 시진핑 총서기는 "정층설계 강화에 힘쓰고, 수도 경제권 통합 발전을 위한 관련 계획을 신속히 편성하고, 세 지역의 기능적 포지셔닝, 산업 분업, 도시 배치, 지원 시설, 통합 교통 시스템 등 중요한 문제를 명확히 하고, 재정 정책, 투자 정책 및 프로젝트 배치 분야에 대한 구체적인 조치를 마련해야 한다"고 지적했다.[16] 이 지도 이념은 다른 지역 간의 공동개발에도 똑같이 적용된다. 19차 당대회 보고는 "도시군을 주체로 중·소·대도시와 소도시가 협력 발전하는 도시 구도를 구축하여 농촌 이전 인구의 시민화에 박차를 가한다. 베이징의 비수도 기능 완화를 '코뚜레'로 베이징-톈진-허베이의 공동 발전을 추진하고, 높은 출발점과 표준을 가진 슝안(雄安) 신구를 건설한다. 공동 보호 강화와 대개발을 하지 않는 것을 중심으로 양쯔강 경제 벨트의 발전을 추진한다. 자원형 지역 경제 전환 발전을 지

---

16 「시진핑, 베이징-톈진-허베이(京津冀) 협력 발전에 관한 특별 보고회에서 상호 우위를 보완하고, 확실한 호혜 공영 추진을 통해 베이징-톈진-허베이의 통합 발전을 위해 노력해야 한다고 강조, 포럼에 장가오리(張高麗)도 참석해」, 인민일보, 2014년, 2월 28일, 1면.

인민중심의 새로운 발전 이념 고수

원한다"[17]고 밝혔다.

지역 협력 발전에서 정층설계를 중시하는 이유는 지역마다 가지고 있는 부존 구조와 비교 우위가 다르기 때문이다. 특히 40년간의 개혁개방을 통해 각 지역의 발전 속도와 수준은 객관적인 차이가 있다. 그러나 이것이 발전 지역에 결점이 없고, 덜 개발된 지역이 자체적인 우위가 없다는 것을 의미하지는 않는다. 정층설계의 방식으로 지역 간의 발전 모델과 경로를 조정하면 각자의 장점을 더욱 잘 살리고 단점을 피하며 진정한 발전의 시너지를 얻을 수 있다. 각 지역의 발전 우위를 따라야만 지역발전이 지속 가능성을 가질 수 있고, 각 지역의 발전이 있어야 전체 경제발전에 힘을 보탤 수 있다.

사고방식의 차원에서 시진핑 총서기는 "공동 발전을 위한 노력을 강화하려면 의식적으로 '이기주의'적인 사고방식을 깨고 정층설계의 목표를 향해 협력해야 한다"[18]고 지적했다. 지역 간 발전은 지역 간 선의의 경쟁이 필요하다. 그러나 경쟁은 각 지역이 지역 분할을 통해 자기 멋대로 발전의 길을 실행할 수 있다는 것을 의미하지는 않는다. 지역 간 산업 연계 협력 가속화를 통해 각자의 강점을 살리고, 산업 발전 체인을 정비해 지역 간 합리적인 산업 포석과 업스트림과 다운스트림의 연계체제를 형성함으로써 동형 및 동종 개발을 하지 않는 시스템을 마련해야 한다. 최근 몇 년 동

---

17 시진핑, 『샤오캉사회 전면 실현의 결정적인 승리를 이룩하여 신시대 중국 특색 사회주의 위대한 승리를 거두자-중국공산당 제19차 전국대표대회 보고(2017년 10월 18일)』, 인민출판사, 2017년판, 33면.

18 「시진핑, 베이징-톈진-허베이(京津冀) 협력 발전에 관한 특별 보고회에서 상호 우위를 보완하고, 확실한 호혜 공영 추진을 통해 베이징-톈진-허베이의 통합 발전을 위해 노력해야 한다고 강조, 포럼에 장가오리(張高麗)도 참석해」, 인민일보, 2014년, 2월 28일, 1면.

안의 개발을 통해 지역 간 선순환 구조의 그래디언트 개발 모델이 이미 형성되었다. 일부 선진지역은 도시 배치 및 공간 구조의 조정과 최적화를 통해 분업과 협력을 촉진하고, 생태환경 보호와 대기 오염 방지에 대한 협력을 강화했다. 환경 문제에 있어서 개발의 화를 남에게 전가하는 사고방식은 생각을 버려야 한다.

지역의 조화로운 발전을 추진하려면 시장이 자원 배분에 결정적인 역할을 한다는 원칙을 고수해야 한다. 시진핑 총서기는 "지역의 조화로운 발전을 추진하는 과정에서 시장통합의 속도를 높이고, 자본, 기술, 재산권, 인재, 노동력 등 생산요소의 자유로운 흐름과 배치의 최적화를 제한하는 각종 체제의 장벽을 허물고, 시장에 따라 모든 요소가 지역 내에서 자유롭게 이동하고 최적화될 수 있도록 추진해야 한다"[19]고 지적했다. 그중 시장경제 법칙에 따른 최적의 생산요소 배분은 다양한 지역의 비교 우위를 발휘하는 근본적인 방법이다. 시장경제의 법칙을 존중하고 생산요소의 가격 형성에 대한 개입을 피해야만 정확한 가격 신호를 얻고 지역별 생산요소의 희소성을 정확하게 반영할 수 있다. 생산요소의 흐름과 배치에 대한 제도적 장벽을 허물면 생산요소가 가격 신호의 지침을 따를 수 있는 조건이 만들어진다. 이 과정에서 효율적이고 투명하며 통합된 생산요소 시장을 구축하기 위해 모든 지역이 함께 노력해야 한다.

최근 새로운 지역 발전 이념의 지도 속에서 지역 경제 관계의 조화로운 발전 국면이 이미 형성되었다. 자본, 노동 등 생산 요소 시장의 점진적

---

19 「시진핑, 베이징-톈진-허베이(京津冀) 협력 발전에 관한 특별 보고회에서 상호 우위를 보완하고, 확실한 호혜 공영 추진을 통해 베이징-톈진-허베이의 통합 발전을 위해 노력해야 한다고 강조, 포럼에 장가오리(張高麗)도 참석해」, 인민일보, 2014년, 2월 28일, 1면.

인민중심의 새로운 발전 이념 고수

인 통합으로 인해 생산 요소의 지역 간 흐름의 규모가 점점 더 커져 각 지역의 사회 경제의 조화로운 발전을 추진했고, 지역발전 불균형 상황이 효과적으로 억제되었다. 예를 들어, 국가통계국이 발표한 자료에 따르면 각성(자치구, 직할시)의 1인당 GDP의 지니 계수를 사용하여 지역 경제발전의 불균형 정도를 측정한 경우, 2003년 0.34로 최고점을 찍은 후 해마다 감소하는 추세를 보였고, 2015년에는 0.23를 기록해 지역 개발 불평등 지수는 사상 최저치로 떨어졌다.[20] '일대일로' 건설, 양쯔강 경제 벨트 개발, 베이징-톈진-허베이 공동 발전 전략이 안정적으로 추진됨에 따라 지역 경제발전은 필연적으로 새로운 국면을 보여줄 것이다.

2. 경제와 사회의 조화로운 발전을 촉진하여야 한다

사회발전과 경제 성장의 조화를 유지하는 것은 경제발전의 목적이자 지속 가능한 성장을 위한 중요한 보장이기도 하다. 양자 관계는 중국의 발전 문제를 해결하는 유물론적 변증법의 지도적 중요성을 구현한 것이다. 사회가 안정되고 조화로워져야 개혁개방 심화와 경제 구조조정을 위한 거시환경이 안정될 수 있다. 경제와 사회의 상호 조화는 개혁개방 이후 중국 사회 경제발전이 끊임없이 기적을 창조할 수 있는 중요한 보증이 되었다. 시진핑 총서기는 경제발전 목표 실현의 열쇠는 안정적인 성장과 구조적 조정을 유지하기 위해 안정적인 거시 정책과 활발한 미시정책, 사회 정

---

20   『중국 통계 연감(2016)』의 관련 데이터 정리.

책의 지원이 바탕이 되는 전체적인 사고를 고수해야 한다고 여러 차례 강조했다.[21] 이러한 논술은 경제발전과 사회발전의 상호 관계, 양자의 조화로운 발전 실현을 위한 주요 경로를 충분히 보여주었다. 시진핑 총서기는 사회 정책의 밑그림을 어떻게 실현할 것인가에 대해 2016년 중앙경제업무회의 연설에서 '마지노선을 지키고, 중점을 강조하고, 제도를 완비하고 여론을 이끈다'는 실무 방침을 밝혔다.[22] 이 방침은 사회와 경제의 조화로운 발전에서 관심을 두어야 하는 중요한 내용을 반영했을 뿐 아니라 중점적으로 잡아야 하는 부분을 강조했다.

18차 당대회 이후 시진핑 총서기는 민생을 개선하고 보장해야 하며, 이를 위해 사회 정책이 적극적인 안정제 역할을 해야 한다고 거듭 강조했다. 아울러 교육, 취업, 소득 분배, 사회보장, 의료보건, 주택, 식품 안전 등 민생 발전과 관련된 다양한 업무를 전반적으로 조절해야 한다고 강조했다. 기본적인 민생 보장에 더 많은 관심을 기울이고, 저소득층의 삶에 더 많은 관심을 기울이고, 사회 전반의 안정에 더 많은 관심을 기울여야 한다고 강조했다. 이러한 설명은 사회적 사업의 발전과 인민의 생계 증진을 위한 구체적인 출발점이 되어야 한다.

경제와 사회의 조화로운 발전은 마르크스주의 고전 문헌에서 이미 논의된 바 있다. 예를 들어, 고전 마르크스주의 이론에서 사회 재생산은 생산 수단의 생산과 소비 수단의 생산이라는 두 가지 주요 범주로 나뉜다. 이 두 가지는 일정한 비례 관계를 유지해야 원활한 사회 재생산의 실현을 보

---

21 이 책의 집필진 편저, 『시진핑 총서기 중요 연설 정신을 배우기 위한 독본』, 중국방정출판사, 2014년판, 58-59면.

22 『시진핑, 국정운영을 논하다』 제2권, 외문출판사, 2017년판, 367면.

장할 수 있다.[23] 두 부류 간의 비례 관계 조화는 실제로 경제와 사회가 조화롭게 발전해야 한다는 중요한 사상을 내포하고 있다.

개혁개방 이후 급속한 경제발전을 이루면서 사회사업의 발전도 진전을 거두었다. 이렇게 경제와 사회가 기본적으로 동시에 발전했다. 거의 14억에 육박하는 인구를 가진 나라에서 기본적으로 사회 보호와 공공서비스 시스템이 구축되었고, 그 적용 범위가 계속 확대되고 있다. 경제발전의 뉴노멀 상황에서 노동 시장이 전반적으로 안정세를 유지하고, 비농업 취업의 총량도 계속 확대되고 있다. 비농업 취업 기회가 지속적으로 늘어나면서 취업의 질도 향상되고, 근로자의 임금수준이 꾸준히 오르며, 근로 복지 조건이 지속적으로 개선되면서 조화로운 노사관계가 이미 형성됐다. 전체 취업 증가를 바탕으로 취업 구조가 더욱 최적화되어 경제발전단계에 부합하는 특성을 보이고 있다. 2017년 전체 취업 비율에서 1차 산업이 27.0%, 2차 산업이 28.1%, 3차 산업이 44.9%를 차지했다.[24] 3개 산업 가운데 3차 산업이 취업 부분에서 가장 중요하게 된 것은 중국의 경제 구조가 중·저소득 국가의 전형적인 특징에서 벗어나 더욱 현대화된 발전 모델로 나아가고 있음을 보여준다.

최근 지속적인 경제발전에 힘입어 도시와 농촌 주민의 소득이 급격히 증가하고 인민의 생활 수준과 질이 빠르게 향상되었으며, 빈곤 인구는 크게 감소했다.

경제와 사회의 조화로운 발전은 유물변증법의 보편적 연계에 대한

---

23   위광웬(於光遠), 쑤싱(蘇星), 초우치화(仇启華) 책임 편집, 『정치경제학: 자본주의 부분』, 인민 출판사, 1984년판, 112면.

24   『중국 통계 연감(2018)』의 관련 데이터 정리.

기본적인 원리를 깊이 구현했다. 우선, 사회적 사업의 발전은 중요한 물질적 기반을 마련하기 위해 경제발전에 의존할 필요가 있다. 개혁개방 이후 민생 발전이 세계적으로 괄목할 만한 성과를 거두며 비약적인 발전을 이룰 수 있었던 이유 중 하나는 중국 경제가 빠른 속도로 성장했기 때문이다. 경제발전에서의 '중국의 기적'이 인류 역사상 최대 규모의 취업, 최대 규모의 빈곤 해소, 최대 규모의 사회보장 체계를 만들어낸 것이다. 미래 발전 과정에서 사회적 사업의 발전은 많은 도전에 직면할 것이다. 노령층을 지원하고, 극빈층의 생계를 개선하며, 경제 파동으로 인한 민생의 충격을 예방하기 위해서는 확고한 물질적 기반의 보장이 필요하다. 이 때문에『중화인민공화국 국민 경제 및 사회발전을 위한 13차 5개년 계획 요강』은 13차 5개년 계획 기간 동안 중고속 경제 성장을 유지하기 위해 노력해야 한다고 지적했다.[25] 발전의 균형, 포용성 및 지속가능성을 유지해야만 2020년까지 GDP와 도시 및 농촌 주민의 1인당 소득을 2010년 대비 두 배로 끌어 올리는 전략적 목표를 달성할 수 있다. 따라서 중등 소득 단계에서는 지속적인 경제발전 유지와 끊임없는 사회사업 발전이 고도로 통일되어 있어 둘 중 어느 하나도 소홀히 할 수 없다. 경제발전을 위한 추진력 창출을 게을리하면 사회적 사업 개선의 물질적 보장이 부족해져 쉽게 공중누각이 되어 지속 불가능해질 수밖에 없다. 발전 과정의 포용성에 소홀해 민생 개선에 집중하지 못하고, 가장 광범위한 집단이 경제발전의 결실을 누리게 할 수 없다면 경제발전이라는 우리의 근본적인 목표를 달성하지 못할 뿐만 아니라

---

25 국가통계국의 「중화인민공화국 인민 경제 및 사회 발전을 위한 13차 5개년 계획 요강」,
    인민일보, 2016년 3월 18일, 1면.

궁극적으로는 경제발전을 제약하게 될 것이다. 일부 발전 정체에 빠진 개발도상국의 교훈이 이를 말해준다.

경제와 사회의 조화로운 발전은 성장 과정에서 저소득층의 기초생활 보장, 즉 '마지노선 지키기'가 우선이라는 점을 부각시켜야 한다. 국가통계국의 데이터에 따르면 2010년 불변가격 1인당 연간 2,300위안의 빈곤 기준으로 2018년 말까지 중국 농촌에는 여전히 2000만 명이 넘는 빈곤 인구가 있고, 그 외 도시 생활 수당 등 각종 어려움을 겪고 있는 인구가 2000만 명이 넘는 것으로 나타났다. 따라서 전면적인 샤오캉 실현의 임무는 여전히 매우 힘든 일이다. 시진핑 총서기는 "어려움에 처한 모든 이들에게 각별한 관심과 사랑을 가지고 보살피고, 그들의 안전을 항상 염두에 두고, 그들의 고통에 관심을 가지면서 그들이 걱정에서 벗어나 어려움을 해결할 수 있도록 백방으로 도와야 한다"[26]고 강조했다. 따라서 빈곤 구제에 대한 투자를 더욱 확대하고 빈곤을 완화하고 빈곤에서 벗어나도록 하기 위한 업무 메커니즘을 개선해야 한다. 동시에 모든 빈곤 인구가 발전의 결실을 누릴 수 있도록 경제발전의 단계적 변화와 빈곤의 성격 변화에 따라 빈곤층의 특성을 충분히 고려하여 '정확한 빈곤 구제'를 실시해야 한다.

경제와 사회의 조화로운 발전을 구체적으로 추진함에 있어 '요점을 잡는 것'에도 신경을 써야 한다. 시장 메커니즘의 역할을 최대한 활용하여 일자리 관련 업무를 잘 처리해야 한다. 취업 확대와 실업 감소가 바로 둘을 조화롭게 발전시키는 중점이다. 취업은 경제와 사회의 조화로운 발전을 실현하는 중점으로, 경제발전에서 취업의 특수한 지위에 의해 결정된다.

---

26   시진핑 『샤오위루 같은 현 위원회 서기가 되자』, 중앙문헌출판사, 2015년판, 15-16면.

한편, 일자리는 민생의 근본이며, 충분한 취업이 이루어져야 경제발전의 성과물인 첫 분배에 절대다수가 직접 참여할 수 있고, 지속 가능한 소득과 생계 보장 및 개선을 위한 토대가 마련된다. 특히 최근 임금 소득이 빠르게 늘고 있는 국면은 일자리 확대가 민생 개선에 긍정적으로 작용하고 있음을 보여준다. 또 한편으로 충분한 취업 실현은 경제의 지속적인 발전을 보장하는 중요한 조건이다. 풍부한 인적자원은 중국의 가장 소중한 생산요소이다. 중국이 개혁개방 이후 큰 성장을 이룩할 수 있었던 이유는 바로 인적자원의 장점을 최대한 살렸기 때문이다. 새로운 시대에도 여전히 가장 광범위한 집단이 경제 건설에 열정적으로 참여하도록 해야만 사회 경제의 활발한 발전이 보장될 수 있다. 그리고 충분한 취업은 많은 대중이 건설에 참여할 수 있는 구체적인 실현 방법이다.

'제도 완비'는 경제와 사회의 조화로운 발전을 실현하는 중요한 보장이다. 다년간의 끊임없는 노력 끝에 중국은 사회보장체제의 기틀을 구축했다. 이로써 많은 그룹이 사회보장제도의 혜택을 받지 못했던 문제가 해결되었다. 사회보험의 관점에서 봤을 때, 도시 근로자 기초 양로 보험 제도, 도시와 농촌 주민 양로 보험 제도 등 전 인민을 아우르는 사회 양로보험제도가 구축되었다. 도시 근로자 기초 의료보험, 도시 주민 의료보험, 신농협 의료보험을 주요 골격으로 하는 의료보험제도는 기본적으로 도시와 농촌 주민을 대상으로 하고 있다. 실업보험 적용 범위도 끊임없이 확대되고 있다. 노동 시장에 미치는 부정적 영향과 경기순환의 변동에 따른 해고 및 실업 인구가 증가하는 시기에 실업보험은 근로자의 생활보장에 대한 긍정적인 역할을 할 수 있다. 출산 보험은 여성의 권리와 이익을 보호하는 데 점점 더 중요한 역할을 하고 있다. 도시·농촌 최저 생활보장 제도를 기반으로 한 사회지원시스템은 저소득층의 마지막 안전망이 되었다. 지역 빈곤 구제와 개발 계획은 이미 지역의 전반적인 빈곤 완화에 긍정적인 영향을 주고 있다. 정확한 빈곤 구제로 점점 많은 빈곤 인구가 전면적인 샤오캉의 길로 들어서게 될 것이다. 실질적인 커버 효과를 봤을 때, 도시와 농촌 주민에 대한 각종 사회보장제도의 커버리지 비율이 꾸준히 안정적으로 상승하고 있다.

중국은 여전히 중등 소득 국가에 속한다. 오랜 계획경제의 여건과 도시와 농촌이 분화된 이원적 경제 구조 속에서 형성된 사회보장제도는 여전히 개선해야 할 부분이 많다. 그중에서도 두드러진 문제는 도시와 농촌 사이에 사회보장 지급수준에 큰 차이가 있고, 지역 간 불균형의 모순이 부각되고 제도적 연계가 취약하며, 사람에 따른 시스템 설계의 차이가 뚜렷하다는 점이다. 따라서 경제와 사회의 조화로운 발전을 실현하기 위해서는 개혁 방안을 통한 제도구축을 강화하고, 현재의 사회보장제도에 존재하는 모순과 문제를 해결하기 위해 노력해야 한다. 전면적인 보장, 기본적 보장, 다단계적이고 지속 가능한 방침을 고수하고, 도시 및 농촌의 사회보장체제 구축을 강화하며, 양로보험과 같은 사회보장제도의 이전과 지속 방법을 계속 개선함으로써 전반적인 계획의 수준을 높여야 한다. 이를 위해 시진핑 총서기는 "단순히 돈을 들여 안정성을 살 것이 아니라 제도구축에 관심을 가지고 지역 간 큰 격차와 단편화된 제도 문제 해결에 힘써야 한다"[27]고 강조했다. 제도를 끊임없이 보완해야만 사회사업의 발전이 지속

---

27 중공중앙문헌연구실 편저 『전면적인 샤오캉사회 실현에 관한 시진핑 논술 엮음』에 실린 '시진핑 중앙 경제 업무 회의 당시 연설(2013년 12월 10일)', 중앙문헌출판사, 2016년판, 137면.

가능한 길에서 끊임없이 전진할 수 있다.

경제 사회의 조화로운 발전을 적절히 처리하고, 소득 분배 관계를 잘 조절하여 사회의 공정성과 정의를 유지하는 것이 매우 중요하다. 시진핑 총서기는 "더 나은 삶을 향한 인민의 열망을 만족시키는 것이 우리의 목표이다……우리의 책임은 모든 민족과 당 전체의 단결을 이끌어 사상을 해방시키고, 개혁개방을 견지해 사회의 생산력을 해방 발전시켜 대중의 생산과 생활의 어려움을 해결하고, 공동 부유의 길을 변함없이 따르기 위해 노력해야 한다"[28]고 표명했다. 사회 공정과 정의의 실현은 중국 특색 사회주의의 본질적인 요구이며, 효율성과 공정성의 관계를 다루는 것은 중국 특색 사회주의의 주요 과제이다. 다양한 수단을 종합적으로 활용해 소득 분배를 조절하는 것도 경제 사회의 조화로운 발전을 촉진하는 중요한 부분이다. 덩샤오핑 동지는 "12억 인구가 어떻게 부자가 되고, 부자가 되면 어떻게 부를 분배하는지가 큰 문제인데…. 분배가 불공정하게 되면 양극화가 생기고, 언젠가 문제가 생길 수 있기 때문에 이 문제는 해결해야 한다"[29]고 지적한 바 있다.

지속적인 소득 분배 정책 개선을 통해 소득 분배에서 일차적 분배가 긍정적 역할을 충분히 발휘해야 한다. 최근 들어 일반 근로자의 소득증가 속도가 현저하게 빨라졌다. 예컨대 최근 몇 년간 농민공의 평균 임금상승률이 다른 노동자의 임금 성장폭에 비해 현저히 높은 것으로 나타났다. 저소득층의 빠른 소득 증가가 노동 소득 분배 상황을 개선하는데 톡톡히 역

---

28   『시진핑, 국정운영을 논하다』 제1권, 외문출판사, 2018년판, 4면.

29   중공중앙문헌연구실 편저, 렁룽(冷溶)·왕쭤링(汪作玲) 책임 편집, 『덩샤오핑 연보(1975-1997)』(하), 중앙문헌출판사, 2004년판, 1364면.

할을 했고, 도시와 농촌, 지역 간 소득 격차 해소에도 큰 역할을 하고 있다. 노동 시장의 변화가 일차 분배에 미치는 긍정적인 영향과 더불어, 이차 분배 정책에 대한 일부 조정은 소득 분배 상황을 개선하는데 긍정적인 역할을 했다. 지난 10여 년 동안 사회 정책을 지속적으로 완비하고, 적용 범위를 개선했고, 이를 통해 소득 분배 조절에서 재분배의 역할이 점점 분명해졌다. 특히 빈곤 완화계획, 최저 생활보장제도 등 저소득층을 중심으로 한 일부 재분배 정책은 전반적인 소득 분배 상황 개선에 긍정적으로 작용했다. 또 갈수록 많은 집단이 자산형 소득을 보유하게 하고, 자산형 소득의 범위를 확대함으로써 사회 전체의 소득분포 구조를 개선하고, 중위 소득층의 범위와 비중을 확대는 소득 분배 조절에도 긍정적 의미가 있다.

사회 정책 기능의 토대 강화를 통해 노동자들의 열정을 충분히 동원하고, 지속적으로 임금 소득을 늘리고, 도시와 농촌 주민의 소득원을 확대함으로써 소득 분배 양상이 끊임없이 개선되고 있다. 국가통계국은 2013년부터 도농 통합 가계 소득 및 지출과 생활실태에 대한 조사를 실시했다. 새로운 조사 조건에 따르면 도시 주민의 1인당 가처분소득 대비 농촌 주민 1인당 가처분소득 비율은 2013년에서 2017년까지 각각 2.81, 2.75, 2.73, 2.72와 2.71로 해마다 하락세를 보였다. 주민 소득 격차를 반영하는 지니 계수도 줄어들고 있다.[30] 마찬가지로 국가통계국에 따르면 도농 주민 소득 격차 지니 계수는 2008년 0.491의 정점을 찍은 후 하향 추세를 보였고, 2017년에는 0.467로 떨어졌다.[31] 수입 분배 정책이 소득 격차를 조절하는

---

30 『중국 통계 연감(2016)』의 관련 데이터 정리.

31 상동.

효과가 초보적으로 나타났다.

3. 신형 산업화·정보화·도시화·농업 현대화의
   병행 발전을 실현하여야 한다

'13차 5개년 계획' 기간 동안 중국 경제발전의 두드러진 특징은 뉴노멀로 들어선 것이다. 경제발전의 뉴노멀과 관련, 시진핑 총서기는 "뉴노멀 상황에서 중국 경제발전의 주요 특징은 성장 속도가 고속성장에서 중고속 성장으로 전환되어야 하고, 발전 방식은 규모와 속도 추구에서 품질과 효율 추구로 전환해야 하며, 경제 구조조정은 증분 확장에서 재고량 조정 및 최적화 증분 병행으로 전환해야 하고, 발전 원동력은 주로 자원과 저비용 노동력에 의존하는 것에서 혁신 중심으로 옮겨야 한다는 것이다. 이러한 변화는 중국 경제가 보다 발전된 단계, 보다 최적화된 분업화, 보다 합리적인 구조로 진화하는 데 필요한 과정이다. 이처럼 광범위하고 심오한 변화를 실현하는 것은 쉽지 않으며 우리에게 새로운 큰 도전이다."[32]라고 지적했다.

경제발전의 뉴노멀에 적응하고 뉴노멀을 이끌기 위한 핵심적인 일환은 바로 새로운 경제발전단계에서 새로운 발전 메커니즘과 성장 동력을 배양하는 것이다. 국제적 경험을 통해 일부 국가가 '중진국 함정'에서 벗

---

32 시진핑, 「18기 5중 전회 정신을 배우고 이행하기 위한 성급, 부급 주요 간부 특별 세미나 연설(2016년 1월 18일)」, 인민일보, 2016년 5월 10일, 2면.

인민중심의 새로운 별전 이념 고수

어나지 못한 중요한 이유는 경제 성장이 중위소득 단계로 접어든 이후 혁신과 생산성 향상에 기반을 둔 역동적인 경제 성장 동력 메커니즘을 형성하지 못했기 때문이라는 것을 알 수 있다. 따라서 중국은 총요소생산성이 경제 성장의 원천에서 더 많은 부분을 차지할 수 있도록 과거의 요소 투입에 의한 대규모 성장 방식을 혁신과 효율성 향상을 통한 성장 추진으로 대체해야 한다. 구체적인 실현을 위해 새로운 산업화, 정보화, 도시화 및 농업현대화의 동시 발전을 촉진해야 한다. 새로운 산업화, 정보화, 도시화 및 농업현대화의 상호 조율을 전면적으로 추진하여 전략적인 신흥산업과 서비스 산업의 지원역할을 단계적으로 강화하고, 전통산업의 중·고도화 전환과 변혁에 집중해야 한다. 시장 메커니즘의 열할을 발휘시키고 새로운 기술의 산업화혁신에 더 많이 의거하여 새로운 성장점을 육성하고 형성하여야 한다.

(1) 새로운 산업화의 강력한 추진

새로운 산업화 추진은 경제 전환을 촉진하는 핵심 연결 고리이다. 개혁개방 초기 중국은 전형적인 이원 경제 국가로 발전 기반이 약하고, 많은 농촌 잉여 노동력이 비농업 취업기회 창출을 통해 새로운 산업 부문으로 이전해야 했다. 이러한 상황에서 외자 유치, 개방 확대, 노동집약적 산업의 활발한 발전을 통해 경제의 비교 우세를 발휘할 수 있고 제조업의 발전을 촉진해 지속적으로 일자리를 창출할 수 있어 경제는 결국 빠르게 성장할 수 있었다. 동시에 노동 요소가 상대적으로 풍부한 경우, 투자 수준의 지속적인 확대는 수익 감소 법칙으로 제한될 수 없으며 빠른 경제발전에도 도움이 되었다. 중국 상황에 맞는 발전의 길에서 중국 경제는 급속도로 발전해 세계의 공장으로 빠르게 성장하였으며, 2010년 중국 제조업 규모는 미국을 넘어서 세계 1위를 차지했다. 개혁개방 이후 중국 경제의 비약적인 발전이 초기 산업화를 전체적으로 완성 시켰다고 볼 수 있다. 3개 산업의 관점에서 보면, 2012년부터 3차 산업이 2차 산업을 능가하여 국가 경제에서 가장 큰 산업 부문이 되었다. 2017년 3차 산업의 부가가치가 GDP에서 차지하는 비중은 51.6%로 2차 산업보다 11%p 높았다.[33]

이러한 경제 구조의 변화는 지속적인 경제 성장에 수반되는 필연적 현상이며 경제발전의 일반 법칙에 부합된다. 동시에 산업화의 길에서 새로운 상황의 요구를 충족시키기 위해서는 이전의 발전 모델과 경로를 지속하기 어렵다는 것을 의미한다. 경제발전은 동력 전환의 접점에 놓였고, 저비용의 자원과 요소 투입으로 형성되는 원동력이 눈에 띄게 약화되었기 때문에 경제 성장을 위해 혁신을 중요한 추진력으로 삼아야 한다. 동시에 공간적인 측면에서도 국제 경제 상황의 변화로 인해 수출 우위와 과거 국제산업의 분업에 참여했던 전통적인 방식도 새로운 도전에 직면하고 있다. 산업화 과정의 관점에서 새로운 산업화의 길을 택하는 것이 시급하다.

개혁개방 이후 전통 제조업이 큰 발전을 이룰 수 있었던 중요한 원인은 세계시장을 충분히 효과적으로 이용했기 때문이다. 중국은 저렴한 노동력의 장점을 최대한 활용하고 선진국의 노동집약적 산업 이전 기회를 잘 활용하여 제조 수출하는 수출 지향적 산업을 활발히 발전시켜 고속성장과 공업화의 중요한 원동력으로 삼았다. 1979년부터 2012년까지 중국의

---

33 「국가통계국, '2017년 중화인민공화국 경제 사회 발전 통계 공보'(2018년 2월 28일)」, 인민일보, 2018년 3월 1일, 10면.

상품 수출은 연평균 20%대의 성장률을 기록하며 세계 무역 대국으로 급부상했다. 2008년 글로벌금융위기 이후 서방 국가들의 황금 성장기가 끝나고 경제가 심층적인 조정기에 접어들면서 유효수요가 감소했고, 제조업 발전의 외부시장에도 충격을 주게 되면서 객관적으로 제조업 변신의 긴박성과 압박이 높아졌다.

산업화 발전의 내부 여건의 관점에서 볼 때, 과거의 발전 우위도 사회 경제 여건의 지속적인 변화와 함께 점점 더 심각한 도전에 직면하고 있다. 국가통계국 자료에 따르면 2012년부터 중국 노동 가능 인구의 절대 수가 계속 감소하기 시작했다. 2015년 16~59세의 노동 가능 인구는 2014년 대비 487만 명이 줄어들었고, 이런 추세는 계속 이어지고 있는 것으로 나타났다. 이와 동시에 노령화 수준이 빠르게 증가하고 있다.[34] 인구요소의 안정성과 관성 때문에 제조업이 의존해 온 노동력의 이점이 계속 약화되고, 노동 비용이 더 상승할 수 있다. 신산업 종사자의 노동생산성을 지속적으로 향상시켜야만 고령화 사회를 지탱할 수 있는 더 많은 경제적 자원을 제공할 수 있다. 객관적인 여건의 변화는 우리에게 혁신과 생산성 향상을 통해 새로운 산업화의 길을 향해 나아갈 것을 요구하고 있다.

경제 뉴노멀에 따른 과제들이 잇따르는 상황에서 새로운 산업화 발전을 적극적으로 추진하고, 노동 비용 상승과 자원 및 환경 제약 강화, 외부 개발 환경 악화로 인한 불리한 상황을 해소해야 한다. 새로운 산업화 추진의 핵심은 경제발전에서 혁신이 더 적극적인 역할을 할 수 있도록 하고, 질이 아닌 양에만 신경을 쓰고 효율성이 아닌 투자에만 신경을 쓰던 과거

---

34   『중국 통계 연감(2016)』의 관련 데이터 정리.

의 발전 방식을 바꾸는 것이다. 노동력의 양적 우위가 점차 감소하는 추세에 직면한 상황에서 사람에 대한 투자를 확대해야 한다. 인적 자본 축적 체계 개혁을 심화시킴으로써 인적 자본 투자의 효율성을 개선하고, 노동자의 자질을 높여 기존의 수적 우위를 대체해야 한다. 노동 자원의 배치 구조를 최적화하여 노동력의 질로 수량을 대체하는 좋은 메커니즘을 형성하고, 노동생산성의 향상을 통해 노동 가능 인구의 점진적 감소로 인한 도전에 대응해야 한다.

국제환경의 변화, 특히 주요 선진국은 경제 위기와 유효수요 감소로 인한 악재 앞에서 중국은 내수를 적극적으로 확대하고, 거대한 시장을 가진 중국의 역량을 충분히 활용하고, 국내외 시장을 계속 이용하여 새로운 산업화의 발전과 소비자 수요의 업그레이드를 결합해야 한다. 동시에 정보화와 산업화의 통합을 촉진하여 현대 생산요소가 전통산업의 변화와 업그레이드에 더 적극적인 역할을 할 수 있도록 해야 한다.

(2) 정보화와 산업화의 융합 심화

현대사회는 정보 사회이다. 정보화 수준은 국가 현대화의 중요한 상징이 되었다. 정보화 발전을 위해 두 가지를 잘 처리해야 한다. 하나는 정보화 자체의 발전이고, 또 다른 하나는 국가 경제발전에 대한 정보화 추진과 견인 역할이다. 이 둘의 관계는 정보화 발전의 길과 사회 경제발전에 대한 정보화의 중요한 역할을 잘 보여주고 있다. 정보산업 발전을 통해 사회 전체의 정보화를 추진하고, 정보화와 산업화의 깊은 융합을 통해 전통산업의 개조와 업그레이드를 실현할 수 있고, 경제 운용의 효율을 높여 경제 발전에 새로운 동력을 불어 넣을 수 있다.

인민중심의 새로운 발전 이념 고수

정보산업의 혁신 발전을 위해 먼저 정보 인프라 구축을 강화해야 한다. 차세대 정보기술은 인터넷 기술 외에도 차세대 무선 통신 기술, 전자 제조 기술, 빅데이터, 인공지능 등을 가리킨다. 전통산업 발전과 마찬가지로 정보산업 발전도 인프라 건설과 밀접한 관련이 있다. 인프라 구축은 외부성이 강한 경우가 많다. 경제발전의 일반적인 규칙에 따르면 이렇게 외부성을 가지는 투자 분야의 경우, 개발 초기에는 정부와 공공투자의 개입이 필요하다. 따라서 지도 정책과 발전 전략은 이런 분야에서도 큰 힘을 발휘할 수 있다. 정보 인프라 건설 확대 강화를 통해 정보화 발전에 강한 뒷받침을 제공함으로써 더 많은 사회적 자본이 정보산업에 진입할 수 있는 더 나은 여건과 환경을 조성할 수 있다.

정보산업의 발전 자체도 매우 중요하지만, 정보화가 사회 경제발전에서 더 큰 역할을 하기 위해서는 새로운 산업화와 정보화의 고도의 융합을 추진해야 한다. 세계 경제발전의 흐름을 보면, 차세대 정보기술과 제조업의 깊은 융합은 새로운 생산방법, 산업 형태, 비즈니스 모델, 경제 성장 포인트를 형성하면서 광범위한 산업 변화를 이끌고 있다. 산업 분야에서 '인터넷+'를 추진하는 것은 양자를 융합하기 위한 중요한 행동 경로이다. '인터넷+'는 다음과 같은 의미를 내포한다. 첫 번째는 차세대 정보기술 및 인터넷 플랫폼을 이용해 전통적인 산업 부문을 혁신하고 최적화하고 업그레이드하는 것이다. 두 번째는 인터넷의 이념과 사고를 사용하여 새로운 모델과 새로운 비즈니스 형태를 만들고, 사회자원을 통합하고, 산업 발전을 최적화하는 것이다. 제조업과 정보산업의 융합을 통해 제조업의 스마트화와 서비스화를 추진할 수 있다. 정보기술은 새로운 생산요소가 되어 전통적인 산업 부문과 융합되어 새로운 생산력을 창출할 것이다.

최근 정보산업의 발전 및 정보화와 새로운 산업화의 융합을 통해 다양한 새로운 비즈니스 형태가 등장하여 새로운 경제발전을 추진하는 중요한 동력이 되었다. 이러한 새로운 경제 부문의 발전은 경제 효율성을 향상시켰고, 경제 전환과 업그레이드를 효과적으로 추진함으로써 중국 경제의 지속적이고 건강한 발전에 새로운 활력을 불어넣었다.

(3) 전면적인 도시화 추진

도시화는 현대화의 유일한 방법이다. 세계 경제발전 관점에서 볼 때 산업화와 함께 도시화 과정은 선진경제로 가는 필연적인 과정으로 강한 규칙성을 가진다. 중국처럼 이원적 경제 특성이 분명한 나라에서 대대적인 도시화 추진은 '삼농'문제를 포괄적이고 철저하게 해결하는 중요한 방법이다. 도시화는 또한 지역의 조화로운 발전을 추진하는 강력한 뒷받침이자 내수 확대, 산업 업그레이드 촉진, 노동생산성 향상을 위한 중요한 방법으로 전면적인 샤오캉사회 실현 및 사회주의 현대화 추진에 중요한 현실적 의의와 깊은 역사적 의미를 가진다.

계획경제 시기 중공업 발전 우선 전략의 영향으로 중국의 도시화 수준은 오랫동안 억제되어왔다. 개혁개방 초기 중국의 산업화는 일정 수준에 이르렀지만, 이에 상응하는 도시화 수준은 상대적으로 낮아 산업화와 도시화는 불균형적인 기형 발전 구도를 형성했다. 개혁개방 이후 기존의 발전 메커니즘의 수정을 통해 중국의 도시화 진행 속도가 빨라지면서 눈에 띄는 진전을 거두었다. 지난 40년 동안 중국의 도시화 속도는 다른 개발도상국보다 훨씬 빨랐고, 역사적으로 상응하는 단계를 거쳤던 선진국과 비교했을 때도 더 빠른 속도를 보였다. 2017년 현재, 중국의 도시 상주인구는 8억 1300만 명으로 전체 인구의 58.52%를 차지하며 도시화율은 기본적으로 세계 평균에 도달했다.[35]

인구 14억에 가까운 큰 개발도상국으로서 중국은 전면적인 도시화를 추진해야 하는 전례 없는 도전에 직면해 있다.

우선 인류 발전사에서 도시와 농촌 인구의 대규모 재분배를 추진했던 나라는 한 번도 없었고, 이렇게 복잡한 전례도 없었다. 중국의 산업화와 도시화 과정에서 수반된 인구 이동은 인류 역사상 평화시대에서 일어난 가장 큰 인구 이동으로 여겨지고 있다. 이 거대한 구조 변화 과정으로 인한 정책과 거버넌스 문제의 어려움을 상상할 수 있다.

둘째, 중국의 도시화 과정은 일반적으로 개발도상국이 거쳐야 하는 '발전' 과정에 직면하고 있을 뿐만 아니라 계획경제체제에서 사회주의 시장경제체제로의 전환에서 다루어야 할 '전환' 문제를 안고 있다. 발전과 전환 문제는 도시화 과정을 안정적으로 발전시키기 위해 끊임없이 경험을 축적하고 모색할 것을 요구한다. 현재 시급한 문제는 호적 인구의 도시화율과 상주인구의 도시화율의 격차를 최대한 빨리 좁히고 도시화의 질을 높이는 것이다. 따라서 도시화 추진은 사회주의 초급단계라는 기본 국정에서 출발하여 규칙을 따르고 상황을 최대한 활용하여, 도시화가 추세에 따라 물 흐르듯 자연스러운 발전 과정이 되도록 해야 한다.

새로운 도시화 추진의 열쇠는 인민 중심의 사상을 가지고 인민의 문제를 잘 해결해야 한다. 개혁개방 이후 수년간의 발전을 이루면서 많은 농

---

35 「국가통계국, '2017년 중화인민공화국 경제 사회 발전 통계 공보'(2018년 2월 28일)」, 인민일보, 2018년 3월 1일, 10면.

업 인구가 도시로 이주했다. 중국의 도시화 발전에서 중요한 과제는 이미 도시로 옮겨 취업한 농업 이주 인구의 정착 문제를 해결하고, 도시로의 통합을 위한 능력과 여건을 개선하는 것이다. 도시별 부존자원 구조에 따라 특색 있는 도시산업 시스템을 개발하고 대·중·소도시 간 특화된 분업과 협업을 강화함으로써 중소도시의 산업 연결 능력을 높인다. 농업 이전 인구의 시민화를 추진하기 위해 자발성을 원칙으로 분류에 따라 차근차근 진행하고, 농민의 뜻을 충분히 존중하며, 지역 여건에 따라 구체적인 대책을 수립하고, 재고 해소에 우선순위를 부여하고, 차례대로 증량을 지도해야 한다.

도시화 효율을 높여야 한다. 도시화가 규칙성을 가지는 이유는 도시와 마을이 경제적 자원을 보다 집중적이고 효과적으로 사용할 수 있고, 규모 효과와 집적 효과를 통해 더 높은 생산성을 만들어 경제발전을 촉진할 수 있기 때문이다. 현재 중국 경제발전은 이미 뉴노멀 상태로 들어섰다. 경제발전의 역동적 메커니즘의 관점에서 봤을 때, 요소 투입에 의존하던 기존의 발전 방식을 경제 효율 위주의 발전 형태로 전환할 필요가 있다. 도시화 과정에서도 이 원칙을 고수해야 한다. 마지노선을 엄격하게 지키고, 구조를 조정하고, 개혁을 심화시킨다는 생각에 따라 증분을 엄격하게 통제하고, 재고를 활성화하고, 구조를 최적화하며, 효율을 높여 도시 건설 용지의 집약화를 효과적으로 개선해야 한다. 집약적이고 효율적인 생산 공간, 살기 좋은 생활 공간, 아름다운 생태 공간을 조성하기 위한 전반적인 요구에 따라 생산, 생활 및 생태 공간의 합리적인 구조를 형성한다.

도시화와 산업화는 현대화의 양대 엔진이다. 중국 특성과 과학 발전을 앞세운 새로운 도시화의 길을 가는 핵심은 인민 중심으로 도시화의 질

인민중심의 새로운 발전 이념 고수

과 효율성을 높이는 것이다. 중국적 특성을 가진 도시화 과정은 산업화, 정보화, 농업 근대화와 보조를 맞추고, 순서에 따라 과학적으로 적극성과 안정성을 가지고 꾸준히 추진해야 한다. 구체적인 업무를 과학적으로 기획하고 시행하며 관련 법규와 기준 및 제도구축을 강화할 필요가 있다. 지역 여건에 맞는 적절한 조치를 통해 다양한 특성을 가진 도시화 개발 방식을 연구해야 한다.

(4) 전면적인 농업현대화 추진

시진핑 총서기는 2015년 중국 동부 7개 성·시 당 위원회 주요 책임자들과 가진 좌담회에서 "새로운 산업화, 정보화, 도시화, 농업현대화의 병행 추진에서 취약한 부분은 농업현대화다. 농업현대화의 속도를 높여 식량과 중요 농산물의 생산량을 안정시키고, 국가 식량안보와 중요 농산물의 효율적 공급을 보장하는 동시에 농업의 발전 방식 전환과 농업 기술 혁신에 박차를 가함으로써 집약적이고 효율적이며 안전하며 지속적인 현대 농업 발전의 길로 나아가야 한다"고 강조했다.[36]

농업현대화를 포괄적으로 추진할 때가 되었다. GDP에서 농업 부가가치의 비율은 10% 이하로 떨어졌고, 비농입 경제의 급성장은 농업현내화를 지원할 수 있는 여건을 마련했다. 12차 5개년 계획 이후 농업 및 농촌 발전은 또 다른 황금 시기를 맞이했다. 양곡 생산은 해마다 높은 수준으로 증가하여 농업 종합생산능력의 질적 도약을 실현했고, 농민 소득은 비교

---

36 「시진핑 중국 동부 7개 성과 상하이시 당위원회 주요 책임자 심포지엄에서 "우위를 바탕으로 기회를 잡아 적극적으로 행동함으로써 '13차 5개년 계획' 동안 경제 사회 발전을 체계적으로 계획해야 한다"고 강조」, 인민일보, 2015년 5월 29일, 1면.

적 빠른 속도로 증가하여 도농 소득 격차가 확대되는 추세를 반전시켰으며, 농촌 인프라와 공공서비스가 크게 개선되었고, 농민들의 생활보장 수준이 향상되고 농촌 사회가 조화롭게 안정되었다. 경제발전의 뉴노멀 상황에서 농업현대화 과정을 지속적으로 추진하기 위해서는 시장 메커니즘이 더 많은 역할을 하고, 농촌 경제체제 개혁을 심화시키며 농업 공급측 개혁을 적극적으로 추진함으로써 농업 발전에 새로운 활력을 불어넣어야 한다.

자원환경의 제약이 조여드는 상황에서 어떻게 농업 발전 방식의 전환을 가속화하고, 곡물과 같은 중요 농산물의 효과적인 공급을 보장하고, 녹색발전과 자원의 지속 가능한 이용을 실현할지는 농업현대화가 해결해야 하는 현실적인 난제들이다. 대대적인 농업현대화 추진을 위해서 물질적 장비와 기술 지원을 강화하고, 현대 농업산업 체계, 생산체계, 경영체계 구축에 주력하여 곡창지대 보호와 합리적이고 과학적인 농경지 자원 활용 전략을 실시하여 곡물·경제 작물·사료의 통합 개발, 농업·임업·목축·어업의 결합, 재배·사육·가공의 일체화를 추진하고, 1차·2차·3차 산업의 융화 발전을 추진함으로써 농업을 유망한 산업으로 키워야 한다. 현대 농업의 기반을 지속적으로 공고히 함으로써 농업의 질, 효율성, 경쟁력을 계속 향상해야 한다. 농업집중경영의 길을 걷고 자원 보호와 생태복원을 강화하여 현대 농업이 녹색발전의 특성을 갖도록 해야 한다. 농촌의 산업통합을 촉진함으로써 농업현대화와 농민 소득 증대를 병행하고, 농민 소득의 지속적이고 빠른 성장을 도모해야 한다.

농업 공급측 개혁의 심화를 위해 다음 분야의 개혁 추진에 주력해야 한다. 식량 등 중요 농산물 가격 형성 메커니즘과 구매·보관 체계를 개혁

인민중심의 새로운 발전 이념 고수

하고 완비해야 하며, 시장 지향적 개혁 방향을 고수하고, 농민 이익 보호를 중시해야 한다. '품목별 정책 추진 및 점진적 추진' 방식을 통해 농산물 시장 규제 제도를 정비하고, 농업 및 농촌 투자의 지속적인 성장 메커니즘을 완비해야 한다. 농업과 농촌에 대한 재정 투입 보장에 우선순위를 부여하고, 농업과 농촌을 국가 고정자산투자의 핵심 분야로 포함시켜 강도가 약해지는 일이 없도록 총액을 늘려야 한다. 재정 정책의 지도기능과 재정자금의 레버리지 작용을 충분히 발휘하여 금융자본과 상업자본을 농업과 농촌에 투자하도록 장려하고 지도해야 한다. 더 많은 금융자원이 농촌으로 향하도록 해야 한다. 다원적이고 포괄적이며 지속 가능한 농촌 금융 서비스 시스템 구축에 박차를 가하고, 농촌 포용금융(inclusive finance)을 개발하고, 융자 비용을 절감하며, 농촌 금융 서비스 체인을 완전히 활성화해야 한다. 농촌 집단 재산권 제도에 대한 개혁을 심화하고, 현대 농업 발전의 힘을 북돋우어야 한다.

전면적인 농업현대화 추진은 전면적인 샤오캉사회 실현의 중요한 절차이다. 시진핑 총서기는 "산업화, 도시화, 정보화, 농업현대화는 서로 돕고 보완하면서 함께 추진되어야 한다. 농업현대화와 신농촌 건설이 팀에서 이탈하지 않도록 해야 한다. 그렇지 못하면 전면적인 샤오캉 사회를 지탱하기 어려울 것이다. 사회주의 신농촌 건설과 농업현대화가 잘 이루어지지 못하면 현대화 사업에 결함이 생기고, 전면적인 샤오캉의 기준에 미치지 못할 것이다"[37]라고 지적했다.

37　『자오위루의 정신을 배우고 널리 알리자』, 인민출판사. 2014년판. 48면.

4. 소프트 파워와 하드 파워의 전반적인 발전을
   추진하여야 한다

중화민족의 위대한 부흥이라는 '중국몽'을 실현하기 위해서는 탄탄한 물질적 토대와 풍부한 정신적 부를 갖추어야 한다. 경제발전의 추진은 하드 파워 발전을 강화하기 위한 필수적인 수단이다. 정신문명을 건설하기 위해 소프트 파워를 향상시키는 것도 발전의 중요한 부분이다. 그런 의미에서 발전의 소프트 파워와 하드 파워도 유기적으로 전체를 구성하기 때문에 조화와 통일이 필요하다.

개혁개방 이후 중국은 물질문명을 강화하기 위한 하드 파워 구축과 정신문명을 추진하는 소프트 파워 구축을 항상 중요하게 생각해 왔다. 새로운 시대의 새로운 상황과 문제에 대응하여 덩샤오핑 동지는 "현대화 건설의 임무는 다방면적으로 모든 부분에서 포괄적으로 균형을 이루어야 하며 어느 하나만 하여서는 안된다"[38]고 지적했다. 개혁개방 시기, 덩샤오핑 동지는 '양손잡이'라는 전략 방침을 제시하고, 한 손에는 물질문명 건설을 잡고, 한 손에는 정신문명 건설을 잡고, '두 손으로 양쪽 모두를 힘껏 잡아야 한다'는 지도 이념을 강조했다.[39]

중국은 중위소득 국가에서 고소득 국가로 향하는 중요한 단계에 있다. 국제적 경험에 따르면 이 단계는 다양한 모순이 집중적으로 발생하는 시기이다. 이런 시대적 배경 속에서 경제발전에만 의존해 발전의 하드웨

---

38 『덩샤오핑 문선』 제2권, 인민출판사, 1994년판, 250면.

39 중공중앙문헌연구실 편저 『중국 특색 사회주의 건설에 관한 덩샤오핑의 중요 논술 발췌』,
    중앙문헌출판사, 1992년판, 137면.

인민중심의 새로운 발전 이념 고수

어 강화만으로는 발전에서 발생하는 다양한 문제와 모순을 해결할 수 없다. 정신과 신념의 힘에 더 많은 관심을 기울이면서 경제발전을 추진해야만 지속적이고 안정적이며 조화로운 발전을 보장할 수 있다.

국가의 소프트 파워를 향상시키는 것은 '두 개의 100년' 분투 목표와 중화민족의 위대한 부흥인 '중국몽'의 실현과 관련이 있다. 새로운 발전단계와 사회 경제발전의 새로운 요구에 대해 시진핑 총서기는 "인민은 믿음이 있고, 민족은 희망이 있고, 국가는 힘이 있다"고 지적했다.[40] 중화민족의 위대한 부흥인 중국몽을 실현하기 위해서는 물질적 부를 풍요롭게 하고, 정신적인 부도 풍부하게 만들어야 한다. 우리는 사회주의 정신문명의 건설을 위한 노력을 포기하지 않고 일관되게 유지하여 중국의 모든 민족에게 끊임없이 전진할수 있도록 확고한 이념적 보장과 강력한 정신력, 풍부한 도덕적 자양분을 제공해야 한다. 시진핑 총서기는 "'두 손으로 양쪽 모두를 힘껏 잡아야 한다'는 원칙을 고수하여 변증법적, 전면적, 균형적 관점으로 물질문명과 정신문명의 관계를 정확하게 처리하고, 정신문명 건설을 개혁개방과 현대화 전 과정과 사회생활의 각 분야에서 걸쳐 철저하게 해야 한다"고 지적했다.[41] 발전의 소프트 파워를 강화하기 위해서는 먼저 현재의 발전 과정에서 소프트 파워 향상이 중요한 역할을 충분히 이해하고, 소프트 파워의 향상도 조화로운 발전의 중요한 부분임을 깨달아야 한다. 시진핑 총서기는 "현재 중국 발전에 존재하는 불균형, 부조화, 지속 불가능한 두드러진 문제에서 출발해 지역의 조화로운 발전, 도시와 농촌의 조

---

40 『시진핑, 국정운영을 논하다』 제2권, 외문출판사, 2017년판, 323면.

41 위의 책, 324면.

화로운 발전, 물질문명과 정신문명의 조화로운 발전을 추진하고, 경제 건설과 국방 건설의 통합 발전 추진에 주력해야 한다. 이는 5중 전회가 조화로운 발전을 전개하면서 강조한 핵심이다"[42]고 밝혔다.

발전의 소프트 파워 향상을 위해 사회주의 선진문화의 방향을 고수하고 사회주의 핵심 가치를 활용하여 공감대를 구축하고 힘을 모아야 하며 우수한 문화 상품을 활용해 민심과 사기를 북돋우고, 중국의 우수한 전통문화를 활용하여 인민에게 풍부한 도덕적 자양분을 제공함으로써 정신문명 건설의 수준을 높여야 한다.

새로운 발전단계에서 국가의 소프트 파워를 강화하기 위해서는 중화문화의 독특한 매력을 선보이는 노력도 필요하다. 5천여 년의 문명 발전 과정에서 중화민족은 폭넓고 심오하면서도 찬란한 문화를 창조했다. 중화민족의 가장 기본적인 문화 유전자가 현대사회의 발전에 적응하고 조화를 이루도록 해야 한다. 많은 인민이 즐겨듣고 보고, 폭넓게 참여하는 방식을 통해 시공간과 나라를 초월하고, 영원한 매력이 넘치며 동시대적 가치를 갖는 문화 정신을 널리 알리고, 우수한 전통문화를 계승하고 시대정신을 고취하며, 자국뿐 아니라 세계를 향해 중국 문화 혁신의 성과를 전파해야 한다. 세계에 중국 역사의 깊은 저력과 다양한 민족의 통합, 다양한 문화가 조화를 이룬 문명 대국의 이미지를 선보여야 하고, 깨끗한 정치, 경제발전, 문화 번영, 사회 안정, 인민 단결, 아름다운 강산을 가진 동방의 대국 이미지를 보여주어야 한다. 평화와 발전을 고수하고 공동 발전을 촉진하며, 국

---

42   시진핑, 「18기 5중 전회 정신을 배우고 이행하기 위한 성급, 부급 주요 간부 특별 세미나 연설(2016년 1월 18일)」, 인민일보, 2016년 5월 10일, 2면.

제 사회의 공정성과 정의를 수호하고, 인류에 공헌하는 책임 있는 대국의 이미지를 보여주고, 대외적으로 더 개방되고 친화적이면서 희망과 활력이 충만한 사회주의 대국의 의미지를 선보여야 한다.

제4장

영속적인 발전을 위한
필수 조건: 녹색 발전

생태 문명 건설은 중화민족의 영속적인 발전을 위한 기본 계획이다. 19차 당대회 보고에서 시진핑 총서기는 녹색발전을 추진하고, 불거진 환경 문제 해결에 주력하며, 생태계 보호를 강화하고, 생태환경 파괴 행위를 단호하게 저지하고 처벌할 것을 요구했다.[1] 중국이 이루고자 하는 현대화를 실현하기 위해서는 사람과 자연의 조화로운 공존을 보장하는 전제 조건과 실행 경로가 있어야 한다. 녹색발전을 통해 날로 커지는 더 나은 삶과 생태환경에 대한 사람들의 요구를 충족시키기 위해 더 많은 물질적·정신적인 부를 창조하고, 더 양질의 생태 제품을 제공해야 한다.

끊임없는 기술 혁신과 지속적인 자본 축적, 시스템의 강화로 인류 사회는 생산성이 떨어지고 의식주 해결이 힘들었던 농경 문명 시대에서 그에 비해 물질적으로 풍부하고 삶의 질이 크게 개선된 산업 문명의 시대로 들어섰다. 산업 문명은 인류 사회에 막대한 물질적 부를 가져 왔지만, 이러한 물질 소비와 부의 축적을 위해 외연 확장을 추구하는 발전 패러다임으로 인해 주거환경 오염과 자원 고갈을 초래하고, 생태가 악화되었다. 생

---

[1] 시진핑, 『샤오캉사회 전면 실현의 결정적인 승리를 이룩하여 신시대 중국 특색 사회주의 위대한 승리를 거두자-중국공산당 제19차 전국대표대회 보고(2017년 10월 18일)』, 인민출판사, 2017년판, 50-52면.

태 악화와 산업화 후반기의 취약한 경제 성장의 딜레마 속에서 더는 지속 가능한 발전을 실현하기 어렵게 되었다.[2] 1950년대 이후 중국은 인프라 건설, 경제발전, 도시화 건설과 같은 부분에서 큰 성과를 거두었으나, 자원 제약과 심각한 오염, 생태계 악화 문제가 갈수록 심각해지고 개발과 인구, 자원, 환경 사이의 갈등이 부각되어 사회 경제의 지속 가능한 발전의 발목을 잡는 문제로 떠올랐다. 생존 및 생활환경에 대한 사람들의 요구가 점점 높아지면서 생태환경은 중요한 민생문제로 되었다. 환경 악화를 되돌리고 환경의 질을 높이는 것은 전면적인 샤오캉 및 전반적인 발전과 밀접한 관련이 있는 시급하고 중요한 과제이다.[3] 중화민족의 지속적인 발전과 사회 진보, 안정적인 경제발전, 환경 개선 및 민생 제고를 위해서 막중하면서도 어려운 녹색발전이라는 임무를 완성하는 것이 핵심이다. 우리는 녹색발전을 추진하고 지속 가능한 발전의 길과 거버넌스 모델을 모색하기 위해 큰

---

2   생산성이 떨어졌던 초기 인류 사회 문명은 생태환경의 영향을 많이 받았다. 고대 문명의 요람은 모두 수자원이 풍부하고 지세가 평탄하며, 땅이 기름지고 기후가 온난해 생존에 적합한 큰 강 유역에서 생겨났다. 이때 인류의 경제활동은 생태환경의 영향으로 인해 제한적이었다. 그 후 나타난 농경 문명 시기에 자원 소비량과 속도가 다소 증가하였으나 생태환경의 수용 가능한 범위에 머물러 있었다. 18세기 이후 산업혁명은 농업문명의 패러다임 아래 저생산성의 상황을 근본적으로 바꾸어 놓았다. 인류의 물질적 부가 빠르게 축적되고 크게 풍요로워졌다. 산업 문명을 인간 중심주의의 가치관을 신봉하며, 금전적 이익과 이윤의 극대화를 맹목적으로 추구하여 심각한 환경오염과 생태파괴를 조성하여 인류 사회의 발전은 심각한 위기를 초래했다. 1960년대 이후 서구 학계에서는 다양한 각도에서 산업 문명에 대한 의문과 비판을 제기했다. 고전 경제학자 맬서스, 무어와 신고전주의 경제학자 마샬, 솔로우, 생태 경제학자 데일리는 서로 다른 시각에서 성장의 한계에 대해 고민했지만, 서구 산업 문명의 근본적인 모순을 해결할 길을 찾지 못하고 있다.

3   인민일보 논설위원 칼럼 4탄, 「전면적인 샤오캉사회 실현의 결정적 단계에서 위대한 승리를 거두기 위해 녹색발전 고수하고 생태환경 개선에 주력해야 한다」 인민일보, 2015년 11월 3일, 1면.

인민중심의 새로운 발전 이념 고수

결단을 내리고 즉시 행동해야 한다. 시진핑 총서기는 "우리는 생태환경에 큰 빚을 졌다. 그 빚을 갚는 사업을 지금부터 하지 않는다면 미래에 더 큰 대가를 치르게 될 것이다"라고 지적했다.[4]

　18차 당대회 이후 시진핑 총서기는 수십 차례에 걸쳐 생태 문명 건설과 녹색발전, 생태안보 유지와 관련된 연설을 하고, 논평을 발표하며, 지시를 내렸다. 우리는 이를 통해 그가 얼마나 녹색발전을 중요하게 생각하고 있는지를 가늠할 수 있다. 이러한 연설과 논평, 지시는 매우 이념적이며 명확한 관점을 가진 완벽한 이론 체계를 가지고 있으며, 실천적인 지도 의미가 강하다. 생태 문명에 관한 시진핑 총서기의 새로운 국정 이념과 전략은 신시대 중국 특색 사회주의 사상을 풍부히 하고 보완하였다. 2015년 11월에 열린 18기 5중 전회에서 녹색발전을 '13차 5개년 계획'과 이후 장기간 유지해야 하는 중요한 발전 이념으로 확립하고, 중국의 미래 발전과 실천을 지도했다. 녹색발전에는 풍부한 의미와 구체적인 요구사항이 있다. 첫째, 녹색발전은 혁신, 조화, 개방, 공유 협동 발전과 함께 추진해야 하는 기본적인 발전 이념이다. 둘째, 녹색발전의 목적은 민생을 보장하고 생산력을 보호하고 향상하기 위해서이다. 셋째, 녹색발전에는 사회 경제발전의 모든 측면과 과정을 모두 포함한다. 넷째, 자원 질약, 환경 보호, 생태 개선은 녹색발전을 위한 구체적인 조치이다. 다섯째, 녹색발전은 사람과 자연이 조화롭게 공존하는 발전, 푸른 하늘과 맑은 물을 가진 아름다운 중국으로 발전하는 것을 상징한다. 녹색발전 이념의 확립은 우리 당이 새로운 시

4　중공중앙문헌연구실 편저 『전면적인 샤오캉사회 건설에 관한 시진핑 논술 엮음』에 실린 '18기 중앙정치국 제6차 단체 학습 당시 시진핑 연설(2013년 5월 24일)', 중앙문헌출판사, 2016년판, 164면.

기 사회 경제발전의 법칙을 인식한 새로운 성과로서, 인민의 안녕과 민족의 미래에 대한 책임감을 충분히 보여주었다. 녹색발전은 중국을 영속적인 발전으로 이끌며 생태 문명의 신시대를 열고 있다.

1. 사람과 자연의 조화로운 공존 발전

우선 녹색발전은 발전의 기본 이념을 바꾸고, 생각을 통일하고, 올바른 개념으로 행동을 이끌어야 한다. 그중, 사람과 자연의 조화 문제를 잘 해결하는 것이 핵심이다. 사람과 자연은 자체적인 운행 규칙을 가진 완전한 생태계를 구성하고 있다. 19차 당대회 보고는 "새로운 생태 문명 건설을 추진하기 위해서 인간과 자연의 조화로운 공존 원칙을 고수하고, 절약·환경보호 우선, 자연 회복 위주의 원칙에 따라 자연 생태의 아름다움이 세상에 영원히 머물게 하고 자연의 고요함과 조화로움 그리고 아름다움을 되돌려야 한다"고 지적했다.[5] 사람과 자연의 관계를 보면, 인류는 자연계 진화의 산물로 자연에서 생산과 삶의 수단을 얻고, 일정 부분 자연환경에 의존해 생존하고 발전해야 한다. 그러나 또 다른 한편으로 생각했을 때, 인류의 자연환경 개발과 이용은 절대 좋다고 할 수는 없다. 생태순환의 허용 범위를 넘어서게 된다면 자연에 의해 처벌받아 문명이 훼손되거나 사라질 수 있다. 지구상의 생태환경과 자연자원의 총보유량은 물리적 한계가 있

---

5   시진핑, 『샤오캉사회 전면 실현의 결정적인 승리를 이룩하여 신시대 중국 특색 사회주의 위대한 승리를 거두자–중국공산당 제19차 전국대표대회 보고(2017년 10월 18일)』, 인민출판사, 2017년판, 50면.

인민중심의 새로운 발전 이념 고수

고, 자연자원의 채굴과 이용도 자연 회복과 재생률에 의해 제한되기 때문이다. 인구 증가로 인한 사회경제적 수요가 생태적 임계치를 초과하게 되면 경제 성장은 생태환경의 제약을 받게 되고, 생태환경의 강성 제약이 깨지면 생태계와 그것이 지탱하는 사회 경제 시스템이 무너질 것이다. 따라서 인류 발전을 위한 자원 환경에 대한 개발과 이용은 합리적인 수준의 '정도'가 존재한다.

고대 중국 철학자들은 사람과 자연의 관계에 대해 아주 정확하게 이해하고 있었다. 그들은 인류의 활동은 자연을 경외해야 한다고 생각해 '천명숭상(天命崇尙)', '위천명(畏天命)', '도법자연(道法自然)', '무위자연', 천인합일(天人合一)'과 같은 윤리 원칙을 제시하고, 사람과 자연은 조화를 이루어야 한다고 강조했다. "만물은 함께 커도 서로 해치지 않으며, 도(道)는 함께 행해져도 어긋나지 않는다[萬物竝育而不相害, 道竝行而不相悖]", "만물은 각각 그 조화를 따라서 생겨나고, 각각 그러한 그 길러줌에 따라 이루어진다[萬物各得其和以生, 各得其養以成]"며 자연에 대한 요구에 절도가 있어야 한다고 주장했다. 취할 수 있는 것에는 양적 제한이 있고, 시간적 제한이 있기 때문에 자연 이용을 절제할 줄 알아야 "천지가 나와 함께 생긴 것이고, 만물도 나와 더불어 하나를 이룬다[天地與我竝生,而萬物與我爲一]"는 것을 실현할 수 있다.[6] 마르크스 역시 인간은 자연의 일부로써 자연에 의지해 살아가며, 인류의 생존에 필요한 모든 것은 자연이 제공해 준다고 지적했다. 자연을 인간화하는 과정에서 자연 자체가 우선임을 항상 인식해야 하고, 인간의 욕구 충족은 자연의 제약을 받아야 하다고 강조하며, 인간의 노동을 통해

---

6   루융핀(陸永品): 『장자통석(莊子通釋)』, 경제관리출판사(經濟管理出版社), 2004년판, 16면.

자연 자체가 인간화된 자연으로 변형된다고 지적했다.[7] 사실 만물의 영장인 인간은 노동을 통해 자연을 능동적으로 인식하고 활용하고 심지어 변화시킬 수 있으며, 생산과 삶의 물질적 조건을 끊임없이 개선함으로써 인류 문명의 진화를 실현할 수 있다. 노동은 교환가치로서의 가치를 창출할 뿐만 아니라 생태환경 파괴로 인해 부정적인 가치를 야기할 수 있기 때문에 노동이 만드는 가치는 '이중성'을 가진다. 마르크스의 인간화된 자연관은 자연에 대한 정복이나 파괴를 찬성하는 것이 아니라 사람과 자연의 조화와 통일을 추구하는 것이다.[8] 엥겔스도 지적했듯이, 인류는 자신의 목적을 위해 자연을 변화시키고 지배할 수 있지만, 인간의 자연 지배는 결코 자연계를 벗어나서 이루어질 수 없다는 점을 기억해야 한다.[9] 『1884년 경제학 철학 원고』에서 마르크스는 "사람과 자연의 완전한 본질적 통합은 자연의 진정한 부활이다"[10]라고 지적했다. 공산당의 투쟁 목표는 '사람과 자연, 인간과 인간의 모순의 진정한 해결'을 추구하는 것이다.[11]

생태계의 균형을 유지하고 사람과 자연의 조화를 촉진하는 것은 인류가 막대한 대가를 치르고 얻은 과학적 결론이며, 인류 이해의 역사적 측면에서의 역사적인 도약이다. 생산성이 낮았던 산업 혁명 이전에 사람의 자연에 대한 영향력은 상대적으로 제한적이었다. 사람과 자연은 비교적

7　　마르크스, 『1844년 경제철학 원고』, 인민출판사, 2014년판, 52, 84면.

8　　판자화(潘家華), 위샹(禹湘) 「중화민족의 영속적 발전을 위한 견고한 지원」, 인민일보, 2016년 10월 12일, 7면.

9　　『마르크스 엥겔스 선집』 제4권, 인민출판사, 1995년판, 383-384면.

10　　마르크스, 『1844년 경제철학 원고』, 인민출판사, 2000년판, 83면.

11　　위의 책, 141면.

조화로운 상태를 유지했지만, 이는 물질이 부족하고 생산성이 낮은 사람과 자연 사이의 낮은 수준의 상대적 균형이었다. 시간이 흘러 인구가 급증하고, 인류의 경험과 지식이 쌓이고, 과학기술이 발전하면서, 특히 산업 혁명 이후 자연을 개조하고 영향을 주는 인류의 능력이 점점 강해졌다. 정복하려는 욕구가 커지고, '자연을 정복할 수 있다'는 생각이 팽배해지면서 자연을 마르지 않는 보물로 생각해 무절제하게 개발하고 이용했고, 심지어는 눈앞의 이익에 급급해 약탈적으로 파괴하기에 이른다. 이렇게 생태계의 생산 및 순환 기능이 훼손되고, 인간 사회는 주기적인 경제 위기의 악순환에 빠져 건강한 사회발전을 지속하기 어렵게 되었다. 최근 반세기 동안 이루어진 오존층 파괴, 온실 효과, 산성비, 사막화, 그리고 물, 토양, 대기 오염 문제는 세계적인 생태계 위기 문제로 대두되었다. 무분별한 벌목, 과도한 경작으로 인해 세계 경작지의 1/4이 심각하게 악화되었고, 1/3 이상의 토지가 사막화에 직면했다. 각종 오수배출, 토양 오염도 수질오염 문제를 더욱 심각하게 만들고 있다. 세계보건기구(WHO)에 따르면 현재 전 세계 10억 명 이상의 인구가 오염이 심각한 도시에 살고 있으며 청정한 환경에서 생활하는 도시의 인구는 20% 미만인 것으로 나타났다. 1/3에 가까운 세계 인구가 안전한 물을 공급받지 못하고 있다. 매일 많은 사람이 수질오염으로 인해 사망하고, 식중독의 위험에 노출되어 있다. 이러한 생태 재해가 발생하는 이유는 다양하다. 그중, 돈만 따지고 자연법칙을 무시한 약탈적 개발이 중요한 원인이다.

중국공산당은 민족 혁명을 주도하고 사회주의 건설을 실천하면서도 사람과 자연의 관계에 대한 이해를 지속적으로 심화시키고, 중화민족의 지속 가능한 발전을 보장하는 발전 패러다임을 모색해왔다. 시진핑 동지를 핵심으로 하는 당 중앙은 실천에서의 성공과 실패, 경험과 교훈을 종합하여 녹색발전의 이념을 제시했다. 시진핑 동지는 사람과 자연의 관계는 단순한 습득이 아니라 긍정적인 피드백과 부정적인 피드백이 있다고 분명히 지적했다. "환경을 잘 대하면 환경은 우호적일 것이고, 환경을 오염시키면 환경은 언젠가 돌변하여 무자비하게 복수를 할 것이다. 이것은 자연의 법칙이며 인간의 의지에 달려 있는 것이 아니다"[12]라고 강조했다. 경제체계와 자연생태계로 구성된 생태 경제체계에서 경제체계는 자연생태계를 기반으로 하고, 인류의 경제활동은 자연생태계의 용량에 의해 제한된다. 경제체계와 자연생태계 대립통일은 전반적인 이익과 지역적 이익, 장기적 이익과 당면한 이익, 근본적 이익과 표면적 이익 사이의 모순을 반영한다. 두 시스템이 서로 적응했을 때, 생태적·경제적 균형을 이루고, 사람과 자연의 조화로운 통일을 실현할 수 있을 것이다. 복합시스템은 안정적이고 지속 발전 가능한데 이것이 바로 우리가 추구해야 하는 선순환 구조이다. 두 시스템이 서로 충돌할 경우, 생태와 경제의 불균형을 초래하고 순환이 파괴되어 복합시스템이 불안정해지고 지속이 불가능한 상태에 빠진다. 이 부분은 우리에게 깊은 교훈을 남긴다. 예를 들어 해마다 장마철이 되면 중국의 많은 도시가 물바다로 변하는데, 가장 중요한 이유는 바로 도시 개발을 위해 호수와 하천을 함부로 메우고 생태 공간을 멋대로 점유하고, 규칙에 따라 배수로를 설계하지 않았기 때문이다.

녹색발전은 지도 사상을 근본적으로 변화하는 것이다. '자연을 개조하고 정복하던 것'에서 '자연을 존중하고 순응하는 것'으로 전환하고, 이윤

---

12   시진핑, 『지강신어(之江新語)』, 절강인민출판사, 2007년판, 141면.

인민중심의 새로운 발전 이념 고수

추구에서 인민 중심의 지속 가능함에 초점을 맞추어 건강과 생태를 고려한 생산 및 생활 방식을 추진함으로써 사람과 자연의 조화로운 발전을 촉진해야 한다. 물론 이러한 선택은 산업 문명을 버리고 원시적인 생산과 생활 방식으로 돌아가거나 농업 문명의 먼 과거를 단순하게 반복하고 회귀하는 것이 아니라, 자연자원의 수용 능력을 기반으로 자연법칙에 따라 지속 가능한 발전을 목표로 사람과 자연이 조화를 이룬 가운데 생산을 발전시키고, 생활을 윤택하게 만들고, 생태 번영을 이루는 문명사회를 구축하는 것이다. 시진핑 총서기는 "좋은 생태환경은 인류 사회가 지속적으로 발전할 수 있는 근본적인 토대다.[13] 발전은 사회 경제 전반의 전면적인 발전, 공간의 조화로운 발전, 시간의 지속적인 발전을 이루어야 한다. 우리는 자연 존중의 녹색발전 생태시스템을 구축해야 한다. 인류가 자연을 이용하고 개조할 수 있지만, 결국 자연의 일부인 인류는 자연 위에 군림할 수 없고, 자연을 아끼고 보호해야 한다"[14]고 지적했다. 녹색발전에서 생태 문명은 인류 사회 진보의 큰 성과이자 산업 문명이 일정한 단계로 발전한 산물이다. 또한, 사람과 자연의 조화로운 발전의 실현을 위한 새로운 요구이고, 풍요롭고 질적으로 지속 가능한 생태 번영 사회이며, 질적 향상은 계속될 수 있으나 물질적인 부의 축적은 지속적으로 확장될 수 없고 필요하지도 않은 '정태경제'이다.[15]

---

13 중공중앙선전부 편저, 『시진핑 총서기의 중요 담화 시리즈』, 학습출판사·인민출판사, 2014년판, 128면.

14 『시진핑 유엔 창립 70주년 기념 정상회담 연설』, 인민출판사, 2015년판, 18면.

15 모팡춘(莫放春), 『사람과 자연의 조화로운 일치에 관한 마르쿠제의 생태학 논술』, 국외이론동태(國外理論動態), 2009년 제6기.

녹색발전 실현을 위한 기본적인 전제는 사람과 자연의 관계를 바로 잡고, 자연 생태 균형 유지의 중요성을 인식하는 것이다. 자연 발전 법칙에 대한 올바른 이해와 존중을 바탕으로 주관적인 능동성을 최대한 발휘해야 한다. 자연환경과 자원에 대한 개발과 이용에 있어서 시기적절하고 적합한 원칙을 지키며, 자연을 존중하는 마음으로 대하고, 자연을 변화시키고 정복하기 위해 인간의 능력을 과시하는 대신 자연을 경외하고 자연에 순응하며, 자연의 법칙을 위반하면서까지 빠른 성공과 과도한 요구를 하는 사고와 행동을 완전히 버려야 한다. 자연을 존중하고 자연에 순응하며, 자연을 보호하는 것을 모든 사회 경제 활동의 전제로 삼고, 생태환경 보호를 압도적인 위치에 두어 생태 법칙과 생태 보호, 생태 효율을 먼저 생각하는 기본적인 원칙을 고수해야 한다. 생태계의 균형과 자연자원의 재생과 순환 법칙에 따라 모든 수단을 종합적으로 활용해 사회 각계의 적극성을 동원한다. 사람과 자연이 조화롭게 발전한다는 녹색발전 이념을 국가 경제와 사회발전의 전반에 구현하고, 조화로운 사회건설의 다른 부분과 통합함으로써 자연환경을 개선하는 동시에 사람들의 소양을 높이고, 경제 성장 방식을 전환해야 한다. 이는 산업구조의 최적화와 업그레이드를 통해 살기 좋은 아름다운 도시를 건설하고, 대대적인 신농촌 건설을 통해 정부 혹은 기업의 일방적인 행위에서 사회 전체의 공동행동으로 전환함으로써 사람과 자연의 조화로운 발전을 함께 촉진하는 사회 분위기를 형성할 것을 요구한다.

사람과 자연의 조화로운 발전의 보장을 위해 생태환경 보호와 관련된 완전하고 실행력이 강한 법률체계를 구축하고, 경제 사회의 녹색발전을 촉진하기 위한 다양한 규정과 규제를 수립해 녹색 개발 및 생태환경 보

　　　　　　　　　　　　　　　　인민중심의 새로운 발전 이념 고수

호의 마지노선과 레드라인에 대한 인식을 확립하는 것이다. 생태 자원환경에 대한 레드라인 통제·관리, 자연자원 대차 대조표, 자연자원 자산 이임 감사, 생태환경 피해 배상 및 책임 추궁 등을 포함해 생태 보상 분야에는 중대한 제도적 혁신이 필요하다. 전면적인 개혁 심화와 국가 거버넌스 개선의 관점에서 '녹색화'를 법치와 제도화의 트랙으로 올려놓아야 한다. 시진핑 총서기는 제18차 중국공산당 중앙정치국 제6차 단체 학습을 주재한 자리에서 "국토는 생태 문명 건설의 공간이다.[16] 인구·자원·환경의 균형과 경제·사회·생태 효율의 통일이라는 원칙에 따라 국토 공간 전체에 대한 개발 계획을 세워 생산 공간과 생활 공간, 생태 공간을 과학적으로 배치함으로써 자연이 회복될 수 있도록 더 많은 공간을 남겨야 한다"고 지적했다. 주요 기능구역 전략의 실행을 확고히 가속화하고, 최적화 개발, 핵심 개발, 개발 제한, 개발 금지와 같은 주요 기능에 대한 포지셔닝을 엄격히 따르고, 생태 레드라인을 확정해 엄격하게 준수하며, 과학적이고 합리적인 도시화 추진, 농업 발전, 생태안보 구도를 구축함으로써 국가와 지역의 생태안보를 보장하고 생태서비스 기능을 향상시켜야 한다. 생태 레드라인의 개념을 확립해야 한다. 환경보호 문제에 있어서는 한계선을 한 발짝도 넘을 수 없다. 만약 넘게 되어 자연에 손해를 입히게 된다면 그 책임은 이런 결과를 초래한 사람이 져야 하고, 레드라인을 넘은 사람은 반드시 처벌을 받아야 한다. 2015년 5월 중국 화동 7개 성과 직할시 상무위원 주요 책임자 심포지엄에서 시진핑 총서기는 "조화로운 발전과 녹색발전은 이념이자 조치로서 제대로 된 정책과 이행이 동반되어야 한다.…생산 공간, 생활 공

---

16   『시진핑, 국정운영을 논하다』 제1권, 외문출판사, 2018년판, 209면.

간, 생태 공간을 과학적으로 배치하고, 생태환경 보호를 착실히 추진하여 좋은 생태환경을 인민 삶의 질을 높이는 성장 포인트와 중국의 좋은 이미지를 보여주는 원동력으로 만들어야 한다"고 재차 강조했다.[17] 생태환경은 생산력의 구조와 배치 그리고 규모에 중요한 영향을 미치고, 경제 사회의 운영 및 효율과도 관계가 있다. 시진핑 총서기의 과학적 논의는 생태환경을 생산력 요소의 범주에 포함시켜 완전히 새로운 문제 해결의 관점을 제시하고, 사회 각계가 즉각 행동할 것을 요구했다. 생태환경 보호는 생산성 보호를 의미하고, 생태환경 개선은 생산성 발전이라는 이념을 확고히 세우고, 녹색발전, 순환발전, 저탄소 발전을 더욱 자발적으로 추진하며, 절대로 환경을 희생하는 대가로 일시적인 경제 성장을 추구해서는 안 된다. 시진핑 총서기는 "GDP의 급속한 성장은 정치적 성과이며, 생태환경 보호와 건설도 정치적 성과다. 단순히 속도만 추구해서는 안 되고, 속도, 품질, 효율의 통합을 추구해야 한다. 맹목적인 개발로 환경을 오염시켜 후대에 무거운 짐을 남겨서는 안 되며, 사람과 자연의 조화로운 발전이라는 종합적인 요구에 따라 인구, 자원, 환경 문제를 잘 처리해야 한다"[18]고 여러 차례 강조했다.

새로운 도시화 건설을 예로 들어 보면, 거주 환경과 주거 지역에 대한 연구와 함께 도시 환경, 자원, 생태, 안보 등이 연구 분야에 포함되어 관심을 가지는 차원과 문제의 깊이와 폭이 계속 발전하고 있다. 환경이 아름

---

17 「시진핑 중국 동부 7개 성과 상하이시 당위원회 주요 책임자 심포지엄에서 "우위를 바탕으로 기회를 잡아 적극적으로 행동함으로써 '13차 5개년 계획' 동안 경제 사회 발전을 체계적으로 계획해야 한다"고 강조」, 인민일보, 2015년 5월 29일, 1면.

18 시진핑, 『지강신어(之江新語)』, 절강인민출판사, 2007년판, 30, 37면.

인민중심의 새로운 발전 이념 고수

답고 사회 안전이 보장되며, 문명하고 현대화되고 생활이 편하고 경제적인 조화를 이루고, 높은 명성을 가진 조화롭고 살기 좋은 도시를 만드는 것이 도시화의 궁극적인 목표다. 조화롭고 살기 좋은 도시에서 조화는 무엇보다도 사람과 자연의 조화를 말하고, 살기 좋다는 의미는 생태환경의 적합성을 가리킨다.[19] 도시 건설에 대해 시진핑 총서기는 "자연을 존중하고, 자연에 순응하며, 천인합일(天人合一)의 이념을 구현해야 한다"며 "도시를 자연에 통합하고, 주민들이 산을 바라보고, 물을 보고, 향수를 기억할 수 있도록 해야 한다"고 강조했다.[20] 자원 환경의 수용력을 기반으로 생태 레드라인과 도시 발전의 경계를 확정하고, 도시 발전의 지속성과 거주성을 높이기 위해 공간배치를 과학적으로 해야 한다.

2. 자원 절약과 환경보호

기술적 관점에서 녹색발전의 기본 본질은 자원 절약과 집약적 순환이용, 오염 통제 및 관리, 생태 보호 및 복원의 세 가지 측면을 다룬다.[21] 그중, 자원 절약과 집약적 순환 이용은 자연자원의 가치가 경제적 가치, 사회적 가치뿐만 아니라 생태적 가치까지 포함한다는 점을 확실하게 하고, 완

---

19   선만홍(沈滿洪) 등 『생태경제학』, 중국환경과학출판사(中國環境科學出版社), 2008년판, 29면.
20   시진핑·리커창 베이징에서 개최된 중앙 도시화 업무회의에서 중요 연설, 장더장(張德江), 위정성(兪正聲), 류윈산 (劉云山), 왕치산 (王岐山), 장가오리 (張高麗)등 참석」, 인민일보, 2013년 12월 15일, 1면.
21   판쟈화, 『중국의 환경관리와 생태 건설』, 중국사회과학출판사, 2015년판, 1면.

전히 새로운 자원의 가치관을 형성하여 이를 통해 자원을 개발하고 이용하는 행위를 지도하고 제약할 것을 요구하고 있다. 자연자원 특히 재생 불가능한 자원의 소비를 줄이고 자원 이용 효율을 높여 자연자원의 가치를 유지하고 증가시켜야 한다. 환경보호는 우리가 발전과 자원의 제약에 대한 과학적 인식에 있어서 생태적 용량을 고려하여 환경에 대한 수동적 적응에서 수용력에 맞는 능동적 전환을 요구한다. 환경과 생태계가 용량을 초과해 열악해진 지역의 경우, 생태복원 혹은 자연 스스로가 회복될 수 있도록 투자하고 관리를 할 필요가 있다. 이는 생태안보를 위한 기본적인 요구이다. 2015년 11월 7일 시진핑 총서기는 싱가포르 국립대학 연설에서 "녹색발전은 자원 절약과 환경보호를 위한 국가 기본 정책을 유지하고, 지속 가능한 발전을 견지하여 사람과 자연이 조화롭게 발전하는 새로운 현대화 건설의 패턴을 이루어 전 세계 생태안보에 새로운 공헌을 하는 것이다"라고 밝혔다.[22]

중국은 광활한 국토와 풍부한 자원이 있지만, 많은 인구로 인해 1인당 자원 점유 상황은 실제로 세계 평균 수준을 크게 밑돌고, 광산 자원의 1인당 평균 점유량 또한 세계 평균의 절반에 그쳐, 자원 제약의 압박이 계속 확대되고 있다. 총량적으로 중국은 세계 3위의 자원량을 가지고 있지만, 1인당 자원 점유율은 세계 53위로 세계 1인당 점유율의 절반에 불과해 1인당 자원 부족 국가에 속한다. 중국은 토지자원의 절대 수량은 많지만 1인당 점유량은 적어 세계 1인당 수준의 30% 미만이고 분포도 고르지 않다.

22 　시진핑, 「협력 동반자 관계 심화를 통해 아시아의 아름다운 보금자리를 함께 만들자-싱가포르 국립대학 연설(2015년 11월 7일)」, 인민일보, 2015년 11월 8일, 2면.

　　　　　　　　　　　　　　　　　　인민중심의 새로운 발전 이념 고수

담수 자원 총량은 2조 8,000억㎥로 세계 수자원 총량의 7%를 점유해 6위를 기록했지만, 1인당 이용 가능 수자원량은 세계 평균의 1/4인 2400㎥로 세계 110위에 머물러 전 세계 13개 물 부족 국가 중 하나이다.[23] 수자원 부족과 더불어 심각한 수질 오염 문제를 안고 있어 수역 사용을 감소시킬 뿐만 아니라 인민의 식수 안전과 건강을 심각하게 위협한다. 토지 생산성, 수자원 생산성, 주요 원재료 생산성, 에너지 생산성 등 지표에서도 중국과 선진국 간의 격차가 비교적 크게 나타나고 있다.

　　지난 40년간 중국 개혁개방의 초고속 발전은 어느 정도는 '자원 쟁탈'을 통해 얻어낸 것이라 할 수 있다. 중국은 오염이 이루어진 후 처리하는 방식의 조방형 발전의 길을 걸어왔다. 일부 지방과 분야에서는 경제 발전과 환경보호의 관계가 제대로 처리되지 않았다. 무절제한 자원 소비와 환경 파괴를 대가로 성장을 이루어 에너지 자원과 생태환경 문제가 날로 부각되고, 이로 인해 높은 경제적 비용과 환경적 대가를 치르게 되었다. 에너지 자원 제약이 점점 더 엄격해지고 있으며 석유와 같은 중요한 에너지 자원에 대한 의존도가 급격히 증가하고 있다. 경작지가 18억 묘(1묘=0.0667ha) 레드라인에 가까워지고, 수토 유실, 토지 사막화 및 초원 황폐화가 심각하다. 일부 지역의 자원 환경 수용 능력이 한계에 도달했거니 초과했고, 대기 오염, 수질 오염, 토양 오염 등 각종 환경 오염 발생률이 높은 상황이다. 도시 개발을 예로 들면, 도시화는 정착과 개발에 적합한 한정된 고품질 토지에 인구가 계속 집중되는 것을 의미하며 대부분은 자연 생산

23　「사람을 중심에 두는 것이 조화롭고 살기 좋은 도시의 본질이다-'13차 5개년 계획'의 개막전을 위한 4가지 이론」, 광명일보 논평, 2016년 1월 7일, 2면.

성이 높은 양질의 토지를 차지할 수 있고, 오염 배출과 생태파괴도 인구 밀도가 높고 공간이 제한된 도시 지역에 집중되어 있다. 통계국의 관련 데이터에 따르면, 2017년 중국의 도시화율은 58.52%에 이르렀고, 전국 663개 도시 중에 인구 100만 이상인 도시가 140곳 이상이며, 전체 경제 생산량의 80% 이상이 도시에서 발생하는 것으로 나타났다.[24] 이와 함께 자원 제약이 점점 더 엄격해지는 한편, 자원과 에너지 낭비가 심각하고, 토양과 수자원 유실 관리와 발생이 병행되며, 면적이 넓어 감소가 어렵고, 생태계 악화와 오염이 만연하여 많은 도시는 물 부족, 심한 스모그 및 쓰레기에 시달리고 있다는 점을 확실하게 인식해야 한다. '2017년 중국 환경 상황 공보'는 전국 도시의 대기 질이 전반적으로 호전되고 있지만, 새로운 표준으로 모니터링 되는 전국 338개 현급 이상 도시 가운데 29.3%에 해당하는 94개 도시만이 기준에 부합되고, 나머지 70.7%에 해당하는 239곳은 미달인 것으로 나타났다.[25]

녹색 생태 도시 건설은 중국 도시화의 미래 발전 방향으로 부각이 되면서 많은 지방의 발전 전략이 되었다. 그러나 이와 동시에 이러한 양성적 발전과 조화를 이루지 못하는 것은 자연법칙을 위배하고, 생태 수용 능력과 환경 능력을 초과해 건설하는 '유사 생태 건설' 또는 '유사 생태 문명 건설'이 일부 지역에서 나타나거나 확산되는 현상이다. 예를 들어 '생태 도시'는 나무를 심고, 잔디를 깔고, 호수를 만들고, 경치 좋은 길을 조성하는 등 인공적으로 '생태 도시', '살기 좋은 도시', '전원 도시'를 만드는 것이라

---

24 「국가통계국 '중화인민공화국 2017년 국민 경제와 사회발전 통계 공보'(2018.2.28)」, 인민 일보, 2018년 3월 1일, 1면.
25 환경보호부가 발표한 '2017년 중국 환경 상황 공보'의 관련 데이터를 정리·분석한 것임.

는 잘못된 인간 중심적 자연관으로 인해 '프라자 붐', '잔디 열풍', '호수공원 조성 붐'이 일어나 자연환경과 실질적인 민생을 고려하지 않고 인공적인 생태를 확장해나갔다. 외국의 선진 사례를 참고하여 비싼 돈을 들여야만 생태 도시를 건설할 수 있다고 주장하는 이도 있고, 보편적으로 적용되는 생태 도시 계획 건설 표준을 세워야 한다고 주장하기도 한다.[26] 2013년 12월 12일 시진핑 총서기는 중앙 도시화 업무회의에서 "많은 도시가 생태 도시 건설이라는 슬로건을 내세우고 있지만, 나무를 도시로 옮겨 심고, 산을 밀어 땅을 만들고, 인공적인 풍경을 조성하거나 호수와 바다를 메우는 등의 아이디어를 가지고 있다. 이는 생태 문명을 건설하는 것이 아니라 자연 생태를 파괴하는 것이다"[27]라고 지적했다. 이런 상황이 바뀌지 않는다면 에너지와 자원은 지탱하기 어려워지고, 생태환경은 부담을 견디지 못하게 되어 경제의 지속 가능한 발전에 불가피하게 심각한 영향을 주게 되어 중국의 발전 공간과 뒷심은 점점 줄어들 것이다. 공업 문명의 '경계 없는 확장'이라는 가정은 사람들이 '무한정 발전'할 수 있다는 착각으로 성장을 위한 성장을 하게 한다. 일정한 단계에 이르게 되면 플러스마이너스의 교체를 반복하며 노력을 낭비할 수 있는데 우리는 이를 경계해야 한다.

근본적으로 생태파괴와 환경오염은 모두 인류 사회의 자원 이용 방

---

26 2016년 1월 29일 국무원신문판공실이 개최한 국무원 정책 정례 브리핑에서 후주차이(胡祖才) 국가발전과 개혁위원회 부주임과 스야오빈(史耀斌) 재정부 부부장이 각각 《새로운 유형의 도시화 건설 심화에 관한 몇 가지 의견》과 《정부 기금 정리 및 표준화 방안》과 관련된 정책 상황을 소개하고, 기자의 질문에 답을 했다.

27 중공중앙문헌연구실 편저 「18차 당대회 이후 중요 문헌 선집」(上)에 실린 '시진핑, 중앙 농촌업무회의 연설', 중앙문헌출판사, 2014년판, 603면.

식과 이용 정도와 관련이 있다.[28] '과잉 생산'과 '과소비'의 발전은 자연계의 부담을 가중하고 환경을 오염시켜 대자연의 생태계가 균형을 잃고 생태적 위기를 야기할 수밖에 없다. 지속 가능한 발전을 실현하려면 반드시 자원 이용의 원천에서 출발하여 자원 절약과 환경보호라는 국가의 기본 정책을 이행하고, 절약과 보호, 자연 복원을 우선하는 방침을 유지하며, 경제발전의 전환과 자원 절약 및 집약적 이용을 실현해야 한다. 시진핑 총서기는 제18차 중앙정치국 제6차 단체 학습에서 "자원 절약은 생태환경 보호를 위한 근본적인 정책이다. 자원을 적극적으로 절약하고 집중적으로 이용하기 위해 자원 활용방식의 근본적 변혁을 추진해야 한다. 전체 과정에서 절약 관리를 강화하여 에너지, 용수, 토지 소비의 강도를 크게 줄여야 한다. 순환 경제를 적극적으로 발전시켜 생산, 유통, 소비 과정에서의 감량화, 재사용 및 자원화를 촉진해야 한다"[29]고 강조했다. 시진핑 총서기는 이어 녹색발전의 길을 택해 자원 절약과 환경친화적인 생산 및 생활 방식의 주류로 만들어야 한다고 지적했다. 우리는 에너지 생산과 소비 혁명을 추진하여 에너지 구조를 최적화하고, 에너지 절약 우선 방침을 실천하며, 중점 분야의 에너지 절약을 추진하고 있다.[30] 동시에 시진핑 총서기는 "중화민족의 우수한 전통인 근검절약 정신을 계승하고 고취해야 한다. 절약은

---

28 「자원 절약은 생태환경 보호의 근본책이다」, 중국환경보, 2013년 6월 17일, 2면.

29 중공중앙 선전부 편저 「시진핑 중국공산당 중앙정치국 6차 단체 학습 주재, 레드라인을 엄수하고, 오염을 철저하게 관리하자」, 인민일보(해외판), 2013년 5월 25일, 1면.

30 『시진핑 신시대 중국 특색 사회주의 사상에 대한 30강』, 학습출판사, 2018년판, 247면/『시진핑, 국정운영을 논하다』 제1권, 외문출판사, 2018년판, 131면/ 중공중앙문헌연구실 편저 「18차 당대회 이후 중요 문헌 선집」(중)에 실린 '생태 문명 건설 추진 가속화에 관한 중국공산당 중앙위원회, 국무원의 의견(2015년 4월 25일)', 중앙문헌출판사, 2016년판, 492면.

인민중심의 새로운 발전 이념 고수

영광으로 돌아오고 낭비는 부끄러운 일이라는 사상을 적극적으로 홍보하여 철저한 절약을 이행해야 한다. 아울러 낭비를 반대하는 사회 전체 분위기를 만들기 위해 노력해야 한다"[31]고 강조했다. 녹색 생활 방식의 형성을 촉진하는 것은 근검절약, 녹색, 저탄소, 문명적이고 건강한 생활과 소비방식을 옹호하고 실천하는 것이며, 의식주, 교통 및 관광 등에서 근검절약에 대한 행동적 자각을 형성하는 것이다. 친환경 소비를 제창하는 것은 공허한 말이 아니라 구체적이고 이행 가능하며 측정 가능한 것이다. 녹색 의류, 녹색 음식, 녹색 주거, 녹색 외출, 녹색 여행 등 다양한 형태의 사치와 낭비, 불합리한 소비를 막고 반대하는 것이다. 녹색발전은 이념일 뿐만 아니라 실천이기도 하다. 계획을 세워 행동에 나서야 한다. 나부터 실천하고자 하는 지행합일을 통해 생산과 생활 방식의 녹색화를 추진하고, 매사에 신중하게 오랫동안 노력해야만 파란 하늘과 푸른 산, 맑은 물이 항상 우리 곁에 있고, 새로운 사회주의 생태 문명의 시대를 열어 중화민족의 영속적인 발전을 실현할 수 있다.[32]

시진핑 총서기는 환경보호의 중요성을 여러 차례 강조하고, "생태환경 보호를 더욱 중요한 위치에 두어야 한다. 눈을 보호하듯이 생태환경을 보호하고, 생명을 대하듯 생태환경을 대해야 한다. 생태환경 보호는 반드시 대국적인 비전으로 전반적인 판단을 해야 한다. 소탐대실하거나 한쪽에 치우치거나 돈을 미리 당겨 쓴다거나, 눈앞의 이익에만 급급해서는 안

---

31 중공중앙문헌연구실 편저, 『엄격히 절약하고 낭비를 반대한다-중요 논술 엮음』, 중앙문헌출판사, 2013년판, 출판사 설명 1면.

32 「자원 절약은 생태환경 보호의 근본책이다」, 중국환경보, 2013년 6월 17일, 2면③.

된다"[33]고 지적했다. 생태환경을 파괴하는 대가로 경제를 발전시킬 수는 없다. "생태환경 보호는 장기적인 임무이다. 오랫동안 늘 지켜보면서 이행해야 한다".[34] 생태환경 보호와 환경오염 관리의 시급성과 어려움, 생태 문명 건설 강화의 중요성과 필요성에 대한 명확한 이해가 필요하다. 인민과 미래세대에 대한 책임감 있는 자세와 책임감으로 환경오염을 잘 다스리고, 생태환경을 잘 건설하여 새로운 사회주의 생태 문명 시대를 향하여 나아가고, 인민을 위해 더 나은 생산과 생활환경을 만들기 위해 노력해야 한다. 경제발전과 생태환경보호의 관계를 올바르게 처리하고, 생태환경 보호가 생산력의 보호이고 생태환경 개선이 생산성을 발전시키는 것이라는 이념을 굳건히 정립해야만 녹색발전, 순환발전, 저탄소 발전을 더욱 자각적으로 추진할 수 있으며, 일시적인 경제 성장을 위해 환경을 희생해서는 절대로 안 된다.

과거에는 오랫동안 보호와 발전의 관계에 대한 오해가 있었다. '생선'과 '곰 발바닥'은 둘 다 가질 수 없듯이 환경보호와 경제 성장은 상호 독립 혹은 심지어 대립 관계에 있다고 생각했다. 불완전한 평가 시스템과 정치성과에 대한 잘못된 견해로 인해 일부 지방은 발전 과정에서 맹목적으로 GDP를 추구하여 심각한 자원 낭비와 파괴를 초래하고 있다. 또한, 피상적인'환경 평가', 관리 감독의 부재, 법률 부족으로 인해 시작하지 말아야 할 오염 기업이 생기고, 승인하지 말아야 할 불법 사업이 승인되어 심각

---

33   중공중앙문헌연구실 편저 『전면적인 샤오캉사회 실현에 관한 시진핑 논술 엮음』에 실린
      '윈난 시찰 업무 당시 시진핑 연설(2015년 1월 19일-21일)', 중앙문헌출판사, 2016년판, 176
      면.
34   션하이슝(慎海雄) 책임 편집, 『시진핑 개혁개방 사상 연구』, 인민출판사, 2018년판, 262면.

인민중심의 새로운 발전 이념 고수

한 오염 사건이 빈번하게 발생했다. 『중화인민공화국 환경 보호법』의 집행이 부진해 흔히 발생하는 법규 위반 현상에 대한 처벌이 제대로 이루어지지 않고, 악화가 양화를 몰아내고 있다. 준법 기류가 원활하지 않고, 위법적 비용으로 계획적으로 교묘하게 피하며, 누구도 생태환경 보호 업무를 하려고 하지 않는다. 이러한 GDP 중심의 발전 방식은 소수에게는 이익이 되지만 대중의 공동 이익이 피해를 받게 되고, 미래 세대의 밥그릇을 깨는 행위다. 시진핑 총서기는 "금은보화보다 청산녹수가 더 낫다"며 이런 잘못된 행위는 멈춰야 한다고 강조했다.[35] 시진핑 총서기는 "두 마리 토끼를 다 잡을 수 없는 상황에서 우리는 기회비용을 이해하고, 선택을 잘 해야 하며 지양하는 법을 배우고, 할 것은 하고, 하지 말아야 할 것은 하지 말아야 하는 과학 발전관을 확고하게 이행함으로써 사람과 자연이 조화롭게 공존하는 자원 절약 및 친환경 사회를 구축해야 한다"[36]고 지적했다. 시진핑 총서기는 허베이성 위원회 상무위원단 특별 민주 생활 회의에 참석해 "GDP 성장률의 굴레에서 벗어나야 한다. 총생산이 7,8위로 떨어진다고 해도 녹색발전을 실현해 대기 오염 관리와 스모그 해결에 공헌한다면 금의환향하는 영웅이 될 수 있다. 반면, 단순하게 GDP 목표 달성에만 목을 맨다면 생태환경이 점점 더 심각해지거나 그대로 유지되는 상태에서 GDP를 높인다고 해도 좋은 평가를 받기 힘들 것이다"[37]라고 분명하게 지적했다. 정치적

---

35   중공중앙선전부 편저, 『시진핑 총서기의 중요 담화 시리즈(2016년판)』, 학습출판사·인민출판사, 2016년판, 230면.

36   시진핑, 『지강신어』, 저장인민출판사, 2007년판, 153면.

37   중공중앙 문헌연구실 편저 『전면적인 개혁 심화에 관한 시진핑의 논술 엮음』에 실린 시진핑의 『허베이성 성위원회 상무위원 간부 전문민주생활회의 참가 당시 연설』(2013년 9월 23일-25일) 중앙문헌출판사, 2014년판, 107면.

성과에 대한 올바른 견해를 확립하고 평가 방법을 개혁하며 열심히 노력하는 것은 녹색 개발을 촉진하는 것이다. 생태환경도 생산력이다. 시진핑 총서기가 강조한 "경제발전과 생태환경 보호와의 관계를 올바르게 처리하고, 생태환경 보호를 확고히 확립하는 것은 생산력을 보호하는 것이고, 생태환경의 개선은 곧 생산력을 발전시키는 것이다"[38]라는 논단은 생산력의 본질에 대한 중국공산당의 인식이 또 다른 도약을 이룬 것이다. 2016년 1월 시진핑 총서기는 충칭 양쯔강 경제 벨트 포럼과 중앙 재경 지도팀 제12차 회의에서 발표한 중요 담화에서 양쯔강 경제 벨트의 개발은 생태 우선과 녹색발전을 준수하고 개발이 아닌 보호에 초점을 맞추어야 한다고 강조했다. 양쯔강과 관련된 모든 경제활동은 생태환경을 훼손하지 않는 것을 전제로 엄격한 제한을 설정해야 한다. 양쯔강 생태환경은 최적화될 수는 있지만, 악화될 수는 없다. 양쯔강 경제 벨트의 녹색발전과 공동 보호 및 관리를 위한 전반적인 기조를 세우는 것 또한 녹색발전 이념을 심화하고 보완하는 것이다.[39] 그가 강조한 생태 우선 촉진과 녹색발전 실현은 장기적인 이익에서 출발해 생태환경 보호를 눈에 띄는 위치에 두고, 경제적, 사회적, 생태적 편익을 모두 고려할 것을 주장한다. 이러한 것들은 중국의 오랜 생태환경 건설과 사회 경제발전이 유리되어 따로 존재하던 현상을 근본적으로 바꾸는 데 도움이 될 것이다. 이를 통해 시스템 내부에서 사회 경제의 녹색 전환을 추진하여 영속적인 발전을 실현할 수 있다.

녹색발전 개념을 실천하고 자원을 절약하며 환경을 보호하는 열쇠는

---

38 중공중앙선전부 편저 『시진핑 총서기의 중요 담화 시리즈』, 학습출판사·인민출판사, 2014년판, 123면.

39 『시진핑, 국정운영을 논하다』 제2권, 외문출판사, 2017년판, 210면.

인민중심의 새로운 발전 이념 고수

발전 방식의 변화에 집중하는 것이다. 녹색은 전체적인 개념이며, 전체 과정 특히 근원을 관리하고 통제하는 것을 강조한다. 오염 제어는 생산 시작부터 과정, 끝까지 모든 부분을 동시에 관리해야 한다. 시작 단계부터 유해 폐기물 배출을 줄이고, 제로 혹은 제로에 가까운 배출을 실현해야 한다. 생산 원천에서부터 산업의 '녹색 전환'을 추진해야 한다. 저탄소 생태 산업 발전, 화공, 농산물 가공, 장비 제조와 같은 전통산업의 혁신과 고도화에 주력하고, 재생자원 이용과 환경보호, 신에너지 및 신소재, 종합 건강, 전자 정보 등 전략적 신흥 산업 육성에 박차를 가해야 한다. 고효율 생태농업의 발전에 주력하고 고효율 생태농업 시범지역, 농경문화 관광지구, 생태 농산물 가공 클러스터 건설에 박차를 가한다. 새로운 생태서비스업, 문화 창의, 녹색 비즈니스와 같은 새로운 업무 경영방식을 발전시킨다. 순환 경제를 적극적으로 발전시키고, 녹색 생활 방식을 변함없이 육성한다. 도시와 농촌 주민의 녹색 소비 이념을 확립하고, 사소한 것부터 저탄소 생활을 실천하도록 유도한다. 친환경 건축을 보급하고 저탄소 공동체를 조성하여 주민들이 친환경 건축자재와 에너지 절약 전자제품을 사용하도록 장려한다. 녹색 교통 보급, 대중교통 보완, 저속 교통 개선, 저탄소 교통수단 개발과 활용, 저탄소 교통 관리 시스템과 지에너지 고효율 교통 모델을 구축한다. 녹색 정부 업무를 추진하고 녹색 저탄소 소비에서 정부의 모범적이고 주도적인 역할을 최대한 활용한다.

우리는 오늘의 자원 절약은 미래의 발전을 위한 공간을 확보하는 것이고, 오늘의 생태환경 보호는 미래를 위해 계속 나아갈 수 있는 동력을 보

존하는 것임을 깨달아야 한다.[40]

3. 청산녹수는 금산은산

녹색발전 이념의 확립은 가치론, 자연 자산론, 성장론의 진전을 내포하고 있다. 특히 시진핑의 '청산녹수는 금산은산이다'에 관한 과학적 논단은 자연 가치에 대한 명확한 인식을 통해 마르크스주의 가치론을 더욱 발전시키고 완전하게 만들었다.

가치론은 경제 이론의 기초이자 핵심이다.[41] 고전 마르크스주의의 노동 가치 이론은 사람과 사람의 관계를 설명했다. 인류의 복잡한 사회적 이해관계는 본질적으로는 가치 관계이다. 사람과 자연의 관계에 있어서 인간은 자연 산물의 객체이건 자연을 이해하고 발전시키고 사용하는 주체이건 모두 가치 관계로 구체화 된다. 이런 의미에서 가치 관계는 모든 인류 사회관계의 토대이자 핵심일 뿐만 아니라 전체 생태계를 유지해야 하는 토대이자 핵심이기도 하다. 따라서 가치 이론은 근본적으로 인류 사회, 더 나아가서는 모든 생태계의 발전 상황을 결정하고 제약하고 있다. 발전 방향은 가치의 지향에 달려 있다. 현재 우리가 직면하고 있는 생태환경문제는 바로 이전의 잘못된 가치관에서 비롯하여 녹색발전에 관심을 두지 않

---

40   논설위원 칼럼, 「자원 절약과 환경보호라는 국가 기본 정책을 준수하고, 5중전회의 3가지 정신을 철저하게 이행하자」, 광명일보, 2015년 11월 3일, 1면.

41   현재 경제학 범주에서 3대 이론 체계는 마르크스주의 가치이론체계, 신고전주의 가치이론체계와 스라파 가격이론체계이다.

인민중심의 새로운 발전 이념 고수

았던 결과이다.

18차 당대회 보고에서 '생태적 가치'라는 개념이 처음 사용되어 당의 가치 이론의 돌파구를 마련했다. 과거 중국은 가치 창출을 위해 노동을 지나치게 강조했다. 마르크스주의에 대한 기계적인 해석으로 가치 개념의 확장을 인위적으로 축소했고, 정치경제학 이론의 사회국가 통치에 생경하게 사용하면서 선진국과 같은 우회로(시행착오의 길)를 걸었다. 사람과 자연의 관계에 대한 이전의 분석을 통해 마르크스주의 고전 이론은 자연자원의 가치에 중요성을 부여했다는 것을 알 수 있다. 청산녹수를 형상적으로 가리키는 자연 생태환경 자원이 자체적으로 가지고 있는 가치 주기는 생태계의 안정과 균형을 유지하는 역할을 하고, 인류를 위한 생존 여건을 조성해주어 경제적인 생산물을 생산할 뿐 아니라 호흡을 위한 산소와 깨끗한 수자원을 공급해주고, 폐기물을 처리하고 환경을 미화함으로써 그 안에 사는 사람들의 행복을 증진한다. 따라서 경제적 가치뿐만 아니라 생태적 가치와 사회적 가치도 가지고 있으며, 녹색발전의 이념을 구현하고 이 세 가지 가치를 인식하는 것이 중요한 전제조건이다.

좁은 의미에서 경제 성장은 GDP 성장을 의미하며 투자량, 노동량, 생산성 수준의 세 가지 직접적인 결정 요인이 있다. 경제발진은 단순히 인구가 아닌 평균 인구를 기준으로 한 국가 또는 지역의 실제 복지 성장 과정으로 양적 증가와 확장뿐 아니라 질적 변화를 강조한다. 즉 경제구조 및 사회구조의 지속적인 혁신과 고급화, 사회생활의 질과 투입 생산 효익의 향상을 강조한다. GDP로 표현된 경제 성장은 국가와 지역의 경제발전과 경제발전 규모를 반영할 수 있고, 경제의 발전 역시 경제 성장을 기반으로 한다. 과거 중국은 경제를 지도할 때 '일궁이백'을 기준으로 시작했기 때

문에 경제발전과 경제 성장을 구별하지 않고, 객관적으로 'GDP 유일론'이
성행하게 되었다.

고전 경제학 이론에서는 자연자원을 독립적인 생산요소로 간주한 경
우가 거의 없다. 슘페터는 경제발전을 설명하는 원동력으로 '혁신'을 강조
했다.[42] 솔로우 등은 장기적으로 경제 성장을 결정하는 요인은 자본 축적과
노동력 증가가 아니라 기술 발전이라고 지적했다.[43] 새로운 경제 성장 이론
은 내생 성장을 강조했다. 로머는 자본, 비숙련 노동, 인적 자본과 새로운
아이디어가 생산요소라고 생각했고, 그중 새로운 아이디어를 경제 성장의
중요한 요인으로 봤다.[44] 루카스의 내생 성장 이론 프레임워크는 물질 자본
축적과 기술 변화, 인적 자본, 전문화된 인적 자본의 세 가지 모델로 구성
된다. 반면에 스미스, 리카르도, 맬서스와 같은 고전 경제학자들은 성장에
서 자연자원의 특수성에 주목하고, 자본, 기술, 토지 및 노동을 포함한 경
제 성장의 투입 요소에 주목했다.[45]

현재, 시진핑 동지를 핵심으로 한 당 중앙에서 제시한 녹색발전 이념
은 자연을 존중하고 사람과 자연의 조화로운 발전을 추구하는 가치 개념
을 포함하고 있다. 이는 중화민족의 지속적 발전을 위한 성장 모델이다. 녹
색발전은 '녹색 + 발전'으로 녹색과 발전이 상호보완적으로 긴밀하게 결합

42　[미] 조지프 슘페터 『경제발전의 이론-이익·자본·신용·이자 및 경제주기에 관한 고찰』,
　　옮긴이:허웨이(何畏)·이자샹(易家詳) 등, 상무인서관(商務印書館) 1990년판, 5면.

43　[미] 로버드 M 솔로우 『Growth Theory: An Exposition, 2nd』, 후루인(胡汝銀) 옮김, 상
　　해삼련서점(上海三聯書店), 1994년판.

44　[미] 데이비드 로머 『고급 거시경제학』, 우화빈(吳化斌)·궁관(龔關) 옮김, 상해재경대학출판
　　사, 2014년판.

45　[미] 폴 새뮤얼슨 『경제학』, 샤오천(蕭琛) 옮김, 상무인서관, 2012년판.

되어 있어야 한다. 오직 '녹색'만 있고 '발전'은 없고, 혹은 '발전'만 있고 '녹색'이 없는 것은 '녹색발전'이 아니다. 결론적으로 녹색발전의 본질은 발전 패러다임을 전환하는 것이다. 생태환경 용량과 자원 수용 능력의 제약 속에서 환경보호를 지속 가능한 발전 실현의 중요한 지주로 삼는 새로운 발전 패러다임이다. 생태 번영을 모색하는 것은 질적으로 끊임없이 향상될 수 있는 경제 안정과 지속 가능한 발전이고, 진정한 천인합일의 번영이며, 생산력의 발전 방향을 나타낸다.

발전은 전진방향이다. 녹색발전을 고수하는 것은 녹색을 지침으로 한다는 것을 의미한다. 녹색이 나라를 풍요롭게 하고 인민을 이롭게 한다는 원칙을 고수하고, 녹색발전 방식과 생활양식의 형성을 도모하여 인민에게 더 많은 양질의 생태 제품을 제공한다. 좋은 생태환경 그 자체가 가장 공평한 공공재이자 가장 보편적인 민생 복지이다. 좋은 생태는 궁극적으로 생산력이자 귀중한 자산이다. 청산녹수는 우리의 소중한 자연요소이자, 생산과 생활에 없어서는 안 될 중요한 캐리어다. 청산녹수를 훼손하고 생태환경을 파괴하면 경제발전의 기본 여건을 잃게 되어 금산은산의 존재 기반이 없어진다. 우리는 청산녹수의 거대한 생태적 가치를 깨닫기 전에 '청산녹수'를 '금온보화'로 바꾸는 조방형 발전의 길을 걸었다. 그 결과 자원 부족, 환경오염, 생태 불균형과 같은 문제들이 생겨났다. '성장의 한계'는 우리에게 산업 문명의 경제 성장 방식과 생활 방식이 오래 지속될 수 없음을 경고한다.[46] 21세기에 접어들면서 사람들은 생태환경 문제를 해결

---

46   [미] 도넬라 메도우스 등 『성장의 극한』, 리타오(李濤)·왕지용(王智勇) 옮김, 기계공업출판사, 2013년판.

하기 위해서는 상상 이상으로 많은 대가를 치러야 한다는 것을 인식하게 되었고, 자원 및 환경 위기를 보면서 사람들은 '청산녹수'가 없다면 '금산은산'을 얻을 수 없고, 얻는다고 해도 다시 잃어버리게 된다는 사실을 깨닫게 되었다. 이는 첫 번째 부정으로 시진핑 동지가 지적했듯이 "청산녹수가 금산은산을 가져올 수 있지만, 금산은산으로 청산녹수를 살 수 없다"는 것이다.[47]

시진핑 총서기는 "청산녹수와 금산은산은 절대 대립되는 것이 아니다. 중요한 핵심은 사람과 생각에 있다"[48]고 지적했다. 중국이 자원 절약과 집약을 견지하고, 생태환경의 장점을 이용해 녹색산업을 발전시키고, 첨단기술 인재와 현대 하이테크산업을 유치한다면, 아름다운 생태환경은 중요한 '천연 자본'이 되어 더 많은 발전 기회를 줄 것이며, 발전 잠재력도 따라서 향상되어 청산녹수는 계속해서 금산은산을 만들어낼 수 있을 것이다. 국내외의 경험을 통해 청산녹수가 사회, 경제, 문화 발전을 추진할 수 있음이 입증되었다. '청산녹수가 금산은산이다'를 통해 두 번째 부정적 인식의 비약을 완성했다.

현재의 환경보호 및 관리와 관련하여 그 중요성은 이미 컨센서스를 이루었다. 그렇다면 어떻게 보호할 것인가? 부정적이고 수동적인 사고방식으로 자연을 개조하는 속도를 늦추는 것이다. 이렇게 한다면 환경보호를 위해 완전히 원시생활을 하는 '자연생태환경'으로 돌아갈 필요 없이 현대 산업 문명의 성과를 누릴 수 있다. 하지만, 중국의 경제발전이 뉴노멀로

---

47   시진핑, 『지강신어』, 저장인민출판사, 2007년판, 153면.
48   인민일보사 이론부 편저, 『시진핑 총서기의 중요 담화에 대한 심층적 이해』(상), 인민출판사, 2014년판, 370면.

인민중심의 새로운 발전 이념 고수

들어서고, 경제 글로벌 통합에 대한 경쟁이 치열해지는 상황에서 이것이 하나의 옵션이 될 수는 있지만 절대 우리의 선택이 되어서는 안 된다. 우리는 적극적인 보호를 해야 하고 발전과정에서 보호를 해야 한다. 과학기술 수단과 전방위적인 개혁과 혁신을 통해 더 높은 자원의 보호를 실현해야 한다. 지속 가능한 발전의 원칙을 따르고, 사람과 자연 사이의 평등관을 확립하여 발전과 생태 보호를 긴밀하게 연계해야 한다. 생태환경 보호를 전제로 발전하고, 발전을 기반으로 생태환경을 개선하여 사람과 자연의 조화로운 발전을 실현해야 한다. 생태 문명을 가꾸고 건설하는 것은 수동적으로 자연으로 돌아가는 것이 아니라, 적극적으로 자연과 조화를 이루며, 인류 스스로의 이익을 최대한 실현하는 것이다.[49] 이것이 바로 청산녹수를 금산은산으로 바꾸는 것이다.

'청산녹수는 금산은산이다'는 사람이 지각 능동성을 발휘하는 데 대한 긍정일 뿐 아니라 이분법과 중점론의 변증적 통일이며, 발산적인 사고와 전략이라는 점에 유의해야 한다. '청산녹수는 금산은산이다'에서는 우선 당대 사람들의 이익을 이야기한다. 시진핑 동지는 생태환경 우위를 생태농업, 생태공업, 생태관광과 같은 생태경제 우위로 전환하게 되면 청산녹수를 금산은산으로 바꿀 수 있다고 지적했다.[50] 두 번째는 후손들의 이익을 이야기한다. 시진핑 총서기는 하이난 시찰 당시 하이난이 개발과 보호의 관계를 적절하게 처리하고, '녹화면적 확대'와 '푸른 하늘 보호'에 주력하여 국가 생태 문명 건설의 모범이 되고, 미래세대를 위해 지속 가능한

---

49 샤위펑(夏宇鵬), 리티에정(李鐵錚), 『생태 문명 건설을 가속화하고 녹색발전을 대대적으로 추진하자』, 녹색중국, 2015년, 제11기.

50 시진핑, 『지강신어(之江新語)』, 저장인민출판사, 2007년판, 153면.

'녹색 은행'을 남길 수 있기를 기대한다고 밝혔다.[51] 마지막은 전 인류의 발전 이익과 관계된 것이다. 시진핑 총서기는 국내외 포럼에서 "중국은 앞으로도 국제 의무를 다하여 세계 각국과 생태 문명 분야에 대한 심층적인 교류와 협력을 전개하고, 성과를 함께 나누어 건강한 지구의 아름다운 보금자리를 함께 만들기 위해 노력할 것이다"[52]라고 거듭 강조했다. 아름다운 중국을 건설하고 인민을 위한 좋은 생산과 생활환경을 조성하는 것도 세계 생태안보에 기여하는 것이다. 중국은 중요한 참여자이자 기여자이자 리더로서 생태 문명 건설을 위해 전력을 다하고, 세계의 지속 가능한 발전을 위한 변혁을 강력하게 추진하고 있다. 중국은 〈파리협정〉의 체결과 발효를 추진했고, 글로벌 기후변화 대응 과정에서도 선도적 역할을 했으며, 글로벌거버넌스 수준을 높이기 위해 새로운 패러다임을 모색했다.

시진핑 총서기는 "환경이 바로 민생이다. 청산은 아름다움이고, 푸른 하늘은 행복이다. 청산녹수는 금산은산이다"[53]고 강조했다. 이와 관련하여 중국의 여러 지방에서 보여준 생태 문명 건설의 실천이 좋은 예가 된다. '양산론'의 최초 수혜자인 저장성이 '88전략'[54]을 시행하는 것을 예로 들 수

---

51 비홍지(筆宏基) 「생태 성 건설을 견지하여 하이난을 더 아름답게 하자」, 하이난일보, 2017년 6월 23일, 4면.

52 『시진핑, 국정운영을 논하다』 제1권, 외문출판사, 2018년판, 212면.

53 시진핑, 「18기 5중 전회 정신을 배우고 이행하기 위한 성급, 부급 주요 간부 특별 세미나 연설(2016년 1월 18일)」, 인민일보, 2016년 5월 10일, 2면.

54 저장성 당 위원회는 2003년 7월 8가지 강점을 살려 8가지 조치를 추진하는 전략을 제시했다. (1) 저장성 체제 메커니즘의 장점을 살리고, 공유제를 주체로 하는 다양한 소유제 경제의 공동 발전을 강력히 추진하며, 끊임없이 사회주의 시장경제 체제를 완비한다. (2) 저장의 지리적 장점을 살려 상하이와의 연결을 주도하고, 장강 삼각주 지역과의 교류와 협력에 적극 참여함으로써 대내적, 대외적 개방 수준을 지속적으로 높인다. (3) 저장의 대규

인민중심의 새로운 발전 이념 고수

있다. 10년의 실천을 통해 청산녹수가 금산은산으로 변할 수 있다는 것이
입증되었다. 환경보호와 부의 성장이 상호 촉진하는 선순환을 이루어 더
높은 양질의 지속 가능한 경제 성장을 실현했고, 전통적인 공업경제 시스
템에서 풀 수 없었던 많은 난제를 해결했으며, 자연 자본 가치의 상승과 환
경 개선이 긍정적으로 상호 작용하는 새로운 생태 경제 모델을 만들었다.[55]

지금 '원바오'는 우리에게 더 이상 문제가 되지 않지만, 이제는 '환
경보호'가 오히려 문제가 되고 있다. 시진핑 총서기의 '양산론(兩山論)'은
둘 사이의 관계를 정확히 잘 다루기 위한 것으로 원바오를 이룬 후 오염이
'전염병'처럼 만연해서는 안 된다는 의미를 포함한다. 이는 녹색발전이 새
로운 발전 이념의 중요한 함축이고, 보호와 발전은 절대로 모순되는 개념
이 아니며, 환경과 경제라는 두 산을 다 가질 수 있다는 것을 의미한다. 경
제개발로 인한 자원 소비와 환경 오염은 이미 인민의 건강을 위협하고 경
제발전을 크게 제한했다. 이런 현실 앞에서 중앙은 생태환경의 종합적인
질적 향상을 전면적인 샤오캉사회 실현의 새로운 목표에 포함하고, '녹색
발전'을 이용해 인민의 기대에 효과적으로 부응하고, 상황에 맞는 해결책

모 특수 산업 이점을 충분히 활용해 첨단 제조 기지 건설의 속도를 높이고, 산업화의 새로
운 길을 가야 한다. (4) 조화로운 도농 관계 발전에서 저장의 장점을 활용해 도시와 농촌의
사회 경제발전을 종합적으로 계획하고 도농 통합에 박차를 가한다. (5) 저장의 생태적 이
점을 살려 생태성을 건설하고, '녹색 저장성'을 건설한다. (6) 저장의 산과 해양 자원의 장
점을 살려 해양 경제를 대대적으로 발전시키고, 저개발 지역 발전과 해양 경제를 만들기
위한 노력을 저장성의 새로운 성장 포인트로 만든다. (7) 저장의 환경적 이점을 살려 적극
적으로 인프라 건설을 추진하고, 법치 건설, 신용 구축, 기관의 효율성을 강화한다. (8) 저
장의 인문적 이점을 살려 과학과 교육, 인재 양성을 통한 성의 발전과 문화의 성 건설에
박차를 가한다.

55 논설위원 칼럼, 「자원 절약과 환경보호라는 국가 기본 정책을 준수하고, 5중전회의 3가지
    정신을 철저하게 이행하자」, 광명일보, 2015년 11월 3일, 1면.

을 마련하여 아름다운 중국 추진을 위한 좋은 방도를 제시함으로써 중국은 앞으로 녹색발전을 통해 사회 경제의 지속 가능한 발전의 길을 모색할 것임을 보여주었다. 청산녹수가 계속해서 금산은산을 가져올 수 있다. 우리가 심는 상록수가 바로 돈 나무이다. 생태 우위가 경제 우위로 전환되어 풍부한 녹색 배당 효과를 얻을 수 있다.[56] '청산녹수는 금산은산이다'로 생산 실천을 지도할 때, '조화로운 통합'이 생태적 사고로 주객을 나누는 이분법적 대립사고를 대체하고, 환경 수용 능력을 고려한 발전을 모색하는 것이 필요하다. 실질적인 혁신을 바탕으로 생태적 장점을 경제적 장점으로 전환하고, 녹색산업과 '아름다운 경제'를 발전시키며,[57] 녹색순환과 저탄소 발전을 실현하고 생태·녹색발전 모드의 변혁을 실현해야 한다. 어디에나 적용해도 다 맞을 수 있는 모델은 없으므로 구체적인 문제는 구체적으로 분석할 필요가 있다. 반드시 현지 상황에 따라 지역 여건에 맞게 대책을 조정하고 적극 모색해야 하고, 과감하게 혁신과 발전을 추진하여 특색화된 발전 모델을 가져야 한다. 이와 관련, 시진핑 동지는 "무조건 산업화를 해야 하는 것은 아니다. 공업에 적합하면 공업을 하고, 농업에 적합하면 농업을 하고, 개발에 적합하면 개발하고, 보호할 것은 보호해야 한다"[58]고 지적했다. 시진핑 총서기는 "발전에 대한 생각을 혁신하고, 후발주자의 장점을 발휘해야 한다. 지역 상황에 맞는 산업을 선택해 발전시켜 청산녹수

---

56 시진핑: 『지강신어』, 절강인민출판사, 2007년판, 186면.

57 2015년 5월 25일 시진핑 총서기는 저장성 저우산(舟山)의 농가인 러샤오위안(樂小院)을 방문해 "이곳은 천연 산소방이고, 아름다운 경제로 청산녹수는 곧 금산은산이라는 사실을 증명했다"고 말했다.

58 시진핑: 『지강신어』, 저장인민출판사, 2007년판, 186면.

인민중심의 새로운 발전 이념 고수

가 사회적·경제적 효율을 충분히 발휘하게 함으로써 사회적·경제적·생태적 혜택을 함께 높여 인민의 부와 생태적 아름다움의 유기적인 통합을 실현해야 한다"[59]고 강조했다.

녹색발전을 실현하고 '청산녹수는 곧 금산은산'이라는 지도 사상을 실천하기 위해서는 집권과 성과에 대한 새로운 개념을 정립하고, 자연자원 자산의 재산권 제도와 사용통제 제도를 개선하는 것이 중요하다. 녹색 생산 방식을 실천을 위한 주요 캐리어로 삼고, 제도 보장을 위해 지도 간부의 천연자원 자산 이임 감사 제도를 구축해야 한다. 시진핑 총서기는 '청산녹수는 곧 금산은산'이라는 녹색발전 이념을 이용해 발전과 환경보호의 관계를 다루고, 자원 절약과 환경보호에 도움이 되는 새로운 공간 구도, 산업구조와 생산 및 생활습관의 형성을 가속화함으로써 자연 생태가 회복될 수 있는 시간과 공간을 주어야 한다고 지적했다.[60] 생태환경은 생산력의 요소 중 하나이다. 또한, 좋은 생태환경은 기타 생산력 요소에 대한 매력과 응집력을 증가시킬 수 있다. 녹색발전을 고수하고, 생산과 개발, 풍요로운 삶과 좋은 생태를 유지하는 문명 발전의 길을 굳건하게 걸어야 한다. 가장 시급한 것은 개발에 대한 전통적인 관성적 사고를 전환하고, 불합리한 산업 구조, 자원 활용방식, 에너지 구조, 공간배치, 생활 방식을 전환해 녹색 저탄소 순환발전 체제 및 청정·저탄소의 안전하고 효율적인 현대 에너지 시스템 구축을 추진해야 한다. 절약하고, 집약적으로 재활용하는 자원 개념을 수립해야 한다. 일시적인 경제 성장의 대가로 환경을 희생하고 자

---

59   쉬웨이신(徐偉新) 등 『중국의 뉴노멀』, 인민출판사, 2015년판, 85면.
60   『19차 당대회 보고 지도 독본』, 인민출판사, 2017년판, 173면.

원을 낭비해서는 안 되고, 사회 경제발전과 생태환경 보호의 상호 윈-윈을 실현해야 한다.

4. 아름다운 중국 건설 추진

녹색발전 이념을 실천하는 핵심은 정확하고 전반적인 이해를 바탕으로 행동하는 데 있고, 이행하는 것이 중점이다. 녹색발전과 생태 문명은 사회 문명의 형태로써 인류 사회발전이 필연적으로 나아가야 하는 방향이다. 녹색발전 이념을 견지하고 녹색발전 전략을 실시함으로써 새로운 문명 발전의 길을 걸어야 한다. 시진핑 총서기는 "생태 문명으로 향하는 새로운 시대에 아름다운 중국을 건설하는 것은 중화민족의 위대한 부흥이라는 중국몽을 실현하는 중요한 내용이다. 생태 문명 건설은 인민의 복지와 민족의 미래와 관련이 있다"[61]고 지적했다.

과거 신농촌 건설이라고 하면 줄지어 새집을 짓는 것을 계획하고, 도시 건설이라고 하면 고층빌딩이 숲을 이루고, 경제를 잡기 위해 산을 폭파해 채굴하고, 호수를 매립하여 공장을 건설하는 경우가 다반사였다. 과도한 자원 소모와 심각한 환경오염 문제가 점점 더 두드러지면서 홍수 등 수해가 빈번하게 일어나고, '스모그'의 습격이 잦아지고 있다. 에너지 자원은 불충분하고 생태환경 수용 능력이 감소하고 있다. 이런 상황으로 인해 과거와 같은 방만한 발전 방식을 지속하기는 어려운 상황이며, 생태 문제에

---

61   『시진핑, 국정운영을 논하다』 제1권, 외문출판사, 2018년판, 211, 208면.

대한 사람들의 불만은 점점 더 강해지고 있다. 녹색발전의 이념을 실천하려면 발전 수요와 자원환경의 제한된 공급의 모순을 균형있게 조절하고, 현재의 생태환경 보호에서 떠오르는 문제를 해결하기 위해 노력하고 생태문명 건설을 촉진해야 한다. 이는 중국 특색의 사회주의 사업인 오위일체의 전반적인 배치에 대한 이해를 충분히 보여주는 것으로 인민복지와 민족의 미래를 책임지겠다는 의지의 표현이며, 인류 문명의 발전에 대한 깊은 생각을 충분히 반영하고 있다.[62]

그러나 농업 문명에서 공업 문명으로의 비약적인 전환에 비해 산업 문명에서 생태 문명으로의 전환이 맞게 되는 도전은 더 가혹하고, 임무는 더 어렵고, 시간이 더 길어질 수 있다. 현재 중국의 취약한 현실과 아름다운 중국몽은 거리를 의미하며, 방향을 제시하고, 중책을 부각하고 있다. 시진핑 총서기는 2013년 4월 2일 수도 베이징에서 열린 식목행사에 참석해 "중국은 아직도 숲과 녹지가 부족하고 생태가 취약한 국가이기 때문에 나무를 심고 숲을 조성해 생태를 개선해야 하는 막중한 임무를 지고 있고, 아직 갈 길이 멀다는 것을 확실히 깨달아야 한다"[63]고 지적했다. 시진핑 총서기는 아울러 "사회 전체가 18차 당대회가 제시한 아름다운 중국 건설의 요구에 따라 생태 의식을 확실하게 높이고, 생태환경 보호를 본격적으로 강화함으로써 중국을 생태환경이 좋은 나라로 만들어야 한다"[64]고 덧붙였다. 2015년 시진핑 총서기는 구이저우 시찰에서 "현재 중국 경제는 속도의 변

62   『시진핑, 국정운영을 논하다』 제1권, 외문출판사, 2018년판, 208면.
63   『시진핑, 국정운영을 논하다』 제1권, 외문출판사, 2018년판, 207면.
64   상동.

화, 구조의 최적화, 원동력의 전환이라는 세 가지 특징을 가지고 있다. 뉴노멀에 적응하고, 뉴노멀을 파악하고 선도하는 것은 현재와 미래 중국 경제발전의 주요 논리이다. 발전과 생태환경 보호와의 관계를 올바르게 다루고, 생태 문명 건설 체계와 메커니즘의 개혁에 앞장서고, 제기된 행동 계획을 성실하게 행동으로 이행함으로써 발전과 생태환경 보호를 조화롭게 추진해야 한다"[65]고 강조했다. 시진핑 총서기는 2018년 전국 생태환경 보호 대회에서 과거 사업에 대한 종합을 바탕으로 "현재 생태환경 보호는 역사적이고 전환적인 변화와 함께 전반적인 변화가 생겼지만, 사회주의의 현대화 건설이 신시대를 맞이함에 따라 생태 문명 건설은 압박과 부담이 가중되는 상황에서 나아가야 하는 '중요한 시기'로 접어들었다. 아울러 더 나은 삶에 대한 인민의 요구 증가에 부응하기 위해 양질의 생태 제품을 공급해야 하는 '임계기'와 생태환경의 두드러진 문제를 해결할 수 있는 능력과 여건을 갖춘 '잠복기'를 맞이하고 있다. 세 단계의 중첩은 생태 문명 건설의 시급성이 높아지고 추진의 어려움이 증가하고 있음을 의미한다"[66]고 추가로 지적했다.

'아름다운 중국'은 생태 문명의 요구에 따라 자원 절약형, 환경친화적인 사회를 건설함으로써 사람과 자연, 사람과 사람 사이의 조화와 아름다움을 실현하는 것이다. 그 안에는 청정환경의 자연미, 찬란한 사회 문명의 인문학적 아름다움, 자연을 아끼고 사랑하고 존중하며 우호적이고 화

65   중공중앙문헌연구실 편저 『시진핑의 과학기술 혁신에 관한 논술 엮음』에 실린 '시진핑, 구이저우 시찰 당시 연설(2015년 6월 16일-18일), 중앙문헌출판사, 2016년판, 8면.

66   리멍(李萌), 판쟈화, 『생태 문명 건설을 새로운 단계로 추진하고, 아름다운 중국 건설의 새로운 국면을 연다』, 환경보호, 2018년판, 제11기.

인민중심의 새로운 발전 이념 고수

목한 행위의 아름다움 등 여러 의미를 담고 있다.[67] 아름다운 중국을 건설하는 것은 깨끗한 식수, 신선한 공기, 위생적인 음식, 아름답고 살기 좋은 삶에 대한 사람들의 새로운 기대에 부응하는 13억 인구의 공동 염원이며, 녹색발전의 목표를 집중적으로 구현한 것으로 마르크스주의 생태 사상이 중국에서 운용·발전된 것이다.

마르쿠제는 마르크스와 헤겔의 미적 원리에 따라 대상 세계를 만든다는 이론을 근거로 '미의 환원법'을 제시했다. 그는 미의 형태는 인간 존재의 연결 고리이자 자연 존재의 연결 고리라고 지적하고, 미는 본질적으로 손상이나 파괴가 아니라, 자연에 순응하는 고유의 생명 상승력, 지각력 및 미적 특성이다. 자연이 가지고 있는 사람을 기쁘게 하는 힘과 특성을 회복하고 해방하는 것이라고 생각하고, 자연 정복은 자연의 맹목성, 잔인함, 다발성을 줄이는 것이라고 지적했다.[68]

시진핑 총서기는 "생태환경 보호는 현재 시대에 기여하고, 미래에 그 혜택이 이어지는 것이기 때문에 우리가 눈을 보호하듯이 생태환경을 보호해야 한다"고 지적했다.[69] 중국은 자연자원에 대한 야만적인 약탈과 자연 생태환경 파괴를 버리고 완전히 새로운 발전의 길을 가야 한다. 이 길은 중화민족의 최대 복지를 실현하는 지속 가능한 발전의 길이고, 아름다움을 추구하며 실현하는 길이다. 물질문명을 누리면서 산수를 바라보고 고향의

---

67 「녹색발전으로 아름다운 중국을 건설하자-18차 당대회 정신 실천에 대한 다섯 가지 관점」, 인민일보 논평, 2013년 3월 3일, 4면.

68 [미] 마르쿠제 『일차원적 인간』, 장펑(張峰) 등 옮김, 중경출판사, 1998년판, 202면.

69 『시진핑, 국정운영을 논하다』 제1권, 외문출판사, 2018년판, 208면/『시진핑, 국정운영을 논하다』 제1권, 외문출판사, 2017년판, 395면.

향수를 기억할 수 있는 길이다.[70]

사회발전의 역사적 관점에서 생태 문명은 오랜 역사적 기원과 현실적 의의를 가지고 있으며, 미래의 향방을 드러낸다. 생태 문명은 공허한 슬로건이 아니라 측정 가능한 지표와 평가 체계를 가지고 있다. 예를 들어 저탄소 경제는 강성의 측정 가능하고, 발전 난이도가 높은 생태 문명 건설의 경로라 할 수 있다. 중국의 생태 문명 건설을 위해 비교적 완전한 체제 메커니즘과 정책 시스템을 시급히 형성해야 하지만, 이는 체계적이고 방대하고 복잡한 프로젝트로써 하룻밤 사이에 이루어지지 않을 것이다. 특히, 중국 동서부 지역의 자연환경 특성과 기후 용량의 차이는 아름다운 중국몽을 실현하는 데 있어 자연 수용 능력의 객관적인 강성 제약이 된다.

"아름다운 강산은 있지만 낙후되고 가난하다면 아름다운 중국이 아니고, 강하고 부유하지만, 환경오염이 있다면 이 역시 아름다운 중국은 아니다."[71] 시진핑 총서기는 "경제발전과 GDP 증가가 우리가 추구하는 전부는 아니다. 우리는 사회 진보와 문명 번영의 지표, 특히 인문 지표, 자원 지표 및 환경 지표에도 주의를 기울여야 한다. 오늘날의 발전을 위해 열심히 노력해야 할 뿐만 아니라 내일의 발전에도 책임을 져야 한다. 미래의 발전을 위해 좋은 기반과 영속적으로 이용 가능한 자원과 환경을 제공해야 한다"[72]고 강조했다. 자연자원의 합리적인 이용을 통해 자연환경과 인문환경

---

70 인민일보사 이론부 편저, 『시진핑 총서기의 중요 담화에 대한 심층적 이해』(상), 인민출판사, 2014년판, 374면.

71 국가 간부 훈련 교과서 편집 및 검토 운영위원회 편저 『아름다운 중국 건설』, 인민출판사·당건설도서출판사, 2015년판, 89면.

72 「청산녹수는 금산은산이다-저장 시절 시진핑 동지의 중요 논술 엮음」, 절강일보, 2015년 4월 17일 3면.

의 오염과 파괴를 방지하고, 자연환경과 지구생물을 보호하고, 인류 사회 환경의 생존 상태를 개선하고, 생태 균형을 유지 발전시키며, 사람과 자연환경의 관계를 조화롭게 만들어 자연환경과 인류 사회의 공동 발전을 보장한다.

시진핑 총서기는 "환경용량과 생태 공간을 확대하고, 생태환경 보호와 협력을 강화하며, 이미 가동된 대기 오염 방지 협력 체제를 바탕으로 보호림 조성, 수자원 보호, 물 환경 관리, 청정에너지 사용 등의 분야에 대한 협력 메커니즘 개선을 위해 노력해야 한다"[73]고 지적했다. 당 18기 5중 전회는 "환경 관리의 강도를 높이고, 환경의 질적 향상을 핵심으로 가장 엄격한 환경보호 제도를 실시하며 대기, 수질, 토양 유실 방지 및 통제를 위한 행동 계획을 심층적으로 실시하고, 성 이하의 환경보호 기구에 대한 모니터링과 감독 및 법 집행을 위한 수직 관리 제도를 실시한다"[74]고 밝혔다. 시진핑 총서기는 "중대 생태복원 프로젝트를 실시하고 생태 제품의 생산능력을 키워야 한다……환경보호와 관리는 인민 건강을 해치는 두드러진 환경 문제를 해결하는 데 중점을 두고, 예방 위주의 종합 관리를 고수하며, 수질·대기·토양 오염 예방 및 관리를 강화하여 주요 하천 유역 및 지역의 수질오염 방지와 관리에 중점을 두고, 주요 업종과 중점 지역의 대기 오염 관리에 총력을 기울여야 한다"[75]고 지적하고, "생태안보 장벽을 강화하고, 보호 우선, 자연 복원 위주로 산과 강, 숲과 호수, 논밭의 생태 보호 복

73   국무원 연구실 집필진 편저, 『12기 전국인민대표대회 3차회의 '정부 업무 보고' 지침서 (2015)』, 인민출판사·중국언실출판사, 2015년판, 312면.

74   『중국공산당 제18기 중앙위원회 5차 전체회의 공보』, 인민출판사, 2015년판, 11-12면.

75   『시진핑, 국정운영을 논하다』 제1권, 외문출판사, 2018년판, 209-210면.

원 사업을 실시하며, 대규모 토지 녹화 작업을 수행하고, 천연림 보호 제도를 완비하며, 블루베이 정비 사업을 추진해야 한다"[76]고 강조했다.

녹색발전을 위해서는 녹색 자원의 뒷받침이 필요하고, 임업 현대화를 위해서는 총자원의 보장이 필요하다. 시진핑 총서기는 "국토는 생태 문명 건설의 공간적 캐리어이다. 인구, 자원, 환경의 균형과 경제, 사회, 생태 효율의 통일이라는 원칙에 따라 인구분포와 경제 배치, 국토 이용, 생태환경 보호를 종합적으로 계획하고, 생산 공간과 생활 공간, 생태 공간을 과학적으로 배치하여 자연이 회복될 수 있는 더 많은 공간을 남기고, 농업에 좋은 땅을 더 많이 할애하며, 자손들에게 맑은 하늘과 푸른 들판, 깨끗한 물을 가진 아름다운 보금자리를 남겨주어야 한다. 기능구역 전략의 이행을 가속화해야 한다……환경 기능구역을 엄격하게 구분하고, 과학적이고 합리적인 도시화 추진, 농업 발전, 생태안보를 위한 구도를 구축하고, 국가와 지역의 생태안보를 보장하며 생태서비스 기능을 높여야 한다"[77]고 지적했다. 『국민 경제와 사회발전을 위한 13차 5개년 계획에 관한 중국공산당 중앙위원회의 제안』은 다음과 같은 목표를 제시했다. "대규모 국토 녹화 사업을 수행하고, 임업 중점 사업 건설을 강화한다. 천연림 보호 제도를 보완하고 천연림에 대한 상업성 벌목을 완전히 중단하여 삼림 생태계를 보호하고 육성한다. 국유림 농장이 국토 녹화에서 주도적인 역할을 한다. 재산권 모델을 혁신해 사회적 자금을 식수조림에 투자하도록 유도한다. 자연에 있던 큰 나무를 도시에 심는 것을 엄금한다. 경작지를 삼림과 초원으로

76 『중국공산당 제18기 중앙위원회 5차 전체회의 공보』, 인민출판사, 2015년판, 12면.

77 중공중앙선전부 편저, 『시진핑 총서기의 중요 담화 시리즈(2016년판)』, 학습출판사·인민출판사, 2016년판, 237-238면.

환원하는 것을 확대함으로써 초원 생태시스템을 보호한다. 방목 금지, 휴목(休牧), 윤환방목(rotation grazing), 목초지를 초원으로 환원하는 등 초지 관리를 강화함으로써 초원 식생의 커버리지를 56%까지 끌어올린다. 사막 생태계를 보호 및 복원하고, 황사 발원지에 대한 관리에 박차를 가해 사막화를 억제한다. 중요한 강과 호수, 습지 및 하구의 생태 수위를 보장하고 습지와 강 및 호수 생태계를 보호하고 복원하기 위한 습지 보호 시스템을 구축한다.[78]

수년간의 노력 끝에 중국의 산림 자원이 눈에 띄게 증가했지만, 전체적으로는 여전히 산림과 녹지가 부족하여 산림 생태안보 문제가 여전히 두드러진다. 산림 피복률은 세계 평균수준보다 10%p 낮은 21.66%로 세계 139위에 머물렀다. 1인당 삼림 면적과 1인당 임목축적은 각각 세계 평균수준의 1/4과 1/7에 지나지 않는다. 총 삼림자원의 부족, 생태 제품과 목재의 심각한 부족으로 인해 생태 취약지역이 전국 토지 면적의 60%를 차지하고 있으며 목재의 해외 의존도는 48%에 달해 국가 생태보호 임무는 매우 중대하다. 녹색발전은 국토 공간 개발 구도를 최적화하고, 자원을 절약하고 환경을 보호하는 공간 패턴을 이루어 사람들에게 좋은 생산 및 생활환경을 조성함으로써 더 이상 스모그가 하늘을 뒤덮고, 오수기 넘쳐나며, 토양이 오염되고 도시가 쓰레기에 둘러싸이는 문제로 인한 걱정과 우려를 하지 않도록 해야 한다. 산림 면적을 확대하고 질적으로 향상시켜 생태 기능을 강화하고, 구석구석 빠짐없는 녹색 보호를 위해 인공림 조성에

---

78 「국민 경제 및 사회발전을 위한 13차 5개년 계획 수립에 대한 중국공산당 중앙위원회의 제안(2015년 10월 29일 중국공산당 제18기 중앙위원회 5차 전체회의에서 통과됨)」, 인민일보, 2015년 11월 4일, 1면.

속도를 높여야 한다. 시진핑 총서기는 "조국 녹화와 생태 개선은 모두의 책임이다. 산업구조를 적극적으로 조정해야 한다. 틈마다 나무를 심고 녹지를 만드는 것부터 시작하고, 한 방울의 물이라도 아끼려고 하고, 곡물을 절약하는 것부터 몸소 행하면서 자원 절약, 환경친화적인 사회를 만들기 위해 노력하고, 사람과 자연의 조화로운 발전을 추진해야 한다"[79]고 지적했다. 예를 들어 과거 중국의 도시화는 마땅히 '백화제방'이라고 해야 했지만, 모두가 도시화를 단순하게 공업화와 부동산화로 간주하는 근본은 변하지 않았다. 거의 모든 도시가 투자를 유치하고, 대규모 공업개발과 대규모 토목 공사를 진행했으며, 도시의 급속한 확장 과정에서 천편일률적인 동질화가 심각하게 나타났고, 심각한 자원 낭비를 야기했다. 이런 도시화는 우리가 기대하는 녹색 도시화가 아니다. 도시 인프라는 하루아침에 건설했다가 무너뜨릴 수 있는 게 아니다. 자원과 에너지를 낭비하고 생태환경을 파괴하는 것이기 때문이다. 도시 관리자는 계획을 세울 때 도시 계획 관리의 관점에서 생태 건설과 보호의 필요성을 고려하고, 과학적으로 계획하고 잘 이행해야 하며, 자연 시스템을 파괴하기보다는 자연에 미치는 영향을 세세하게 고려해야 한다.

산업 구조조정과 배치에 있어서 생태 문명 건설의 요구에 따라 도시의 포지셔닝을 정확하게 찾아 산업 선택과 진입 장벽에 대한 기준을 명확하게 하고, 공간 계획을 잘해서 산업을 합리적으로 배치해야 한다. 기존의 산업 구조를 조정하고 최적화한다. 녹색 과학기술 진보를 통해 에너지 효

79 중공중앙문헌연구실 편저, 『시진핑의 사회주의 문명 건설에 관한 논술 엮음』에 실린 '시진핑 총서기의 수도 의무 식목행사 연설(2015.4.3)', 중앙문헌출판사, 2017년판, 119면.

인민중심의 새로운 발전 이념 고수

율을 향상시킨다. 기존의 생산-제품-폐기물의 선형 방식을 개선하고 변화시켜 자원 재활용을 실현한다. 친환경적이고 건강한 소비 모델을 실천하기 위해서는 시민들의 환경보호 의식을 높이고 자연을 존중하고 자연에 순응하며 환경을 보호하는 삶의 개념과 방식을 확립해야 한다. 『중화인민공화국 국민 경제 및 사회발전을 위한 13차 5개년 계획 요강』은 녹색 생산 방식과 생활 방식의 실천, 녹색 및 저탄소 수준 개선, 에너지 자원의 개발 이용 효율 향상, 에너지와 수자원 소모, 건설부지, 탄소 총배출량에 대한 효과적인 통제, 주요 오염물질 배출량의 큰 폭 감소를 요구했다. 아울러 도시 개발의 강도를 효과적으로 통제해야 한다. 물 보호라인, 녹지 공간 시스템 라인, 인프라 건설 통제 라인, 역사 및 문화 보호라인, 영구 기본 농지 및 생태보호 레드라인을 설정해 도시 확장의 '도시 스프롤' 현상을 방지하고, 녹색 저탄소 생산 및 생활 방식과 도시 건설 운영방식을 형성해야 한다. 집중 개발은 '스마트 성장'과 '콤팩트 도시'의 개념을 가지고, 과학적으로 도시 개발의 경계를 제한하며, 토지 공간 개발 레이아웃을 최적화하고, 도시의 발전을 외연 확장에서 내실 향상 방식으로 전환을 요구한다. 녹색 순환과 저탄소 개념에 따라 도시 교통, 에너지, 상하수도, 난방, 하수 및 쓰레기 처리와 같은 인프라 건설을 계획하고 강화해야 한다. 도시는 모든 요소자원과 경제, 사회 활동이 가장 집중된 곳이다. 전면적인 샤오캉사회를 건설하고 현대화를 빠르게 실현하기 위해서는 반드시 도시라는 '기관차'를 잘 잡고, 발전 규칙을 파악하여 인민 중심의 새로운 도시화를 추진해야 하며, 내수 확대의 최대 잠재력을 발휘하여 각종 '도시병'을 효과적으로 완

화해야 한다.[80]

시진핑 총서기는 조사연구와 실천에서 생태 문명 건설을 대대적으로 추진하고 종합 관리조치를 강화하며 목표의 책임을 이행하고, 청정생산을 추진하며 녹색 식생을 확대하여 하늘과 산을 더 파랗고 푸르게 만들고, 물은 더 맑게, 생태환경은 더 아름답게 만들 것을 요구했다.[81] 아름다운 보금자리를 함께 만들고, 아름다운 중국몽을 함께 실현해야 한다.

시진핑 신시대 중국 특색 사회주의 사상에서 녹색발전 이론은 우리 자신의 발전에 존재하는 두드러진 문제와 세계 각국의 발전 중 나타나는 보편적인 문제에 대한 명확한 인식이다. 과거 비교적 긴 시간 중국은 산업화 수준 향상과 경제발전 가속화를 위해 방만한 개발 방식을 취한 결과 경제발전과 환경용량, 환경 품질의 현 상황과 공공 환경 품질에 대한 요구 사이의 모순이 점점 두드러졌다. 현 단계 1인당 자원 부족과 제한된 환경용량의 여건 속에서 중국은 서방 국가에서 초기 산업화의 광범위한 발전을 위한 조건을 갖지 못하고, 타국의 자원을 약탈해 성장했던 선진 자본주의 국가의 성장을 추구할 수 없으며, 오염 후 관리하던 서구의 낡은 방법은 더욱 취할 수 없다. 경제적인 이익을 위해 자연을 훼손하는 성장 방식을 버리지 않는다면 '두 개의 100년' 분투 목표 실현이 어려울 뿐 아니라 생태위기를 야기해 중국 사회 경제의 지속 가능한 발전을 심각하게 위협할 수 있다. 따라서 생태 문명의 신시대로 나아가고, 아름다운 중국을 건설하는 것

---

80   「사람을 중심에 두는 것이 조화롭고 살기 좋은 도시의 본질이다-'13차 5개년 계획'의 개막전을 위한 4가지 이론」, 광명일보 논평, 2016년 1월 7일, 2면.

81   리홍메이(李紅梅) 책임 편집, 『중국 특색 사회주의 생태 문명 건설 이론과 실천 연구』, 인민출판사, 2017년판, 214면.

은 인류 사회발전의 역사에 대한 과학적 이해와 중국 경제 및 사회발전의 경험과 교훈에 대한 심오한 요약이 응집된 것이라 할 수 있다. 현재, 생태환경 특히 대기, 물, 토양의 심각한 오염은 전면적인 샤오캉사회 실현의 숏보드가 되었다. 생태환경은 완전한 샤오캉사회 실현을 위한 핵심이다. 개혁개방 40년 동안 중국의 평균 경제 성장률은 같은 기간 세계 선진국의 거의 3배에 달하는 두 자릿수에 육박했다. 그러나 전반적인 샤오캉을 실현한 후에는 자원 요소의 결합을 특징으로 하는 과거의 높은 소비와 투입을 통한 조방형 경제 성장 모델은 더 이상 지속 가능하지 않다. 서구 선진국이 수백 년 동안의 산업화 과정에서 단계적으로 발생한 환경 문제가 '시공간이 압축된 형태'로 중국에서 집중적으로 나타나고 있다. 뉴노멀의 배경에서 자원 규제의 강화, 취약한 환경 수용력, 생태계 악화 상황이 매우 심각하여, 경제의 지속적인 건강한 발전을 제약하는 중대한 모순과 인민 생활의 질적 향상을 저해하는 중대한 장애이자 중화민족의 지속적인 발전에 중대한 복병이 되었다. 아직 산업화와 도시화가 진행 중인 개발도상국으로서 경제발전과 생태환경 보호의 균형을 어떻게 찾아 상생을 실현할 수 있는지는 실질적으로 해결해야 할 시급한 문제다. 개혁개방 이후 우리가 겪었던 이러한 미해결 문제들에 대한 깊은 이해에 바탕을 두고, 특히 인민의 요구와 기대에 충분히 부응하기 위해 녹색발전 이념은 중국이 미래 발전에서 추호도 변함이 없이 반드시 지켜야 할 방향이 되었다. 시진핑 총서기가 지적했듯이 중국의 생태환경 갈등은 역사적으로 축적된 과정이었기 때문에 하루아침에 나빠진 것은 아니지만, 우리 손에서 더 악화시킬 수 없다는 마음과 의지를 가져야 한다.[82] 우리는 정치적 관점에서 녹색발전의 중요성을 깊이 이해하고, 정치적 성과에 대한 올바른 시각을 정립하고, 진정으로 발전의 이념을 바꾸고, 녹색발전의 길을 선택해 가야 한다.

사회주의 생태 문명을 건설하고 녹색발전의 길을 확고히 따르는 것은 생산 방식, 생활 방식, 사고방식 및 가치와 관련된 혁명적인 변혁이다. 이 위대한 변혁을 실현하기 위해 서구의 산업 문명을 넘어서 녹색, 순환, 저탄소 생산력의 개발과 문화 발전을 위한 공간을 넓히고 생태 문명의 패러다임에서 지속 가능한 발전과 번영을 추구해야 한다. 우리는 자연에 순응하고, 사람과 자연의 조화로운 공존의 경계 제약을 존중하고, 자연의 법칙을 위반하는 성장 모드를 버리고, 경제발전을 자연 용량의 범위로 되돌려야 한다. 또한, 우리는 자연을 적극적으로 활용하고 변화시키고, 최소의 자원과 환경의 투입으로 생산량을 극대화하여 사람과 자연, 환경과 사회, 그리고 인간과 사회의 조화와 공동 번영을 실현해야 한다. 사람과 자연은 정복하고 정복되는 관계가 아닌 함께 살고, 상호 촉진하는 관계이다. 더 중요한 것은 우리는 생태 문명 제도 건설을 통해 생태 레드라인을 엄수하고, 생태보상을 실시하며, 생태관리를 개선하고, 생태안보를 보장해야 한다. 산업 문명의 정수를 충분히 흡수하고, 산업 문명의 폐단을 극복하여 사람과 자연의 조화로운 공생이라는 새로운 경지를 향해 매진하고, 중화민족의 영속적인 발전을 위한 제도적인 기반을 마련하기 위해 끊임없이 노력해야 한다.

---

82   중공중앙문헌연구실 편저, 『시진핑, 사회주의 문명 건설에 관한 논술 엮음』에 실린 '중앙재경 지도팀 제5차 회의에서의 시진핑 연설(2014년 3월 14일)', 중앙문헌출판사, 2017년판, 8면.

인민중심의 새로운 발전 이념 고수

시진핑 총서기의 녹색발전 이념은 마르크스주의 생태이론과 현시대의 발전 특성이 결합된 성과이자, 중국식 마르크스주의 방법론이며, 시진핑 생태 문명 사상의 중요한 내용이다. 아울러 중국 문화인 '천인합일'에 대한 발양이며, 인민에게 책임을 다하는 시진핑 주석의 고상한 정서를 보여주는 것이고, 강한 역사적 책임과 우환의식을 두루 갖추고 있으며, 시진핑 주석이 제시한 '노선 자신감, 이론적 자신감, 제도적 자신감, 문화적 자신감'도 충분히 드러냈다.[83] 녹색발전 이념의 지도를 통해 우리는 자연을 존중하고 자연에 순응하며 사람과 자연의 조화로운 발전이라는 개념을 받들어 자원을 절약하고, 환경을 보호해야 한다. 아울러 사람의 주관적인 능동성을 과학적으로 발휘하여 청산녹수를 금산은산으로 바꿀 수 있다. 반드시 경제와 사회의 안정적인 발전을 실현하고 아름다운 중국을 건설하여 하늘을 더 파랗게, 물을 더 맑게 산을 더 푸르게 만들 것이며, 중화민족의 위대한 부흥을 맞이하고, 중화민족의 영속적인 발전을 보장해야 한다.

　　이와 동시에 녹색은 인류의 공동 가치를 위해 필요한 수요이다. 아름다운 중국 건설은 하나뿐인 지구와 분리될 수 없다. 경제 세계화와 함께 생태 문제의 국제화 추세가 점점 더 분명해지고, 국제 생태 규칙은 중대한 변화에 직면하고 있다. 중국은 생태 세계화의 흐름에 능동적으로 대응하여 생태 녹색 외교와 녹색 국제 협력을 적극적으로 추진하고, 지구 생태 관리 시스템의 구축을 촉진하여 녹색 세계 건설을 위해 지혜와 힘을 보태고 있다. 녹색은 이미 세계 발전의 조류이자 추세가 되었다. 녹색은 전 인류의 복지와 미래와 관련이 있으며, 세계 발전을 위한 역사적인 기회를 품

83　『시진핑, 국정운영을 논하다』 제2권, 외문출판사, 2017년판, 36면.

고 있다. 생태 문명사회를 건설하고 기후변화에 대처하기 위해서 선진국이든 후진국이든 혼자만 생각할 수는 없다. 각국은 인류에 대한 공동 책임과 상호포용의 정신으로 평등, 공조, 협력, 상생의 원칙을 고수하면서 개혁으로 혁신을 추진하고 혁신을 통해 녹색산업, 녹색 도시와 녹색 소비의 발전을 이끌어 각국의 녹색발전을 실현하고, 생태 문명의 새로운 시대로 나아가기 위해 함께 협력해야 한다. 녹색발전은 시작일 뿐 끝이 없다. 우리는 아름다운 중국을 건설하면서 세계 각국과 함께 협력하여 지구 생태 안전을 수호함으로써 파란 하늘과 푸른 땅, 깨끗한 물을 가진 아름다운 세계를 만들어 녹색발전의 번영을 함께 나누고 새로운 생태 문명 시대로 나아가야 한다.

인민중심의 새로운 발전 이념 고수

제5장

국가 번영의 길:
개방과 발전

대외개방은 중국의 기본 국책이다. 당 11기 3중 전회 이후 중국의 발전은 대외개방의 수혜를 입었다. 나라의 부강과 민족의 부흥은 무엇보다도 그 나라와 민족이 시대의 조류에 순응하여 역사적으로 나아갈 수 있는 주도권을 장악할 수 있는지에 달려있다.[1]

경제 세계화는 우리가 발전 계획에서 직면할 수밖에 없는 시대적 조류이다. 발전하고 성장하려면 경제 세계화의 흐름에 능동적으로 순응하고 대외개방을 고수하며, 인류 사회가 창조한 선진 과학기술 성과와 유익한 관리 경험을 충분히 활용해야 한다는 것은 이미 실천을 통해 입증되었다. 개혁개방 초기 강하지 않고 경험이 부족했던 시절에 중국이 지배적인 위치를 차지하고 있는 서방 국가에 의해 침식당하거나 먹히지 않고 개방의 기회를 활용할 수 있을지에 대한 의구심을 가진 동지들이 많았다. 당시 중국은 GATT 재개 협상과 WTO 가입 협상을 추진해야 한다는 큰 압박을 받고 있었다. 오늘날의 관점에서도 중국이 대담하게 문을 열고 세상을 향해 나아간 것은 당연히 올바른 방향을 택한 것이라고 본다.[2] 시진핑 총서기의

1   시진핑, 「18기 5중 전회 정신을 배우고 이행하기 위한 성급, 부급 주요 간부 특별 세미나 연설(2016년 1월 18일)」, 인민일보, 2016년 5월 10일, 2면.

2   시진핑, 「18기 5중 전회 정신을 배우고 이행하기 위한 성급, 부급 주요 간부 특별 세미나

말처럼 "개혁개방 40년의 경험은 우리에게 개방은 진보를 가져오고, 폐쇄는 필연적으로 뒤처진다는 점을 우리에게 시사한다".[3]

오늘날 중국의 개방형 발전을 위한 전반적인 환경은 그 어느 때보다 더 우호적이고, 동시에 전례 없는 모순과 위험, 게임에 직면하고 있다.[4] 개방과 발전의 다음 단계는 중국 경제가 세계 경제에 깊이 융합되는 추세에 순응하고, 상호 이익과 상생의 개방 전략을 고수하고, 더 높은 수준의 개방형 경제를 발전시켜야 한다. 글로벌 경제 거버넌스와 공공재의 공급에 적극적으로 참여하고, 글로벌 경제 거버넌스의 제도적 개선에 대한 중국의 발언권을 높여야 한다.[5] 아울러 '일대일로' 이니셔티브를 통해 전면적인 개방을 추진하고 인류를 위한 광범위한 이익 공동체와 운명 공동체를 구축해야 한다.

1. 새로운 국제 경제 구도에 깊이 융합하여야 한다

경제 세계화는 대체로 세 가지 단계를 거친다. 첫 번째는 식민지 확

연설(2016년 1월 18일)」, 인민일보, 2016년 5월 10일, 2면.

3   시진핑: 「개혁개방 40주년 기념 연설」(2018년 12월 18일), 인민일보, 2018년 12월 19일, 2면.

4   시진핑, 「18기 5중 전회 정신을 배우고 이행하기 위한 성급, 부급 주요 간부 특별 세미나 연설(2016년 1월 18일)」, 인민일보, 2016년 5월 10일, 2면.

5   중공중앙문헌연구실 편저 『18차 당대회 이후 중요 문헌 선집』(중)에 실린 '국민 경제와 사회발전을 위한 13차 5개년 계획에 관한 중국 공산당 중앙위원회의 제안(2015년 10월 29일 중국공산당 제18기 중앙위원회 5차 전체회의에서 채택됨)', 중앙문헌출판사, 2016년판, 792면.

인민중심의 새로운 발전 이념 고수

장과 세계시장 형성 단계다. 서방국가들은 교묘한 수단과 강권을 이용해 탈취하고 점령해 식민지를 확장해나가 1차 세계 대전 이전에 세계를 거의 다 나누어 가져 세계 각 지역과 각 민족은 모두 자본주의 체제에 휘말리게 되었다. 두 번째는 두 개의 시장이 평행하게 공존했던 단계이다. 2차 세계 대전이 종결된 후 여러 사회주의 국가가 탄생했고 식민지와 반식민지 국가들이 차례로 독립을 하면서 세계는 사회주의와 자본주의의 양대 진영을 이루었고, 경제적으로 두 개의 평행 시장이 형성되었다. 세 번째는 경제 세계화의 단계이다. 냉전이 종식되면서 양 진영의 대립이 사라지고 병행 시장이 존재하지 않게 되었다. 각국의 상호의존도가 크게 높아지면서 급속한 경제 세계화가 신속히 이루어졌다.[6]

이에 따라 중국과 세계의 관계도 3단계를 거쳤다. 첫 번째는 쇄국에서 반식민에 이르는 반봉건 단계이다. 아편전쟁 이전에는 세계시장과 산업화의 조류에서 고립되었고, 이어 아편전쟁 및 그 이후 여러 차례의 열강 침략전쟁에서 거듭 패배하면서 가난한 약소국이 되었다. 두 번째는 '일변도'와 폐쇄 및 반(半)폐쇄 단계다. 중화인민공화국이 성립된 후, 중국은 소련을 향한 일변도와 상대적으로 폐쇄된 환경 속에서 사회주의 건설의 길을 어렵게 모색했고, 문화대혁명 시기에는 기본적으로 세계와 단절되었나. 세 번째는 전방위적인 대외개방 단계다. 개혁개방 이후 중국은 경제 세계화의 기회를 최대한 활용하여 끊임없이 대외개방을 확대함으로써 중국과 세계 관계의 역사적 변혁을 실현했다.[7]

---

6   시진핑, 「18기 5중 전회 정신을 배우고 이행하기 위한 성급, 부급 주요 간부 특별 세미나 연설(2016년 1월 18일)」, 인민일보, 2016년 5월 10일, 2면.

7   상동.

1978년 중국의 GDP는 약 3,680억 위안으로 당시 환율로 계산하면 1,480억 달러로 세계 GDP의 1.7%에 불과했다. 수출액은 98억 달러로 세계 총수출액의 0.7%를 차지했고, 수출의존도(수출액과 GDP의 비율)는 약 6.6%를 기록했으며, 수입액은 세계 총수입액의 0.8%인 109억 달러였다. 중국 경제가 세계 경제에 미치는 영향은 거의 미미했고, 세계 경제 변동이 중국에 주는 영향도 무시할 수 있었다. 1978년 말, 세계 2위 석유 수출국인 이란의 정치변화가 2차 석유파동을 촉발해 서방 국가 전반의 경기침체로 이어졌지만, 이번 위기는 중국에 영향을 미치지 않았다. 반대로 1978년 이후 중국은 개혁개방을 통한 급속한 발전의 길로 들어섰다.

2016년 중국의 GDP는 74조 4,000억 위안(약 11조 2,000억 달러)으로 세계 GDP의 15%를 차지하며 미국에 이어 세계 2위의 경제 대국으로 떠올랐다.[8] 중국의 상품 수출액은 2조 974억 달러로 세계 상품 수출 총액의 13%를 차지하는 최대 상품 수출국이 되었다. 상품 수입액은 1조 5,875억 달러로 세계 상품 수입 총액의 10%를 점유했다. 그 중, 총 1,165억 달러를 들여 세계 원유 수입의 18%를 차지하는 3억 8000만t의 원유를 수입해 세계 최대의 원유 순 수입국이 되었다. 또한, 중국의 철광석 수입량은 세계 전체 수입량의 71%를 차지하고, 대두 수입량은 세계 총수입량의 67%를 차지한다. 중국은 1,260억 달러의 외국인 직접투자를 유치해 세계에서 세 번째로 큰 외국인 직접투자 목적지이자 가장 많은 외국인 직접투자를 유치한 개발도상국이 되었다. 중국의 대외직접투자액은 1,701억 달러로 세계에서

---

8 「국가통계국 '중화인민공화국 2016년 국민 경제와 사회발전 통계 공보'(2017년 2월 28일)」, 인민일보, 2017년 3월 1일, 10면.

인민중심의 새로운 발전 이념 고수

두 번째로 큰 대외직접투자국이 되었다. 해외 자산보유액 6조 5000억 달러 중 외환보유액은 3조 달러로 세계에서 외환보유액이 가장 많은 국가가 되었다.[9] 위안화는 특별인출권 통화 바스켓에 가입해 국제통화기금(IMF)이 승인한 5대 국제기축통화의 하나가 되었다. 오늘날 세계 경제의 변동은 중국에 현저한 영향을 끼치고 있다. 2008년 미국발 금융위기가 터지면서 중국의 수출입 총액 증가율은 2007년의 23.5%에서 2009년의 -13.9%로 떨어졌고, 중국의 GDP 성장률은 2007년의 14.2%에서 2009년의 9.2%로 추락해 연해 지역에 취업한 농민공들은 대규모 귀향을 해야 했다.[10] 동시에 중국 경제 변동 역시 세계 경제에 비교적 큰 파급효과를 준다. 내수 변화는 원유, 철광석, 대두와 같은 국제 벌크상품 시장의 가격 변화에 중요한 요소 중 하나가 되었다. 외환보유자산의 변동은 국제 금융시장의 각종 자산과 통화 가격에 중요한 영향을 미친다. 위안화 환율은 주요 교역국들과 국제 금융시장에서 비상한 관심을 받고 있다. 중국과 세계 경제는 이미 서로 매우 의존적인 관계를 맺고 있다. 세계 경제와 새로운 국제경제의 패턴에 깊이 통합되는 것은 중국이 다음 단계의 개방과 발전을 위한 불가피한 선택이다.

중국이 세계 경제의 새로운 추세와 새로운 구도에 깊이 편입되는 과정에서 중국이 새로운 대외개방 단계에 들어섰음을 주목할 필요가 있다. 이 단계는 주로 두 가지 특성으로 나타난다.[11]

---

9   무역 데이터 출처: UN ComTrade 데이터베이스. 투자 데이터 출처: 중국 상무부, 외환보유액 데이터 출처: 중국인민은행.
10   역대 『중국 통계 연감』 관련 데이터 정리.
11   시진핑, 「18기 5중 전회 정신을 배우고 이행하기 위한 성급, 부급 주요 간부 특별 세미나

첫째, 중국의 수출 우위 및 국제산업 분업 참여는 새로운 도전에 직면하고 있다.

개혁개방 이후 중국이 크게 발전할 수 있었던 중요한 특징 중 하나는 국제 시장을 완전하고 효과적으로 활용했다는 것이다. 인건비가 저렴하다는 장점과 선진국의 노동집약적 산업이 해외로 이전하는 기회를 바탕으로 구축된 대규모 수출 지향적 발전은 중국의 급속한 경제 성장의 중요한 추진력이 되었다. 1979년부터 2012년까지 중국의 상품 수출은 연간 약 20%의 성장률을 유지했고, 빠르게 세계 무역 강국으로 성장했다.

중국 수출의 급속한 발전은 또한 서방국가들의 황금 성장기에서 쏟아져 나온 많은 양의 유효수요 덕분이다. 2008년 국제금융위기가 발발하자 서방국가들의 황금 성장기가 끝나고, 경제 심화기로 접어들면서 유효수요가 감소했고, 재산업화와 산업 복귀에 따른 본토의 수입 대체 효과가 증가하여 중국의 수출수요 성장 둔화로 직결되었다. 서방 국가 등은 보호무역주의를 강화하면서 반덤핑, 반보조금 등 전통적인 수단 외에 시장접근 단계에서 기술 무역장벽, 노동기준, 녹색 장벽 등에 대한 요구가 갈수록 까다로워지고 있으며, 수출세 부과, 수출할당 설정 등 수출 통제수단으로 인한 통상마찰이 증가하고 있다. 중국은 수년 연속 세계에서 반덤핑, 반보조금 조사를 가장 많이 받은 국가가 되었다. 동시에 인건비 등 중국의 생산 요소 비용이 급격히 상승했고, ASEAN 등 신흥 개발도상국들이 인건비와 자연자원의 비교 우위를 바탕으로 국제 분업에 적극적으로 참여하고 산업과 주문이 중국 주변국으로 이동하는 상황이 나타나면서 중국의 수출 경

연설(2016년 1월 18일)」, 인민일보, 2016년 5월 10일, 2면.

인민중심의 새로운 발전 이념 고수

쟁이 심화되었다.

세계 무역 발전은 현재와 미래의 세계 경제발전의 기본 흐름인 침체기에 접어들고 있다. 통계에 따르면, 지난 수십 년 동안 세계 무역의 성장 속도는 항상 경제 성장 속도보다 더 빨랐다. 최근 몇 년간 무역 성장률이 현저하게 하락해 4년 연속 세계 경제 성장률보다 낮은 수준을 보이고 있다. 2차 세계대전 이후, 독일과 일본은 급속한 수출증가의 시기를 경험하면서 세계 무역 강국이 되었다. 그들의 경험을 통해 상품 수출이 세계 총수출의 약 10%를 차지하면 변곡점이 생겨 성장 속도가 떨어진다는 것을 알 수 있다. 중국의 상품 수출이 전체 세계 수출총액에서 차지하는 비중은 개혁개방 초기 1% 미만이었으나, 2002년에는 5%를 초과했고, 2010년에는 10% 이상을 기록했고, 2016년에는 13.1%에 이르렀다. 이는 중국이 수출증가의 변곡점에 도달했고, 향후 다시 높은 수출성장과 GDP 대비 높은 수출 비율 유지는 그다지 가능하지 않다는 것을 의미한다.

둘째, 중국의 대외개방은 '국내 유치'와 '해외 진출'이 더 균형을 이루는 단계로 접어들었다.

개혁개방 초기 저축과 외환이 부족한 전형적인 '이중 부족'의 구도를 가지고 있었던 중국은 외자 유치를 통해 이 두 가지 부족을 메울 수 있었다. 이런 상황에서 중국은 외국인 직접투자를 유치를 통해 부족한 부분을 메우고, 자본 축적과 취업 성장 가속화를 위해 일련의 특혜 정책을 채택했다. 외채가 아닌 외국인 직접투자를 통해 외부 자금을 확보하면 과도한 부채 상환 압력에 의해 형성될 수 있는 대외 의존과 정치적, 경제적 위험을 피할 수 있으며, 단기 외채의 급속한 유출로 인한 금융 리스크를 피할 수 있다. 외국인 직접투자를 통해 신진 기술과 선진 조직, 관리 및 경영 기법까지 들여올 수 있다. 중국의 외국인 투자 유치 정책은 종종 중국 경제 성공의 중요한 요소 중 하나로 간주 된다.

중국의 '이중 부족' 구도는 1990년대 중후반에 바뀌어 21세기 초기에는 저축 과잉과 외환 과잉이라는 '이중 과잉' 국면으로 완전히 전환되었다. 따라서 중국은 외국인 직접투자 우대정책을 점진적으로 축소하거나 폐지하고, 우대정책에 의존해 외자 유치를 하던 방향에서 더 나은 비즈니스 환경을 제공하는 방향으로 전환했다.

중국 경제가 성장하면서 중국 기업들은 대외직접투자를 점점 늘리기 시작했다. 중국의 대외직접투자 규모는 2003년 29억 달러에서 2016년 1,276억 달러로 급증해 사상 처음으로 중국에 유치한 외국인 직접투자 규모를 약간 웃돌았다. 중국은 외국인 직접투자 유치 위주에서 외국인 직접투자 유치와 대외직접투자의 균형을 맞추는 국가로 바뀌었다. 앞으로 중국의 대외직접투자 규모는 외국인 대중 직접투자 규모를 능가할 것이며, 직접투자의 순 유출 규모는 갈수록 커질 것이다. 실제로 2016년 중국의 대외직접투자 규모만 해도 외국인의 대중 직접투자 규모를 크게 상회했다.

동시에 세계 경제발전과 국제 경제 구조도 새로운 단계에 도달했다는 점을 주목해야 한다. 이 단계에서도 두 가지 특징이 나타나고 있다.

첫째, 세계 경제의 장기 성장률이 하락했고, '신구 성장 모멘텀 전환을 위한 결정적인 시기'에 처해 있다.[12]

미국 금융 위기 이전 10년(1998년-2007년) 동안 세계 GDP 연평균 성장

---

12   시진핑, 「중국 발전의 새로운 출발점, 세계 성장의 새로운 청사진-G20정상회의 개막식 기조 연설(2016년 9월 3일)」, 인민일보, 2016년 9월 4일, 3면.

인민중심의 새로운 발전 이념 고수

률은 4.2%였고, 미국 금융위기 이후 8년(2008년-2016년) 동안에는 3.2%까지 떨어졌다. 세계 평균 GDP 성장률의 장기적인 하락은 세계 경제의 잠재성 장률 하락의 중요한 징후이다. 위기와 성장률 하락에 대응하여 각 주요 경제체는 주로 양적 완화와 마이너스 금리로 대표되는 재정 부양 정책과 통화 정책을 포함한 확장 거시 경제 정책을 채택했다. 이런 단기적인 거시 경제 정책은 위기 발생 초기에는 세계 경제를 안정시키는 데 좋은 역할을 했지만, 장기적인 사용 효과는 좋지 않았다. 확장적 재정 정책의 장기적 사용은 과도한 정부 부채 부담과 재정의 지속 가능성 부족과 금융시장 불안정 문제로 이어질 수 있다. 단기 거시 경제 정책은 잠재성장률 하락에 대처하기 위한 올바른 처방이 아니다.

세계 경제는 새로운 중요한 관건적인 시기에 들어섰다. 과학기술 진보, 인구증가, 경제 세계화 등 과거 수십 년 동안 세계 경제 성장을 이끈 주요 엔진이 차례로 교체기에 접어들면서 세계 경제를 견인하는 역할이 눈에 띄게 약화되었다. 지난 과학기술 진보가 가져온 성장 동력이 점차 쇠퇴하고 있고, 새로운 과학기술과 산업혁명은 아직 모멘텀을 형성하지 못했다. 주요 경제국들이 잇따라 고령화 사회에 진입하면서 인구증가율이 낮아져 각국의 사회와 경제에 부담을 주고 있다. 경제 세계화에 기복이 생기고, 보호주의와 내향적 성향이 고개를 들면서 다자간 무역 시스템이 충격을 받게 된다. 금융감독관리 개혁이 상당한 진전을 보이고 있지만, 높은 레버리지와 버블 등 위험은 여전히 누적되고 있다. 이런 요소들이 복합적으로 작용하면서 세계 경제는 전반적으로 회복세를 유지하고 있지만 부족한 성장 동력, 수요 부진, 금융시장 혼란 반복, 국제무역 투자 침체 지속 등 여러 가지 위험에 노출돼 있다. 어떻게 하면 세계 경제를 강하고 지속 가능하

며 포용적이로 균형 잡힌 성장으로 이끌 것인가 하는 것은 세계 경제가 당면한 중대한 과제이다.[13]

둘째, 국제적 힘의 균형이 전례 없는 변화를 겪고 있다. 신흥시장국과 개발도상국의 부상이 세계 정치 및 경제 환경을 변화시키고 있다.

구매력 평가 기준으로 2008년 신흥국과 개도국의 GDP가 세계 GDP의 51.1%를 차지했는데 이는 역사상 처음으로 신흥국과 개도국의 GDP가 세계 GDP의 절반 이상을 차지한 것이다. 그 이후 점유율은 꾸준히 증가했으며 2016년에 이르러 신흥국과 개도국의 GDP는 세계 GDP의 58.1%에 달했다. 이와 동시에 중국은 현재 시가인 달러로 계산한 GDP가 2009년 일본을 제치면서 중국은 세계 2위의 경제 대국이 되었고, 구매력 평가로 계산한 GDP는 2014년 미국을 앞질러 세계 1위로 떠올랐다. 2016년 세계 10대 GDP 국가 순위를 보면, 구매력 평가 기준으로 5개 국가가 신흥 경제국이었고, 현재 미국 달러 기준으로는 신흥 경제국이 3개국이 포함되었다. 신흥 경제의 부상은 세계 경제에서 힘의 균형을 바꾸고 있다. 최근 러시아와 브라질의 경기가 침체되고, 신흥 경제국의 전체 성장 속도가 다소 둔화되고 있지만, 중국, 인도 등은 여전히 비교적 높은 경제 성장률을 유지하고 있다. 신흥 경제국과 개발도상국은 전체적으로는 선진국보다 여전히 높은 속도로 성장하고 있다. 세계 경제에서 신흥 경제국과 개발도상국의 점유율은 계속 상승하고, 국제 경제 문제에 대한 영향력도 점차 강화될 것이다.

신흥 경제국의 부상과 함께 세계 다극화와 국제관계 민주화가 큰 흐

13 　시진핑, 「혁신적이고 역동적이며 상호 연결되고 포용적인 세계 경제를 구축하자-G20 정상회의 개막사(2016년 9월 4일)」, 인민일보, 2016년 9월 5일, 3면.

　　　　　　　　　　　　　　　　　　　인민중심의 새로운 발전 이념 고수

름으로 자리 잡았다. 서방 국가들이 지배하는 글로벌거버넌스 체제에 변화의 조짐이 있지만, 글로벌거버넌스와 국제 규칙 제정을 위한 주도권 놓고 힘겨루기가 치열하다. 경제, 과학기술, 정치, 군사 분야에서 서구 선진국들의 지배적인 위치는 여전히 변하지 않았기 때문에 더욱 공정하고 합리적인 국제 정치와 경제 질서의 형성은 아직 갈 길이 멀다.

시진핑 주석이 2013년 3월 23일 모스크바 국제관계 연구소 연설에서 밝혔듯이 우리는 현재 격동의 시대에 있으며 급변하는 세상에 직면해 있다. 지금 세계는 평화, 발전, 협력, 상생이 시대의 흐름으로 자리 잡았다. 낡은 식민지 체제가 무너졌고, 냉전 시대의 집단 대립은 더는 존재하지 않는다. 어떤 나라나 국가 집단이 세계 문제를 독단적으로 좌지우지할 수는 없다. 많은 신흥 시장 국가와 개발도상국들이 발전의 추월 차선에서 달리고 있고, 10억 이상, 수십억 인구가 현대화를 향해 가속 페달을 밟고 있다. 여러 지역에서 많은 발전 센터가 점차 형성되고 있다. 국제적 힘의 균형은 세계 평화와 발전에 도움이 되는 방향으로 계속 발전하고 있다.

지금 세계에서 각국의 상호 연계와 의존은 전례 없이 깊어졌다. 인류는 하나의 지구촌에서 생활하고 역사와 현실이 만나는 같은 시간과 공간에서 살면서 점점 더 공동운명의 공동체가 되고 있다. 인류는 여전히 수많은 어려움과 도전에 직면해 있고, 국제 금융 위기의 심층적인 영향이 계속 나타나고 있으며, 다양한 보호주의가 눈에 띄게 고조되고 있다. 지역 이슈가 여기저기에서 불거지고, 패권주의, 강권 정치와 새로운 개입주의가 늘어나고 있다. 군비경쟁, 테러, 사이버 안보 등 전통적인 안보 위협과 비전통적인 안보 위협이 서로 얽혀있어 세계 평화와 공동 발전을 도모하려면

어깨가 무겁고 아직 갈 길이 멀다.[14]

이런 세계에서 경제의 새로운 흐름과 국제 경제의 새로운 구도를 깊이 통합하기 위해서는 국내 개방과 국제 협력 촉진이라는 두 측면에서 시작해야 한다.

대외개방을 촉진하기 위해서는 새로운 경제 세계화 상황에 적응하고, 대내외 개방의 상호 촉진을 촉진하고, '국내 유치'와 '해외 진출'을 더 잘 결합하고, 국내외 요소의 질서 있고 자유로운 흐름, 자원의 효율적 배분, 시장의 깊은 통합을 추진해야 한다. 적극적인 대외개방으로 경제발전과 국제 경쟁에서의 주도권을 잡고, 개방을 통해 개혁과 발전 그리고 혁신을 촉진하여 개방적인 경제 강국을 건설해야 한다.

대외개방 추진을 위해 국제 협력과 경쟁의 새로운 우위를 육성하는 데 박차를 가하고, 내수와 외수의 균형, 수입과 수출의 균형, 외자 유치와 해외투자의 균형을 적극적으로 촉진해 국제수지의 기본적인 균형을 점진적으로 실현해야 한다. 전면적인 개방의 새로운 구도를 형성하고, 개방형 경제관리 체계와 관리능력의 현대화를 실현함으로써 개방을 확대하는 과정에서 정의와 이익의 올바른 개념을 확립하여 국익을 확실하게 보호하고 국가 안보를 보장함으로써 중국과 세계 각국이 함께 발전하고, 상호 이익과 공영, 다원적 균형, 안전하고 효율적인 새로운 개방형 경제체계를 구축해야 한다.

국제 협력 추진을 위해 세계 각국과 함께 평화롭고 안정적인 국제환

14　시진핑, 모스크바 국제관계학원 연설-시대 흐름에 발맞춰 세계 평화와 발전을 촉진하자(2013년 3월 23일)」, 인민일보, 2013년 3월 24일, 2면.

　　　　　　　　　인민중심의 새로운 발전 이념 고수

경을 함께 수호하고, 협력상생의 글로벌 파트너십을 함께 구축하며, 글로벌 경제 거버넌스를 함께 완비하는 세가지 일을 잘 하기 위해 노력해야 한다.[15]

2. 호혜상생의 개방 전략을 고수하여야 한다

호혜상생의 개방 전략은 식민 확장을 기반으로 한 약탈적 개방 전략 및 냉전 사고를 바탕으로 한 제로섬 방식의 개방 전략과는 달리 협력 상생을 핵심으로 하는 새로운 국제관계에서 구축된 개방 전략이다.

협력 상생을 핵심으로 하는 새로운 국제관계 구축은 중국이 평화발전의 길을 유지하는 데 필요한 요구이다.

중국의 급성장으로 인해 국제적으로 중국이 강해지면 반드시 '패권의 길'을 걷게 될 것이라는 우려와 함께 이른바 '중국 위협론'이 제기되고 있다. 이런 견해와 생각은 평화발전의 길로 나아간다는 중국의 이념과 맞지 않는다.

시진핑 총서기는 "전쟁은 악마와 악몽과 같아서 인민에게 큰 재난과 고통을 안겨줄 수 있으니 경계해야 한다"며 "평화는 공기와 햇빛과 같아서 있어도 그 혜택을 느끼지 못하지만, 잃게 되면 생존이 어려워질 수 있기 때문에 반드시 정성을 다해 수호해야 한다"고 지적한 바 있다. 오늘날 세

---

15 시진핑, 「중국 발전의 새로운 출발점, 세계 성장의 새로운 청사진-G20정상회의 개막식 기조 연설(2016년 9월 3일)」, 인민일보, 2016년 9월 4일, 3면.

계에 전쟁 포화의 위험이 여전히 존재하고 있다. 수많은 국가와 지역의 인민이 여전히 포성에 휩싸여 있으며, 많은 녀성과 아동의 생명이 심각한 위험에 처해 있다. 양심이 있고 평화를 사랑하는 모든 사람은 전쟁을 막고 평화를 지키기 위해 행동을 같이해야 한다. 중화민족은 항상 평화를 사랑하는 민족이고 중화 문화는 조화를 숭상한다. 오랜 역사를 가진 중국의 '화합' 문화는 천인합일의 우주관, 모두와 화합하는 국제관, 화합하면서 부화뇌동하지 않는 사회관, 양심과 선의 도덕관을 내포하고 있다. 5000여 년의 문명 발전 과정에 중화민족은 줄곧 평화·화목·화합의 이념을 확고하게 추구하고 계승해 왔다. 화합을 귀하게 여기고, 선의로 남을 돕고, 자기가 원하지 않는 것을 타인에게 행하지 않는다는 이념은 중국에서 대대로 전해져, 중국인의 정신 속에 깊게 뿌리내려 있고, 중국인의 행동에서 반영되고 있다.[16]

　　시진핑 총서기는 또한 "세계의 번영과 안정은 중국의 기회이며, 중국의 발전은 세계의 기회이기도 하다. 평화발전의 길이 통할 수 있을지는 우리가 세계의 기회를 중국의 기회로, 중국의 기회를 세계의 기회로 바꾸어, 중국과 세계 각국이 서로 선순환하고 호혜상생을 추구하는 가운데 개척해 나갈 수 있는지에 따라 크게 좌우된다. 우리는 현실을 바탕으로 우리의 길을 확고하게 걸어가면서 동시에 세계적 안목을 키워야 한다. 국내 발전과 대외개방을 더 잘 통합하고, 중국의 발전을 세계의 발전과 연결시켜야 한다. 중국인민의 이익과 모든 나라 인민의 공동 이익을 결합하여 다른 나라

16　시진핑, 「중국 국제우호대회 및 중국 인민 대외우호협회 설립 60주년 기념식 연설(2014년 5월 15일)」, 인민일보, 2014년 5월 16일, 2면.

인민중심의 새로운 발전 이념 고수

와의 상호 이익과 협력을 지속적으로 확대해야 한다. 보다 적극적인 자세로 국제 문제에 참여하고, 글로벌 도전에 함께 대응하고, 전세계 발전을 위해 공헌할 수 있도록 노력해야 한다"[17]고 지적했다.

상생 협력을 핵심으로 하는 새로운 국제관계에는 세 가지 내적 요구가 있다.

첫째, 모든 국가와 모든 국가의 인민은 모두 존엄을 가진다. 나라가 크건 작건, 강하건 약하건, 부자건 가난하건 상관없이 모두 평등하게 각국이 스스로 발전의 길을 선택할 권리를 존중받고, 타국의 내정 간섭을 반대하며, 국제적 공정과 정의를 수호 한다. '신발이 잘 맞는지는 신어봐야 알수 있다'는 말이 있듯이 국가발전 경로의 적합성에 대한 발언권은 그 국가의 인민만이 가질 수 있다.

둘째, 모든 국가와 모든 국가의 인민은 발전의 성과를 함께 누린다. 나라마다 스스로 발전을 도모하면서 각국의 공동 발전을 적극적으로 추진해야 한다. 세계의 장기적인 발전은 한 그룹의 국가들은 점점 더 부유해지고 다른 그룹의 국가들이 빈곤하고 낙후된 상황에서 이루어질 수는 없다. 각국이 함께 발전해야만 세계가 더욱 잘 발전할 수 있다. 위기를 전가하고 자기 이익만 챙기는 그런 행태는 비도덕적이면서도 오래 지속되기 어렵다.

셋째, 모든 국가와 모든 국가의 인민은 안전 보장을 함께 누린다. 모든 국가는 다양한 문제와 도전에 적절히 대처하기 위해 협력해야 한다. 글로벌 도전에 더 많이 직면할수록 우리는 대응을 위해 더 많은 협력을 해야

---

17 『시진핑, 국정운영을 논하다』 제1권, 외문출판사, 2018년판, 248-249면.

하며, 압박과 위기를 동기와 활력으로 삼아야 한다. 복잡한 국제 안보 위협에 맞서 홀로 싸우는 것은 안 되고, 맹목적인 무력만으로는 더욱 불가능하다. 협력 안보, 집단 안보, 공동 안보만이 문제를 해결하기 위한 올바른 선택이다.[18]

상생 협력의 새로운 국제관계를 구축하는 것은 중국이 경제적으로 호혜 상생의 개방 전략을 고수하여 더 포괄적이고 깊이 있고 다차원적인 대외개방 구도를 끊임없이 창조할 것을 요구하고 있다. 이것이 중국의 전략적 선택이다. 시진핑 총서기는 "중국의 발전은 국제 사회 덕분에 가능했고, 중국도 국제 사회에 더 많은 공공재를 제공하려 한다. 중국은 새로운 메커니즘과 새로운 이니셔티브를 제창하는 것은 새로운 기틀을 세우기 위해서가 아니고, 특정한 누구를 겨냥한 것은 더욱 아니며, 기존의 국제 메커니즘을 보완하고 개선하기 위함이었고, 협력 상생과 공동 발전 실현을 목표로 한다. 중국의 대외개방은 원맨쇼가 아닌 여러 나라의 동참을 환영하는 것이고, 세력권을 추구하는 것이 아니라 각국의 공동 발전을 지원하는 것이며, 자신의 후원을 만드는 것이 아니라 모든 국가가 공유하는 많은 백화원을 짓는 것이다"[19]라고 밝혔다.

호혜상생의 개방 전략은 중국이 새로운 유형의 협력 상생하는 국제관계의 수립을 위한 본질적인 요구 사항일 뿐만 아니라 세계 경제에서 중국의 전략적 입지를 실현하기 위한 내재적 요구이기도 하다. 세계 경제에

---

18 「시진핑, 모스크바 국제관계학원 연설-시대 흐름에 발맞춰 세계 평화와 발전을 촉진하자(2013년 3월 23일)」, 인민일보, 2013년 3월 24일, 2면.

19 시진핑, 「중국 발전의 새로운 출발점, 세계 성장의 새로운 청사진-G20정상회의 개막식 기조 연설(2016년 9월 3일)」, 인민일보, 2016년 9월 4일, 3면.

인민중심의 새로운 발전 이념 고수

서 중국의 전략적 위치를 고려할 때 중국 경제의 중요한 두 가지 배경을 이해해야 한다.

첫 번째 배경은 중국이 세계에서 두 번째로 큰 경제 대국이고, 향후 최대 경제 대국이 될 가능성이 있다는 점이다. 2016년 중국의 GDP는 11조 2000억 달러, 전 세계 GDP는 75조 3000억 달러로 전 세계 GDP의 15%를 차지했다. 미국의 GDP는 18조 6000억 달러로 전 세계 GDP의 25%를 차지했다. 앞으로 중국이 연평균 5% 안팎의 실질 GDP 성장률을 유지한다면 10여 년 뒤에는 전 세계 GDP에서 차지하는 비중이 25%까지 높아질 것이다. 이는 중국이 경제 대국임을 보여주는 수치다. 경제학에서 대국과 소국의 차이는 이렇게 정의된다. 소국은 시장 가격의 수용자이고, 대국은 가격에 영향을 주는 제공자로 본다. 중국이 경제 대국이라는 것은 그만큼 세계 경제에 큰 영향력을 행사할 수 있고, 그 영향력은 점점 더 커지리라는 것을 의미한다.

두 번째 배경은 중국의 1인당 국민소득이 8000달러가 남짓한 중위 소득 국가인 개발도상국이라는 점이다. 이는 그만큼 중국 내에는 어려운 발전 과제가 남아 있고, 인민 생활 수준도 향상될 여지가 크다는 얘기다. 향후 중국은 오랜 시간 동안 국내 경제발진에 전념할 것이다.

이 두 가지 배경을 통해 우리는 세계 경제에 영향력을 행사하려는 중국의 전략적 목표는 중국의 국내 발전에 도움이 되는 외부 환경을 조성하는 것이라는 결론을 도출할 수 있다. 과거 중국은 외부 경제 환경에 영향을 미치지 않았고, 외부 경제 환경의 변화를 수용하고 적응할 수밖에 없었다. 오늘날 중국은 어느 정도의 영향력을 가지고 있으며 당연히 이 영향력을 사용하여 중국의 더 나은 외부 환경을 확보하기를 희망하게 된다. 그렇다면 더 나은 외부 환경이란 무엇인가? 국내 발전에 도움이 되는 환경은 좋은 외부 환경이다. 이러한 환경이 바로 협력하고 상생하는 이익 공동체와 운명 공동체이다. 상생 협력하는 이익 공동체와 운명 공동체를 실현하기 위해서는 호혜상생의 개방 전략을 고수해야 한다.

『새로운 개방형 경제 체제에 대한 중국공산당 중앙위원회 국무원의 몇 가지 의견』에서는 호혜 공영의 개방 전략을 제시하고, 구체적인 배치를 했다. 그 내용은 다음과 같다.

호혜상생의 개방 전략을 고수하려면 '국내 유치'와 '해외 진출'을 결합하고, 세계와의 융합과 중국적 특색 유지를 서로 통일해야 한다. 국내 발전에 대한 전반적인 계획과 글로벌거버넌스 참여가 상호 촉진작용을 일으키게 하고 개방의 주동권을 파악하고 국가안전을 수호해야 하며 경제발전의 뉴노멀에 능동적으로 적응해야 한다. 아울러 '일대일로' 이니셔티브의 실천과 실행을 국가 외교 전략과 긴밀하게 연계하고, 과학적으로 배치해야 한다. 먼저 정확한 돌파구와 진입점을 선택해야 한다. 사회주의 제도의 장점을 살려 개방의 속도와 순서를 파악하고, 장점은 살리고 단점은 피하며, 상황에 따라 좋은 방향으로 이끌고, 성과를 내며, 위험을 예방하고, 안보를 수호해야 한다. 대외경제 협력의 새로운 모델과 새로운 경로, 새로운 체제를 적극적으로 모색해야 한다.[20]

구체적으로 다음과 같은 일을 해야 한다.

첫째, 대외 무역의 지속 가능한 발전을 위한 새로운 메커니즘을 구축

20　『새로운 개방형 경제체제에 대한 중국공산당 중앙위원회 국무원의 몇 가지 의견』, 인민출판사, 2015년판, 2면.

해야 한다. 한편으로는 대외 무역의 전통적 우위를 유지하면서 새로운 경쟁 우위 배양을 가속화해야 한다. 특히 향후 중국 경제가 제조업 성장 위주에서 서비스 성장 위주로 전환될 것이라는 점에서 서비스 무역을 적극 발전시켜야 한다. 새로운 무역 형식과 새로운 모델 육성에 중점을 두고 무역강국 건설을 추진해야 한다. 또 한편으로는 무역 개방의 기치를 높이 들고, 높은 수준의 무역 자유화 및 편리화 정책을 실행하며, 자유무역 시범 지구에 대해 개혁의 자율성을 더 많이 부여하고, 자유무역 항구 건설을 모색해야 한다.[21] 동시에 무역 마찰 대응 메커니즘도 정비해야 한다.

둘째, 외국인 투자 관리체제를 혁신하고, 투자 환경을 개선하며, 외국인 투자 규모와 속도를 안정시키고, 외자 유치의 질적 향상을 도모해야 한다. 한편으로는 국내외 투자 법률법규를 통일하고, 외국인 투자에 대한 관리 감독 체계를 완비하며, 국내 기업을 차별 없이 평등하게 대우해야 한다. 또 다른 한편으로는 진입 전 인민 대우에 네거티브 리스트를 추가한 관리 제도를 전면적으로 시행하고, 시장접근을 대폭 완화하여 서비스 시장 개방을 확대해야 한다.[22]

셋째, '해외 진출' 국가 전략을 실시하고 촉진하기 위한 새로운 체제를 구축해야 한다. '해외 진출'의 새로운 체제 구축을 위해서 해외 투자 활성화를 추진하고, 대외 투자 협력 방식을 혁신하며, 해외 진출 서비스 보장 체계를 완비해야 하고, '국내 유치'와 '해외 진출'의 유기적인 결합을 촉진

---

21 시진핑, 『샤오캉사회 전면 실현의 결정적인 승리를 이룩하여 신시대 중국 특색 사회주의 위대한 승리를 거두자-중국공산당 제19차 전국대표대회 보고(2017년 10월 18일)』, 인민출판사, 2017년판, 35면.

22 상동.

해야 한다.[23]

넷째, 금융 산업의 개방성을 높여, 개방적이고 안전한 금융 시스템을 구축해야 한다. 이를 위해서는 금융 산업을 더욱 개방하고, 해외로 진출하는 재정 지원 체계를 구축하고, 환율 형성 메커니즘과 외환 관리 시스템을 완비하고, 위안화의 국제화를 질서 있게 추진해야 한다.[24]

다섯째, 개방형 경제 안보 보장 체계를 구축하고 개선한다. 대외개방의 안전성을 더 강화해야 한다. 개방을 확대하는 한편, 중국의 핵심 이익을 보호하며, 체계적이고 과학적이며 효율적인 개방형 경제 안보 보장 체계를 구축하고, 체제와 메커니즘을 건전히 하고, 위험을 효과적으로 관리하고 통제함으로써 국가의 경제 안보 유지 능력을 확실하게 향상시켜야 한다. 구체적인 조치에는 외국인 투자에 대한 국가 안보 심사 메커니즘의 완성, '해외 진출' 위험 방지 및 통제 시스템 구축, 경제 및 무역 보안 보장 제도 구축, 금융 위험 방지 및 통제 시스템 개선이 포함된다.[25]

3. 글로벌 경제 거버넌스 제도적 발언권을 강화하여야 한다

시대가 발전하면서 국제적 힘의 균형이 바뀌고, 글로벌 도전이 날로 늘어나고 있다. 현재의 글로벌거버넌스 시스템이 적합하지 않은 곳이 점

---

23   『새로운 개방형 경제체제에 대한 중국공산당 중앙위원회 국무원의 몇 가지 의견』, 인민출판사, 2015년판, 6-8면.

24   위의 책 19-20면.

25   위의 책 25-26면.

점 많아지고 있어 현 시스템의 개혁을 요구하는 국제 사회의 목소리가 점점 더 커지고 있다. 글로벌거버넌스를 강화하고 글로벌거버넌스 체제 개혁을 추진하는 것이 일반적인 흐름이 되었다. 시진핑 총서기는 "중국은 기회를 잡고, 흐름을 따라야 한다. 중국은 우리와 수많은 개발도상국의 공동 이익을 더욱 잘 보호하기 위해 글로벌 경제 거버넌스 제도에 대한 발언권을 강화하고, 국제 질서가 공정하고 합리적인 방향으로 발전하도록 촉진해야 한다. '두 개의 100년' 분투 목표를 실현하고, 중화민족의 위대한 부흥인 중국몽을 실현하기 위해 더 유리한 외부 여건을 만들어야 한다. 아울러 인류의 평화와 발전을 촉진하는 숭고한 사업에 더욱 크게 공헌해야 한다"고 지적했다.[26]

중국이 글로벌 경제 거버넌스 제도에 대한 발언권을 강화하기 위해서는 중국의 경제력을 꾸준히 향상시켜야 한다. 글로벌거버넌스 구도는 국제적 힘의 균형에 달려 있고, 글로벌거버넌스 체제의 변화는 국제적 힘의 균형 변화에서 비롯된다.[27] 세계 경제에 대한 중국의 영향력은 중국이 글로벌 경제 거버넌스 제도에 대한 발언권을 가질 수 있는 기반이 된다. 글로벌 거버넌스에서 발언권을 확대하려면 먼저 이 기반을 강화해야 한다. 즉, 세계 경제에 대한 중국의 영향력을 지속적으로 확대해야 한다. 이를 위해서는 중국이 경제발전을 중심으로 삼아 지속적인 경제발전과 함께 대외개방 확대를 추진해야 한다. 스스로의 일을 잘 하기 위해 역량을 집중하고,

---

26 「시진핑, 중국공산당 중앙정치국 제35차 단체 학습에서 글로벌 거버넌스 체제 변혁 추진을 위해 협력을 강화하고 인류의 평화와 발전이라는 숭고한 사업을 함께 촉진해야 한다고 강조해」, 인민일보, 2016년 9월 29일, 1면.

27 상동.

국제적인 발언권과 행동하는 능력을 지속적으로 키워나가야 한다.

세계 경제 거버넌스에서 제도에 대한 중국의 발언권을 높이기 위해서는 이념이 선행되어야 한다. 시진핑 총서기는 "우리는 정의와 이익에 대한 올바른 개념을 실천하고, 상생 협력을 핵심으로 하는 새로운 형태의 국제관계 구축을 추진하고, 인류 운명 공동체와 전 세계에 걸친 파트너십 네트워크를 조성하고, 공통적이고 포괄적이며 협력적이며 지속 가능한 안보 개념을 고취할 것을 제안했다. 이러한 생각은 국제 사회에서 널리 환영받고 있다. 글로벌거버넌스 시스템의 변화를 촉진하는 우리의 생각을 국제 사회에 계속 설명해야 하고, 대립이 아닌 협력을 주장하며, 어느 한쪽의 이익이 아닌, 윈윈(win-win), 올윈(all-win), 상생을 고수해야 한다. 최대 공약수를 계속 찾고, 협력의 폭을 넓히며, 각 측의 공감대를 형성하고, 조정과 협력을 강화하며, 글로벌거버넌스 체계 변혁을 함께 추진하도록 유도해야 한다"[28]고 지적했다.

시진핑 총서기는 또한 중국의 글로벌거버넌스 이념은 4가지 원칙을 강조해야 한다고 밝혔다. 첫째, 글로벌 경제 거버넌스는 평등을 기반으로 세계 경제 구조의 새로운 현실을 더욱 잘 반영해야 하며, 신흥 시장 국가와 개발도상국의 대표성과 발언권을 높이고, 국제경제 협력에서 각국이 동등한 권리와 기회, 동등한 규칙을 갖도록 보장해야 한다. 둘째, 글로벌 경제 거버넌스는 개방을 지향해야 한다. 이념, 정책 및 메커니즘의 개방성을 유지해야 한다. 상황 변화에 적응하고, 좋은 조언을 수용하며, 사회 각계의

---

28 「시진핑, 중국공산당 중앙정치국 제35차 단체 학습에서 글로벌 거버넌스 체제 변혁 추진을 위해 협력을 강화하고 인류의 평화와 발전이라는 숭고한 사업을 함께 촉진해야 한다고 강조해」, 인민일보, 2016년 9월 29일, 1면.

인민중심의 새로운 발전 이념 고수

제안과 요구를 충분히 듣고, 각 측의 적극적인 참여과 통합을 독려해야 한다. 폐쇄적인 거버넌스 메커니즘과 단편적인 규칙을 방지하기 위해 배타적인 배치를 하지 않아야 한다. 셋째, 글로벌 경제 거버넌스는 협력을 동력으로 해야 한다. 글로벌 도전에는 글로벌적인 대응이 필요하다. 이를 위해 협력은 필연적인 선택이다. 각국은 소통과 조율을 강화하여 서로의 이익과 관심사를 챙기면서 함께 규칙을 논의하고, 메커니즘을 구축하고 도전을 맞이해야 한다. 넷째, 글로벌 경제 거버넌스는 공유를 목표로 해야 한다. 모두가 참여하고 모두가 혜택을 받아야 한다. 한 집안이 독주하거나 승자가 독식해서는 안 되고, 이익 공유를 추구하여 상생의 목표를 실현해야 한다.[29]

글로벌 경제 관리에서 제도적 목소리를 높이기 위해서 중국은 다음과 같은 두 가지 역할을 충당해야 한다.

첫 번째는 개방형 세계 경제 체제의 수호자 역할을 해야 한다.

중국 경제는 뉴노멀 상태에 처해 있다. 뉴노멀은 속도 조절, 구조 업그레이드와 동력 전환이라는 3가지 중요한 특징을 가진다. 속도 조절은 경제 성장률을 약 10%의 고속성장에서 5%—7%의 중고속으로 전환하는 것을 말한다. 구조 업그레이드는 노동집약형 산업 구조를 자본 및 기술 집약형 산업으로 발전시키고, 수요 구조는 수출 및 투자 주도에서 소비 주도로 전환되는 것을 의미한다. 동력 전환이란 경제 성장이 요소 중심에서 효율 및 혁신 중심으로 전환되는 것을 말한다.

---

29   시진핑, 「중국 발전의 새로운 출발점, 세계 성장의 새로운 청사진-G20정상회의 개막식 기소 연설(2016년 9월 3일)」, 인민일보, 2016년 9월 4일, 3면.

뉴노멀에 더 잘 적응하기 위해 중국 정부는 혁신, 조화, 녹색, 개방과 공유라는 새로운 5가지 발전 이념을 제시했다. 그중 개방은 5가지 발전 이념 중 하나이다. 중국은 개방적 발전 이념을 실천하기 위해 새로운 개방 경제 시스템을 구축하고, 대외 무역·투자·금융의 개방을 확대하며, 보다 개방적인 구도에 맞게 국내 관리체제를 조정하기로 결정했다.

개방형 경제 체제 구축을 위해서는 개방적인 세계 경제 체제가 필요하다. 이는 또한 외부 환경에 대한 국내 경제 개방 및 발전의 요구 사항이기도 하다.

세계화의 흐름이 침체기에 접어든 오늘날 중국이 개방형 세계 경제 체제의 구축을 추진하고 수호하는 것은 쉬운 일이 아니다.

세계화를 각국의 경제적 상호의존도가 높아지는 과정으로 이해하면 냉전 종식 이후 2008년까지 세계화가 빠르게 진전되고 있음을 알 수 있다. GDP 대비 상품과 서비스 수출액은 1991년 19.5%에서 2008년 30.8%로 상승했고, GDP 대비 FDI 순 유입 비율은 1991년 0.6%에서 2007년 5.1%로 증가했다. 하지만 2008년 이후 세계화 과정은 둔화되고 심지어 뒷걸음질까지 치고 있다. 2016년 GDP 대비 상품과 서비스 수출 총액은 28.5%, 2017년 GDP 대비 FDI 순 유입 비율은 2.3%로 떨어졌다.[30]

세계화가 항상 순조롭게 진행되는 것은 아니다. 세계화가 가장 빠르게 진행되던 1990년대에도 개발도상국들이 연합해 세계무역기구(WTO)에서 지나치게 빠른 무역투자 자유화에 반대한 적이 있다. 그러나 오늘날 세계화 과정이 막히는 이유는 개발도상국들이 급속한 세계화에 반대하기 때

---

30   WDI의 관련 DB 정리.

인민중심의 새로운 발전 이념 고수

문이 아니라, 선진국에서 세계화로 인해 자국 산업이 해외로 이전되면서 실업 증가, 지역 사회의 쇠퇴, 불평등이 심각해지고 있다는 의문을 제기했기 때문이다.

세계화는 전체적으로 모든 국가에 유익하지만, 세계화로 인해 일부는 혜택을 받지만, 다른 일부는 피해를 받을 수 있다. 피해 집단의 이익이 제대로 보상되지 않으면 세계화 반대의 목소리가 높아질 것이다. 이러한 세계화 반대의 목소리에 순종해 반세계화 정책을 추진하면, 이미 세계화로 혜택을 본 집단이 피해를 볼 수 있고, 반세계화 정책으로 인해 경제 전반의 활력이 떨어져 결국 모두가 피해를 볼 수 있다. 따라서 반세계화에 대한 대응은 모두가 피해를 보는 반세계화의 길보다는 더 많은 사람에게 혜택을 주는 세계화의 길을 찾는 것이 진정한 해법이다.

그렇다면 더 많은 사람에게 혜택을 줄 수 있는 세계화란 무엇인가? 자연스레 생각할 수 있는 것은 피해를 본 이들에 대한 보상 메커니즘을 구축하는 것이다. 경제적 관점에서 세계화는 피해 그룹에 보상을 한다고 해도 남는 이익이 있을 수 있고, 추가적인 혜택이 발생할 수 있기 때문에 보상을 통해 파레토 개선을 이룰 수 있다. 그러나 이러한 보상 메커니즘은 많은 정책 문제를 수반한다. 예를 들어, 누가 추가 소득을 징수해야 하는지, 얼마나 많이, 어떻게 징수해야 하는지, 그리고 누가 보상을 받아야 하는지, 얼마만큼, 어떻게 보상해야 하는지 등이 있다. 이러한 업무상의 문제는 매우 큰 정도에서 보상 메커니즘의 정상적인 작동을 크게 방해할 것이다. 사실 EU와 미국 모두 이런 보상 메커니즘을 구축했지만, 지금까지 이러한 메커니즘은 기본적으로 작동하지 않았다.

세계화의 부정적인 결과를 방지할 수 있는 또 다른 방법은 시장 실패를 관리하는 것처럼 세계화의 실패를 관리하는 것이다. 중국의 점진적인 개방적 접근 방식은 세계화의 실패를 잘 관리하는 사례를 제공했다. 그러나 점진적인 개방으로 모든 문제, 특히 오늘날 선진국이 직면한 세계화 문제를 해결할 수는 없다.

세계화의 실패를 관리하기 위해서는 먼저 세계화가 초래할 실패를 파악해야 한다. 그러나 오늘날 선진국이 직면한 모든 문제를 세계화의 실패로 돌릴 수는 없다. 다음으로 세계화의 실패를 관리하기 위한 적절한 수단을 선택해야 한다. 일부 세계화 문제는 규제가 있는 세계화를 통해 해결할 수 있다. 예를 들어 개발도상국은 자본 계정 자유화를 너무 빨리 실행해서는 안 되며, 국내 금융시장과 외환 시장이 다국적 자본의 대규모 진출에 따른 변동성을 견딜 수 있을 때까지 자본 계정 통제를 어느 정도 신중하게 유지해야 한다. 선진국들은 이민에 대한 어느 정도 통제를 취해 본국의 복지 지출과 공공서비스 부담의 급격한 증가와 거주민의 대규모 실업을 방지할 수 있다. 직접 규제로 해결하는 게 바람직하지 않은 세계화 문제들도 있다. 예를 들어, 선진국의 비교 우위 상실은 일부 산업의 쇠퇴와 노동자의 실업으로 이어졌기 때문에 산업을 보호하기 위해 수입 제한조치를 취하는 것은 적절하지 않다. 대신 세계화에 적응하고 자원을 보다 효율적으로 배분할 수 있도록 산업구조를 조정하여 비교 우위 산업의 발전을 촉진하고 사회보장 정책, 교육 훈련 지원 정책 등을 도입하여 기존 산업 노동자의 취업 전환을 촉진해야 한다.

세계화의 실패를 관리하기 위해서는 반세계화 방향으로의 대외 경제 정책의 조정보다는 국내 경제 정책의 조정에 더 의존해야 한다. 다만 국내 경제 정책을 실현하기는 쉽지 않고, 반세계화 방향의 대외경제 정책 조정은 종종 피해 집단에 더 많은 책임 있다고 간주 된다. 이것이 세계화 관리 실패의 위험요소다.

중국은 세 가지 측면에서 세계화를 추진하고 개방형 세계 경제 시스템을 수호할 수 있다. 첫째는 모든 형태의 무역 및 투자 보호주의를 반대하는 것이다. 둘째, 모든 국제 경제 협력, 특히 '일대일로' 건설을 적극적으로 추진하는 것이다. 셋째, 세계 다른 나라와 함께 더 나은 세계화의 방식을 모색하는 것이다.

두 번째는 글로벌 공공재를 적극적으로 구축하는 역할을 하는 것이다.

공공재는 외부성을 가진다. 이는 누구나 '무임승차'를 할 수 있고, 공공재의 제공자가 상품의 모든 혜택을 누릴 수는 없다는 것을 의미한다. 세계 정부가 제공하는 공공재가 없는 상황에서 글로벌 공공재는 항상 부족하다. 이때 대국이 더 큰 역할을 발휘할 수 있다.

공공재는 물질적 측면과 제도적 측면을 모두 포함한다. 물질적 측면의 글로벌 공공재는 주로 상호 연결된 인프라와 국제 교역 장소를 지칭하는 반면, 제도적 측면의 글로벌 공공재는 상품, 서비스, 인력, 자본 및 기술이 국제상에서 정상적으로 유통되고, 응집되며 거래되는 기준과 행동 규범을 보장하는 것을 가리킨다.

물질적 측면의 공공재 제공 분야에서 풍부한 경험이 있는 중국은 글로벌 공공재 구축에 폭넓게 참여할 수 있다. 예를 들어 중국은 인프라 건설 투자 및 건설 분야에서 효과적인 방법을 발전시켰다.

인프라 건설 프로젝트는 일반적으로 자금 수요 규모가 크고 회수 주기가 비교적 길며 직접 수익률은 낮은 특징을 가지고 있다. 자금 수요 규모가 크다는 것은 투융자의 임계값이 높다는 것이다. 회수 주기가 길다는 것은 미래에 더 큰 리스크가 있을 뿐만 아니라 단기 자금 조달에 주로 의존하는 금융 기관이 프로젝트 파이낸싱에 참여하기가 어렵다는 것을 의미한다. 높은 리스크와 낮은 직접 수익률은 인프라 건설 프로젝트가 시장 기반의 자금에게는 그다지 매력적이지 않다는 것을 의미한다. 따라서 자금 조달의 어려움은 글로벌 인프라 건설 프로젝트의 공통된 특징이다.

중국은 인프라 건설 분야에서 놀라운 성과를 거두었고, 인프라 건설에 적합한 투융자 시스템을 개발했으며, 인프라 건설 프로젝트 파이낸싱의 어려움에 대처할 수 있는 유익한 경험을 축적했다. 이러한 경험은 크게 두 가지로 볼 수 있다. 첫째, 정부가 인프라 건설에서 주도적인 역할을 해야 한다. 예를 들어, 인프라 발전 전략과 계획을 수립하고, 프로젝트 구현을 위한 공공서비스 및 정책 보장을 제공하며, 프로젝트 파이낸싱을 위한 특정 공공 자금을 제공한다. 둘째, 개발 금융의 역할을 충분히 활용해야 한다. 개발 금융은 장기 전략에 봉사하고, 장기 투자에 중점을 두고, 낮은 수익을 보장하며, 재정적으로 지속 가능한 재무 모델을 말한다. 개발 금융 서비스는 정부와 시장을 연결하고 모든 당사자의 자원을 통합하여 상업 자금에 대한 선도적이고 시범적인 역할을 함으로써 시장 지향적인 방식으로 프로젝트 파이낸싱에 참여하도록 유도할 수 있다.

모두가 받아들이는 인프라 건설 자금 융자 가이드라인 제정 역시 제도 차원에서 공공재를 제공하는 것으로 간주할 수 있다. 그러나 중국은 제도적 차원에서 공공재를 제공한 경험이 그렇게 많지는 않지만, WTO에 가입한 지 15년이 넘었고, 국제경제규칙 논의와 제정에 중국 정부와 기업들이 폭넓게 참여하고 있는 점을 눈여겨봐야 한다. 동시에 G20과 브릭스 회원국으로서 중국은 세계 경제 거버넌스에서 중요한 영향력을 가지고 있

인민중심의 새로운 발전 이념 고수

다. 따라서, 중국은 제도적 차원에서 글로벌 공공재의 공급과 구축에서 중요한 역할을 할 수 있다. 세계 경제 거버넌스에서 제도에 대한 중국의 발언권을 높이려면 기회를 잡아 솔선수범하고, 국제적인 책임과 의무를 맡아 전력을 다하고, 할 수 있는 만큼 해야 한다.

글로벌 경제 거버넌스에서 제도에 대한 중국의 발언권을 높이기 위해 '중국의 글로벌거버넌스 참여 능력 향상'에 초점을 맞춘다. 규칙 제정 능력, 의제 설정 능력, 언론 홍보 능력 및 총괄 조정능력을 향상해야 한다. 또한, 당과 국가 정책 및 국정을 잘 알고 이해하며, 글로벌 비전을 가지고 외국어에 능하고, 국제 규칙을 잘 알고, 국제 협상에 능숙한 전문인력을 양성해야 한다. 글로벌거버넌스 인재 팀의 구성을 강화하여 인재난을 돌파하고, 우수 인재를 확보해 중국이 글로벌거버넌스에 참여하기 위한 강력한 인재의 뒷받침을 제공해야 한다.[31]

4. '일대일로' 이니셔티브로 전면적인 개방을 추진하여야 한다

2013년 9월 10일 시진핑 주석은 중앙아시아와 동남아를 순방하면서 '실크로드 경제 벨트'와 '21세기 해상 실크로드'를 함께 건설하자는 중대한 제안을 내놓아 국제 사회의 주목을 받았다. '일대일로' 건설의 가속화는

---

31 「시진핑, 중국공산당 중앙정치국 제35차 단체 학습에서 글로벌 거버넌스 체제 변혁 추진을 위해 협력을 강화하고 인류의 평화와 발전이라는 숭고한 사업을 함께 촉진해야 한다고 강조해」, 인민일보, 2016년 9월 29일, 1면.

각국의 경제 번영과 지역 경제 협력을 촉진하고, 서로 다른 문명이 교류를 통해 서로를 배워나가며 세계의 평화발전을 촉진하는 데 도움이 된다. 이는 세계 각국의 인민을 행복하게 하는 위대한 사업이다. 실크로드는 역사가 우리에게 남겨준 위대한 재산이다.[32] '일대일로' 이니셔티브는 고대 실크로드가 남긴 값진 깨달음을 바탕으로 평화와 발전을 추구하는 모든 나라의 사람들이 가지고 있는 공동의 꿈에 초점을 맞추어 동양의 지혜로 가득 찬 공동 번영과 발전 방안을 세계에 제공한 것이다.

'일대일로'의 공동 건설은 세계 다극화, 경제 세계화, 문화 다양화, 사회 정보화의 흐름을 따라 개방적인 지역 협력 정신을 바탕으로 세계 자유무역 체제와 개방적 세계 경제를 지키기 위해 노력한다. '일대일로'의 공동 건설은 경제 요소의 질서 있고 자유로운 흐름, 자원의 효율적인 배분 및 시장의 심층 융합을 촉진하고, 연선 국가 간 경제 정책의 조율과 협력을 실현하도록 추동하는 것이다. 더 크고, 더 높고, 더 깊은 지역 협력을 통해 개방적이고 포용적이며 균형적이고 보편적인 혜택을 주는 지역 경제 협력의 틀을 함께 만들어야 한다. '일대일로'의 공동 건설은 국제 사회의 근본적인 이익에 부합하고, 인류 사회의 공통된 이상과 아름다운 추구를 보여준다. 이는 국제 협력 및 글로벌거버넌스의 새로운 모델을 적극적으로 모색하는 것으로 향후 세계 평화발전에 새로운 긍정 에너지로 작용할 것이다.

'일대일로'는 공동 발전을 촉진하고 공동 번영을 실현하는 상생 협력의 길이고, 이해 신뢰의 증진과 전방위적인 교류 강화를 위한 평화 우호의

---

32 국가 발전과 개혁위원회·외교부·상무부, 「실크로드 경제벨트와 21세기 해상 실크로드 공동 건설 추진을위한 비전과 행동(2015년 3월)」, 인민일보, 2015년 3월 29일, 4면.

인민중심의 새로운 발전 이념 고수

길이며, 평화와 협력, 개방과 포용, 상호학습, 호혜상생의 이념을 내포하고 있다. 아울러 전방위적인 실무 협력을 추진하고, 정치적 상호 신뢰와 경제 통합, 문화적 포용성을 가진 이익 공동체, 운명 공동체, 책임 공동체를 만드는 길이다. 평화와 협력, 개방과 포용, 상호학습, 호혜상생은 멀고 먼 길이 끝없이 이어져 오랜 시간 축적되어 온 고대 실크로드의 정신이고, 인류 문명의 소중한 유산이다.[33]

　　아시아, 유럽, 아프리카 대륙을 가로지르는 '일대일로'의 한쪽은 활발한 동아시아 경제권이, 다른 한쪽에는 선진 유럽 경제권이 자리 잡고 있으며, 중간에는 거대한 경제 잠재력을 가지고 있는 국가들이 포진해 있다. 실크로드 경제 벨트는 중국이 중앙아시아와 러시아를 거쳐 유럽(발트해)까지, 중앙아시아와 서아시아를 거쳐 페르시아만과 지중해까지, 동남아시아, 남아시아, 인도양까지 연결하는 데 초점을 맞추고 있다. '21세기 해상 실크로드'의 핵심 방향은 중국의 연해 항구에서 남중국해를 가로질러 인도양을 거쳐 유럽으로 뻗어가고, 남중국해를 넘어 남태평양까지 연결하는 것이다.

　　'일대일로'에 따르면 육로는 국제 통행로를 따라 위치한 주요 도시를 지지 기반으로 삼고, 핵심 경제 및 무역 산업 단지를 협력 플랫폼으로 사용하여 새로운 유라시아 대륙의 다리를 만들고, 중국-몽골-러시아, 중국-중앙아시아-서아시아, 중국-인도차이나반도 등 국제 경제 협력 회랑을 함께 만들어 나가는 것이다. 해상은 주요 항구를 접점으로 원활하고 안전하고 효율적인 운송 통로를 함께 구축한다. 일대일로 건설 발전과 밀접한 관련

33　시진핑, 「'일대일로'건설을 함께 추진하자-'일대일로' 국제협력 정상포럼 개막식 연설 (2017년 5월 14일)」, 인민일보, 2017년 5월 15일, 3면.

이 있는 중국-파키스탄, 방글라데시-중국-인도-미얀마의 두 경제 회랑과의 협력을 추진하여 더 큰 진전을 거두어야 한다.

'일대일로'의 공동 건설은 목표 조정과 정책 소통을 기반으로 하는 의도적으로 일관성을 추구하지 않고, 매우 유연하고 탄력적일 수 있는 다원적이고 개방적인 협력 프로세스이다. 중국은 '일대일로'의 협력 내용과 방식을 끊임없이 내실화하고 개선하기 위해 관련 국가들과 협력하고, 시간표와 로드맵을 함께 만들어 관련 국가들의 발전과 지역 협력 계획을 적극적으로 연계한다. 기존의 양자 및 다자 협력과 지역 및 소지역 협력 메커니즘의 틀 속에서 협력 연구, 포럼 및 전시회 개최, 인력 교육, 교류 방문 등 다양한 형식을 통해 관련 국가들이 '일대일로' 공동 건설의 의미와 목표 그리고 과제를 더 잘 이해하고 공감할 수 있도록 촉진할 것이다.

'일대일로' 건설은 새로운 역사 여건 속에서 중국이 전방위적인 대외 개방을 실현하기 위한 중대한 조치이다.[34] '일대일로' 건설을 추진하기 위해 정책 소통(政策溝通), 인프라 연계(施設聯通), 원활한 무역(貿易暢通), 자금 융통(資金融通), 민심상통(民心相通)에 집중해야 한다. 호혜 협력 네트워크, 새로운 협력 모델, 다원적 협력 플랫폼을 구축하여 '일대일로' 건설을 통해 관련 국가 인민이 행복하게 잘 살 수 있도록 만들고, 동시에 중국의 전면적인 대외개방을 이끌어야 한다.

정책 소통 강화는 '일대일로' 건설을 보장할 수 있는 중요한 요건이다. 정부 간 협력을 강화하고, 다차원적인 정부 간 거시 정책 소통 및 교류

---

34 「시진핑, 중국공산당 중앙정치국 제31차 단체 학습에서 역사 경험을 바탕으로 협력 이념을 혁신하고, '일대일로' 건설이 각국의 공동 발전을 추진하도록 해야 한다고 강조해」, 인민일보, 2016년 5월 1일, 1면.

인민중심의 새로운 발전 이념 고수

메커니즘을 적극적으로 구축한다. 이익 통합을 심화하고, 정치적 상호 신뢰를 촉진하여 협력에 대한 새로운 합의를 도출한다. '일대일로' 관련 국가들은 경제발전전략과 대책에 대한 충분한 교류와 연계를 통해 지역 협력을 촉진하기 위한 계획과 조치를 공동으로 수립하고, 협력 중의 문제를 협의하여 해결하며, 실무 협력 및 대형 프로젝트 실행을 위한 정책적 지원을 제공할 수 있다.

인프라 상호 연결은 '일대일로' 건설의 우선 분야이다. 관련 국가의 주권을 존중하고 안보 관심사를 바탕으로 관련 국가들은 인프라 건설 계획과 기술표준 시스템의 연결을 강화하고, 국제 기간 통로 건설을 함께 추진함으로써 아시아 각 지역과 아시아·유럽·아프리카를 연결하는 인프라 네트워크를 점차 형성한다. 녹색, 저탄소 인프라 구축 및 운영 관리를 강화하고, 기후변화가 건설에 미치는 영향을 충분히 고려해야 한다. 교통 인프라의 핵심 통로, 주요 노드 및 중점 프로젝트를 파악하고, 누락 구간을 먼저 개통하고, 병목 구간을 원활하게 만들며, 도로 안전시설과 교통 관리 시설 설비를 갖추어 도로 접근성을 높인다. 통일된 운송 조정 메커니즘 구축을 추진하고, 국제 통관, 환적 및 복합 운송의 유기적 연결을 촉진하여 점차적으로 호환되고 표준화된 운송 규칙을 형성하고, 국제 운송 원활화를 실현한다. 항만 인프라 건설을 추진하여 수륙 운송 연결 통로를 원활하게 한다. 항만 협력 건설을 추진하고, 해상 항로와 편수를 늘려 해상 물류 정보화 협력을 강화한다. 종합 민간 항공 협력을 위한 플랫폼과 메커니즘 구축을 확대하고 항공 인프라 업그레이드를 가속화 한다.

에너지 인프라의 상호 연계 협력을 강화한다. 석유 및 가스 파이프라인과 같은 운송로의 안전을 공동으로 유지하며, 국경을 초월한 전력 및 송

전 통로 건설을 촉진하고, 지역 전력망의 업그레이드와 개선을 위한 협력을 적극적으로 추진한다.

국경 간 광케이블 등 기타 통신 트렁크 네트워크의 구축을 공동으로 추진하고, 국제 통신 상호 연결 수준을 높여 원활한 정보 실크로드 구축을 도모한다. 양자 간 국경을 넘나드는 광케이블 건설 등을 가속화하고, 대륙 간 해저 광케이블 건설 프로젝트를 계획함으로써 항공(위성) 정보 채널을 보완하고, 정보 교류와 협력을 확대한다.

투자와 무역 협력은 '일대일로' 건설의 핵심 내용이다. 투자와 무역 원활화 문제 해결을 위한 연구에 집중하여 투자와 무역장벽을 제거하고, 지역 내 국가들과 좋은 비즈니스 환경을 구축한다. 연선 국가 및 지역과 함께 자유무역지역 설립을 적극적으로 논의하여 협력 잠재력을 자극하고 끌어내 협력의 '파이'를 크게 만들기 위해 노력한다.

일대일로 관련 국가들은 정보교환, 감독, 상호 인정, 법 집행 공조뿐 아니라, 검사와 검역, 인증과 인가, 표준계량, 통계정보 등 양자 및 다자간 협력을 강화하고, WTO『무역원활화 협정』의 발효와 이행을 촉진한다. 국경 및 항구 통관 시설의 상태를 개선하고, 국경 및 항구의 '단일 창구' 건설에 박차를 가해 통관 비용을 낮추고, 통관 능력을 향상시킨다. 공급망 안전과 편의에 대한 협력을 강화하고, 크로스보더 관리 감독 절차의 조정을 추진하며, 검사 및 검역 인증서의 국제 인터넷 검증을 촉진하고, '수출입 안전관리 우수업체(AEO)'에 대한 상호 인정을 한다. 비관세 장벽을 낮추고, 기술 무역 조치[35]의 투명성을 개선하며, 무역 자유화와 원활화의 수준을

35　'TBT (Technical Barriers to Trade) 계약' 및 'SPS(위생 및 식물 위생 조치) 계약 이행' 적용되는

높인다.

무역의 범위를 넓히고, 무역구조를 최적화하며, 무역의 새로운 성장 포인트를 발굴함으로써 무역 균형을 촉진한다. 무역 방식을 혁신하고 크로스보더 전자상거래와 같은 새로운 비즈니스 형식을 발전시킨다. 서비스 무역 활성화 시스템을 구축 및 개선하고, 전통 무역을 공고히 하고 확대함으로써 현대 서비스 무역을 대대적으로 발전시킨다. 투자와 무역을 유기적으로 결합해 투자가 무역 발전을 이끌도록 한다.

투자 원활화 과정을 촉진하고, 투자 장벽을 제거한다. 양자 간 투자 보호 협정을 강화하고, 이중과세 협약의 협상을 피하고, 투자자의 정당한 권리와 이익을 보호한다.

상호 투자 영역을 확대한다. 농업, 임업, 축산 및 어업, 농기계 및 농산물 생산 및 가공 분야에서 심층적인 협력을 수행하고, 해수 양식, 해양 어업, 수산물 가공, 해수 담수화, 해양 바이오 제약, 해양 공학기술, 환경보호 산업, 해양 관광 등 분야의 협력을 적극적으로 추진한다. 석탄, 석유 가스, 금속 광물과 같은 전통적인 에너지 자원의 탐사 및 개발에 대한 협력을 강화한다. 수력, 원자력, 풍력 및 태양 에너지와 같은 청정 및 재생 가능 에너지에 대한 협력을 적극적으로 추진하고, 에너지 자원의 현지 및 근접 지역 가공 전환 협력을 증진하고, 에너지 자원 협력의 업 스트림과 다운 스트림이 통합된 산업 체인을 형성한다. 에너지 자원의 심층 처리 기술, 장비 및 엔지니어링 서비스에 대한 협력을 강화한다.

신흥 산업 협력을 추진한다. 상호 우위 보완 및 호혜 공영의 원칙에

다양한 형태의 비관세 장벽 조치.

따라 차세대 정보기술, 바이오, 신에너지, 신소재와 같은 신흥산업 분야에 대한 국가 간 협력 강화를 촉진하고, 창업 투자 협력 메커니즘의 구축을 추진한다.

산업 체인의 분업 포석을 최적화하여 업/다운 스트림 산업 체인과 관련 산업의 조화로운 발전을 추진하고, R&D, 생산 및 마케팅 시스템의 구축을 장려하고, 지역 산업의 지원 능력과 종합 경쟁력을 강화한다. 서비스 산업의 상호 개방을 확대하고, 지역 서비스 산업의 발전에 박차를 가한다. 투자 협력의 새로운 모델을 탐색하고, 해외 경제무역협력지구, 크로스보더 경제협력지구과 같은 다양한 산업 단지의 건설을 위한 협력을 장려하고, 산업 클러스터의 발전을 촉진한다. 투자와 무역에서 생태 문명의 개념을 강조하고 녹색 실크로드를 함께 만들기 위해 생태환경, 생물 다양성, 기후변화 등에 대한 협력을 강화해야 한다.

자금융통은 '일대일로' 건설의 중요한 버팀목이다. 금융 협력을 강화하여 아시아의 통화 안정 시스템, 투자 융자 시스템, 신용 시스템 건설을 추진한다. 관련 국가 간 양자 통화 스와프, 결제의 범위와 규모를 확대한다. 아시아 채권 시장의 개방과 발전을 추진한다. 아시아인프라투자은행(AIIB)과 브릭스 개발은행 설립을 함께 추진하면서 관련 각국은 상하이협력기구의 융자기구 설립에 관한 협의를 했다. 실크로드 펀드의 설립과 운영을 가속화한다. 중국-아세안 은행 컨소시엄과 상하이협력기구 은행 컨소시엄의 실질적인 협력을 심화하고, 신디케이트 대출 및 은행 크레딧 형태로 다자간 금융 협력을 발전시킨다. 연선 국가의 정부, 신용 등급이 높은 기업과 금융 기관이 중국에서 위안화 채권을 발행하는 것을 지원한다. 자격이 되는 중국 내 금융 기관과 기업은 해외에서 위안화 채권과 외화 채권을 발행해 연선 국가에서 조달한 자금을 사용하도록 장려할 수 있다.

금융 감독 협력을 강화하고, 양자 감독 협력에 관한 양해 각서 체결을 촉진하며, 효율적인 감독 및 조정을 위한 역내 메커니즘을 점진적으로 구축한다. 리스크 대응과 위기관리를 위한 제도적 장치를 개선하고, 지역 금융 위험 조기 경보 시스템을 구축하며, 국경 간 리스크 대응 및 위기관리를 처리하기 위한 교류 협력 메커니즘을 형성한다. 신용 관리 부서, 신용 조회기관, 평가 기관 간의 크로스보더 교류와 협력을 강화한다. 실크로드 펀드와 각국의 국부펀드의 역할을 최대한 활용하고, 상업 주식 투자 펀드와 사회 자금이 함께 '일대일로' 중점 프로젝트 건설에 참여하도록 유도한다.

민심상통은 '일대일로' 건설의 사회적 토대이다. 실크로드의 우호 협력 정신을 계승하고 드높여 문화 교류, 학술 교류, 인재 교류 협력, 미디어 협력, 청년·여성 교류, 자원봉사 서비스 활동 등을 폭넓게 실시하여 양자 및 다자간 협력 심화를 위한 탄탄한 여론 기반을 마련한다.

상호 유학생의 규모를 확대하고, 학교 설립 운영 협력을 한다. 중국은 일대일로 관련 국가에 매년 1만 개의 정부 장학금을 지원하고 있다. 관련 국가 상호 간 문화의 해, 예술제, 영화제, TV위그, 도서전 등과 같은 행사를 개최하고, 우수 라디오, 영화, 텔레비전 드라마 제작과 번역에 협력한다. 세계문화유산을 함께 신청하고, 세계 유산의 공동 보호 작업을 함께 수행한다. 연선국가 간의 인재 교류와 협력을 심화한다.

관광협력을 강화하고, 관광 규모를 확대한다. 관광 진흥 주간과 홍보의 달과 같은 행사를 상호 개최함으로써 실크로드 특성을 갖춘 국제 명품 관광 코스와 관광상품을 함께 만들고, 관련 국가들의 관광 비자 발급 간소화를 추진한다. '21세기 해상 실크로드' 크루즈 관광 협력을 추진한다. 적극적인 스포츠 교류 활동을 통해 연선 국가의 중대한 국제 스포츠 대회 유치를 지원한다.

주변 국가들과 전염병 유행 정보 및 예방과 통제기술 교류, 전문인력 양성과 같은 분야의 협력을 강화하고, 공공 보건 비상사태에 대한 협력 대처 능력을 향상한다. 관련국에 의료지원과 긴급 의료지원을 제공하고, 모자보건 분야, 장애인 재활은 물론 에이즈, 결핵, 말라리아 등 주요 감염병 분야에서도 실질적인 협력을 수행하고, 전통의학 분야에서도 협력을 확대한다.

과학기술 협력을 강화한다. 공동 실험실(연구센터), 국제 기술이전 센터, 해상 협력 센터를 함께 건설하고, 과학기술 인재 교류를 촉진하고, 주요 과학기술 연구 협력을 통해 과학 기술 혁신 역량의 향상을 위해 함께 노력한다.

기존 자원을 통합하고 관련 국가들과 함께 청소년 취업, 창업 훈련, 직업 기술 개발, 사회보장 관리 서비스 및 공공 행정과 같은 공통 관심 분야에 대한 실무적인 협력을 적극적으로 개척하고 추진한다.

정당과 의회를 잇는 가교역할을 충분하게 발휘하여 연선 국가 간 입법 기관, 주요 정당 및 정치 조직의 우호 교류를 강화한다. 도시의 교류와 협력을 전개한다. 연선 국가의 주요 도시들이 우호 도시 결연을 통해 인문 교류를 중점으로 뛰어난 실무적 협력을 보여줌으로써 생생한 협력 모범 사례가 되는 것을 환영한다. 우리는 연선 국가들의 싱크 탱크 간 공동 연구 수행과 포럼 개최를 위한 협력을 환영한다.

연선 국가의 민간 기구와의 교류와 협력을 강화한다. 기층 민중을 중

　　　　　　　　　　　　　　　　　인민중심의 새로운 발전 이념 고수

심으로 교육, 의료, 빈곤감소와 개발, 생물 다양성 및 생태환경 보호 등 다양한 공익 자선활동을 폭넓게 펼치고, 연선 빈곤 지역의 생산과 생활환경의 개선을 추진한다. 문화 미디어의 국제 교류 및 협력을 강화하고 온라인 플랫폼과 뉴미디어 도구를 적극적으로 활용하고 이용해 조화롭고 우호적인 문화 생태계 및 여론환경을 조성한다.

시진핑 주석은 앞서 언급한 '5통' 건설과 더불어 일대일로는 '평화로 가는 길', '번영으로 가는 길', '개방으로 가는 길', '혁신으로 가는 길', '문명으로 가는 길'을 만들 것이라고 지적했다. 아울러 "'일대일로'의 건설은 실크로드의 역사적 토양에 뿌리를 두고 있다. 아시아, 유럽, 아프리카 대륙에 초점을 맞추고 있지만, 모두에게 열려 있다. 아시아든 유럽이든 아프리카 또는 아메리카 대륙이든 모두 '일대일로' 건설의 국제 협력 파트너가 될 수 있다. '일대일로' 건설은 모두가 함께 논의할 것이고, 그 성과를 모두가 함께 공유하게 될 것이다"[36]라고 특별히 강조했다.

'일대일로' 건설을 추진하고, 중국의 대외개방을 본격화하기 위해서는 시진핑 총서기가 2016년 8월 17일 '일대일로' 건설 업무 심포지엄에서 강조한 8가지 사항의 요구를 준수해야 한다.

첫째, 사상 통일을 착실하게 추진해야 한다. 각국이 함께 심의하고, 함께 건설하고, 공유하며, 평등을 따르고, 상호 이익을 추구하며, 핵심 방향을 확실히 잡아 중점 지역과 국가, 중점 프로젝트에 초점을 맞춰 발전이라는 최대 공약수를 파악해야 한다. 이는 중국인뿐만 아니라 관련 각국 인

---

36 시진핑, 「'일대일로'건설을 함께 추진하자-'일대일로'국제협력 정상포럼 개막식 연설(2017년 5월 14일)」, 인민일보, 2017년 5월 15일, 3면.

민 모두를 행복하게 살 수 있도록 만들 것이다. 중국은 각 측이 발전의 고속열차에 함께 동승해 협력하는 것을 환영하고, 세계 각국과 국제기구의 협력 참여를 환영한다.

둘째, 계획을 착실하게 이행하고, 주도면밀하게 조직하고 정밀화에 힘을 넣고 '일대일로' 건설을 촉진하기 위한 구체적인 정책과 조치를 더 연구해 내놓아야 한다. 운용방식을 혁신하고, 지원서비스를 완비하여 인프라 상호 연계, 에너지 자원 개발 및 이용, 경제무역 산업 협력지구 건설, 산업 핵심기술 연구개발 지원과 같은 전략적 우선 프로젝트를 중점적으로 지원한다.

셋째, 종합적인 계획과 조정을 착실하게 이행해야 한다. 육로와 해상로의 통합, 내외 통합을 유지하고, 정부와 기업의 종합 계획을 강화해야 한다. 국내 기업이 연선 국가에 대한 투자 경영을 하는 것을 장려하고, 연선 국가 기업들이 중국에서 투자하고 사업을 하는 것을 환영한다. '일대일로' 건설과 베이징-텐진-허베이(京津冀) 협력 발전 및 양쯔강 경제벨트 발전 등 국가 전략과의 연계, 서부 개발, 동북부 활성화, 중부권 부상, 동부 우선 발전, 국경 개발 및 개방과의 결합을 강화함으로써 전방위적으로 개방하고, 동부-중서부가 연동 발전하는 국면을 형성하도록 추진한다.

넷째, 중요한 프로젝트를 착실하게 추진해야 한다. 인프라 연계, 생산 능력 협력, 경제무역 산업 협력지구를 출발점으로 여러 시범적 프로젝트를 시행하고 조기에 더 많은 성과를 거둘 수 있도록 만들어 관련국들이 진정한 획득감을 느끼도록 해야 한다.

다섯째, 금융혁신을 착실하게 추진해야 한다. 국제 금융 모델을 혁신하고, 금융 분야의 협력을 심화하며, 다차원적인 금융 플랫폼을 조성하여

인민중심의 새로운 발전 이념 고수

'일대일로' 건설을 위해 장기적이고 안정적이며 지속 가능하며 리스크 통제가 가능한 금융 보장 체계를 구축해야 한다.

여섯째, 민심상통을 착실하게 추진해야 한다. 실크로드 정신을 발양하고, 문명 간의 교류와 상호학습을 추진하여 인문 협력에 중요성을 부여해야 한다.

일곱째, 여론 홍보를 착실하게 추진해야 한다. '일대일로' 건설의 실제 적인 성과를 적극적으로 홍보하고, '일대일로' 건설을 위한 학술 연구, 이론적 지원, 담론 체계 구축을 강화할 필요가 있다.

여덟째, 안전 보장을 확실하게 추진해야 한다. 안전 위험 평가, 모니터링 및 조기 경보, 긴급 대응을 개선하고, 업무 메커니즘을 수립 및 개선하고, 업무 방안을 세분화하며, 관련 배치와 조치가 모든 부서, 모든 프로젝트 이행 단위와 기업에서 이행될 수 있도록 해야 한다.[37]

---

37   『시진핑, 국정운영을 논하다』 제2권, 외문출판사, 2017년판, 504-505면.

제6장

사회주의의 본질적 요구:

공유 발전

사회주의의 본질은 생산력을 해방하고 발전시키고, 착취를 없애고, 양극화를 해소하여 궁극적으로 공동 번영을 이루는 것이다. 이는 개혁개방 이후 중국공산당의 일관된 집권 이념이다. 중국의 경제 개혁 과정에서 사회 공정성과 정의의 개념은 항상 중국공산당의 중요한 노선이자 방침이었다. 노동에 따른 분배가 사회주의 원칙임을 강조하는 것부터 효율성과 공정성에 동등하게 관심을 기울이는 것까지 사회적 공정성과 정의에 대한 당의 주장과 강조가 곳곳에 반영돼 있다. 시진핑 동지를 핵심으로 하는 당 중앙은 공동 번영의 개념을 끊임없이 재확인하고, 공유 발전이 사회주의의 본질적 요구라는 중요한 논단을 제시함으로써 당의 노선과 방침, 정책의 일관성을 구현하고, 새로운 발전 시기에 사회 공정과 정의를 어떻게 실현할 것인가에 대한 방향을 제시했다.

　　시진핑 총서기는 18기 중앙정치국 제1차 단체 학습을 주재하면서 이러한 집권 이념을 강조했다. 그는 중국 특색 사회주의의 새로운 승리를 위해서는 인민의 주인공 정신을 마음껏 발휘하고, 사회적 생산력을 해방·발전시키며, 사회적 공정성과 정의를 보장하고, 더 많이 더 공정하게 인민에게 발전성과의 혜택을 주고, 공동 번영을 향해 나아가야 한다고 지적했다.[1] 생산력 해방과 발전, 경제 건설을 중심으로 사회적 공정성과 정의를 보장하고, 발전성과의 혜택이 더 많이 더 공정하게 모든 인민에게 돌아가도록 하여 공동 번영을 실현하는 것은 시진핑 총서기의 중요한 집권 이념이 되었고, 공유 발전은 이러한 집권 이념에 대한 고차원적인 이론적 요약이다.

『시진핑 총서기의 중요 담화 시리즈(2016년판)』에서는 공유 발전이 내포하고 있는 의미를 이렇게 요약했다. 공유는 중국 특색 사회주의의 본질적 요구이다. 공유 발전 이념은 4가지 중요한 의미를 내포하고 있다. 첫째, 전 인민이 공유한다. 소수 혹은 일부 사람이 공유하는 것이 아니라 적재적소에서 모두가 함께 누려야 한다. 둘째, 포괄적 공유이다. 국가의 경제, 정치, 문화, 사회, 생태 문명의 성과를 공유하고 모든 측면에서 인민의 정당한 권리와 이익을 포괄적으로 보장해야 한다. 셋째, 함께 만들고 공유하는 것이다. 즉, 함께 만들어야만 함께 나눌 수 있고, 함께 만드는 과정이 공유의 과정이다. 넷째, 점진적인 공유이다. 즉, 공유 발전은 낮은 수준에서 높은 수준으로, 불균형에서 균형으로 가는 과정이고, 매우 높은 수준에 도달하더라도 차이가 있을 것이다. 공유 발전의 개념을 정착시키기 위해 인민을 위한, 인민에 의한 발전을 추구하고, 그 성과를 인민과 함께 나눠야 한다는 생각을 가지고, 더욱 효과적인 제도적 장치를 마련하여 모든 인민이 공동 건설과 공유 발전에서 더 많은 획득감을 가지도록 해야 하며 발전 동력을 강화하고, 인민 단합을 증진해 공동 번영의 방향으로 꾸준히 나아가

---

1   중공중앙문헌연구실 편저 『18차 당대회 이후 중요 문헌 선집』(상)에 실린 '중국 특색 사회주의의 고수와 발전을 위해 18차 당대회 정신을 배우고 알리고 실행하자' (2012년 11월 17일), 중앙문헌출판사, 2014년판, 78-79면.

인민중심의 새로운 발전 이념 고수

야 한다.[2]

개혁개방 이후 중국의 경제와 사회는 빠르게 발전하고 인민 생활 수준은 꾸준히 향상되었지만, 공유 발전 측면에서는 여전히 시급히 해결해야 할 문제들이 아직 남아 있다. 19차 당대회는 신시대 중국 사회의 주된 모순은 더 나은 삶에 대한 인민의 요구 증가와 불균형하고 불충분한 개발 사이의 갈등으로 새로운 시대의 경제 사회 발전에서 공유 발전의 중요한 지위를 더욱 부각시키고 있다고 지적했다.[3] 13차 5개년 계획 기간은 전면적인 샤오캉사회 실현과 첫 번째 100년 분투 목표를 실현하기 위한 결정적인 시기라 할 수 있다. 공유 발전은 전면적인 샤오캉사회 실현을 위해 필요한 이치다. 이렇게 중요한 시기에 공유 발전에서 존재하는 문제를 시급히 해결해야만 공유 발전은 구체적으로 그 함축적 의미를 구현할 수 있다. 시진핑 총서기는『'국민 경제와 사회발전을 위한 13차 5개년 계획에 관한 중국공산당 중앙위원회의 제안'에 관한 설명』에서 공유 발전의 주요 내용과 관련하여 "공유 발전을 유지하고 인민복지 증진을 위해 공공서비스의 공급을 늘리고, 빈곤퇴치 난관공략 프로젝트를 실시하며, 교육의 질을 높이고, 취업 및 창업을 촉진하며, 소득 격차를 줄이고, 더 공평하고 지속 가능한 사회 보장 제도를 구축하고, 건강중국 건설을 추진하며, 인구의 균형 발전을 촉진하는 등 8개 분야에 전개해야 한다"[4]고 지적했다. 즉, 소득 분배

---

2   중공중앙선전부 편저,『시진핑 총서기의 중요 담화 시리즈(2016년판)』, 학습출판사·인민출판사, 2016년판, 136면.

3   시진핑,『샤오캉사회 전면 실현의 결정적인 승리를 이룩하여 신시대 중국 특색 사회주의 위대한 승리를 거두자-중국공산당 제19차 전국대표대회 보고(2017년 10월 18일)』, 인민출판사, 2017년판, 11면.

4   중공중앙문헌연구실 편저『18차 당대회 이후 중요 문헌 선집』(중)에 실린 '시진핑, 국민 경

격차를 줄이고, 빈곤을 해소하며, 교육, 취업, 사회보장, 의료보건 및 인구 발전을 포함하는 공공서비스 공급을 개선하는 것은 공유 발전 실현의 중요한 내용이다. 당 18기 5중 전회에서 통과된『국민 경제와 사회발전을 위한 13차 5개년 계획에 관한 중국공산당 중앙위원회의 제안』은 나아가 기본적인 공공서비스의 균등화 수준 향상, 소득 격차 축소, 중위소득 인구의 비중 증가 및 완전한 빈곤 탈피를 '13차 5개년 계획' 시기의 전면적인 샤오캉사회 실현의 목표이자 요구사항으로 삼았다. 후자의 두 가지는 정확히 올리브형 분배 구조를 형성하는 구체적인 내용이기 때문에 기본적인 공공서비스의 균등화 수준 제고, 소득 격차 축소 및 올리브형 분배 구조의 형성은 현재 공유 발전의 구체적인 내용을 요약한 것이다.

시진핑 총서기는 당 18기 5중 전회 제2차 전체회의 연설에서 "공유 발전을 위해 사회 공정성과 정의 문제 해결에 중점을 두어야 한다"[5]고 추가로 지적했다. 사실 공유 발전의 집권 이념은 일찍이 당 18기 3중 전회에서 이미 충분히 드러났다. 시진핑 총서기는 당 18기 3중 전회 제2차 전체회의 연설에서 "전면적인 개혁 심화는 반드시 더욱 공정하고 정의로운 사회 환경을 조성하는 데 착안점을 두고, 공정성과 정의를 위반하는 다양한 현상을 끊임없이 극복하고 개혁과 발전의 결실이 더 많이 보다 공정하게 인민 전체에 혜택이 돌아가도록 해야 한다"[6]고 지적했다. 당 18기 3중 전

제와 사회발전을 위한 13차 5개년 계획에 관한 중국 공산당 중앙위원회의 제안에 관한 설명(2015년 10월 26일)', 중앙문헌출판사, 2016년판, 776-777면.

5   중공중앙문헌연구실 편저『18차 당대회 이후 중요 문헌 선집』(중)에 실린 '시진핑, 국민 경제와 사회발전을 위한 13차 5개년 계획에 관한 중국공산당 중앙위원회의 제안에 관한 설명(2015년 10월26일)', 중앙문헌출판사, 2016년판, 827면.

6   중공중앙문헌연구실 편저『18차 당대회 이후 중요 문헌 선집』(상)에 실린 '시진핑, 생각을

회에서 통과된 『전면적인 개혁 심화를 위한 몇 가지 주요 문제에 대한 중국공산당 중앙의 결정』은 소득 분배 격차 축소와 올리브형 분배 구도 형성 및 기본적인 공공서비스 평준화 추진을 전면적인 개혁 심화의 중요한 내용으로 삼았다.

사회주의의 본질적 요구인 발전을 공유하고, 더 나아가 공동 부유를 실현하려면 생산력의 해방과 발전을 전제로 해야 한다. 시진핑 총서기는 또한 생산력 해방과 발전을 그의 집권 이념의 중요한 위치에 두고, 경제 건설은 사회의 공정과 정의를 보장하고 공유 발전과 공동 번영을 실현하는 물질적 기반이라고 믿었다.[7] 아울러 시진핑 총서기는 경제발전 뉴노멀 상황에서 경제 성장 속도의 기어가 바뀌고, 재정수입이 예전처럼 고속 성장할 수 없다고 지적하며, 경제발전과 민생 보장의 관계를 잘 처리하려면 경제발전을 기반으로 민생 보장의 강도를 꾸준히 강화해야 하고, 재정 능력을 벗어나 이행하기 어려운 공약을 해서는 안 된다고 강조했다.[8]

새로운 발전단계에서 시진핑 총서기는 사회주의의 본질을 구현한 공유 발전이라는 새로운 국정 운영 이념을 제시했다. 공유 발전의 새로운 개념은 공유와 발전을 모두 가지고, 함께 작용하며 상호 보완하는 것이며, '파이를 잘 나누는 방법'뿐만 아니라 '그게 키우는 방법'도 가지고 있다는 것을 알아야 한다. 공유 이념은 소득 분배 격차 축소, 올리브형 분배 구도

　　당 18기 3중전회 정신에 효과적으로 통일해야 한다(2013년 11월 12일)', 중앙문헌출판사, 2014년판, 552면.

7　　중공중앙문헌연구실 편저 『18차 당대회 이후 중요 문헌 선집』(상)에 실린 '시진핑, 생각을 당 18기 3중전회 정신에 효과적으로 통일해야 한다(2013년 11월 12일)', 중앙문헌출판사, 2014년판, 553면.

8　　『시진핑, 국정운영을 논하다』 제2권, 외문출판사, 2017년판, 72, 80면.

형성, 기본적인 공공서비스 평준화에 대한 새로운 요구를 제시했는데 각각은 보편적 공유, 포괄적 공유, 공동 건설과 공유의 개념과 대응되는 것으로 공동 발전을 실현에 있어서 중요한 부분이다. 또한, 발전 부분에서의 공정성과 효율성의 관계를 간과해서는 안 된다. 공유 발전은 공유의 중요성을 발전보다 앞세우는 것이지만 이는 공정성만 추구하고 효율성을 등한시하는 것은 아니며, 경제와 사회발전 수준을 고려하지 않고 포퓰리즘의 공허한 복지공약을 할 수는 없다. 공유 발전은 점진적인 발전 과정으로서 사회적 공정성과 정의를 보장하고 궁극적으로 공동 번영을 이루기 위해 공유 발전을 적극적이고 확실하게 꾸준히 추진해야 한다.

1. 소득 분배 격차를 줄여야 한다

중국은 전통적으로 '빈곤보다는 고르지 않음을 걱정한다'는 관념을 가지고 있다. 공정과 정의는 중국 사회가 공유하는 가치관으로서 공유 발전은 사회 공정과 정의 문제를 해결하는 데 중점을 두고 있다. 이것 역시 공동 번영을 추구하는 사회주의의 본질과 일치하는 것이다. 큰 소득 격차가 있을 때, 사회적 가치에 대한 위반은 사회적 불안으로 이어질 수 있다. 또한, 소득 격차 확대는 소비 수요에 영향을 미치고, 인적 자본 축적 속도를 감소시키고, 신용에 영향을 주어 물질 자본의 축적이 줄어들어 경제 성장을 저해하여 '파이를 더 크게 만들기'에 도움이 안 되고, 소득 수준 향상을 더욱 제한하게 된다. 중국은 전면적인 샤오캉사회를 건설하고, 중진국에서 고소득 국가로 도약하는 중요한 시기에 있지만, 소득 분배의 큰 격차는 현재 중국의 중요한 문제 중 하나다. 소득 분배 격차 축소는 사회 공정과 정의 수호, 사회 조화와 안정 유지, 전 인민이 더 많은 발전성과의 혜택을 골고루 받아 공동 번영 실현과 관련이 있을 뿐만 아니라 경제 성장 패턴 변화 및 인민 생활 수준 향상과 샤오캉사회 전면 실현의 목표를 이루는 것과 관련이 있다. 이는 현재의 국내외 상황에서 소득 분배 격차를 좁히는 것이 필요하고 시급하다는 것을 의미한다.

(1) 불공정한 분배 문제 부각, 소득 격차 확대

개혁개방 이후 중국 경제는 급성장을 이루어 전체 경제 규모가 세계 2위로 뛰어올랐다. 2017년 1인당 GDP는 8800달러를 넘어섰고, 인민 생활 수준이 지속적으로 개선되고 있다. 그러나 총체적인 경제 성장에도 불구하고 불공정한 분배와 큰 소득 격차 문제가 여전히 두드러지고 있다. 최근 몇 년 동안 중국 주민 소득의 지니계수는 계속 상승하여 2008년에는 0.491로 정점을 찍어 소득 격차가 높은 단계의 끝자락(지니계수가 0.5 이상일 경우 소득 분배 불공정성이 큰 것으로 간주)에 걸쳐 있다. 이에 정부가 내놓은 일련의 조치들로 재분배 조정 기능이 본격화되고, 민생 보호와 개선을 위한 투자가 확대되었으며, 소득 분배 제도 개혁을 통해 계속 확대되던 소득 격차 상황이 억제되면서 지니계수가 소폭 하락해 2016년에는 0.465로 떨어졌다.[9] 2008년 이후 소득 격차 확대 상황이 통제되기는 했지만, 여전히 비교적 높은 수준에 있다. 한편, 지니계수 0.465는 중국이 여전히 큰 소득 격차 구간

---

9   국가통계국 가구 조사 판공실 편저, 『중국 가구 조사 연감(2017)』, 중국통계출판사, 2017
      년판, 457면.

에 있음을 보여준다. 2018년 세계개발지표의 데이터를 보면 2016년에 십여 개 국가만이 중국보다 높은 수치를 보였는데 모두 아프리카나 중남미 국가들이었다. 따라서 중국의 소득 격차도 국제적으로 비교적 높은 수준에 있음을 알 수 있다.[10] 주민 소득의 높은 지니계수 외에도 노동 소득 분배율 감소, 큰 도농 소득 격차, 방대한 음성적 소득 규모와 증가 추세, 소득 업종과 부문별 큰 격차, 정부 기관 및 사업 기관의 급여 및 수당 제도 미비와 같은 문제들이 소득 분배 불평등 상황을 부각시켰다. 시진핑 총서기는 소득 분배 개혁을 중시하며, 소득 분배 격차 해소를 전면적인 개혁 심화와 전면적인 샤오캉사회 구축의 중점으로 생각하고 있다.

(2) 소득 분배 제도 개혁은 어렵고 복잡한 시스템 공정

불공정한 소득 분배의 표현은 다양하고, 소득 격차가 확대되는 이유도 복합적이다. 쿠즈네츠 곡선은 소득 격차 확대가 어느 정도 경제발전의 결과라는 것을 말해준다. 중국은 시장화, 산업화, 도시화 추진 과정에서 요소의 활력을 자극해 경제 효율을 높였고, 동시에 소득 격차도 확대되는 추세를 보이고 있다. 예를 들어, 시장화 조건에서 요인에 따른 수익은 개별적 차이를 반영한다. 이원적 경제 조건에서 투자 주도 경제 성장과 결합된 노동에 대한 자본의 부족과 투자 중심의 경제 성장 방식은 자본 투자 규모를 확대할 뿐만 아니라 노동 소득의 몫을 감소시킨다. 산업화와 도시화 과정에서 도시와 농촌의 노동생산성 증가율의 차이로 인해 도농 간 소득 격

---

10   2018년 세계은행이 발표한 WDI(World Development Indicators) 데이터베이스의 관련 데이터를 근거로 계산함.

인민중심의 새로운 발전 이념 고수

차가 확대되었다. 또한, 중국의 불공정한 소득 분배는 경제발전의 필연적인 결과일 뿐 아니라 일부 불합리한 제도, 법률, 정책과도 관련이 있다. 불완전한 요소 시장은 다양한 요소들이 합리적인 보상을 얻지 못하게 만들었고, 재분배 제도는 수익 분배 격차 축소에 대해 큰 역할을 하지 못했으며, 정치와 법률 제도의 혼란 또는 부재는 음성적 소득이 발생하는 근본적인 원인이다. 소득 분배 격차를 좁히기 위해서는 경제발전 과정에서 공정성과 효율성의 관계를 올바르게 처리하고 불합리한 제도, 법률 및 정책을 개혁하는 데 집중해야 한다. 총체적으로 소득 격차의 복잡한 요인들이 소득 분배 제도 개혁 임무의 어려움을 높인다. 시진핑 총서기는 18기 2중 전회 제2차 전체회의 연설에서 "소득 분배 제도의 개혁은 매우 힘들고 복잡한 시스템적 프로젝트이다. 모든 지역과 부처는 소득 분배 제도 개혁 심화의 중요한 의미를 충분히 이해하고, 소득 분배 제도의 시행, 도농 주민 소득 증대, 소득 분배 격차 해소, 소득 분배 질서 표준화를 중요한 과제로 삼아 인민의 반영이 두드러진 문제를 해결하는 데 집중해야 한다"[11]고 지적했다. 당 18기 3중 전회와 5중 전회, 19차 당대회 등 중요 회의에서 다양한 소득 분배 문제와 그 원인에 대응하여 여러 가지 소득 분배 개혁 조치를 제안했디.

첫째, 합리적이고 질서 있는 소득 분배 구도를 형성한다.

'합리적이고 질서 있는 소득 분배 구도를 형성하는 것'은 소득 분배 개혁의 핵심이다. 최근 중국의 거시 분배 구도는 노동 소득 분배 하락 추세

---

11   중공중앙문헌연구실 편저 『시진핑의 '4가지 전면'전략 배치 조율과 추진에 관한 논술 엮음』에 실린 '시진핑, 중국공산당 18기 2중전회 제2차 전체회의 연설(2013년 2월 28일)', 중앙문헌출판사, 2015년판, 27면.

로 나타나는데, 개인 간 자본 분배가 노동력보다 더 불균형적이기 때문에 노동분배의 감소와 자본 소득 분배의 증가는 개인 간 소득 격차 확대로 이어질 것이다. 장처웨이(張車偉)와 자오원(趙文)이 GDP 대비 취업 부문의 근로 소득과 자본 소득 비율을 추정한 결과, 1995년 이후 근로 소득 비율은 50% 안팎에서 변동하며 전반적인 하락 추세를 보여주었고, 2011년 근로 소득은 46.9%에 불과한 것으로 나타났다.[12]

노동 소득 비중의 감소는 소득 분배 패턴이 노동자들에게 더욱 불리하게 변화하고 있음을 시사한다. 그중 노동 요소가 합리적인 보상을 얻지 못하는 것이 중요한 요인이다. 한편으로 중국 노동 시장의 경쟁은 치열하지 않고, 업계, 부문, 지역의 노동력 진입 장벽이 존재하며, 노동 자원의 효과적인 배분에 도움이 되지 않는다. 또 다른 한편으로 도시 노동 시장의 농업 이주민에 대한 호적 차별과 농촌 잉여 노동력으로 인한 저숙련 노동 시장의 공급 과잉이 농업 이주민의 임금 협상력을 약화시켰고, 농업 이주민의 임금 상승률이 노동생산성 증가율을 따라가지 못하고 있다. 이러한 요인은 노동이 합리적인 보상을 얻기 어렵게 만들어 노동 소득 분배 증가에 부정적인 영향을 미친다.

따라서 당 18기 3중 전회, 5중 전회와 19차 당대회는 노동력이 합리적 보수를 받도록 유도하기 위해 요소 분배 메커니즘 개선을 통한 합리적 소득 분배 구도 형성을 소득 격차 축소의 중점으로 삼았다. 노동 소득 보호

12　자영업 부문에서 노동요소와 자본요소 기여를 분리하기 어렵고, 노동자 자체가 자본 소유자이기 때문에 요소 소득 분배분을 구분하는 것은 큰 의미가 없다. 장처웨이, 자오원 『중국 노동 보수 할당 문제-취업 경제와 자영업 경제에 따른 계산과 분석』, 중국사회과학, 2015년, 제12기.

　　　　　　　　　　　인민중심의 새로운 발전 이념 고수

에 중점을 두고, 노동 보수와 노동생산성의 동반 성장을 위해 노력하고, 일차 분배에서 노동 보수의 비중을 높여야 한다. 임금 결정 및 정상적 성장 메커니즘을 정비하고, 최저임금과 임금 지급 보장 제도를 완비하며, 기업의 임금 및 단체협상 제도를 개선한다.[13] 주민 소득 증가와 경제 성장, 노동 보수와 노동 생산성의 동반 향상을 고수하여 도시와 농촌 주민의 소득을 계속 높인다……과학적인 임금수준 결정 메커니즘, 정상적인 성장 메커니즘, 지급 보장 메커니즘을 개선하여 기업의 임금 및 단체협상 제도를 추진한다. 최저임금 인상 메커니즘, 기여도에 따른 시장 평가와 분배 메커니즘을 완비하고, 정부 기관 및 사업 기관의 특성에 맞는 임금체계를 보완해야 한다.[14] 노동에 의한 분배 원칙을 견지하고, 요소별 분배 체제 메커니즘을 완비하여 소득 분배를 더욱 합리적이고 더 질서 있게 추진한다.[15]

둘째, 세수, 사회보장, 이전 지출을 주요 수단으로 하는 재분배 조정 메커니즘을 완비한다.

세수, 사회보장, 이전 지출을 주요 수단으로 하는 재분배 조정 메커

---

13   중공중앙문헌연구실 편저 『18차 당대회 이후 중요 문헌 선집』(상)에 실린 '전면적인 개혁 심화를 위한 몇 가지 주요 문제에 대한 중국공산당 중앙의 결정(2013년 11월 12일 중국공산당 제18기 중앙위원회 3차 전체회의에서 통과)', 중앙문헌출판사, 2014년판, 537.

14   중공중앙문헌연구실 편저 『18차 당대회 이후 중요 문헌 선집』(중)에 실린 '국민 경제와 사회발전을 위한 13차 5개년 계획에 관한 중국 공산당 중앙위원회의 제안(2015년 10월 29일 중국공산당 제18차 중앙위원회 5차 전체회의에서 채택됨)', 중앙문헌출판사, 2016년판, 814-815면.

15   시진핑, 『샤오캉사회 전면 실현의 결정적인 승리를 이룩하여 신시대 중국 특색 사회주의 위대한 승리를 거두자-중국공산당 제19차 전국대표대회 보고(2017년 10월 18일)』, 인민출판사, 2017년판, 46면.

니즘을 완비하는 것[16]은 소득 격차를 줄이는 중요한 수단이다. 세수, 사회보장, 이전 지출을 포함한 소득 재분배 제도는 종종 소득 분배 격차를 축소하는 역할을 한다. 예를 들어 북유럽 국가의 소득 격차가 세계 최저 수준을 유지하는 데에는 정부의 재분배 제도가 큰 역할을 했다. 그에 반해 중국의 재분배 제도는 소득 격차를 해소하는 데 효과적인 역할을 하지 못하고 '역조절' 현상까지 나타나고 있다.

세수에서 개인소득세는 비교적 강한 누진성을 가지고 있어 소득 격차를 효과적으로 조정할 수 있지만, 중국이 시행하는 분류소득세제가 소득 격차를 조정하는 데는 한계가 있다. 개인 소득 격차는 항목별 소득 격차라기 보다는 종합 소득의 격차라 할 수 있다. 분류소득세제는 과세 소득에 따라 다른 과세 방법과 다른 세율을 채택하는데, 종합적 역량을 갖추지 않은 이런 소득 조정은 포괄적이지 않다. 고소득층이 저소득층보다 더 많은 세금을 내도록 하려면 종합 소득세 제도를 시행해야 하는데, 이는 다양한 국가의 개인소득세 제도가 발전한 궤적이기도 하다.

사회보장과 이전 지출 부분에서 도시와 농촌의 분할, 차별적 사회보장, 이전 지출 등은 소득 격차의 '역 조절'로 이어질 수 있다. 중국의 사회보장 제도는 도시와 농촌 지역 간, 계층 간에 분리된 특성이 있다. 예를 들어 농촌 주민들은 오랫동안 의료, 양로 등을 포함한 보장 혜택을 누리지 못했으며 농업 이전 인구는 더 오랫동안 도시의 사회보장, 공공서비스 등의 이전 지출 체계에서 소외되었고, 그 결과 사회보장과 이전 지출은 도시와

16　중공중앙문헌연구실 편저 『18차 당대회 이후 중요 문헌 선집』(상)에 실린 '전면적인 개혁 심화를 위한 몇 가지 주요 문제에 대한 중국공산당 중앙의 결정(2013년 11월 12일 중국공산당 제18기 중앙위원회 3차 전체회의에서 통과)', 중앙문헌출판사, 2014년판, 537면.

　　　　　　　　　　　　　　인민중심의 새로운 발전 이념 고수

농촌 주민의 복지 소득증대의 중요한 이유가 되었다.

중앙정부는 소득 격차를 줄이기 위한 재분배 메커니즘의 역할을 매우 중요하게 생각했다. 당 18기 3중 전회와 5중 전회는 조세, 사회보장, 이전 지출을 주요 수단으로 하는 재분배 조절 메커니즘을 완비하고, 세수 조절 강도를 확대하며, 통합과 분류를 결합한 개인소득세 제도구축을 제안했다.[17]

셋째, 소득 분배 질서를 규범화한다.

18차 당대회 이후 엄격하게 실행된 '8항 규정'과 '반부패' 조치는 '소득 분배 질서 규범, 합법적 소득 보호, 음성적 소득 규범, 권력·행정 독점 등 비시장적 요인에 의한 소득 취득 억제, 불법소득 단속'[18]이라는 소득 분배 정책을 실행에 옮긴 것이다. 음성적 소득은 소득 격차를 확대하는 중요한 원인이다. 국가통계국의 통계에 따르면 2008년 전국 상위가구 10%와 하위가구 10%의 1인당 소득 격차는 약 23배였고, 음성적 소득을 조정한 후 그 격차는 65배로 증가했다. 음성소득의 출처는 재정 및 기타 공공 자금의 손실을 포함해 다양하다. 금융부패로 인한 신용 대출 자금 소득의 양도, 행정심사, 인허가, 규제 권력에 의해 발생하는 금권 거래, 토지소득의 상실

---

17 중공중앙문헌연구실 편저 『18차 당대회 이후 중요 문헌 선집』(상)에 실린 '전면적인 개혁 심화를 위한 몇 가지 주요 문제에 대한 중국공산당 중앙의 결정(2013년 11월 12일 중국공산당 제18기 중앙위원회 3차 전체회의에서 통과)', 중앙문헌출판사, 2014년판, 537면/ 중공중앙문헌연구실 편저 『18차 당대회 이후 중요 문헌 선집』(중)에 실린 '국민 경제와 사회발전을 위한 13차 5개년 계획에 관한 중국 공산당 중앙위원회의 제안(2015년 10월 29일 중국공산당 제18차 중앙위원회 5차 전체회의에서 채택됨)', 중앙문헌출판사, 2016년판, 815면.

18 중공중앙문헌연구실 편저 『18차 당대회 이후 중요 문헌 선집』(중)에 실린 '국민 경제와 사회발전을 위한 13차 5개년 계획에 관한 중국 공산당 중앙위원회의 제안(2015년 10월 29일 중국공산당 제18차 중앙위원회 5차 전체회의에서 채택됨)', 중앙문헌출판사, 2016년판, 815면.

과 독점산업의 독점소득 등이 있다. 음성소득이 형성되는 과정에서 부정부패가 핵심 역할을 한다. 권력과 부패와 밀접한 관련이 있는 회색 소득 규모는 2008년 5조 4000억 위안으로 GDP 증가 속도보다 훨씬 빠른 것으로 추산됐다.[19] 부패 문제를 매우 중시해 온 시진핑 총서기는 '부패처벌에 대한 무관용 원칙'을 강조했다.[20]

부정부패가 빈번하게 발생하고 그로 인한 회색소득과 불법소득의 규모가 커진다는 점에서 중앙정부는 점검 업무에 큰 중요성을 부여하고, 이를 부정부패 척결을 위한 '칼'로 간주하고 있다. 또한, 시진핑 총서기는 부패로 인한 음성적 소득과 소득 격차 문제를 근원적으로 해결하는 데 주력하고 있다. 음성소득의 원천은 다양하며, 음성소득 특히 회색 소득, 불법 비정상 소득이 발생하는 근본 원인은 시장경제로의 전환과정에서 정치 시스템과 법체계가 어긋나있거나 비어 있기 때문이다. 시진핑 총서기는 "건전한 시스템이 없으면 권력은 체제의 우리에 갇혀 있지 않으면 부패는 통제되지 않을 것이다"[21]라고 지적했다. 따라서 권력, 행정 독점 등 비시장적 요소로 얻는 소득을 억제하기 위한 건전한 정치 시스템과 법체계의 구축은 소득 분배 체제 개혁에 필요한 수단이 되었다.

---

19   왕샤오루(王小魯)『회색 소득과 국민 소득 분배』, 비교(比較), 2010년 제3기.

20   중공중앙기율검사위원회·중공중앙문헌연구실 편저『청렴하고 정직한 정부 건설과 반부패 투쟁에 관한 시진핑 논술 엮음』에 실린 '시진핑, 제18기 중앙정치국 상무위원회 78차 회의의 부패 국제 도피 장물 회수 업무 강화에 관한 담화(2014년 10월 9일)'중앙문헌출판사·중국방정출판사, 2015년판, 100면.

21   중공중앙기율검사위원회·중공중앙문헌연구실 편저『청렴하고 정직한 정부 건설과 반부패 투쟁에 관한 시진핑 논술 엮음』에 실린 '시진핑, 허베이 시찰 당시 당의 군중노선 교육 실천 지도 행사 연설(2013년 7월 11일~12일)', 중앙문헌출판사·중국방정출판사, 2015년판, 125면.

인민중심의 새로운 발전 이념 고수

주민 소득 격차를 줄이는 것은 보편적인 공유의 구체적 표현이며, 공동 번영의 목표를 이루기 위해 필연적인 요구다. 18차 당대회 이후 소득 격차가 큰 현실을 겨냥해 중앙정부가 일련의 중요한 조치를 내놓았고, 어느 정도 성과를 거두고 있다. 『중국 가구 조사 연감(2017)』에 따르면 주민 소득 지니계수는 2012년의 0.474에서 2016년에는 0.465로 줄어든 것으로 나타났다.[22]

2. 올리브형 분배 구도를 형성하여야 한다

중국의 도시와 농촌의 소득분포는 전체적으로 피라미드형을 이루고 있는데, 피라미드의 맨 아래는 전체 인구의 절대 가구를 차지하는 저소득자와 중·저소득자들이 있고, 중산층부터 점차 인구가 감소하기 시작하고 피라미드의 꼭대기로 갈수록 인구가 빠르게 감소하고 있다.[23] 직업, 교육, 소득 등 객관적인 요소를 종합적으로 고려하면 2010년 중국 16~64세 노동 인구의 사회구조는 역 T자형을 보였고, 사회 하층민 비중이 매우 컸다. 2000년에 비해 사회 하층 비중이 감소는 했지만, 전반적인 사회의 구조적 특성은 변하지 않았다.[24] 피라미드형 소득 분배 구조나 역 T자형 사회구조

---

22 국가통계국 가구 조사 판공실 편저, 『중국 가구 조사 연감(2017)』, 중국통계출판사, 2017 년판, 457면.

23 리페이린(李培林)·주디(朱迪), 『올리브형 분배 구도 정착을 위한 노력-2006-2013년 중국 사회 상황 조사 자료 분석을 바탕으로』, 중국사회과학, 2015년, 제1기.

24 리창(李强)·왕하오(王昊), 『중국 사회 계층 구조의 4가지 세계』, 사회과학전선(社會科學戰線), 2014년, 제9기.

는 중국의 현재 분배패턴이 이상적인 올리브형 분배 구조와 사회구조와는 거리가 멀다는 것을 보여준다. 이런 분배 구조에서 사회 집단 간의 관계는 대립과 갈등, 충돌이 생길 수 있고, 매우 강한 긴장감을 조성해 사회 갈등에 대한 자극이 될 수 있다.

이와 관련, 당 18기 3중 전회에서 통과된 『전면적인 개혁 심화를 위한 몇 가지 주요 문제에 대한 중국공산당 중앙의 결정』에서는 "합리적이고 질서 있는 소득 분배 구도를 형성하고…저소득층의 소득을 증대해 중산층 비율을 확대하고, 도농 간, 지역 간, 업종 간 소득 분배 격차를 해소하여 올리브형 분배 구도를 만들어 나가야 한다"[25]고 명시했다. 『국민 경제 및 사회발전을 위한 13차 5개년 계획 수립에 대한 중국공산당 중앙위원회의 제안』에서도 '저소득 근로자의 소득 증가 및 중위 소득자의 비중 확대'[26]를 소득 분배제도 개혁의 목표와 임무로 삼아 올리브형 분배 구조로 전환해야 한다고 지적했다. 19차 당대회는 올리브형 분배 구도가 형성되는 시점을 지적하며, 2035년 두 번째 100년 분투 목표의 첫 단계를 완성할 때 중간층의 비율을 확실하게 높일 것을 요구했다.[27]

피라미드형 소득 분배 구조 혹은 역 T자형 구조에서 올리브형 분배

25 　중공중앙문헌연구실 편저 『18차 당대회 이후 중요 문헌 선집』(상)에 실린 '전면적인 개혁 심화를 위한 몇 가지 주요 문제에 대한 중국공산당 중앙의 결정(2013년 11월 12일 중국공산당 제18기 중앙위원회 3차 전체회의에서 통과)', 중앙문헌출판사, 2014년판, 537면.

26 　중공중앙문헌연구실 편저 『18차 당대회 이후 중요 문헌 선집』(중)에 실린 '국민 경제와 사회발전을 위한 13차 5개년 계획에 관한 중국 공산당 중앙위원회의 제안(2015년 10월 29일 중국공산당 제18차 중앙위원회 5차 전체회의에서 채택됨)', 중앙문헌출판사, 2016년판, 815면.

27 　시진핑, 『샤오캉사회 전면 실현의 결정적인 승리를 이룩하여 신시대 중국 특색 사회주의 위대한 승리를 거두자-중국공산당 제19차 전국대표대회 보고(2017년 10월 18일)』, 인민출판사, 2017년판, 28면.

　　　　　　　　　　　　　　인민중심의 새로운 발전 이념 고수

구조로 전환하는 열쇠는 저소득층과 중저소득층의 소득 확대를 통해 중산층으로 상향 이동시켜 중산층의 비중을 확대하는 데 있다. 이러한 소득 분배 패턴의 변화는 모든 계층의 절대 소득 수준의 증가에 달려 있을 뿐만 아니라 중저소득층의 소득 수준이 중산층과 고소득층보다 빠른 성장을 요구한다. 그래야만 중저소득층의 상대 소득 수준의 향상을 보장하고, 더 나아가 소득 등급의 전환을 실현할 수 있다.

(1) 주민 소득과 경제의 동반 성장 추진

소득 분배 구도의 전환은 상대적 소득 지위의 변화뿐만 아니라 도시와 농촌 주민의 절대 소득 수준의 성장이 전제로 요구된다. 이는 전면적인 샤오캉사회 실현의 요구이며, 개혁과 발전의 결실이 더 많이 보다 공정하게 인민 전체에 혜택이 돌아가도록 구현하는 것이다. 『국민 경제 및 사회발전을 위한 13차 5개년 계획 수립에 대한 중국공산당 중앙위원회의 제안』에서는 주민 소득과 경제의 동반 성장을 고수하고 도농 주민의 소득을 지속적으로 늘려야 한다는 점을 지적했다.[28] 18차 당대회 이후 중앙은 전면적인 샤오캉사회 건설의 새로운 목표와 요구를 제시하고, 발전의 형평성과 포용성 그리고 지속가능성에 대한 강화를 기반으로 2020년까지 GDP와 도농 주민의 1인당 소득을 2010년의 배로 늘릴 것을 주문했다. 이는 새로운 발전 고도에서 주민 소득과 경제의 동반 성장을 추진하고, 도농 주민의 소득 수준을 전반적으로 높일 필요가 있음을 의미한다.

28 　중공중앙문헌연구실 편저 『18차 당대회 이후 중요 문헌 선집』(중)에 실린 '국민 경제와 사회발전을 위한 13차 5개년 계획에 관한 중국 공산당 중앙위원회의 제안(2015년 10월 29일 중국공산당 제18차 중앙위원회 5차 전체회의에서 채택됨)', 중앙문헌출판사, 2016년판, 814면.

주민 소득과 경제의 동반 성장, 도농 주민 소득을 배로 늘리는 목표를 실현하는 것이 경제 성장 속도에 대한 명확한 요구이다. 시진핑 총서기는 13차 5개년 계획의 성장 목표를 "2020년까지 GDP와 도농 주민의 1인당 소득을 2010년의 2배로 늘리는 목표를 위해 필요한 성장 속도를 유지해야 한다. GDP를 2배로 늘린다는 관점에서 2016년부터 2020년까지 연평균 경제성장률의 마지노선은 6.5%이상이다"[29]고 지적했다.

(2) 저소득층의 소득 증대

저소득자의 소득을 가장 빠른 속도로 증대시켜 그들이 중산층에 들어서도록 확보하는 것은 올리브형 분배구도를 형성함에 있어서의 필연적 요구이다. 중요한 부분인 빈곤 인구의 빈곤 탈출은 올리브형 분배 구조 형성을 위한 필수 단계일 뿐 아니라, 전면적인 샤오캉사회 실현을 위한 내재적인 요구이다. 아울러 도농 소득 격차가 비교적 큰 상황에서 농민이 저소득층의 주류를 이루고 있다. 따라서 저소득층의 소득을 높이는 중요한 조치는 농민의 소득 증가를 촉진하는 것이다.

첫째, 빈곤 퇴치 프로젝트를 실시한다.

소득 분배 피라미드 구조의 맨 밑바닥에는 빈곤 인구가 있다. 저소득층, 특히 빈곤층의 소득을 늘리는 중요한 임무는 빈곤층의 빈곤 탈출이다. 도시와 농촌 주민의 소득 분배 추정구조를 보면 도시 빈곤 인구는 상대적

---

29 중공중앙문헌연구실 편저 『18차 당대회 이후 중요 문헌 선집』(중)에 실린 '시진핑, 국민 경제와 사회발전을 위한 13차 5개년 계획에 관한 중국공산당 중앙위원회의 제안(2015년 10월 29일)에 대한 설명', 중앙문헌출판사, 2016년판, 777면.

으로 적고, 대부분 농촌에 집중되어 있다.[30] 2010년 고정가로 계산한 빈곤선 기준에 따라 2017년 농촌 지역 빈곤 인구는 3046만 명으로 빈곤 발생률은 3.1%에 달했다.[31] 2020년에 전면적인 빈곤 퇴치 목표를 실현하는 임무가 대단히 험난하다.

중국 정부는 항상 빈곤 문제를 매우 중시해왔다. 시진핑 총서기는 "우리는 포용 정책과 우대정책을 서로 결합하여 『국가 87 빈곤 구제 공략 계획(1993-2000년)』, 『중국 농촌 빈곤 구제와 개발 요강(2001-2020년)』, 『중국 농촌 빈곤 구제와 개발 요강(2011—2020년)』을 차례로 시행했다. 농촌, 농업, 농민에 대한 포용 정책을 기반으로 빈곤층을 위한 우대정책을 펼쳐 최대한 지원하고 보호해야 한다. 중국 정부와 사회 각계, 빈곤 지역의 많은 간부와 대중들의 공동 노력과 국제 사회의 적극적인 지원 덕분에 6억 명 이상의 중국인이 빈곤에서 벗어났다. 2015년에 유엔 밀레니엄 개발 목표는 중국에서 기본적으로 이루어졌다"[32]고 지적했다.

중국은 수년간의 적극적인 노력 끝에 빈곤감소에 중요한 성과를 거두면서 빈곤 인구의 수가 크게 줄었지만, 엄청난 규모의 기존 빈곤 인구를 단기간에 완전히 빈곤에서 벗어나도록 하는 것은 절대 쉬운 일은 아니다. 어떻게 고효율의 맞춤형 빈곤 구제 정책을 수립하는지가 정책결정지

---

30 리페이린·주디, 『올리브형 분배 구도 정착을 위한 노력-2006-2013년 중국 사회 상황 조사 자료 분석을 바탕으로』, 중국사회과학, 2015년, 제1기.

31 「국가통계국 '중화인민공화국 2017년 국민 경제와 사회발전 통계 공보'(2018년 2월 28일)」, 인민일보, 2018년 3월 1일, 10면.

32 중국중앙문헌연구실 편저 『18차 당대회 이후 중요 문헌 선집』(중)에 실린 '시진핑, 빈곤 해소 협력을 통한 공동 발전을 촉진하자(2015년 10월 16일)', 중앙문헌출판사 2016년판, 719면.

들의 고민거리다. 이에 중앙은 지역과 대상에 따른 정확한 빈곤 구제와 빈곤 해소 전략과 방침을 유지하여 빈곤 탈피라는 약점을 극복하기 위해 당 전체와 사회 전체의 역량을 동원하여 2020년에 전면적인 샤오캉사회 실현의 목표를 실현할 것을 제안했다. 구체적으로 중앙에서 총괄하고, 성(자치구, 직할시)에서 총책임을 지며, 시(지방)와 현에서 이행하는 업무 메커니즘을 유지하고, 당과 정부 기관의 제1책임자 책임 시스템을 강화한다.[33] 빈곤 구제 방법의 6가지 정확성을 강조한다. 즉, 지원 대상, 프로젝트 준비, 자금 사용, 가계에 대한 조치, 마을 상황에 맞는 인력 파견, 빈곤 탈피 효과에 대한 정확성을 요구한다. 빈곤 퇴치 정책의 구체적인 시행에서 지역과 대상에 따라 정책을 시행하고, 빈곤 가정을 카테고리별로 지원해야 한다. 일할 수 있는 능력에 대한 지원, 특성 산업 개발, 취업 전환을 추진한다. 농업 생산 환경이 기본적인 생존을 보장하기에 충분하지 않은 경우. 이주를 통한 빈곤 구제를 시행하고, 생태가 특히 중요하고 취약한 경우, 생태 보호를 통해 빈곤 구제를 실행해야 한다. 노동 능력 상실에 대한 포괄적인 보호 정책을 실행한다. 질병으로 인한 빈곤층의 경우, 의료 지원을 보장하고, 기초수급보장 정책과 빈곤 구제 정책을 연결하여 사회보장정책을 통해 빈곤 문제를 철저하게 해결한다.

생선을 주기보다는 잡는 법을 가르쳐야 한다. 장기적으로 볼 때, 빈곤 구제의 열쇠는 빈곤 인구의 소득 획득력을 향상하고, 안전망 구축을 통한 빈곤층의 경제적 취약성을 줄이며, 빈곤층 자녀의 교육수준을 높여 빈

---

33 시진핑, 『샤오캉사회 전면 실현의 결정적인 승리를 이룩하여 신시대 중국 특색 사회주의 위대한 승리를 거두자-중국공산당 제19차 전국대표대회 보고(2017년 10월 18일)』, 인민출판사, 2017년판, 47-48면.

인민중심의 새로운 발전 이념 고수

곤의 대물림을 막는 것에 있다. 시진핑 총서기는 "빈곤 구제와 개발을 잡기 위해서는 첫째, 빈곤 지역이 빈곤에서 벗어나 부를 쌓는 최우선 과제인 개발에 집중해야 한다. 자원, 시장, 인문, 관광과 같은 장점을 바탕으로 지역 여건에 따라 제도를 조정하여 올바른 발전의 길을 찾아야 한다. 그저 기다리며 아무것도 하지 않을 수 없고, 옥석을 가리지 않고 아무거나 담을 수도 없으며, 발전에 대한 절박함으로 법률을 어기고 맹목적으로 무모하게 일을 하거나 인민을 힘들게 하고 물자를 낭비하는 '보여주기식 프로젝트, 치적 쌓기식 프로젝트'를 시행해서는 안 된다. 둘째, 취업·교육·의료·문화·주거 등을 포함한 농촌 공공서비스 체계 건설이라는 기본적인 보장을 확실하게 파악하고, 빈곤층의 기본생활을 커버할 수 있는 안전망을 짜고, 마지 노선을 굳게 지켜야 한다. 셋째, 빈곤에서 벗어나 부를 쌓는 교육이라는 근본책을 확실하게 잡아야 한다. 가난하다고 교육이 부실하고, 가난하다고 아이까지 가난하게 만들어서는 안 된다. 가난한 가정의 아이들도 좋은 교육을 받을 수 있도록 의무교육을 잘해야 하고, 아이들이 출발선에서부터 지고 들어가게 만들어서는 안 된다"[34]고 지적했다.

둘째, 농민 소득 증진을 촉진한다.

『중국 가구 조사 연감(2017)』에 나타난 5개 그룹의 가처분소득 평균 소득을 보면 2016년 고소득층의 평균 가처분소득은 59,259.5위안인 반면, 농촌 주민 고소득층은 24,448위안으로 도시 중산층의 평균 소득 31,521.8위안과 아직은 다소 거리가 있는 것으로 나타났다. 도시 고소득층의 평균

---

34   시진핑 『쟈오위루와 같은 현 위원회 서기가 되자』에 실린 '허저(荷澤)시 및 현 지역 주요 책임자 심포지엄 참가 당시 시진핑 연설(2013년 11월 26일)', 중앙문헌출판사, 2015년판, 29-30면.

소득 70,347.8위안과 보여주는 큰 격차는 더 언급할 필요도 없다.[35] 중국의 도시와 농촌 주민들 사이에 소득 격차가 크고, 중국 내 저소득층의 주류인 농민 소득이 대체로 낮다는 것을 알 수 있다. 소득 격차를 좁히고 저소득층의 소득을 높이기 위한 중요한 조치는 농민의 소득을 늘리는 것이다. 시진핑 총서기의 '샤오캉 실현의 열쇠는 백성이 쥐고 있다', '중국이 부유해지려면 농민이 잘 살아야 한다'[36]는 논술은 농민 소득 증진의 중요성을 잘 반영하고 있다.

농민 소득은 농업 경영 수입과 비농업 수입으로 구성된다. 도시와 농촌의 소득 격차가 크기 때문에 외지에서 일하고 얻는 비농업 수입이 농민 소득의 가장 중요한 원천이 되었다. 농민 소득을 높이려면 농업 경영 수입 확대와 함께 외지에서 일하는 농민들의 합리적인 보수를 보장해야 한다.

농업 경영 소득 증가의 핵심은 농업현대화 건설 가속화와 농민 자질 향상, 농업과 농민에 대한 지원 강도를 높이는 데 있다. 시진핑 총서기는 2013년 12월 23일 중앙의 농촌업무회의 연설에서 '누가 농사를 지을 것인가'의 문제에 대해 "사람 문제를 잘 해결하는 것이 핵심이다. 농민을 부유하게 하고, 농민의 자질을 향상하고, 농민을 지원함으로써 농업 경영의 수익성을 높이고, 농업을 유망한 산업으로 만들고, 농민을 어엿한 직업으로 만들어야 농촌을 평화롭게 살고 일하는 아름다운 보금자리로 만들 수 있

---

35   국가통계국 가구 조사 판공실 편저, 『중국 가구 조사 연감(2017)』, 중국통계출판사, 2017년판, 12, 21, 30면.

36   『18차 당대회 이후 중요 문헌 선집』(상)에 실린 '시진핑, 중앙 농촌업무회의 연설'(2013년 12월 23일), 중앙문헌출판사, 2014년판, 658면.

다"[37]고 지적했다. 농민을 부유하게 하고, 농민의 자질을 향상하고, 농민을 지원하는 것은 농업 경영 소득을 높이는 중요한 조치이다. 부유한 농민을 만들기 위해 농업의 집약적 경영과 규모 경영, 사회화 서비스 수준을 개선하고, 농민의 영농 수익을 늘리고, 농업을 강화하여 농업을 매력적으로 만들 필요가 있다. 농민의 자질을 높여 새로운 유형의 농부를 양성해야 한다. 농업 직업 교육과 기술교육을 강화함으로써 지식과 기술을 겸비한 관리 능력을 갖춘 새로운 유형의 농부를 육성해야 한다. 농민 지원을 위해서 농업에 대한 정부의 지원과 보호를 강화해야 한다. 농업에 대한 투자를 늘리고, 새로운 투자 및 융자 채널을 개척한다. '삼농'투입의 안정적인 성장을 위한 장기 투자 메커니즘을 정비하고 구축하고, 농업 보험 체계를 완비하여 좋은 영농 조건과 여건을 만들고, 자연재해와 시장 변동의 이중 위험에 저항할 수 있는 농업 능력을 강화해야 한다. 19차 당대회는 농업 및 농촌의 발전을 우선순위에 놓고, 농촌 활성화 전략을 제시하여 농업 및 농촌 발전을 위한 제도적 환경을 마련하고, 농민의 소득 증대를 전략적으로 보장했다.[38]

농민의 비농업 소득 증가는 호적제도 개혁에 달려있다. 국가통계국에 따르면 2017년 중국 농민공은 2억 8652만 명에 달하는 것으로 나타났다. 도농 소득 차이가 비교적 큰 상황에서 외지에서 일하고 얻는 수입은 이

---

37 『18차 당대회 이후 중요 문헌 선집』(상)에 실린 '시진핑, 중앙 농촌업무회의 연설'(2013년 12월 23일), 중앙문헌출판사, 2014년판, 678면.

38 시진핑, 『샤오캉사회 전면 실현의 결정적인 승리를 이룩하여 신시대 중국 특색 사회주의 위대한 승리를 거두자-중국공산당 제19차 전국대표대회 보고(2017년 10월 18일)』, 인민출판사, 2017년판, 32면.

미 농민의 중요한 소득원이 되었다. 그러나 중국의 오랜 호적 제도는 농민 공들이 도시의 공공서비스 등과 같은 사회복지 혜택을 받기 어렵게 만들었고, 더 나아가 그들의 시민화와 도시화에 영향을 주었을 뿐 아니라, 이로 인한 노동 시장 분할이 농민공의 취업과 노동에 대한 합리적인 보수를 받지 못하게 가로막고 있다. 시진핑 총서기는 "호적제도 개혁 추진에 박차를 가하고, 도시와 농촌 근로자의 평등한 취업 제도를 완비하여 농업 이주민들이 도시에서 살면서 융화되고, 취업과 창업을 할 수 있도록 만들며, 농민공의 법적 권리를 보호하고 도시 및 농촌 근로자의 동등한 취업 권리를 보장해야 한다"[39]고 지적했다.

(3) 중산층 확대

시진핑 총서기는 중앙 재경 지도팀 제13차 회의를 주재하면서 "중산층 확대는 전면적인 샤오캉사회 실현 목표 실현과 관계가 있고, 이를 위해 방식을 전환하고 구조를 조정하는 것은 불가피하다. 중산층 확대는 사회 화합과 안정, 국가의 장기적 안정을 수호하기 위한 필연적인 요구이다"[40] 라고 강조했다. 중위 소득층의 지속적인 확대는 소비 잠재력 방출, 내수 확대, 경제 성장 방식 전환에 도움이 될 뿐 아니라 올리브형 분배 구도를 형성하는 중요한 기초가 된다.

기술 숙련 인재, 새로운 형태의 직업 농부, 과학기술 인재, 영세 및 소기업 창업자, 기업 경영관리자, 기층 간부 대열 및 노동 능력이 있는 어려

---

39 「시진핑, 중앙정치국 단체학습을 주재하며 농민이 개혁 발전 성과 공유를 강조해」, 인민일보(해외판), 2015년 5월 2일, 1면.

40 『시진핑, 국정운영을 논하다』 제2권, 외문출판사, 2017년판, 369면.

운 그룹 등 7개 집단은 소득성장의 큰 잠재력과 강한 추진력을 가지고 있다. 이들은 중산층의 주요 구성 요소라 하겠다. 2016년 10월 10일 국무원이 발표한『중점 그룹의 활력 자극을 통한 도농 주민의 소득 증대 추진에 관한 실시 의견』은 7개 집단에 대한 맞춤형 정책을 제시했다. 일한 만큼 받고, 기량에 따른 보상을 받는 기술 숙련 인재에 대한 소득 분배 정책을 완비한다. 새로운 형태의 직업 농부에 대한 교육과 지원 강도를 높이고, 직업화 과정을 가속화한다. 급여 수입, 프로젝트 인센티브, 성과 보너스 등 다양한 인센티브를 통해 연구원들이 연구에 몰두하도록 유도하고, 과학기술 혁신에 대한 열정을 고취한다. 영세 및 소기업 창업자의 창업 비용을 더욱 낮추고, 혁신 창업 성과 이익 분배 메커니즘을 완비한다. 재산권 보호 제도를 완비하여, 기대치를 더욱 안정시키고, 환경을 최적화함으로써 기업가의 창업 의욕을 북돋는다. 임금 제도를 개선하고 차별화된 인센티브를 시행하며, 햇볕 복지제도를 정착시키고 기층 간부들의 업무 적극성을 충분히 동원한다. 일할 능력이 있는 기초 수급대상자, 등록된 빈곤 인구 및 장애인과 같은 어려운 계층이 생산 노동에 적극적으로 참여하고 스스로 노력을 통해 소득을 늘릴 수 있도록 이끌고 격려한다. 이밖에 취업촉진, 직업 능력 증진, 기본 소득 보장, 재산소득원 공개, 소득 분배 질서 규범, 소득 모니터링 능력 강화 등 6가지 지원 행동을 제시했다.

서로 다른 그룹의 특성에 따라 맞춤형 정책을 제시하고, 해당 그룹의 소득 증가의 한계를 극복하고, 추진력을 최대한 활용하는 데 도움이 되는 소득 증가 지원 체계를 제공함으로써 중간 소득층 규모 확대와 올리브형 분배패턴 형성의 목표를 확실하게 실현한다. 저소득층과 중저소득층의 소득을 늘려 상향 이동을 실현해 중산층으로 들어가게 만든다. 소득 분배 패턴의 이러한 변화는 모든 사회 계층의 동질감 강화에 도움이 되고, 나아가 경제, 정치, 문화, 사회, 생태 문명 모든 분야의 건설 성과의 포괄적인 공유를 실현하는 데 도움이 된다.

3. 공공서비스 평준화를 실현하여야 한다

공공재는 긍정적 외부 효과가 있고, 공공재 제공의 사적 편익은 사회적 편익보다 적기 때문에 공공재의 사적 공급에 대한 인센티브가 부족하다. 이는 정부가 공공재 제공의 책임을 져야 한다는 것을 의미한다. 공공재의 중요한 부분인 공공서비스의 공급도 마찬가지다. 공공서비스를 강화하고 최적화하는 것은 정부의 주요 직무이자 역할이다. 중국은 이미 공공서비스 체계를 기본적으로 구축했지만, 공공서비스 공급은 여전히 지역 간, 도시와 농촌 간, 계층 간 불균형 문제가 존재해 일부 지역과 인구는 여전히 기본적인 공공서비스를 누릴 수가 없다. 이는 사회주의의 본질적 요구와 맞지 않고, 전면적인 샤오캉사회를 실현하고 모든 인민에게 발전의 결실을 누릴 수 있도록 하는 목표와 어긋난다. 이에 시진핑 총서기는 공공서비스의 균등화를 전면적인 샤오캉사회 실현과 공유 발전의 중점으로 삼고 2035년까지 기본적인 공공서비스의 균등화 실현 목표를 제시했다.[41]

---

41   시진핑, 『샤오캉사회 전면 실현의 결정적인 승리를 이룩하여 신시대 중국 특색 사회주의 위대한 승리를 거두자-중국공산당 제19차 전국대표대회 보고(2017년 10월 18일)』, 인민출판사, 2017년판, 28면.

(1) 부족한 공공서비스 공급, 낮은 평균화 수준

중국의 공공서비스 수준의 발전은 경제 성장을 따라가지 못하고 있다. 《2010년 인간 개발 보고서》는 지난 40년간 인류 발전의 성과를 돌이켜 봤다. 중국의 인간개발지수(Human Development Index, HDI)는 1980년의 0.368에서 2010년의 0.663으로 높아져 중위권인 세계 89위를 차지했고, 1970년-2010년에 발전이 가장 빠른 국가 중 2위를 기록했다. 그러나 중국의 발전은 주로 경제 성장에서 비롯되었다. 소득 HDI의 향상 수준이 세계 1위를 기록한 반면, 비소득 HDI의 진도가 10위권에 진입하지 못해 중국의 교육 및 보건 분야의 공공서비스 수준 개발이 경제 성장을 따라잡지 못하고 있는 것으로 나타났다.

경제 성장에 뒤처진 공공서비스의 전반적인 발전 수준 외에도 중국의 공공서비스 수준의 발전에는 지역적으로 큰 차이가 있다. 『중국 인간 개발 보고서 2013: 지속 가능한 살기 좋은 도시-생태 문명을 향하여』에서 산출한 2010년 각지의 인간개발지수에 따르면, 베이징과 상하이의 인간개발지수는 모두 0.8을 넘어 인간개발지수가 매우 높은 수준을 보인 반면, 인간개발지수가 가장 낮은 구이저우와 티베트는 0.6 미만으로 나타났다. 이와 함께 교육 지수와 기대수명 지수 관점에서 보면, 교육 및 보건 등 공공서비스 수준이 낮은 지역은 주로 티베트, 구이저우, 윈난, 간쑤, 칭하이[靑海], 광시[廣西], 안후이, 장시[江西] 등 빈곤 지역과 민족 지역, 국경 지역에 집중되어 있다.[42]

---

42 UNDP의 『중국 인간 개발 보고서 2013:지속 가능한 살기 좋은 도시-생태 문명을 향하여』, 중국대외번역출판유한공사 옮김, 중국대외번역출판유한공사 2013년판, 89면.

구체적인 공공서비스 공급 상황을 보면, 교육, 의료 등 공공서비스 시설과 공공서비스 투자에 있어 도농 간, 지역 간 차이가 크게 존재한다. 예를 들어 2016년 전국 의무교육 단계의 학교 건물 가운데 위험 건물 면적은 1.074%였다. 이 가운데 시골의 위험한 건물 면적은 2.286%에 이른다. 지역별로 보면, 깐쑤, 윈난, 광시, 장시 등(자치구·직할시)의 노후 건물 비율이 비교적 높게 나타났다. 그 중 깐쑤성의 위험한 건물의 면적 비율은 11.195%에 달하고, 깐수성 농촌의 해당 데이터는 11.271%에 이른다.[43] 의료보건 분야에서 티베트자치구는 1000명 당 의료인 수가 4.5명으로 가장 낮았고, 안후이와 장시가 4.7명과 4.8명으로 뒤를 이었다. 가장 높은 곳은 10.8명을 기록한 베이징이다.[44] 보건 서비스 커버리지 반경과 중서부 지역의 넓은 토지에 비해 희박한 인구 상황, 교통 불편한 교통을 고려한다면 실제 격차는 더 커질 것이다. 의료보건 여건도 도시와 농촌 사이에 분명한 차이가 있다. 도시의 의료보건 여건이 농촌 지역보다 훨씬 우수하다. 칭하이와 티베트 지역의 도시와 농촌의 의료인 수는 4배 이상 차이가 난다. 이는 의료 및 공중 보건 서비스의 지역 간, 도농 간 분포가 고르지 못해 불균형이 심하다는 것을 보여준다.

사회보장 분야에서 중국은 이미 기본적인 사회보장체계가 구축되어 있다. 경제가 발전함에 따라 사회보장의 적용 범위가 점점 늘어나고 기금

---

43 교육부 개발 기획부에서 편찬한 『중국 교육 통계 연감 (2016)』의 중학교 운영 조건과 초등학교 운영 조건에 대한 해당 자료를 바탕으로 산정. 교육부 개발 기획부 편저 『중국 교육 통계 연감(2016)』, 중국통계출판사, 2017년판, 145, 164, 490-491, 500-501, 570-571, 580-581.

44 국가위생과 계획생육위원회 편저, 『중국 위생과 계획생육 통계 연감(2017)』, 중국대외출판유한공사 옮김, 중국협화의과대학출판사, 2017년판, 37면.

인민중심의 새로운 발전 이념 고수

수입이 계속 증가하고 있어 더 많은 주민이 혜택을 보고 있다. 예를 들어 2017년 기준 중국의 기초 양로 보험 가입자는 9억 1500만 명, 기초 의료 보험 가입자는 11억 7700만 명에 이른다.[45] 그러나 사회보장 분야의 발전에는 여전히 몇 가지 문제점이 있다. 첫째, 사회 보장 제도가 제각각이다. 도시와 농촌에 적용되는 제도가 다르고, 취업 집단마다 제도가 달라 납입금과 이익에도 명백한 제도 차이가 있다. 둘째, 전반적인 계획 수준이 너무 낮아 지역 간 흐름을 보장하기 어렵다. 셋째, 사회보장 적용률의 지역적 차이가 뚜렷하고 일부는 아직 사회 안전망에 의해 효과적으로 보호받지 못하고 있다.

또한, 농민공들이 도시의 기본적인 공공서비스를 동등하게 누릴 수 없는 집단적 차이를 보이는 공공서비스의 평준화 문제가 있다. 시진핑 총서기는 "상주인구로 계산하면 중국의 도시화율은 55%에 가깝고, 도시의 상주인구는 7억 5천만 명에 이른다. 문제는 이 7억 5천만 인구 가운데 2억 5천만 명이 농민공이 대부분인 외부에서 들어온 상주인구라는 것이다. 이들은 도시에서 교육, 취업 서비스, 사회보장, 의료, 보장성 주택과 같은 부분의 공공서비스에 동등하게 접근하지 못해 복잡한 경제적 사회적 문제가 발생하고 있다"[46]고 지적했다.

총적으로 현재 중국의 공공서비스의 평준화 수준은 상대적으로 낮으

45 「국가통계국 '중화인민공화국 2017년 국민 경제 및 사회발전 통계 공보'(2018년 2월 28일)」, 인민일보, 2018년 3월 1일, 1면.

46 중공중앙문헌연구실 편저 『18차 당대회 이후 중요 문헌 선집』(중)에 실린 '시진핑, 국민 경제와 사회발전을 위한 13차 5개년 계획에 관한 중국 공산당 중앙위원회의 제안에 관한 설명(2015년 10월 26일)', 중앙문헌출판사, 2016년판, 778-779면.

며, 이는 주로 공공서비스의 지역 간, 도시와 농촌 사이, 집단 사이의 차이가 큰 것으로 나타난다. 지역적 차이 부분에서 민족 지역, 국경 지역과 빈곤 지역의 공공서비스 수준이 비교적 낮다. 도시와 농촌의 차이를 보면 농촌의 공공서비스 수준이 도시보다 떨어진다. 집단 차이 측면에서 농민공이 이용할 수 있는 공공서비스 수준은 도시 거주자보다 현저하게 낮다. 이는 사회주의의 본질적 요구와 맞지 않고, 전면적인 샤오캉사회 실현과 발전의 결실이 모든 인민에게 혜택이 돌아가도록 하겠다는 목표와 어긋난다. 사회의 공정과 정의를 수호하고, 모든 인민이 공유하는 발전을 도모하고, 전면적인 샤오캉사회를 구축하기 위해『국민 경제와 사회발전을 위한 13차 5개년 계획에 관한 중국공산당 중앙위원회의 제안』은 '기본적인 공공서비스 균등화 수준의 점진적인 향상'이라는 목표와 요구를 제시했다.[47] 또 시진핑 총서기는 기본적인 공공서비스 균등화 추진에 중점을 두고 민생 개선에 힘써야 한다고 강조했다. 경제발전의 근본적인 목적은 모든 민족의 사람들이 좋은 삶을 살 수 있도록 하는 것이다. 끊임없이 발전에 집중하고, 경제 총량을 지속적으로 확대하여 민생 개선을 위한 탄탄한 기반을 마련해야 할 뿐 아니라 기본적인 공공서비스의 균등화와 사회의 형평성 증진을 위해 힘써야 한다.[48]

---

47 「국민 경제 및 사회발전을 위한 13차 5개년 계획 수립에 대한 중국공산당 중앙위원회의 제안(2015년 10월 29일 중국공산당 제18기 중앙위원회 5차 전체회의에서 통과됨)」, 인민일보, 2015년 11월 4일, 1면.
48 「중앙민족업무회의 및 국무원 제6차 전국 민족단결 진보 표창 대회 개최, 중국내 각 민족의 지혜와 힘을 극대화해」, 인민일보(해외판), 2014년 9월 30일, 1면.

인민중심의 새로운 발전 이념 고수

(2) 기본적인 민생 보장 노력

공공서비스의 낮은 평준화의 중요한 징후는 일부 지역과 집단이 공공서비스를 누릴 수 없다는 것이다. 중국은 전면적인 샤오캉사회 실현의 중요한 시기에 있다. 이 부분 계층에 대한 공공서비스의 공급을 늘리고, 핵심을 부각하고 기본 원칙을 지켜 기본적인 공공서비스의 평준화를 촉진함으로써 민생의 취약점을 극복해야 한다. 시진핑 총서기는 "모두가 참여하고 노력하며 함께 누리는 요구에 따라 마지노선을 지키고, 핵심을 강조하고, 제도를 완비하고, 기대를 이끌어야 한다. 아울러 공평한 기회에 주의를 기울이고 기본적인 민생을 보장하기 위해 노력해야 한다"[49]고 지적했다.

『국민 경제 및 사회발전을 위한 13차 5개년 계획 수립에 대한 중국공산당 중앙위원회의 제안』에서도 공공서비스 평준화 원칙은 중점을 강조하고 기본을 보장하는 것을 전제로 한다는 점을 명확하게 했다. "공공서비스 공급을 확대한다. 보편적 혜택, 기본 보장, 균등화 및 지속성을 방향으로 삼고, 인민이 가장 관심을 두고, 가장 직접적이고 현실적인 이익 문제 해결을 시작으로 정부의 기능을 강화하고, 공공서비스를 함께 구축하는 능력과 공유 수준을 제고한다. 의무교육, 취업서비스, 사회보장, 기본 의료 및 공중 보건, 공공 문화, 환경보호와 같은 기본적인 공공서비스를 강화하고 전면적인 보급을 실현할 수 있도록 노력한다. 옛 혁명지구, 민족 지역, 국경 지역, 빈곤 지역에 대한 이전 지출을 늘린다. 특별한 어려움이 있는 특

---

49 중공중앙문헌연구실 편저 『18차 당대회 이후 중요 문헌 선집』(중)에 실린 '전면적인 샤오캉사회 실현의 결정적 단계에서 위대한 승리를 거두기 위해 새로운 발전 이념으로 발전을 이끌자(2015년 10월 29일)', 중앙문헌출판사, 2016년판, 831면.

정 집단에 대한 지원을 강화한다".[50]

(3) 각종 공공서비스 평준화 수준 향상

당 18기 3중 전회에서 통과된 『전면적인 개혁 심화를 위한 몇 가지 주요 문제에 대한 중국공산당 중앙의 결정』, 당 18기 5중 전회에서 통과된 『국민 경제와 사회발전을 위한 13차 5개년 계획에 관한 중국공산당 중앙위원회의 제안』 및 19차 당대회 보고는 다양한 공공서비스 공급과 균등화 발전에 관한 구체적인 정책 제안을 했다.

교육사업을 우선 발전시킨다. 의무교육의 균형 발전을 추진하여 교육 및 교학의 질을 종합적으로 향상시키고, 인적 자본 수준을 높인다. 고등학교 교육을 보급하고, 중등직업교육에 대한 학비 및 기타 비용 면제를 점진적으로 추진하고, 가정이 경제적으로 어려운 학생의 일반 고등학교 학비 및 기타 비용 면제 시행에 앞장선다. 취학 전 교육 발전을 위해 보편적인 유치원의 발전을 장려한다. 특수 교육을 잘 운영한다. 가정 형편이 어려운 학생들을 위해 전폭적인 재정 지원 보상을 실현할 수 있도록 자금 지원 방식을 개선한다. 도시와 농촌의 의무교육을 위한 공립학교의 표준화에 박차를 가하고, 교사 특히 농촌 교사 대열을 강화하고, 도시와 농촌 교사 간의 교류를 촉진한다.

건강중국 전략을 실시한다. 시진핑 총서기는 "의료보건 업무 중심과

---

50   중공중앙문헌연구실 편저 『18차 당대회 이후 중요 문헌 선집』(중)에 실린 '국민 경제와 사회발전을 위한 13차 5개년 계획에 관한 중국 공산당 중앙위원회의 제안(2015년 10월 29일 중국공산당 제18차 중앙위원회 5차 전체회의에서 채택됨)', 중앙문헌출판사, 2016년판, 811-812면.

인민중심의 새로운 발전 이념 고수

자원이 구석구석 닿을 수 있도록 기본적인 공공서비스 균등화를 추진해 대중에게 안전하고 효과적이고 편리하면서도 저렴한 공중 보건과 기본 의료 서비스를 제공함으로써 기층 인민의 진료받기 힘들고 비싼 비용 문제를 진정으로 해결해야 한다"[51]고 지적했다. 국민 경제 및 사회발전을 위한 13차 5개년 계획 수립에 대한 중국공산당 중앙위원회의 제안과 19차 당대회 보고에서도 1차 의료 서비스 모델을 완비하고, 원격의료를 발전시키는 건강중국 건설을 추진해야 한다고 지적했다. 기층과 농촌으로의 의료자원 유입을 촉진한다. 의료보건체제 개혁을 심화한다. 의료·의료 보험·의약의 연계를 실행하고, 의약분업을 추진하며, 계층적 진단과 치료를 실행하고, 도시와 농촌을 아우르는 기본적인 의료보건 시스템과 현대적인 병원 관리 시스템을 구축한다.[52] 예방을 우선으로 식품 안전 전략을 실행하고, 전통 중의약 사업을 계승 발전시키며, 사회 의료 운영을 지원한다. 출산정책과 관련 경제 사회 정책을 연계하고, 의료와 요양의 결합을 추진하며, 실버 서비스 산업 발전을 가속화해야 한다.[53]

사회보장체계 구축을 강화하고, 보다 공정하고 지속 가능한 사회 보장 제도를 수립한다. 전인민 보험 가입 계획 실행하고, 기본적으로 법정

---

51 중공중앙문헌연구실 편저 『시진핑의 '4개전면' 전략 배치 조율과 추진에 관한 논술 엮음』에 실린 '장쑤 조사연구 당시 시진핑 연설(2014년 12월 13일~14일)', 중앙문헌출판사, 2015년판, 43면.

52 중공중앙문헌연구실 편저 『18차 당대회 이후 중요 문헌 선집』(중)에 실린 '국민 경제와 사회발전을 위한 13차 5개년 계획에 관한 중국 공산당 중앙위원회의 제안(2015년 10월 29일 중국공산당 제18차 중앙위원 5차 전체회의에서 채택됨)', 중앙문헌출판사, 2016년판, 816면.

53 시진핑, 『샤오캉사회 전면 실현의 결정적인 승리를 이룩하여 신시대 중국 특색 사회주의 위대한 승리를 거두자-중국공산당 제19차 전국대표대회 보고(2017년 10월 18일)』, 인민출판사, 2017년판, 48면.

인원의 가입을 기본적으로 실현한다. 사회 보험료율을 적절히 낮추고 사회 보험 보급률을 높인다. "도시 근로자 기초 양로 보험 제도와 도시·농촌 주민 기초 양로 보험 제도를 개선하고 조속한 시일 안에 양로 보험의 전국 통합을 실현한다. 도시와 농촌 주민을 위한 통일된 기본 의료보험제도와 중대 질병 보험제도를 완비한다. 실업 및 산업재해보험 제도를 완비한다. 전국적으로 통일된 사회 보험 공공서비스 플랫폼을 구축한다. 도시와 농촌 사회 구제 시스템을 통합적으로 계획하고 최저 생활보장 제도를 완비한다. 남녀평등에 대한 기본 국가 정책을 준수하고 여성과 아동의 합법적인 권리와 이익을 보장한다. 사회 구제, 사회복지, 자선 사업, 군인 등 특수 근로자와 그 가족에 대한 우대, 양로보험, 정착과 같은 제도를 개선하고, 농촌에 남아 있는 아동, 여성, 노인을 위한 돌봄 서비스 시스템을 완비한다. 장애인을 위한 사업을 개발하고 장애인을 위한 재활 서비스를 강화한다. 주택은 투기가 아닌 주거용이라는 입장을 고수하고 모든 사람이 살 수 있도록 다양한 주체가 공급하고 다양한 채널로 보장하며, 임대와 구매가 병행되는 주택 시스템의 구축을 가속함으로써 전 인민이 살 곳을 가질 수 있도록 해야 한다".[54]

취업의 질과 인민소득 수준을 향상한다. 시진핑 총서기는 "더 많은 일자리를 창출하고 근로자, 특히 일선 근로자의 보수를 지속적으로 늘려야 한다. 일선 근로자, 농민공, 이주 노동자, 어려움에 처한 노동자 등 여러 그룹에 관심을 기울이고 근로자들이 양질의 일자리를 가지고, 전방위적인

---

54 시진핑, 『샤오캉사회 전면 실현의 결정적인 승리를 이룩하여 신시대 중국 특색 사회주의 위대한 승리를 거두자–중국공산당 제19차 전국대표대회 보고(2017년 10월 18일)』, 인민출판사, 2017년판, 47면.

인민중심의 새로운 발전 이념 고수

발전을 이룰 수 있도록 노력해야 한다"[55]고 지적했다. 『국민 경제와 사회발전을 위한 13차 5개년 계획에 관한 중국공산당 중앙위원회의 제안』과 19차 당대회 보고에서도 취업 우선 전략과 적극적인 취업 정책을 견지하여 더 양질의 충분한 취업을 실현해야 한다고 지적했다. 일자리를 창출하고, 구조적 취업갈등을 해소하고, 취업과 창업을 촉진한다. 농민공을 위한 평등한 취업기회 창출과 노동 시장 분할 문제 해결을 위해 인적자원 시장을 포괄적으로 계획하고, 도시와 농촌·지역·업종 분할을 타파하고, 신원 차별과 성차별을 깨고, 노동자의 평등한 취업 권리를 보호해야 한다. 취업에 어려움이 있는 사람들을 돕기 위해 취업 지원을 강화한다. 신세대 농민공을 위한 직업 능력 향상 계획을 시행한다. 빈곤 가정의 자녀, 중·고교 졸업생, 농민공, 실직 및 이직 근로자, 퇴역 군인 등을 대상으로 무료 직업 훈련 프로그램을 실시한다.[56]

(4) 공공서비스 제공 방식 혁신

공공서비스 자금은 주로 공공재정에서 나오지만, 현행 재정과 조세제도는 공공서비스 평준화 발전에 도움이 되지 않는다. 중앙정부의 공공서비스 지출 비중이 상대적으로 낮고, 공공서비스 투자는 주로 지방재정

---

55 『시진핑, 국정운영을 논하다』 제2권, 외문출판사, 2017년판, 364면.

56 중공중앙문헌연구실 편저 『18차 당대회 이후 중요 문헌 선집』(중)에 실린 '국민 경제와 사회발전을 위한 13차 5개년 계획에 관한 중국 공산당 중앙위원회의 제안(2015년 10월 29일 중국공산당 제18차 중앙위원회 제5차 전체회의에서 채택됨)', 중앙문헌출판사, 2016년판, 814면. / 시진핑, 『샤오캉사회 전면 실현의 결정적인 승리를 이룩하여 신시대 중국 특색 사회주의 위대한 승리를 거두자-중국공산당 제19차 전국대표대회 보고(2017년 10월 18일)』, 인민출판사, 2017년판, 46면.

이 부담한다. 예를 들어 2017년 중앙과 지방의 공공재정이 교육, 과학기술, 문화, 체육, 미디어, 사회보장 및 취업, 의료보건 및 가족계획출산, 에너지 절약 및 환경보호에 들인 공공서비스 지출액 8조 5,491억 7,300만 위안 가운데 중앙정부가 투입한 재정은 7.14%에 불과했다.[57] 지방정부가 주요 공공서비스의 공급을 담당하고 있는 이상 그에 상응하는 공공재정의 보장이 요구되지만, 현재의 중국 재정체제는 중앙과 지방의 재정권과 직권이 서로 다른 문제를 안고 있어 지방 공공서비스의 공급능력은 한계가 있다. 2017년 일반 공공예산 수입 비중은 47%, 일반 공공예산 지출 비중은 14.7%에 불과했다. 지방정부는 그 반대였다.[58] 재정수입이 낮은 지방정부가 업무와 지출 책임을 떠맡게 되면, 기초자치단체의 과도한 부담으로 이어져 공공지출을 합리적으로 보장받기 어렵다. 중앙정부가 이전 지급을 통해 중앙의 재정수익을 지방정부에 배정하지만, 이전 지급제도가 제대로 갖춰지지 않는 상황에서 지자체의 공공서비스 등 공공업무 수행 능력이 제한될 수밖에 없다.

공공서비스 공급의 지역적 차이의 관점에서 볼 때, 2017년 일반 공공예산 수입 데이터에 따르면 티베트, 칭하이, 닝샤, 하이난, 깐쑤, 헤룽장, 지린, 신장, 구이저우, 광시성(자치구·직할시) 등의 재정수입이 낮고, 1인당 수준도 높지 않은 것으로 나타났다. 따라서 이들 지역의 공공서비스 공급 여

---

57 재정부가 발표한 『2017년 전국 일반 공공예산 지출 결산표』와 『2017년 중앙 일반 공공예산 지출 결산표』의 관련 자료를 근거로 계산.

58 국가통계국 편저 『중국통계연감(2018)』 중 '일반 공공예산 지출 총액 및 성장 속도' 항목 관련 데이터에 따라 계산. 국가통계국 『중국통계연감(2018)』, 중앙통계출판사, 2018년판, 217면.

인민중심의 새로운 발전 이념 고수

력이 부족할 수밖에 없다. 많은 공공서비스의 비경쟁적인 특성으로 인해 낮은 인구밀도와 인구분산은 공공서비스 공급비용이 더 비싸질 수 있다. 그렇기 때문에 인구가 상대적으로 분산된 소수 민족 지역, 국경 지역, 빈곤 지역의 공공서비스 공급능력이 떨어져 공공서비스의 불균형이 더욱 심각해진다. 이전 지출제도가 완벽하지 않고, 일반 이전 지출 규모, 특히 균형 이전 지출의 규모가 작아 지역 공공서비스 투자 균형을 맞추는 기능도 효과적으로 발휘되기 어렵다.

중앙과 지방의 불평등한 재정권과 직권은 지방 공공서비스 공급능력을 제한하고, 지역별로 재정수입 여력이 크게 차이가 나면 지역 공공서비스 공급의 불균형을 초래된다. 불완전한 이전 지출제도는 지역 공공서비스 공급의 차이를 균형 있게 조절하는 기능을 효과적으로 발휘하기 어렵게 만들고, 결국 공공서비스 공급 부족 및 낮은 수준의 평준화 문제가 형성된다.

공공서비스 공급과 평준화 발전에서의 재정 및 세제 문제와 관련, 시진핑 총서기는 중앙 및 지방의 재정권과 직권에 걸맞은 제정 및 조세 시스템을 구성하기 위한 현대적인 재정 제도구축을 제안하고, "지방세 체계를 완비하고, 지방세 세목을 점차 확대해 지방정부가 부담하는 공공서비스를 위한 안정적인 재원을 확보할 수 있도록 해야 한다. 중앙과 지방정부의 권한 및 지출에 대한 책임을 합리적으로 구분하고, 재정 이전 지급 시스템을 잘 정비해야 한다."[59]고 덧붙였다. 공공서비스의 공급능력과 평준화 수

---

59   중공중앙문헌연구실 편저 『18차 당대회 이후 중요 문헌 선집』(상)에 실린 '시진핑, 중앙 농촌업무회의 연설', 중앙문헌출판사, 2014년판, 598-599면.

준을 높이기 위해, 재정 및 조세 시스템을 개선하는 것 외에도 당 18기 5중전회는 공공서비스 자금원 확대, 공공서비스 제공 혁신에 대한 제안을 내놓았다. 정부가 구매하고 제공할 수 있는 서비스는 더는 정부가 직접 맡지 않고, 정부와 사회자본의 협력으로 제공할 수 있는 서비스는 사회자본의 폭넓은 참여를 유치할 것이다.[60] 공공서비스를 제공하는 이 혁신적인 방법은 또한 공동 건설과 공유의 개념을 구현한 것이다.

4. 공동부유는 경제건설을 기반으로 하여야 한다

사회주의의 본질은 생산력을 해방하고 발전시켜 착취를 없애고 양극화를 해소해 궁극적으로 공동의 번영을 실현하는 것이다. 공동 번영은 사회주의의 근본적인 목표이다. 생산력 해방과 발전은 공동 번영을 이루기 위한 기반이자 수단이다. 생산력 해방과 발전은 주로 경제 건설에 의존하기 때문에 생산력 해방 및 발전과 공동 번영의 관계를 올바르게 다루기 위해서는 경제 건설에 기초한 공동 번영의 원칙을 고수하고, '파이'를 크게 만들면서 잘 나누어야 한다. 공동 번영은 사회주의의 본질적인 요구이며 사회 공정과 정의의 중요한 표현이다. 시진핑 총서기는 사회적 공정성과 정의를 증진하는 더 넓은 관점에서 경제 건설, 공동 번영 및 양자의 관계를 설명했다.

---

60   중공중앙문헌연구실 편저 『18차 당대회 이후 중요 문헌 선집』(중)에 실린 '국민 경제와 사회발전을 위한 13차 5개년 계획에 관한 중국 공산당 중앙위원회의 제안(2015년 10월 29일 중국공산당 제18차 중앙위원회 5차 전체회의에서 채택됨)', 중앙문헌출판사, 2016년판, 812면.

인민중심의 새로운 발전 이념 고수

(1) 공동 번영, '파이 키우기'와 '파이 잘 나누기'의 의미 내포

경제 건설과 공동 번영의 관계를 분석하기 전에 우리는 공동 번영이 내포하는 뜻을 이해해야 한다. 번영은 높은 소득 수준과 생활 수준을 대표하는 상대적인 개념이다. 따라서 번영의 기준도 변화 발전하고 있다. 그러나 분명한 것은 생존을 유지하기 힘든 빈곤이 결코 부유하다고 정의될 수 없다는 점이다. 공동 번영은 보편적 부를 의미한다. 모든 사람이 부유한 수준에 이르고, 소득과 생활 수준의 차이가 작다는 것은 정적인 단면에 방점을 찍은 표현이다. 공동 번영은 소득 격차가 적고 소득 수준이 꾸준히 향상되는 동태적인 과정이다. 공동 번영을 '파이'에 비유하자면 계속 커지는 파이라 할 수 있는데, 그 속에서 개개인의 점유율 차이는 상대적으로 적다. 공동 번영은 파이를 더 크게 만들고 잘 나누는 두 가지 의미를 동시에 포함한다. 이는 경제발전이 공동 번영의 기반이고, 소득 분배 격차를 줄이는 것이 공동 번영을 위한 불가피한 요건임을 의미한다.

공동 번영은 평등주의를 말하는 것은 아니다. 그러나 소득 차이는를 인식해야 한다. 인적 자본, 노력 수준, 부존 요소 등의 개별적 차이로 인해 개인의 소득 수준도 달라질 것이다. 마찬가지로 지역 간 지리적 여건과 부존자원의 차이로 인해 지역 간 소득 차이도 객관적으로 존재할 것이다. 절대 평등주의를 시행하고 개인 및 지역 간 소득 차이를 인정하지 않으면 노동자의 생산에 대한 인센티브가 부족해져 개인의 생산과 총생산이 줄어들게 될 것이고, 결국 보편적 빈곤이 나타날 수 있는데 이는 공동 번영의 목표에 어긋난다. 따라서 개인 및 지역 간 소득 차이를 인정하는 것은 '파이'를 키우는 요건이고, 공동 번영을 실현하는 전제가 된다. 이는 공동 번영은 완전히 차이가 없는 부가 아니며, 일차 분배의 소득 격차가 객관적으로 존재해야 한다는 것을 의미한다.

공동 번영은 '부분의 우선 번영'에서 '공동 번영'으로 점진적으로 발전하는 과정이다. 소득 격차가 있는 상황에서 일부 사람과 지역이 다른 지역이나 사람보다 더 잘살 수밖에 없다. 먼저 잘살게 된 개인과 지역이 다른 노동자와 지역에서 모범적인 역할을 할 것이고 다른 노동자와 지역의 경제발전을 주도할 것이다. 즉, 먼저 부자가 된 사람이 다른 사람이 부자가 될 수 있도록 견인하게 된다. 따라서 공동 번영은 '부분의 우선 번영'에서 '공동 번영'으로 향하는 동태적 과정이고, 경제발전의 과정이며, '파이'를 점점 크게 키우는 과정이다. 점진적인 공유는 '공유 발전이 불균형에서 균형으로 낮은 수준에서 높은 수준으로의 과정을 가져야 한다는 것'을 의미한다.[61] 따라서 '부분의 우선 번영'에서 '공동 번영'으로 가는 과정도 점진적인 공유의 과정이다.

하지만, '부분의 우선 번영'이 반드시 '공동 번영'의 결과로 나타나는 것은 아니다. 우선 개인차가 고착되고 더 커지면, 개인차로 인한 소득 격차는 좁혀지지 않고 심지어 더 벌어져 공동 번영의 방향과 어긋날 수 있다. 둘째, 개인차에서 소득 격차까지 제도, 법률, 정책을 포함한 특정한 조건이 필요하다. 좋은 제도와 법률, 정책은 개인차에 따른 소득 격차를 줄이고, 나쁜 제도와 법률, 정책은 소득 격차를 확대해 공동 번영의 목표 달성을 저해할 수 있다. 따라서 소득 격차의 확대는 경제발전의 자연스러운 결과일 수도 있고, 나쁜 제도와 법률, 정책 등의 요인으로 인해 발생할 수도 있다.

---

61   시진핑, 「18기 5중 전회 정신을 배우고 이행하기 위한 성급, 부급 주요 간부 특별 세미나 연설(2016년 1월 18일)」, 인민일보, 2016년 5월 10일, 2면.

인민중심의 새로운 발전 이념 고수

마지막으로, '부분의 우선 번영'으로 인한 과도한 소득 격차는 경제발전을 방해할 수 있으며, 더 나아가 결국 '파이'를 키우고 공동 번영 목표의 실현을 방해할 수 있다.

요컨대, 공동 번영은 소득 격차가 적고 소득 수준이 꾸준히 상승하는 동태적 과정이다. 이에 공동 번영은 경제발전을 바탕으로 발전 과정에서 소득 격차를 지속적으로 좁혀나가면서 '파이'를 크게 만들고 잘 나누는 것이 필요하다.

(2) 사회주의 초급단계의 기본 국정은 경제 건설 중심으로할 것을 요구

중국은 세계 최대의 개발도상국이며, 사회주의 초급단계에 처해 있고 앞으로도 유지될 수 있어 번영의 기준과는 아직 큰 차이가 있다. 아울러 현 경제에는 다양한 모순과 위험이 응집되어 있어 공동 번영의 목표를 실현하는 데 영향을 미친다. 발전은 진리이며 모든 문제를 해결하는 기초이고 관건이다. 온갖 모순과 위험을 해결하고 '중진국 함정'을 넘어 현대화를 실현하려면 발전에 의존해야 한다. 그러므로, 중국은 나라가 처한 단계와 발전의 현실을 바탕으로 경제 건설을 중심으로 계속 나아가야 하며, 끊임없이 생산력을 해방하고 발전시켜 나가야 한다. 새로운 시대의 경제발전 문제에 대처하기 위해 과학적인 발전을 고수하고, 경제발전 방식 전환에 박차를 가해 효율적이고 질적이며 지속 가능한 발전을 실현함으로써 '파이'를 더 키워 공동 번영 실현, 사회 공정과 정의를 보장하기 위한 튼실한 물질적인 기반을 다져야 한다. 시진핑 총서기는 경제 건설의 기초적인 역할을 여러 차례 강조한 바 있다. 그는 당 18기 3중 전회 제2차 회의 연설에서 "중국이 사회주의 초급단계에 처해 있고, 앞으로도 유지될 것이라는 기본적인 국정은 변화가 없다……이것은 경제 건설이 여전히 전체 당의 중심 과제임을 결정짓는다"[62]고 지적했다. 중국공산당 18기 5중 전회 제2차 회의 연설에서 시진핑 총서기 역시 발전과 과학적인 발전의 중요성을 강조하고, "발전이 기초다. 경제발전 없이는 아무것도 언급할 수 없다……과학적인 발전을 고수하고, 구조 개혁의 강도를 높여야 한다. 발전 효율과 질적 향상을 중심으로 더 효율적이고 더 양질의 발전을 이루고, 더 공정하고 더 지속 가능한 발전을 실현해야 한다"고 덧붙였다.[63] 19차 당대회 보고서는 중국이 이미 새로운 시대로 접어들었고, 새로운 시대에 주요 사회 모순이 변화했다고 지적하고 있지만, 사회주의 초급단계에 있는 중국의 기본적인 국가 여건과 이 단계에서 경제발전이 중요한 임무라는 사실이 바뀌는 것은 아니다.[64]

(3) 지속적 발전을 기반으로 사회 공정과 정의 촉진

사회 공정과 정의를 촉진하고, 공동 번영을 실현하는 물질적 기반 측면에서 시진핑 총서기는 경제 건설의 중요성을 재차 강조했다. 그는 당 18기 3중 전회 제2차 회의 연설에서 "사회 공정과 정의 실현은 여러 가

62   중공중앙문헌연구실 편저, 『18차 당대회 이후 중요 문헌 선집』(상)에 실린 '시진핑, 생각을 당 18기 3중전회 정신에 효과적으로 통일해야 한다(2013년 11월 12일)', 중앙문헌출판사, 2014년판, 550면.

63   중공중앙문헌연구실 편저 『18차 당대회 이후 중요 문헌 선집』(중)에 실린 '전면적인 샤오캉사회 실현의 결정적 단계에서 위대한 승리를 거두기 위해 새로운 발전 이념으로 발전을 이끌자(2015년 10월 29일)', 중앙문헌출판사, 2016년판, 828면.

64   시진핑, 『샤오캉사회 전면 실현의 결정적인 승리를 이룩하여 신시대 중국 특색 사회주의 위대한 승리를 거두자-중국공산당 제19차 전국대표대회 보고(2017년 10월 18일)』, 인민출판사, 2017년판, 12면.

지 요소에 의해 결정되는데 가장 중요한 것은 역시 사회 경제발전 수준이다.……현재 중국에서 나타나는 공정과 정의에 위배되는 현상 중에는 지속적인 개발과 제도적 장치, 법적 규범, 정책 지원 등을 통해 해결할 수 있는 개발에서 나타나는 문제가 적지 않다. 우리는 경제 건설의 중심을 확고히 잡고, 지속적이고 건강한 경제발전을 도모하며, '파이'를 더 키우고, 사회의 공정성과 정의를 보장하기 위한 보다 탄탄한 물질적 토대를 마련해야 한다……지속적인 발전을 바탕으로 사회 공정성과 정의 증진을 위해 최선을 다하고, 능력에 따라 행동해야 한다. 모든 인민이 교육, 노동 소득, 의료, 노인 지원, 거주에서 새로운 진전을 거둘 수 있도록 노력해야 한다"[65]고 지적했다. 19차 당대회 보고는 발전은 여전히 중국의 모든 문제를 해결하는 기초이자 관건으로 발전 속에서 민생을 보장하고 개선해야 한다고 지적했다.[66]

5. 유명무실한 포퓰리즘 복지공약을 방지하여야 한다

민생 보장과 인민복지 수준 향상은 발전의 결실이 모든 인민에게 혜택이 돌아가도록 하겠다는 사회주의의 본질을 구현한 것이고, 전면적인

---

65 중공중앙문헌연구실 편저 『18차 당대회 이후 중요 문헌 선집』(상)에 실린 '시진핑, 생각을 당 18기 3중전회 정신에 효과적으로 통일해야 한다(2013년 11월 12일)', 중앙문헌출판사, 2014년판, 553면.

66 시진핑, 『샤오캉사회 전면 실현의 결정적인 승리를 이룩하여 신시대 중국 특색 사회주의 위대한 승리를 거두자-중국공산당 제19차 전국대표대회 보고(2017년 10월 18일)』, 인민출판사, 2017년판, 21, 23면.

샤오캉사회 실현을 위한 필연적인 요구이다. 현재 중국은 전면적인 샤오캉사회 실현을 위한 중요한 시기에 놓여있다. 민생 분야는 전면적인 샤오캉사회 실현에서 두드러지는 결점이기 때문에 민생 보장과 인민복지 수준 향상은 최근 몇 년의 업무 최우선 과제 중 하나가 되었다. 하지만, 우리는 공유 발전의 과정 역시 점진적인 과정이라는 것을 이해해야 한다. 시진핑 총서기도 재정수입이 예전처럼 빠르게 성장할 수 없는 상황에서 재정적인 제약을 고려하지 않은 공허한 약속을 해서는 안 된다고 강조했다.[67]

재정수입은 민생 보장과 인민복지 향상을 위한 재원의 주요 원천이지만 예전처럼 고속 성장을 할 수 없다. 최근 몇 년 동안 재정수입의 증가율은 크게 둔화되었다. 재정수입 증가율은 2011년 25%에서 2014년 8.6%로 계속 하락하여 한 자릿수 성장기로 들어섰고, 2017년에는 7.4%를 기록했다.[68] 재정수입(전국 일반 공공예산 수입) 증가율 감소는 경제 성장 속도 감소와 크게 관련이 있다. 중국의 경제발전은 속도 변화, 구조 최적화, 동력 전환을 특징으로 하는 뉴노멀로 들어섰고, 성장 속도 또한 고속에서 중고속으로 전환될 것이다. 이는 경제 성장 속도 감소에 따라 재정수입 성장률도 하락세를 보일 것이라는 것을 의미한다. 최근 중국의 GDP 성장률은 2010년 10.6%에서 2017년 6.9%로 낮아졌고, 향후 추가 하락이 예상된다.[69] 재정수입 증가율이 계속 낮아지는 추세를 피하기 어렵고, 앞으로 재정수

---

67   중공중앙문헌연구실 편저 『18차 당대회 이후 중요 문헌 선집』(중)에 실린 '전면적인 샤오캉사회 실현의 결정적 단계에서 위대한 승리를 거두기 위해 새로운 발전 이념으로 발전을 이끌자(2015년 10월 29일)', 중앙문헌출판사, 2016년판, 832면.

68   중국통계국 『중국통계연감(2018)』, 중국통계출판사, 2018년판, 217면.

69   중국통계국 『중국통계연감(2018)』, 중국통계출판사, 2018년판, 62면.

인민중심의 새로운 발전 이념 고수

입도 예전처럼 빠르게 늘어날 가능성은 없어 재정지출 증가의 큰 제약요인이 되고 있음을 보여준다. 전면적인 샤오캉사회 실현의 결정적 시기에 민생 보장은 재정지출의 초점이 될 수밖에 없고, 소득의 제약으로 인해 재정 자원을 벗어난 공허한 복지공약은 바람직하지 않고, 실행 불가능하다.

재정수입의 성장 둔화는 민생 보장에 있어서 재력과 분리된 공허한 복지공약을 하지 말 것을 요구한다. 그 외에도 재정 능력을 벗어난 공허한 복지공약 자체도 사회 경제발전에 도움이 되지 않는다. 라틴 아메리카와 선진국의 교훈은 재정 자원에서 벗어나 공허한 복지공약을 하는 포퓰리즘 복지정책이 나쁜 결과를 초래한다는 것을 보여주었다.

재정 능력을 벗어난 포퓰리즘 복지정책이 중남미 경제 침체의 중요한 원인이다. 아르헨티나, 브라질, 페루, 베네수엘라, 볼리비아, 멕시코, 칠레와 같은 중남미 국가들은 모두 전형적인 포퓰리즘 정부가 나타났다. 라틴 아메리카의 포퓰리즘 정치 세력은 '인민'의 요구에 맞춰 구체적인 정책 경로를 달리하고 있지만, 자신의 경제발전 수준과 재정 능력의 한계를 고려하지 않고, 서방 국가 특히 유럽 국가들의 사회복지 및 취업 안정 정책을 모방해 저소득층의 소득을 빠르게 늘리고 빈부 격차를 좁히는 목표를 달성하려고 하는 보편적인 특징을 보인다. 이런 '복지 따라잡기'가 재정적자, 채무위기, 금융위기, 성장 정체와 같은 바람직하지 않은 결과를 초래해 경제가 '함정'에 빠지게 된 것이다.[70]

재정 능력을 벗어난 포퓰리즘 복지정책은 중남미 국가로 대표되는

---

70 판강(樊綱)·장샤오징(張曉晶) 『복지 따라잡기와 성장의 함정: 라틴아메리카의 교훈』, 관리세계(管理世界), 2008년, 제9기.

개발도상국의 경기 침체를 초래했을 뿐 아니라 선진국 경제 위기의 중요한 요인이 되었다. 류허(劉鶴)는 두 차례의 글로벌위기 발생의 공통 원인을 분석하면서 "공공정책 공간이 아주 작게 압착된 상황에서 선진국 정부가 채택한 포퓰리즘 정책이 통상적으로 위기로 내모는 원인이 된다"고 지적했다. 기술 변화와 분배 격차 확대로 인한 심리적 압박이 인민의 불만을 사기도 한다. 집권 기간 안에 현 상황을 바꿀 능력이 없고, 표심 정치의 자극 속에 정부는 인민을 달래기 위해 더 많은 포퓰리즘 정책을 채택하는 경향이 있다. 경제 대공황 시기 미국 후버 대통령은 "집집마다 차고에는 자가용이 두 대씩 갖춰져 있고 냄비에는 닭고기가 있다(A chiken in even pot, a car in every garage)"라는 공약을 내놓았다. 이번 위가 이전에는 두 대통령 모두 주택의 자기 소유율을 높이겠다는 공약을 했다. EU 국가들은 1990년대 말 이후 GDP 대비 세수 비중은 계속 낮아졌지만, GDP 대비 사회복지 지출 비중은 계속 높아져 사회 복지에 대한 배치가 과도한 경향을 보인다. 그러나 대부분 정치인들은 복지를 줄이려는 결단력과 용기를 가지기 어렵다. 포퓰리즘 공약은 복지에 대한 인민의 기대를 바꾸고, 정부에 대한 의존도를 높이며, 투쟁의 의지를 약화시키게 되는데 이는 극도로 부정적인 영향을 미치는 부식제와 같다. 치명적인 문제는 인민의 복지 기대치가 충족되지 않으면 사회 심리가 빠르게 역전되고 권위에 대한 경멸, 변혁에 대한 거부, 성공한 사람을 적대시하는 분위기가 형성된다는 것이다. 이와 함께 소득 능력을 초과하는 과도한 재정부채와 복지주의가 습관화되는 관행은 정부와 민간이 서로 영향을 주고, 그 파괴력은 현재의 유럽 재정위기에 그대

로 반영되고 있다".[71]

재정 능력을 벗어나 유명무실한 복지공약을 하는 포퓰리즘은 재정적자, 부채위기, 금융위기, 성장침체 등 역효과를 초래해 경제가 '함정'에 빠질 수도 있음을 알 수 있다. 이는 중남미 국가로 대표되는 개발도상국 특유의 현상일 뿐 아니라 선진국의 포퓰리즘 복지정책이 가져올 나쁜 결과이기도 하다. 중위소득 발전단계의 중국은 '중진국 함정'의 위협을 직면하고 있어 '중진국 함정'의 중요한 추동력이 되는 포퓰리즘을 각별하게 유의해야 한다. 중국도 교훈을 얻어야 한다. 민생을 보장하고 인민복지 수준을 향상할 때, 재정적 제약에 대한 고려를 기본 전제로 마지노선을 지키고, 요점을 강조하고, 제도를 완비하고, 기대를 유도해야 한다. 기회의 공평성을 중시하고, 기본적인 민생을 보장하기 노력해야 한다. 기본적인 공공서비스를 중점적으로 강화하고, 민생 보장은 특정 지역, 특정 집단의 특별한 어려움에 더욱 심혈을 기울여야 한다. 현실에서 벗어나 단계를 넘어 성공을 위해 서두르는 성향을 피하고 포퓰리즘의 공허한 복지 약속을 방지하기 위해 노력해야 한다.

사회주의 본질적인 요구인 공유 발전은 결국 "인민을 위한 인민에 의한 발전을 통해 인민이 발전의 열매를 함께 나눌 수 있다"는 것이다.[72] 소득 격차를 점차 좁히고 기본적인 공공서비스의 평준화를 도모함으로써 점차 올리브형 분배 구도를 형성하여 최종적으로 공동 번영을 실현해야 한

---

71 류허(劉鶴) 총편집 『두 차례 글로벌 위기에 대한 비교 연구』, 중국경제출판사, 2013년판, 10면.

72 시진핑, 「18기 5중 전회 정신을 배우고 이행하기 위한 성급, 부급 주요 간부 특별 세미나 연설(2016년 1월 18일)」, 인민일보, 2016년 5월 10일, 2면.

다. 그러나 공유 발전은 하룻밤 사이에 이루어질 수 없는 점진적인 과정이다. 따라서 경제 건설과 민생 발전의 관계 문제를 처리함에 있어서 경제발전이라는 전제를 고수하면서 할 수 있는 최선을 다해야 한다.

　　　　　　　　　　　　　　　　인민중심의 새로운 발전 이념 고수

새로운 발전 이념으로 새 시대 발전의 실천을 이끌어야 한다

우리는 시진핑 신시대 중국 특색 사회주의 사상 중 새로운 발전 이념을 어떻게 깊이 이해하고 구현해야 할 것인가? 통상적으로 '5대 이념'으로 이를 요약할 수 있다. 이러한 요약에 깊이를 더하고, 시진핑 총서기의 이념적 구조 전반을 통해 그의 새로운 발전 이념을 포괄적으로 파악할 필요가 있다고 생각한다. 새로운 발전 이념의 핵심은 '인민 중심'의 포괄적인 발전 목표를 더욱 잘 실현할 수 있도록 자원 배치에서 시장이 결정적인 역할을 하고 정부는 스스로 역할을 더 잘 수행하게 하는 것에 있다.[1] 전면적인 샤오캉사회 실현은 인민 중심의 '중국몽'을 실현하기 위한 핵심적인 단기 목표이다. 이는 오랜 노력 끝에 중국 특색 사회주의가 이미 새로운 시대에 접어들었기 때문이다. 새로운 역사 방향에서 새로운 발전 이념을 견지해야만 새 시대 발전의 실천을 이끌 수 있다.

---

1   중공중앙당교교무부 편저 『13기 3중 전회 이후 당과 국가 중요 문헌 선집』에 실린 '전면적인 개혁 심화를 위한 몇 가지 주요 문제에 대한 중국공산당 중앙의 결정', 중공중앙당교출판사, 2015년판, 636면.

1. 새 시대는 새로운 발전 이념을 필요로 한다

사회주의 단계의 구분은 중국의 경제발전을 이해하는 기본 전제이다. 새로운 역사적 출발점에서 시진핑 총서기는 중국의 사회 및 경제발전의 시대적 특성을 과학적으로 구분하고, 획기적이면서 객관적인 판단을 내렸다. 즉, 중국 특색 사회주의의 새로운 시대에 사회의 주요 모순은 더 나은 삶에 대한 인민의 요구 증가와 불균형하고 불충분한 개발 사이의 갈등으로 변모했다고 지적했다.[2] 사회주의의 주요 모순의 전환은 더 나은 발전을 요구한다. 더 나은 발전을 위해 새로운 발전 이념을 지도로 삼아야 한다.

우선 새로운 시대의 도래는 역사적으로나 객관적으로 불가피하다는 점을 분명히 해야 한다. 수십 년간의 고속 성장 끝에 중국 경제 총량은 2009년에 일본을 초월한 후 세계 2위에 올랐다. 이런 괄목할 만한 위대한 성과는 당 중앙이 상황을 잘 판단하여 후발주자의 장점을 십분 살린 결과이고, 자본 축적, 인구 배당 효과, 토지 배당, 기술 도입 등 요소의 충분한 뒷받침을 통해 얻은 것이다. 이러한 큰 성과에도 불구하고, 일부 주요 사회 경제 분야에서 중국과 선진국 사이에 여전히 큰 격차가 있다. 1인당 소득을 예로 미국, 일본, 독일이 세계 2위 경제 대국이 되었을 때, 그들의 1인당 소득도 세계 상위권을 기록했다. 반면 중국은 세계 2위의 경제 규모를 가지고 있지만, 1인당 국민소득은 오히려 60위(2014년)에 머물렀고, 1인당 가처분소득은 더 낮았다. 이러한 1인당 소득은 국가의 1인당 지표가 여러 면

---

2   시진핑, 『샤오캉사회 전면 실현의 결정적인 승리를 이룩하여 신시대 중국 특색 사회주의 위대한 승리를 거두자-중국공산당 제19차 전국대표대회 보고(2017년 10월 18일)』, 인민출판사, 2017년판, 11면.

에서 여전히 낮은 수준에 있다는 것을 의미한다. 또한, 수십 년간의 고속 성장을 가져온 생산 방식의 동력 메커니즘이 점차 줄어들고 있지만, 구조적 문제, 환경 및 생태 문제, 부와 소득 격차 문제 등 누적된 폐단들은 갈수록 두드러지고 있다. 이러한 문제들로 인한 압력이 바로 중국이 당면한 가장 큰 도전이라 하겠다.

경제발전이 뉴노멀로 접어든 중국에 있어서 사고의 전환과 성장 모델에 대한 중대한 변혁이 절실하게 필요하다. 이런 중요한 시기에 시진핑 총서기를 핵심으로 하는 당 중앙은 18차 당대회 이후 상황을 파악해 일련의 새로운 발전 이념을 제시하고, 포괄적인 새로운 발전 이념을 형성했다. 심층적이고 근본적인 변혁을 통해 전방위적이고 혁신적인 성과를 이루어 냈다. 이러한 새로운 발전 이념은 뉴노멀에 대한 객관적인 이해를 바탕으로 공급측 구조 개혁과 혁신을 통해 발전 동력 부족 문제를 해결하고, 조화로운 발전, 녹색발전, 개방적 발전과 공유 발전을 통해 '인민 중심'의 발전 목표를 더욱 잘 실현해야 한다고 특별히 강조하고 있다.

시진핑 총서기는 "이론적으로나 실천적으로나 모두 자원의 시장 배분이 가장 효율적인 형태임을 입증했다"[3]고 강조했다. 이것은 이전의 성공적인 실제 경험에 대한 이론적 요약일뿐만 아니라 체제 속에 여전히 존재하는 심층적인 문제에 대한 반성이기도 하다. 이론은 시장에서 참여 주체가 상대방의 신분, 지위 등에 대한 차이를 인정하지 않고, 다만 서로가 각자의 생산요소와 상품의 소유자임을 인정하며, 그 토대 위에서 각자의 이익에 부합하는 선택을 한다는 것을 이미 입증했다. 그들은 법 앞에 평등하

---

3   『시진핑 국정운영을 논하다』 제1권, 외문출판사, 2018년판, 77면.

다는 원칙과 등가교환이라는 시장원칙을 따르고, 시장경쟁의 법칙이 가하는 압박만을 인식하고 있을 뿐 그 밖에 다른 시장의 권위는 인정하지 않는다. 시장경제의 기본 법칙인 가치 법칙은 시장 가격을 통한 수급 자동 조절 메커니즘, 선진적인 것을 장려하고 뒤처진 것에 채찍질하는 적자생존의 시장경쟁 메커니즘을 통해 다양한 시장 주체의 열정을 불러일으키면서 부족한 부분을 효과적으로 배분하도록 유도하고, 적은 투자로 최대의 이익을 달성하는 궤도로 이끈다. 그러므로 시장이 자원 배분에서 결정적인 역할을 하도록 하는 것은 경제활동에서 가치, 경쟁, 수급의 법칙을 따르고 실행하는 것이다.

물론 시장이 자원 배분에서 결정적 역할을 하도록 한다고 해서 시장이 경계가 없는 것을 의미하는 것은 아니다. 아울러 정부가 역할을 더 잘 발휘해야 한다는 문제도 있다. 긍정적인 측면에서 정부가 역할을 더 잘 발휘해야 한다는 것은 과학적인 거시적 조정과 효과적인 정부 거버넌스를 강조하고, 사회주의 시장경제체제가 내재하고 있는 이점을 잘 발휘할 것을 강조한다. 부정적 측면을 보면, 현행 체제에서 시장과 정부 사이의 특정 불일치 문제를 겨냥하고 있는데, 주로 수요와 공급의 불일치로 나타난다. 특히 공공재의 공급이 불충분하여 교육, 의료, 양로보험 등은 인민의 삶의 수요를 충족시킬 수 없고, 요소 가격이 왜곡돼 자본, 토지, 노동력, 지식 등 요소를 가장 효율적인 주체로 끌어들일 수 없다. 많은 사회자원을 많은 좀비기업, 낙후된 생산성, 과잉 생산에서 차지하고 있다.

이러한 실천적 문제를 해결하기 위해서는 구체적인 정책 이념에서 시장과 정부의 경계를 명확히 구분하고, 시장과 정부의 변증법적 관계에서 시장기능과 정부의 행동 사이에서 최상의 결합점을 찾아내 시장과 정

　　　　　　　　　　　　　　　　　　　인민중심의 새로운 발전 이념 고수

부 양자의 장점을 충분히 발휘함으로써 '효율적인 시장+효율적인 정부'의 구체적인 형태를 구축해야 한다. '5대 발전 이념'은 바로 이러한 문제를 해결하기 위한 사상적 지침이다. 관련 정책은 새로운 발전 사상 지침을 근거로 해야만 새로운 시대 발전의 요구에 부응하고, 더 나은 삶에 대한 인민의 요구 증가와 불균형하고 불충분한 발전 사이에서 나타나는 새로운 사회의 주요 갈등을 해결할 수 있다.

'혁신'은 5대 발전 이념의 핵심이자 공급측 구조 개혁과 시장경제의 내재적 법칙을 위한 요구이기도 하다. 발전 동력은 발전의 속도와 효율성 및 지속가능성을 결정한다. 혁신은 발전을 이끄는 첫 번째 원동력이다.[4] 발전 과정에서 발생하는 문제를 해결하는 것은 개혁개방 40년간 어려움을 극복한 중요한 경험이며 현 단계에서도 예외는 아니다. 공급측 구조 개혁이든, 자원 배분에 대한 시장의 결정적 역할이든 그 내재적 지향점은 요소 자원의 적극성과 창조성을 움직여 사회 경제를 발전시키는 것이다. 오직 발전 동력을 해결해야만 조화로운 발전, 녹색발전, 개방적 발전, 공유 발전을 실현할 수 있다. 혁신 발전을 지속해야만 발전 환경의 변화에 대응할 수 있고, 발전 동력을 키울 수 있으며, 발전의 주도권을 파악하여 경제 뉴노멀을 잘 이끌 수 있다. 시진핑 총서기의 말처럼 "혁신을 잡아야 전반적인 사회 경제 발전을 이끄는 '코뚜레'를 잡을 수 있다".[5] 공급측 구조 개혁을 중심으로 실물 경제에 초점을 맞추어 경제발전의 질적 변화, 효율성 변화 및 동력 변화를 추진함으로써 총요소생산성을 향상하고, 혁신국가 건설에 박

---

4   시진핑, 「18기 5중 전회 정신을 배우고 이행하기 위한 성급, 부급 주요 간부 특별 세미나 연설(2016년 1월 18일)」, 인민일보, 2016년 5월 10일, 2면.

5   상동.

차를 가해야 한다.[6]

'조화'는 사회 경제발전의 전반적인 조화로움을 강화하기 위한 불가피한 요구이다. 새로운 시대의 조화로운 발전은 수단이자 목표이며, 동시에 발전을 평가하는 표준이자 척도가 된다. 조화로운 발전을 위해 단점을 찾아 보완하기 위해 더 노력해야 한다. 단점 보완을 통해 발전 잠재력을 발굴하고 뒷심을 키우는 것이 필요하다.[7] 조화로운 발전은 시장 메커니즘에 의해 주도되고 지역, 산업, 요소의 비교 우위를 발휘하며 선순환하는 과정임을 분명히 해야 한다. 전면적인 샤오캉사회는 비록 동반 발전하는 사회는 아니지만, 합리적인 분업과 조화로운 관계를 가지고 질서 있게 발전하는 사회이다.

'녹색'은 발전 과정에서 인간과 자연의 조화로운 공존을 실현하는 것이다. 인류는 자연을 벗어나 발전할 수 없다. 사람들의 생산 활동은 자연에서 자원을 얻기도 하고, 날씨와 같은 자연환경의 제약을 받기도 하며, 일부는 주기적인 특성을 가진다. 따라서 사람과 자연의 조화로운 발전 문제, 즉 녹색발전 문제를 잘 해결해야 한다. 새로운 시대에 사람과 자연의 조화로운 공존을 실현하기 위해, 공급측 구조 개혁을 시작으로 각급 정부와 시장 주체들에게 '환경보호가 곧 생산성 보호이며, 생태 환경 개선이 곧 생산성을 발전시키는 것'[8]이라는 인식을 심어줌으로써 의식적으로 녹색 산업을

6   시진핑, 『샤오캉사회 전면 실현의 결정적인 승리를 이룩하여 신시대 중국 특색 사회주의 위대한 승리를 거두자-중국공산당 제19차 전국대표대회 보고(2017년 10월 18일)』, 인민출판사, 2017년판, 30면.

7   시진핑, 「18기 5중 전회 정신을 배우고 이행하기 위한 성급, 부급 주요 간부 특별 세미나 연설(2016년 1월 18일)」, 인민일보, 2016년 5월 10일, 2면.

8   『시진핑, 국정운영을 논하다』 제1권, 외문출판사, 2018년판, 209면.

발전시키고, 지속할 수 없는 발전 이념과 내재적 동기를 버리고 인간과 자연의 조화로운 발전을 실현해야 한다.

'개방'은 개방의 차원을 높이고, 새로운 자세로 세계 구도의 재조정을 선도하는 것을 의미한다. "발전과 성장을 위해서 스스로 경제 세계화 흐름에 순응하고, 대외개방을 유지하면서 인류사회가 만들어 낸 선진 과학기술의 성과와 유익한 관리 경험을 최대한 활용해야 한다."[9] 현재 세계 경제는 심각하게 분열되어 있다. 한편으로는 새로운 산업 혁명이 자라나고 있는 상황에서 혁신을 바탕으로 산업의 중상위 분야를 파악하고 국제 분업의 조정 속에서 유리한 고지를 차지해야 한다. 또 다른 한편으로는 역(逆)세계화는 국제 금융위기 이후 선진국의 무역보호주의 정책의 직접적인 결과로 이어졌기 때문에 중국이 세계화를 지속적으로 추진하고 무역과 투자 자유화와 원활화를 위해 노력한다면 신흥시장국과 개발도상국의 지지를 얻고, 광범위한 이익공동체를 구축하여 세계 경제 거버넌스에서 제도에 대한 중국의 발언권을 높일 수 있다. 또한, 자본의 해외 진출을 통해 세계 경제구도를 재정비하고 상품 무역으로 인한 무역 마찰을 피해야 한다.

'공유' 발전은 현실에 존재하는 문제를 겨냥해 제기된 것이다. 중국 경제발전의 '파이'가 끊임없이 커짐에 따라 분배의 불공평성 문제, 계층 소득 격차 문제, 도시와 농촌의 발전 불균형 문제가 부각되고, 개혁과 발전의 성과를 공유하는 데 있어 제도적 장애에 부딪히고 있다. "공동 번영은 중국 특색 사회주의의 근본 원칙이다. 따라서 발전의 결실을 더 많이 보다 공

---

9   시진핑, 「18기 5중 전회 정신을 배우고 이행하기 위한 성급, 부급 주요 간부 특별 세미나 연설(2016년 1월 18일)」, 인민일보, 2016년 5월 10일, 2면.

정하게 인민 전체에 혜택이 돌아가도록 만들어 공동 번영을 향해 안정적으로 나아가야 한다."[10] 당 18기 5중 전회에서 제시한 인민 중심의 새로운 발전 이념은 전심전력으로 인민에 봉사하는 당의 근본 취지를 구현했고, 인민이 발전 추진의 근본적인 힘이라는 유물사관을 구체화했다. 이는 다른 이데올로기와 차이가 있는 중국 특색 사회주의 제도의 근본적인 특징이다. 인민을 위한 발전, 인민에 의한 발전, 그리고 그 성과를 인민과 함께 나누는 것은 마르크스와 엥겔스가 구상한 공산주의 사회의 원칙이다. 즉, 계급 간, 도시와 농촌 간, 정신노동자와 육체 노동자 사이의 대립과 차별을 철저하게 없애고, 각자의 능력에 따라 일하고 필요에 따라 분배를 실행하며, 진정으로 사회공유를 실현하고, 모든 사람의 자유와 전인적인 발전을 실현한다. 현 단계에서 착취를 없애고, 양극화를 해소하는 사회주의 본질을 더욱 잘 구현하여 궁극적으로 다 함께 잘살자는 내재적인 요구를 실현해야 한다. 민생복지 증진이 발전의 근본 목적이라는 것을 알아야 한다. 민생을 위해 더 많은 혜택을 추구하고, 민생에 대한 우려를 해소하며, 발전 속에서 민생의 부족한 부분을 보완하고, 사회 정의와 공정을 촉진해야 한다. 유아 양육, 교육(학교 교육), 노동 소득, 의료, 노인 지원, 거주, 소외층 지원 부분에서 새로운 진전을 이루어야 한다. 심층적인 빈곤 완화를 추진하여 함께 만들고 나누고 발전하는 가운데에서 전 인민이 더 많은 성취감을 얻도록 만들고, 모두의 전인적 발전과 공동 번영을 계속 추진해야 한다.[11]

---

10   『시진핑, 국정운영을 논하다』 제1권, 외문출판사, 2018년판, 13면.

11   시진핑, 『샤오캉사회 전면 실현의 결정적인 승리를 이룩하여 신시대 중국 특색 사회주의 위대한 승리를 거두자-중국공산당 제19차 전국대표대회 보고(2017년 10월 18일)』, 인민출판사, 2017년판, 23면.

인민중심의 새로운 발전 이념 고수

'5대 발전 이념'은 내재적으로 연결된 집합체이다. '혁신' 발전이 해결해야 하는 것은 성장 동력 문제이다. '조화' 발전은 발전 불균형 문제를 해결해 체계적이고 전반적인 발전을 실현해야 한다. '녹색' 발전은 아름다운 삶에 대한 사람들의 열망을 실현해야 한다. '개방' 발전은 글로벌 경제 거버넌스에 적극적으로 참여해 발전의 대내적 대외적 연결 문제를 해결하는 것이다. '공유' 발전은 인민복지를 증진하고, 획득감을 강화해 사회 공정과 정의 문제를 해결하기 위해 노력하는 것이다. 이 중에서 혁신은 발전을 이끄는 첫 번째 동력이고, 조화는 건전한 발전을 지속하는 내재적 요구이며, 녹색은 영속적인 발전의 필수 여건이고, 개방은 국가 번영과 발전을 위해 거쳐야 하는 길이며, 공유는 중국 특색 사회주의를 위한 본질적인 요구이다. 이념의 내용을 살펴보면, 혁신, 조화, 녹색, 개방, 공유는 상호 의존적이고, 상호 보완적이며 서로 어우러져 시너지 효과를 만든다. 논리적인 관점에서 봤을 때, 첫 번째 동력, 내재적 요구, 필수 여건, 거쳐야 하는 길과 본질적인 요구는 긴밀하게 연결되어 차근차근 전진하고, 순리적으로 조리 정연하게 서로 어우러져 빛난다.

2. 새로운 발전 이념으로 전면적인 샤오캉사회 실현을 지도하여야 한다

16차 당대회와 17차 당대회에서 제시한 '전면적인 샤오캉사회 건설'의 목표와 요구를 바탕으로 18차 당대회는 '전면적인 샤오캉사회 실현'의 새로운 배치를 명확하게 했다. '건설'에서 '실현'까지, 이것은 공산주의자가 지켜야 하는 정중한 약속이다. 이에 대해 시진핑 주석은 "중국은 이미 전면적인 샤오캉사회 실현의 결정적인 단계로 접어들었다. 이 목표를 실현하는 것은 중화민족의 위대한 부흥이라는 중국몽을 실현하는 중요한 한 발을 내딛는 것이다"[12]고 지적했다. 다시 말해, 전면적인 샤오캉사회 실현은 '중국몽' 실현의 단계적인 목표이고, 중국몽을 실현함에 있어 중요한 역사적 지위를 가지며 중국공산당이 전 인민이 함께 노력하도록 이끄는 현재의 주제가 되었다. 우리는 신시대의 주제인 전면적인 샤오캉사회 실현을 '중국몽' 안에 포함 시켜 사고해야 한다.

'중국몽'과 개인의 관계에 관해 시진핑 총서기는 다음과 같은 주옥 같은 말을 남겼다. "우리의 위대한 조국과 위대한 시대에 사는 중국인들은 삶을 빛낼 기회, 꿈을 실현할 기회, 조국과 시대와 함께 성장하고 발전할 기회를 공유하고 있다. 꿈이 있고, 기회가 있고, 노력이 있다면 모든 아름다운 것을 창조할 수 있다"[13]

'전면적인 샤오캉이 무엇인가'에 대해 시진핑 총서기는 "더 나은 교육, 더 안정된 일, 더 만족스러운 소득, 더 믿을만한 사회보장, 더 높은 수준의 의료보건 서비스, 더 편한 주거 여건, 더 아름다운 환경 속에서 아이들은 더 잘 자랄 수 있고, 더 잘 일할 수 있고, 더 잘 살 수 있는 것"이라고 쉽게 표현했다.[14] 이러한 표현을 통해 우리는 전면적인 샤오캉사회와 중국몽

---

12 시진핑, 「실크로드 정신을 이어받아 중국과 아랍국가의 협력을 심화하자-제6차 중국·아랍국가 협력 포럼 부급 회의 개막식 연설」, 인민일보, 2014년 6월 6일, 1면.

13 시진핑, 「제12차 전국인민대표대회 제1차 회의에서의 연설(2013년 3월 17일)」, 인민일보, 2013년 3월 18일, 1면.

14 『시진핑, 국정운영을 논하다』 제1권, 외문출판사, 2018년판, 4면.

인민중심의 새로운 발전 이념 고수

사이에 내재 되어 있는 관계를 명확하게 알 수 있다.

2020년 전면적인 샤오캉사회 실현까지 2년도 채 안 되는 시간이 남아 있다. 구체적으로 '13차 5개년 계획'이 설계한 2년 기간 안에 예정대로 샤오캉사회 실현의 목표를 이룰 수 있도록 보장해야 한다. 18차 당 대회 보고에서는 전면적인 샤오캉사회의 목표를 다음과 같이 설명했다. 2020년까지 중국 경제는 지속적으로 건강한 발전을 유지하고, 경제발전 방식의 전환이 상당한 진전을 거두어 발전의 균형과 조화 및 지속가능성이 확실히 강화될 것이다. 이를 바탕으로 GDP와 도농 주민의 1인당 소득은 2010년의 배로 늘어날 것이다. 인민의 민주주의가 확대되고, 민주체제가 완벽해지고, 민주형태가 더 풍부해질 것이다. 문화적 소프트 파워가 크게 강화될 것이다. 사회주의 핵심 가치 체계가 인민의 가슴에 깊이 뿌리내리고, 공민의 문화 소양과 사회 문명의 수준이 확실하게 향상되어 사회주의 문화 강국을 건설할 수 있는 토대가 더욱 공고해질 것이다. 인민 생활 수준이 전반적으로 향상되고, 기본적인 공공 서비스 평준화가 총체적으로 실현되어 사회가 지속적으로 조화와 안정을 이루고, 국가는 장기적인 안정을 이룰 것이다. 자원 절약 및 환경친화적인 사회 건설이 중대한 진전을 거두게 될 것이다. 이를 통해 전면적인 샤오캉사회는 경제, 정치, 사회, 문화와 생태 문명이 전반적으로 발전하고 진보하는 사회라는 것을 알 수 있다.[15]

그렇다면 어떻게 전면적인 샤오캉사회를 실현할 것인가?라는 질문에 '5대 발전 이념'이 바로 해결책이 될 수 있다. 인민 중심의 포괄적인 공

---

15 후진타오, 「확고부동하게 중국 특색 사회주의의 길을 따라 앞으로 나아가고, 전면적인 샤오캉사회 실현을 위해 노력하자-중국공산당 18차 전국대표대회 보고서(2012년 11월 8일)」, 인민일보, 2012년 11월 18일, 1면.

유 발전은 전면적인 샤오캉사회 실현이 완수해야 하는 목표이다. 전면적인 샤오캉사회 실현을 위해서는 지속적이고 건강한 경제발전이 필요하고, 경제발전 방식의 전환이 진전을 거두어야 한다. 혁신, 조화, 녹색, 개방 발전은 발전의 균형과 조화 그리고 지속가능성을 확실하게 강화할 수 있는 보장이자 내재적인 요구라 할 수 있다. 더 나은 삶에 대한 인민의 열망이 실현되어야 중국공산당은 오랫동안 굳건히 집권할 수 있다.

경제지표만 놓고 보면 18차 당대회의 요구에 따라 2020년 전면적인 샤오캉사회를 이루게 되었을 때 GDP와 도농 주민의 1인당 소득은 2010년에 비해 2배가량 늘어난다. 발전 수준을 고려했을 때 이 임무를 완수할 것은 확실하다. 전기 경제성장률이 상대적으로 높기 때문에 '13차 5개년 계획' 기간 동안 연평균 GDP 성장률이 6.5% 이상이면 GDP를 2배로 늘릴 수 있다. "전면적인 샤오캉은 모든 사람에게 똑같은 것은 아니지만, 지금 있는 7천만 명이 넘는 농촌 빈곤층의 생활 수준이 크게 개선되지 않는다면 전면적인 샤오캉 역시 설득력이 없게 될 것이다."[16]

빈곤 구제와 탈출을 전면적인 샤오캉사회 실현의 가장 어려운 임무로 꼽은 것은 시진핑 총서기의 집권 이념에 대한 마지노선이 고스란히 반영된 것이다. 그는 "전면적인 샤오캉사회 실현에서 가장 어렵고 복잡하면서도 막중한 과제는 농촌 지역 특히 농촌 빈곤 지역에 있다. 농촌의 샤오캉, 특히 빈곤 지역의 샤오캉 없이는 전면적인 샤오캉사회의 건설은 없다"[17]고 강조했다. 중국의 빈곤 감소 성과는 세계적으로 인정받고 있지만

16 『시진핑, 국정운영을 논하다』 제2권, 외문출판사, 2017년판, 79-80면.
17 시진핑 『샤오위루와 같은 현 위원회 서기가 되자』에 실린 '허베이성 푸핑현 빈곤 구제 개발 업무 시찰 당시 담화(2012년 12월 29일-30일)'중앙문헌출판사, 2015년판, 16면.

완전한 빈곤 탈피를 완수하는 여전히 험난한 과제들이 남아 있다.

　'생선을 주기보다는 잡는 법을 가르치라'라는 말이 있다. 빈곤 인구의 노동력 향상과 빈곤 지역의 지속적인 발전을 도모하기 위해 구호를 위주로 한 빈곤 구제 방식을 개발과 참여의 형태로 전환하는 것이 필요하다. 동시에 빈곤 구제 대상의 요구에 더 많은 주의를 기울이고, 빈곤 유발 요인과 빈곤 구제 대상의 발전 의지를 정확하게 파악해야 한다. 자금, 기술, 교육(훈련), 인프라 건설, 사회보장 등에 대한 전반적인 계획을 통해 효과적인 수급 연계를 실현하고, 빈곤 지역과 빈곤 인구의 지속 가능한 발전능력을 향상시키며, 효과적인 빈곤 구제를 실현하여 빈곤에서 벗어난 후 다시 빈곤해지는 경우가 발생하지 않도록 해야 한다. 구체적으로 지역과 대상에 따라, 빈곤의 원인과 유형에 따라 정책을 시행해야 한다. 생산과 취업 지원을 통해 발전시키는가 하면, 빈곤에서 벗어날 수 있도록 다른 지역으로 옮겨 정착하게 하고, 생태 보호 및 교육을 통해 가난에서 벗어날 수 있도록 하며, 최저생계보장 정책을 통해 소외계층까지도 면밀하게 도울 수 있도록 사회 전체의 참여와 지원을 폭넓게 동원해야 한다.[18] 빈곤 탈출 임무를 예정대로 완수하기 위해서는 "성공 여부의 핵심인 정확성을 소중하게 생각하고 정확성에 중점을 두어야 한다".[19]

18　시진핑, 『빈곤 해소 협력을 통한 공동 발전을 촉진하자-2015 빈곤 감소 및 발전 고위급 포럼 기조연설(2015년 10월 16일)』, 인민출판사, 2015년판, 6면.

19　중공중앙선전부 편저, 『시진핑 총서기의 중요 담화 시리즈(2016년판)』, 학습출판사·인민출판사, 2016년판, 22면.

3. 새로운 발전 이념을 발전 실천에서 이행하여야 한다

새로운 시대의 가장 전형적인 특징을 한마디로 요약하라고 한다면 그것은 바로 '뉴노멀'일 것이다. 시진핑 주석은 '뉴노멀'에 대한 견해를 분명하게 밝힌 바 있다. "첫째, 고속 성장에서 중고속 성장으로의 전환이다. 둘째, 경제 구조가 끊임없이 최적화되고 업그레이드되며, 3차 산업과 소비 수요가 점차 주체가 되고, 도시와 농촌 지역의 격차가 점차 줄어들며, 주민 소득비중이 상승하고, 더 많은 인민에게 발전 성과의 혜택이 돌아가게 하는 것이다. 셋째, 요소와 투자 규모가 주도했던 성장 원동력이 혁신 주도로 전환된다".[20] 새로운 발전 이념은 실천 속에서 뉴노멀에 적응하고 뉴노멀을 이해하며 이끄는 정책 지도 사상이다. 새로운 발전 이념의 실행은 사회 경제 분야의 변혁일 뿐만 아니라 지역 정치 생태계와 사회 거버넌스의 변화에도 중대한 영향을 미칠 것이다.

(1) 뉴노멀에 대한 적응

첫째, 뉴노멀에 적응하기 위해서는 우선 고속 성장에서 중고속 성장으로 전환되는 경제 성장 속도의 하락에 적응해야 한다. 앞으로 상당 기간 중고속 성장이 중국 경제발전의 기조가 될 것이며, 'L자형' 성장률 변화는 오랫동안 지속될 것이다. 따라서 이러한 속도 변화에 적응하기 위해 각급 정부는 더 이상 성장률을 추구할 수 없다. 반면 중고속 성장으로의 전환은

---

20   시진핑, 「지속적인 발전을 도모하고, 아시아 태평양의 꿈을 함께 쌓아가자-APEC 정상회담 개막식 연설(2014년 11월 9일)」, 인민일보, 2014년 11월 10일, 2면.

경제의 질적 향상으로 이어져 향후 오랫동안 지속 가능한 발전을 위한 토대를 마련할 수 있다. 한계효용 체감의 법칙에 따라 경제 규모가 이미 매우 커진 중국이 고속성장을 유지하려면 기회비용이 매우 높아지게 된다. 잠재성장률 하락은 기존 발전모델의 동력이 이미 고갈되었음을 보여주는 것으로 고속 성장을 계속 유지할 수 없다. 치열한 국제경쟁으로 인해 외부시장의 수요가 위축되어 중국의 경제 성장에 충격을 안겨 주고 있다.

둘째, 뉴노멀에 적응하기 위해 뉴노멀 상황에서 나타나는 기업과 산업 분화로 인한 수익 구도 변화에 적응해야 한다. 한편, 전통적인 발전 패턴에서 남겨진 수많은 후진적 생산 능력과 저효율 기업이 있고, 다른 한편으로는 새로운 산업과 혁신기업들이 육성되고 발전하고 있다. 한정된 자원과 요소가 비효율적인 시장의 주체에서 장기적 성장 동력이 있는 고효율 기업으로 흐를 수 있도록 유도해야 하며, 이는 시장을 통해 낙후된 생산력, 비효율적인 기업을 도태시키고, 과잉 생산과 재고를 없애고 디레버리징을 통해 기존 자산을 활성화하고, 자산의 이용 효율성과 산업 고도화 발전의 동력을 높여야 한다.

셋째, 뉴노멀에 적응하기 위해 외부 경쟁 환경 악화에 적응해야 한다. 우선 2008년 글로벌 금융위기 이후 선진국들은 황금 성장기를 마감하고, 새로운 보호무역주의가 기승을 부리고 있다. 반덤핑·반보조금 등 전통적 수단 외에 시장접근 단계에서 기술적 무역장벽, 노동기준, 녹색 장벽에 대한 요건이 갈수록 엄격해지고 있어 수출세 부과와 수출 쿼터 설정 등 수출통제 조치로 인한 통상마찰이 점점 많아지면서 이로 인한 외부 수요가 크게 줄었다. 둘째, 아세안 등 신흥 경제국과 다른 개발도상국은 인건비와 자연자원의 비교 우위를 바탕으로 국제 분업에 적극적으로 참여하면서 중저가 수출품에서 중국과 뚜렷한 경쟁 구도를 형성하고 있다.

(2) 뉴노멀에 대한 이해

뉴노멀 상황에서 중국 경제는 더 큰 하방 압력에 직면할 수 있지만, 앞으로 일정 기간 중국은 여전히 중요한 전략적 발전 기회의 시기에 처하게 된다. 장기 경제발전의 호전이라는 기본적인 국면은 변함이 없고, 강한 경제 회복력과 충분한 잠재력을 가지고 선회할 여지가 크다는 기본적인 특성은 변하지 않았다. 지속적인 경제 성장을 위한 좋은 지원 기반과 여건이 변하지 않았고, 경제 구조 조정 및 최적화의 진행 상황에도 변함이 없다.

첫째, 중고속 성장이 보장되고, 같은 기간 선진국보다 높은 성장을 지속할 것이다. 뉴노멀은 세계 경기 침체에서 경제가 일정 규모에 도달하면 상대적으로 안정적인 발전단계에 진입하게 된다는 것을 말하는데 이 과정은 추세와 규칙성을 갖는다. 예를 들어, 1981년부터 2015년까지 미국의 평균 경제성장률은 2.7%에 불과했고 영국은 2.3%였으며 일본, 독일, 프랑스는 모두 2% 미만으로 각각 1.98%, 1.73%, 1.79%를 기록했다. 1981년부터 2000년까지 한국의 경제성장률은 연평균 8.2%를 유지한 후 감소세를 보였고, 2001년부터 2015년까지의 연평균 성장률은 3.9%에 불과했다. 이런 국가에 비해 중국의 경제 성장 잠재력은 더 크다고 할 수 있다. 2016년부터 2020년까지의 잠재적 경제성장률은 여전히 6~7%에 이를 것으로 추정되어 여전히 상대적으로 높은 성장률을 유지할 수 있다는 것을 의미한다. 성장률이 7% 정도라고 해도 속도나 규모 모두 세계 최고 수준을 보이고 있다.[21] 이는 혁신주도 성장으로의 전환을 보장할 수 있는 기반이 된다.

표7-1 주요 국가 및 지역 경제 성장률(2006년-2015년)

단위: %

연도	중위소득 국가	EU	고소득국가	세계	중국	미국
2006	8.1	3.4	3.1	4.4	12.7	2.7
2007	8.6	3.1	2.7	4.3	14.2	1.8
2008	5.7	0.5	0.4	1.8	9.6	-0.3
2009	2.5	-4.4	-3.4	-1.7	9.2	-2.8
2010	7.5	2.1	3.0	4.3	10.6	2.5
2011	6.0	1.8	1.8	3.1	9.5	1.6
2012	5.1	-0.5	1.3	2.5	7.8	2.2
2013	4.9	0.2	1.2	2.4	7.7	1.5
2014	4.3	1.4	1.8	2.6	7.3	2.4
2015	3.6	1.9	1.9	2.5	6.9	2.4

둘째, 뉴노멀은 중화민족의 위대한 부흥 실현에 역사적인 기회를 제공했다. 뉴노멀은 중화민족의 위대한 부흥의 핵심 노드로 사물 발전이 나선형으로 상승하는 운동 법칙과 완전히 일치하다. 앵거스 매디슨의 계산에 따르면, 중국은 역사상 오랜 세월 동안 세계에서 가장 큰 경제 대국이었고, 최고였을 때의 GDP는 세계 GDP 총액의 32.9%를 차지해 유럽 국가들

---

21   시진핑, 「지속적인 발전을 도모하고, 아시아 태평양의 꿈을 함께 쌓아가자-APEC 정상회담 개막식 연설(2014년 11월 9일)」, 인민일보, 2014년 11월 10일, 2면.

을 합친 것보다 훨씬 높았던 것으로 나타났다. 그러나 근대 이후 동서양의
부가 뒤바뀌면서 중국은 대내외 위기 속에서 완만한 발전의 궤도에 진입
했다. 1949년까지 중국의 GDP는 세계 총액의 약 5%에 불과했다. 개혁개
방 이후 40년 동안 고속 성장을 거듭한 중국은 세계 2대 경제 대국이 되었
고, 2015년 중국의 GDP가 세계 GDP의 15%를 넘어서면서 최대 경제 대국
인 미국과의 격차를 빠르게 좁혔다. 새로운 시대에 미국 경제가 상대적으
로 낙관적인 3%의 장기 성장률을 보이고 중국이 6.5%의 보수적인 성장률
을 보이더라도 2030년이 되면 중국이 미국을 제치고 세계 경제 1위로 부상
할 것이라는 전망이 나온다(그림 7-1 참조). 실질적으로 중국의 경제성장률
이 4.5%를 밑돌지 않는 이상 미국을 제치고 세계 1위가 되는 것은 시간문
제다.

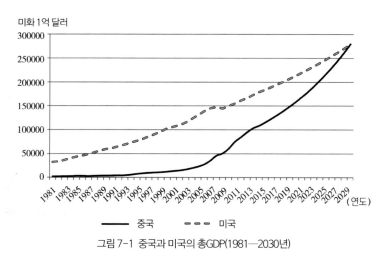

그림 7-1 중국과 미국의 총GDP(1981—2030년)

셋째, 수출 감소는 규칙적이기 때문에 오히려 더 높은 수준의 개방

　　　　　　　　　　　　　　　　인민중심의 새로운 발전 이념 고수

을 강요한다. 중국의 수출증가율 하락은 세계 무역 발전이 침체기에 접어들었다는 충격도 있지만, 대국 무역, 특히 대국 수출 규칙이 증가했다가 감소하는 추세적 변화를 보이고 있는 가운데 그림7-2와 같이 변곡점이 12~14%에서 나타났다. 감소에는 두 가지 이유가 있다. 하나는 국내 산업 구조가 고도화되고, 성장을 견인했던 요소가 수출에서 내수로 전환된 것이다. 다른 하나는 국내 자본과 노동요소의 상대적 가격 변화로 자본 과잉이 발생한 결과 자본이 해외로 이동하여 생산을 전 세계에 배치했기 때문이다. 2010년 중국 상품 수출은 전 세계 수출 무역 총액의 10% 이상을 점유했고, 2015년에는 14.06%에 달했다. 통계 규칙으로 봤을 때, 중국의 수출성장은 이미 변곡점에 도달했다. 중국은 국제 분업에서 중저가(mid/low end) 부분에 처해 있다. 이번 경제 위기 이후 세계 경제가 크게 재조정되면서 선진국들은 보호무역주의를 강화했다. 반덤핑, 반보조금 등 전통적인 수단 외에 시장접근 단계에서 기술 무역장벽, 노동기준, 녹색 장벽 등의 분야에 대한 요구가 갈수록 까다로워지면서 수출세 부과, 수출 쿼터 설정 등 수출통제수단으로 인한 통상마찰이 점점 늘어나고 있다. 분명한 것은 중국은 산업구조의 고도화를 통해 국제 분업 체제의 중상위권을 놓고 경쟁할 것이며, 대외 경제 형태도 상품 위주의 수출에서 자본의 해외 진출 위주로 바뀌게 될 것이고, 아울러 경제의 성장 동력을 혁신 드라이브와 내수, 특히 소비 수요 확대로 전환하도록 만들었다는 것이다.

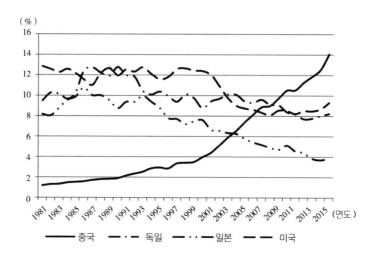

그림7-2 중국, 미국, 일본, 독일 상품 수출의 세계 수출 비중(1981—2015년)

(3) 뉴노멀 선도

현재로서 새로운 발전 이념의 적극적인 실천은 공급측 구조 개혁을 구체적인 매개체로 삼아야 한다. 이 역시 뉴노멀을 이끄는 핵심이다. 공급 측 구조 개혁 실천의 핵심은 정부가 '효율적인 시장과 효율적인 정부' 구축의 요구에 따라 자신의 행동을 단속하고, 관리자에서 서비스 제공자로 더 많이 전환하여 기업에 봉사하고, 사회 경제 발전 추진을 위해 봉사하는 것[22]에 있다.

첫째, 새로운 발전 이념이 뿌리를 내리고 보편적인 실천으로 바뀌

---

22   시진핑, 「지속적인 발전을 도모하고, 아시아 태평양의 꿈을 함께 쌓아가자-APEC 정상회담 개막식 연설(2014년 11월 9일)」, 인민일보, 2014년 11월 10일, 2면.

인민중심의 새로운 발전 이념 고수

려면 각급 지도 간부의 인식과 행동이 중요하다. "18차 당대회가 정한 모든 목표와 임무 실현의 관건은 당과 사람에게 있다……나라를 잘 다스리기 위해서는 사람 기용이 가장 중요하다."[23] 새로운 발전 이념을 확실한 생산성으로 전환하는 많은 요소 가운데 가장 능동적인 요소가 바로 사람이다. 새로운 시대에 발전 이념을 전환하려면 먼저 각급 정부의 지도 간부에서 시작해야 한다. 정부와 시장의 효과적인 조합을 위해서는 효율적인 정부라는 전제가 있어야 하고, 공급측 구조 개혁의 이행과 5대 발전 이념 시행은 정부 공무원의 행동과 불가분의 관계에 있기 때문이다. 중국 특색 사회주의가 새로운 시대로 접어들면서 당이 새로운 모습과 행동을 가지고, 인민을 단결해 위대한 사업을 추진하고 위대한 꿈을 실현하려면 높은 자질을 갖춘 간부 대열을 구축해야 한다. 좋은 강철을 만들려면 훌륭한 대장장이가 필요하다. 전면적인 샤오캉사회 실현을 위한 핵심은 간부를 잘 선택하고 활용하는 것인데, 이것은 새로운 이념이 실시될 수 있는지를 결정한다. 정부 행위 단속과 공무원 행위 단속의 차이가 있다면 정부는 네거티브 리스트를 통해 규제할 수 있지만, 사람에 대한 규제는 법률, 법규 외에도 내재적인 요구가 더해진다는 점이다. 여기에서 특히 설명할 필요가 있는 것은 공직자를 시장경제 주체로 간주해 관련 정책을 수립하고 합리성을 설명하는 새로운 정치 경제의 분석적 틀을 없애야 한다. 공무원은 정부 대표로서 정부 이성과 외부 제약에서 오는 것이 아니라 이해관계로 유도되는 행동보다는 가치 지향에 부합해야 하는 정부의 합리성에 부합해야 한다. 정부 대표인 공무원은 정부 이성과 일치해야 한다. 이러한 일치는 외

---

23   『시진핑, 국정운영을 논하다』 제1권, 외문출판사, 2018년판, 411면.

부의 구속에서 오는 것이 아니라, 가치 지향의 일치여야 하고, 이해관계에 의한 행동의 일치일 수는 없다. "공산당원은 어떤 경우에도 개인의 이익을 우선시해서는 안 되며 개인의 이익을 국가와 인민의 이익에 종속시켜야 한다".[24] 간부와 공무원을 선발할 때 개인의 업무 자질 등 인적 자본의 전문성에 주목하고, '지덕 겸비와 도덕 우선'을 기준으로 그들의 도덕적 소양을 고려해야 한다. 또한 '공무원답지 않은 행동'의 이유를 명확히 하고, 새로운 이념 이행에서 시행착오 행위를 장려하며, 간부들이 혁신을 이끌도록 유도해 예정대로 전면적인 샤오캉사회를 이룰 수 있도록 보장하며, 사회주의 현대화 건설의 새로운 국면을 끊임없이 열어가야 한다.

둘째, 새로운 발전 이념을 확실하게 이행하기 위해서는 발전관념의 전환과 지식 능력 향상이 필요하며, 이익 관계의 조정과 체제 메커니즘의 혁신이 더욱 필요하다. 지덕을 겸비한 간부를 선택한 후, 정확하게 이해하는 것은 새로운 이념이 실제로 이행될 수 있도록 보장하는 전제이다. 시진핑 신시대 중국 특색 사회주의 사상으로 당 간부와 당 전체를 무장시키는 열쇠는 간부 양성에 달려있다. "배움은 진보의 사다리다".[25] 새로운 이념의 이해는 실천 속에서 이루어져야 한다. 새로운 발전 이념이 경제사회 발전을 더욱 촉진할 수 있다는 점을 보여주어야만, 신시대에 새로운 이념으로 새로운 실천을 지도하는 중요성과 필요성을 제대로 이해할 수 있고, 신시대 중국 특색 사회주의 발전 요구에 부응할 수 있는 능력을 갖추게 된다. 새로운 이념으로 새로운 실천을 이끌기 위해서는 전문적인 사고와 소양뿐

---

24   『마오쩌둥 선집』 제2권, 인민출판사, 1991년판, 522면.
25   『시진핑, 국정운영을 논하다』 제1권, 외문출판사, 2018년판, 417면.

인민중심의 새로운 발전 이념 고수

아니라 전문적인 방법이 필요한데, 이를 위해서는 전문성을 갖춘 인적 자본이 있어야 하고, 시장, 산업, 과학기술 등 경제, 사회, 정치 분야에서의 사물의 법칙을 충분히 파악하여 업무에 대한 전문성, 체계성, 예측 가능성 및 창조성을 높여야 하며, 동시에 새로운 실천과 경험을 끊임없이 연계해 종합하고, 새로운 지식과 새로운 것을 계속 배우고, 자신의 인적 자본 축적을 강화해야 한다. 새로운 시대, 새로운 과제, 새로운 이념을 이해하는데 있어서, 단편화라는 기존의 패턴을 깨고, 지역 및 전체적인 이익, 일시적인 이익과 장기적인 이익을 함께 고려하며, 사회 경제 발전의 전반성과 조화를 향상시켜야 한다.

셋째, 정층설계를 통해 뉴노멀을 이끌고, 전면적인 샤오캉사회 실현을 촉진한다. '돌다리도 두들겨보고 건너라'에서 '정층설계' 강화는 수동적인 것에서 능동적인 것으로 정층설계의 활용이 전환되는 것이며, 뉴노멀 상황에서는 더욱 그렇게 되어야 한다. "부분의 단계적 개혁개방을 통해 정층설계를 전제로 추진해야 하고, 부분의 단계적 개혁개방을 바탕으로 정층설계 강화를 계획해야 한다".[26] 정층설계를 이용한다는 것은 정부가 시장 주체가 되어 직접 경제발전을 촉진하는 것이 아니라, 반대로 정부가 비용을 최소화하고 이익을 극대화하는 발전 경로를 찾는 과정에서 자원 배치 기능을 시장에 돌려주고, 정부의 역할을 효과적으로 발휘하는 것이다. 따라서 단계별로 다양한 분야에서 점진적으로 차근차근 개혁을 수행하고, 정층설계의 무결성과 조화를 강화하고, 시장과 정부의 이중 부재의 구도가 나타나는 것을 피해야 한다. 또한, 전면적인 샤오캉사회 실현은 경제 분

---

26   『시진핑, 국정운영을 논하다』 제1권, 외문출판사, 2018년판, 책 68면.

야의 샤오캉뿐만 아니라 사회와 정치 등과 같은 다양한 분야의 샤오캉이 더 중요하다. 이를 위해서는 다양한 분야의 관계를 조율하고 균형을 맞추는 정층설계의 역할이 필요하다. 아울러 정책과 제도 혁신을 통해 개혁을 추진하고 법치를 보장하는 역할을 발휘해야 한다.

넷째, 마지노선에 대한 생각을 강화해 새로운 발전 이념을 이행하고 관철하는 데 있어 모순과 위험을 적시에 해결한다. 개혁의 심화와 중국의 부상에 따라 국내외 리스크가 높아지고 있다. "확실히 위험은 있지만 그리 무서워할 정도는 아니다. 위험을 예방하는 강한 버팀목인 중국 경제의 내구력이 있기 때문이다".[27] 국내 갈등 누적에 대해서는 위험이 누적되는 것에 주의를 기울여 국부적이고 개별적인 부분의 리스크를 적시에 해소함으로써 국부적인 리스크가 전체적이고 시스템적인 위험으로 발전하지 않도록 방지해야 한다. 이를 위해서는 갈등과 위험의 근본 원인을 과학적으로 분석하고, 기대관리를 잘해야 한다. 이익 구도의 변화를 균형있게 조정하고, 손해 본 이들에게 마땅히 관심을 기울이며, 사회의 전반적이고 안정적인 발전을 위한 환경을 유지하고, 새로운 발전을 위한 여건을 마련해야 한다. 해외 리스크의 충격이 국내 갈등으로 번지지 않도록 피해를 최소화하면서 여론을 잘 지도하고, 대다수의 단결을 이끌어 갈등이 성장 동력으로 잘 전환될 수 있도록 해야 한다.

---

27   시진핑, 「지속적인 발전을 도모하고, 아시아 태평양의 꿈을 함께 쌓아가자-APEC 정상회담 개막식 연설(2014년 11월 9일)」, 인민일보, 2014년 11월 10일, 2면.

인민중심의 새로운 발전 이념 고수

4. 맺음말

새로운 발전 이념은 실천의 발전에 대해 변증법적으로 사고하는 과학적 방법이다. 발전은 새로운 시대의 도래를 위한 객관적인 기반으로 분명한 단계별 특성을 가지고 끊임없이 변화하는 과정이다. 새로운 발전 이념의 구현은 중국 경제가 고속 성장 단계에서 질적 성장 단계로 전환하기 위한 객관적인 요건이며, 현대 경제체제 구축을 위해 따라야 하는 근본이다.

새로운 발전 이념은 개혁을 위한 전략적 사상이다. 신시대 중국 특색 사회주의 이론의 중요한 부분이자, 시장이 자원 배분에서 결정적 역할을 하고 정부의 역할을 더 잘 하도록 하기 위한 제도 개혁의 기본적 지도 이념이고, '전면적인 샤오캉사회를 실현'하고 위대한 중국몽 실현을 위한 근본적 토대이다. 새로운 발전 이념의 실행은 사회 경제 분야의 변화일 뿐만 아니라 지역 정치 생태계와 사회 거버넌스의 변화에도 지대한 영향을 미칠 것이다.

새로운 발전 이념은 새로운 포괄적 가치 지향이다. 인민 중심의 발전 사상을 제시한 것은 서구 사회의 패러다임과는 다른 중국식 현대화의 길을 추구하고, 인민 모두의 전면적 발전에 더 부합하는 전면적인 발전의 새로운 사회 경제 모델을 추구함으로써 진정으로 지속 가능한 발전의 길을 열자는 것이다. 그것은 '전면적인 샤오캉사회 실현'을 이러한 가치 추구를 실현하기 위한 단계적 목표이자 중국몽을 실현하기 위한 핵심 단계로 간주한다. 아울러 '전면적인 샤오캉사회 실현' 자체가 포괄적인 목표이기 때문에 사회, 경제, 사람, 자연 사이의 전면적이고 조화로운 공동 진보를 요구한다. 이러한 새로운 발전 이념은 인류 운명공동체 구축을 추진하기 위해 중국의 경험, 중국의 지혜, 중국의 솔루션을 제공할 것이다. 이 새로운 발전 이념은 또한 후발 주자들에게 서방 국가와는 완전히 다른 새로운 선택지를 줄 수 있고, 세계 평화를 수호하며, 자주 독립적이며 협력 상생할 수 있는 발전 솔루션을 제공할 것이다.

마르크스주의 대표 저서 및 중국 국가 지도자 저서

「마르크스·엥겔스 전집」 제1권, 인민출판사, 1956년판.

「마르크스·엥겔스 전집」 제42권, 인민출판사, 1979년판.

「마르크스·엥겔스 전집」 제47권, 인민출판사, 1979년판.

「마르크스·엥겔스 전집」 제4권, 인민출판사, 1995년판.

「마오쩌둥 선집」 제2권, 인민출판사, 1991년판.

「마오쩌둥 선집」 제3권, 인민출판사, 1991년판.

「마오쩌둥 문집」 제8권, 인민출판사, 1999년판.

「덩샤오핑 선문집」 제2권, 인민출판사, 1994년판.

「덩샤오핑 선문집」 제3권, 인민출판사, 1993년판.

「장쩌민 선집」 제3권, 인민출판사, 2006년판.

「시진핑 국정운영을 논하다」 제1권, 외문출판사, 2018년판.

「시진핑 국정운영을 논하다」 제2권, 외문출판사, 2017년판.

마르크스, 「1844년 경제학 철학 친필 원고」, 인민출판사, 2000
년판.

마르크스, 「1844년 경제학 철학 친필 원고」, 인민출판사, 2014
년판.

「마오쩌둥저서 선집」 하권, 인민출판사, 1986년판.

장쩌민, 「과학기술을 논하다」, 중앙문헌출판사, 2001년판.

후진타오, 「덩샤오핑 탄생 100주년 기념대회에서의 연설」, 인
민출판사, 2004년판.

후진타오, 「중국 특색 자주 혁신의 길로 드팀없이 나아가고 혁
신형 국가를 건설하기 위하여 노력 분투하자- 전국
과학기술대회에서의 연설」(2006년 1월 9일), 인민출판
사, 2006년판.

후진타오, 「중국과학원 제16차 원사대회와 중국공정원 제11차

인민중심의 새로운 발전 이념 고수

원사대회에서의 연설」(2012년 6월 11일), 인민출판사, 2012년판.

시진핑, 「실속있게 일하고 앞장서 나아가자- 저장 새로운 발전을 추진할데 대한 사고와 실천」, 중공중앙당교출판사, 2006년판.

시진핑, 「지강신어(之江新語)」, 저장인민출판사, 2007년판.

시진핑, 「공자 탄일 2565주년 국제학술연구토론회 및 국제 유학 연합회 제5기 회원대회 개막식에서의 연설」(2014년 9월 24일), 인민출판사, 2014년판.

시진핑, 「시진핑이 유엔 성립 70주년 정상회의에서의 연설」, 인민출판사, 2015년판.

시진핑, 「가난에서 함께 벗어나고 공동 발전을 이루어나가자- 2015년 빈곤감소와 발전 고위층포럼에서의 기조 연설」(2015년 10월 16일), 인민출판사, 2015년판.

시진핑, 「중국 공산당 성립 95주년대횟서의 연설」(2016년 7월 1일), 인민출판사, 2016년판.

시진핑, 「극빈지역 빈곤탈출 공략 심포지엄에서의 연설」, 인민출판사, 2017년판.

시진핑, 「샤오캉사회 전면 실현의 결정적인 승리를 이룩하여 신시대 중국 특색 사회주의 위대한 승리를 거두자-중국공산당 제19차 전국대표대회 보고」(2017년 10월 18일), 인민출판사, 2017년판.

시진핑, 「쟈오위루(焦裕祿)와 같은 현 위원회 서기가 되자」, 중앙문헌출판사, 2015년판.

전문 저서, 문집

본 책 편집팀 편저, 「시진핑총서기 중요 연설 정신 학습서」, 중국방정출판사, 2014년판.

추이요우중(崔耀中), 「전면적인 종엄치당, 새로운 요구, 새로운 특점, 새로운 포치」, 인민출판사, 2016년판.

「19차 당대회 보고 지도서」편집팀 편저, 「19차 당대회 보고 지도서」, 인민출판사, 2017년판.

「과학기술체제개혁을 심화하고 국가혁신체계 건설을 가속화할데 관한 의견」,인민출판사, 2012년판.

궈모뤄(郭沫若)총편집, 「중국사 원고」제1권, 인민출판사, 1976년판.

「국가 혁신에 의한 발전전략 요강」, 인민출판사, 2016년판.

국가통계국주민조사판공실, 「중국 주민 조사 연감(2017)」, 중국통계출판사, 2017년판.

국가위생및계획출산위원회, 「중국위생및계획출산통계연감(2017)」, 중국세허(協合)의과대학출판사, 2017년판.

「대중혁신 대중창업을 적극 추진할데 관한 약간의 정책조치에 관한 국무원의 의견」, 인민출판사, 2015년판.

국무원 연구실 편집팀, 「12기 전국인민대표대회 3차회의〈정부업무보고〉지도서(2015)」, 인민출판사·중국언실출판사, 2015년판.

후커선(胡克森), 「융합-춘추~진한시대 분열에서 통일로 가는 문화적 사고」, 인민출판사, 2010년판.

후샤오린(胡曉林) 주필, 『신편 중국 수, 당, 오대사』 상편, 인민출판사, 1995년판.

교육부발전기획부, 『중국 교육 통계 연감(2016)』, 중국통계출판사, 2017년판.

취샤오린(瞿曉璘), 「새로운 시기 덩샤오핑의 민생개선사상연구」, 인민출판사, 2011년판.

리홍메이(李紅梅) 주필, 「중국 특색 사회주의 생태문명건설 이론과 실천 연구」, 인민출판사, 2017년판.

리워이(李緯)편저, 「시진핑 중요 논술 학습메모」, 인민출판사, 2014년판.

유엔개발계획(UNDP), 『2014년 인류개발보고서-인류의 지속적인 진보 촉진을 위해 취약성을 줄이고 저항력을 키우자』, 싱가포르 CTC번역센터 옮김, 2014년.

유엔개발계획(UNDP), 『2013년 중국인류개발보고서-지속적이고 살기 좋은 도시-생태문명을 향하여』, 중국대외번역출판유한회사 옮김, 중국대외번역출판유한회사, 2013년판.

류허(劉鶴) 총편집 『두 차례 글로벌 위기에 대한 비교 연구』, 중국경제출판사, 2013년판.

류린종(劉林宗) 편저 『정감(政鑑)』, 인민출판사, 2008년판.

류저화(劉澤華) 등 편저 『중국고대사』(상), 인민출판사, 1979년판.

루융핀(陸永品) 『장자통석(莊子通釋)』, 중국사회과학출판사, 2007년판.

뤄핑한(羅平漢) 『봄-1978년의 중국 지식층』, 인민출판사, 2008년판.

판자화(潘家華)『중국의 환경 정비와 생태 건설』, 중국사회과학출판사, 2015년판.

펑밍(彭明) 총편집, 치펑페이(齊鵬飛), 원러췬(溫樂群) 편저, 『20세기의 중국-현대화를 향한 여정(정치권 1949-2000)』, 인민출판사, 2010년판.

치우뤄훙(邱若宏)『중국공산당의 과학 기술 사상과 실천에 관한 연구-창당 시기부터 신중국 성립까지』, 인민출판사, 2012년판.

전국 간부 양성교재 편집 심사지도 위원회에서 조직 편저, 『아름다운 중국 건설』, 인민출판사·당건설도서출판사, 2015년판.

인민일보사 이론부 편저, 『시진핑 총서기의 중요 담화에 대한 심층적 이해』(상), 인민출판사, 2014년판.

인민일보사 평론부 편저, 『'4가지 전면'학습서』, 인민출판사, 2015년판.

선촨량(沈傳亮), 「전면적인 개혁 심화, 18차 당대회 이후 중국 개혁의 새로운 장」, 인민출판사, 2017년판.

선만홍(沈滿洪) 등, 『생태경제학』, 중국환경과학출판사(中國環境科學出版社), 2008년판.

선하이슝(慎海雄) 책임 편집, 『시진핑 개혁개방 사상 연구』, 인민출판사, 2018년판.

왕화빈(王華斌)『황옌페이 전』, 산동문예출판사, 1992년판.

쉬웨이신(徐偉新) 등, 『중국의 뉴노멀』, 인민출판사, 2015년판.

「샤오위루(焦裕祿)정신을 배우고 고양하자」, 인민출판사, 2014년판.

위광웬(於光遠), 쑤싱(蘇星), 초우치화(仇启華) 책임 편집, 『정치경제학: 자본주의 부분』, 인민출판사, 1984년판.

중공중앙당학교 교무부, 「〈덩샤오핑선문집〉(제3권) 지도 교재」, 인민출판사, 1994년판.

「과학기술 진보를 가속화할데 관한 중공중앙 국무원의 결정」(1995년 5월 6일), 인민출판사, 1995년판.

「개방형경제 새로운 체제에 관한 중공중앙 국무원의 약간의 의견」, 인민출판사, 2015년판.

「체제와 기제 개혁 심화 및 혁신에 의한 발전전략을 서둘러 실시할데 관한 중공중앙 국무원의 약간의 의견」, 인민출판사, 2015년판.

중공중앙 기율검사위원회, 중공중앙 문헌연구실, 「당풍청렴화 건설과 반부패투쟁에 관한 시진핑의 논술 발췌」, 중앙문헌출판사·중국방정출판사, 2015년판.

중공중앙 기율검사위원회, 중공중앙 문헌연구실, 「당의 기율과 규칙을 엄격히 할데 관한 시진핑의 논술 발췌」, 중앙문헌출판사·중국방정출판사, 2016년판.

중공중앙문헌연구실 편저, 『중국 특색 사회주의 건설에 관한 덩샤오핑의 전문 논술 발췌』, 중앙문헌출판사, 1992년판.

중공중앙문헌연구실 편저, 렁룽(冷溶)·왕쭤링(汪作玲) 책임 편집, 『덩샤오핑 연보(1975-1997)』(하), 중앙문헌출판사, 2004년판.

중공중앙문헌연구실 편저, 『절약을 단행하고 낭비를 반대한다-중요 논술 발췌』, 중앙문헌출판사, 2013년판.

중공중앙문헌연구실 편저, 『18차 당대회 이후 중요 문헌 선집』(상), 중앙문헌출판사, 2014년판.

중공중앙문헌연구실 편저, 『18차 당대회 이후 중요 문헌 선집』(중), 중앙문헌출판사, 2016년판.

중공중앙문헌연구실 편저, 『18차 당대회 이후 중요 문헌 선집』(하), 중앙문헌출판사, 2018년판.

중공중앙문헌연구실 편저, 『과학기술 혁신에 관한 시진핑의 논술 발췌』, 중앙문헌출판사, 2016년판.

중공중앙문헌연구실 편저, 『샤오캉사회 전면 실현에 관한 시진핑의 논술 발췌』, 중앙문헌출판사, 2016년판.

중공중앙문헌연구실 편저, 『"네 가지 전면" 전략적 포치를 조화롭게 추진할데 관한 시진핑의 논술 발췌』, 중앙문헌출판사, 2015년판.

중공중앙선전부, 『과학발전관 학습서』, 학습출판사, 2008년판.

중공중앙선전부, 『시진핑 신시대 중국 특색 사회주의 사상 30강』, 학습출판사, 2018년판.

중공중앙선전부, 『시진핑총서기 중요 연설 도서』, 인민출판사·학습출판사, 2014년판.

중공중앙선전부, 『시진핑총서기 중요 연설 도서(2016년판)』, 학습출판사·인민출판사, 2016년판.

『중국공산당 제18기 중앙위원회 제5차 전체회의 공보』, 인민출판사, 2015년판.

『중국제조2025』, 인민출판사, 2015년판.

[미] 폴 새뮤얼슨『경제학』, 샤오천(蕭琛) 옮김, 상무인서관, 2012년판.

[미] 데이비드 로머『고급 거시경제학』, 우화빈(吳化斌)·궁관(龔關) 옮김, 상해재경대학 출판사, 2014년판.

[미] 도넬라 메도우스 등『성장의 극한』, 리타오(李濤)·왕지용(王智勇) 옮김, 기계공업출판사, 2013년판.

[미] 로버드 M 솔로우『경제성장 이론: 일종의 해설 Growth Theory: An Exposition, 2nd』, 후루인(胡汝銀) 옮김, 상해삼련서점(上海三聯書店), 1994년판.

[미] 마르쿠제『일차원적 인간』, 장펑(張峰) 등 옮김, 중경출판사, 1998년판.

[미] 조지프 슘페터『경제발전 이론-이익·자본·신용·이자 및 경제주기에 관한 고찰』, 옮긴이: 허웨이(何畏)·이자샹(易家詳) 등, 상무인서관(商務印書館) 1990년판.

고서

『한시외전(韓詩外傳)』 10권.

『여씨춘추(呂氏春秋)』 10권,『맹동기·이용(孟冬記·異用)』

『상서·탕서(尚書·湯誓)』

『성조인황제성훈(聖祖仁皇帝聖訓)』 40권.

『정관정요(貞觀政要)』 3권, 군신감계(君臣鑑戒) 6편.

『자치통감(資治通鑑)』 192권, 고조 무득 9년 11월.

간행물

시진핑『당 18기 5중 전회 제2차 전체회의 연설(발췌)』, 구시(求是), 2016년, 제1기.

CEES 연구진「중국 제조업은 인건비 상승에 어떻게 대응할까?」, 거시품질연구, 2017년

제2기.

판강(樊綱)·장샤오징(張曉晶)『복지 따라잡기와 성장의 함정: 라틴아메리카의 교훈』, 관리세계(管理世界), 2008년, 제9기.

리명(李萌),『생태 문명 건설을 새로운 단계로 추진하고, 아름다운 중국 건설의 새로운 국면을 개척하자』, 환경보호, 2018년판, 제11기.

리페이린(李培林)·주디(朱迪)『올리브형 분배 구도 형성을 위한 노력-2006-2013년 중국 사회 상황 조사 데이트 분석을 바탕으로』, 중국사회과학, 2015년, 제1기.

리창(李强)·왕하오(王昊)『중국 사회 계층 구조의 4가지 세계』, 사회과학전선(社會科學戰線), 2014년, 제9기.

류인성(劉仁勝),『인간과 자연의 조화로운 발전에 관한 마르크스의 생태학 논술』, 교학과 연구, 2006년, 제6기.

모팡춘(莫放春)『사람과 자연의 조화로운 발전에 관한 마르쿠제의 생태학 논술』, 국외이론동태(國外理論動態), 2009년 제6기.

페이샤오거(裴小革)『혁신 드라이브를 논한다-마르크스주의 정치경제학의 분석 관점』, 경제연구, 2016년, 제6기.

『구시』평론원,『녹색 발전으로 중화민족의 영속적인 발전을 확보하자- 중국공산당 18기 5중 전회 정신을 오론으로 열심히 학습하자』, 구시, 2016년, 제2기.

왕샤오루(王小魯)『회색 소득과 인민소득 분배』, 비교(比較), 2010년 제3기.

샤위펑(夏宇鵬), 리티에정(李鐵錚)『생태 문명 건설을 가속화하고 녹색발전을 대대적으로 추진하자』, 녹색중국, 2015년, 제11기.

장처웨이(張車偉), 자오원(趙文),『중국 노동 보수 할당 문제-취업 경제와 자영업 경제에 따른 계산과 분석』, 중국사회과학, 2015년, 제12기.

장스잉(張世英),『중국 고대 "천인합일"사상』, 구시, 2007년, 제7기.

신문

후진타오「중국 특색 사회주의의 위대한 기치를 높이 들고 전면적인 쇼오캉사회 실현의 새로운 승리를 위해 노력하자-중국공산당 제17차 전국대표대회에서의 연설(2007.10.15)」, 인민일보, 2007년 10월 25일, 1면.

후진타오, 「확고부동하게 중국 특색 사회주의의 길을 따라 앞으로 나아가고, 전면적인 샤오캉사회 실현을 위해 노력하자-중국공산당 18차 전국대표대회 보고서(2012년 11월 8일)」, 인민일보, 2012년 11월 18일, 1면.

후진타오 「중국공산당 창당 90주년 기념식 연설(2011.7.1)」, 인민일보, 2011년 7월 2일, 2면.

후진타오 「중화인민공화국 수립 60주년 경축대회에서 한 연설(2009년 10월 1일)」, 인민일보, 2009년 10월 2일, 14면.

후진타오 「"세가지 대표" 중요 사상과 이론 연구토론회에서의 연설」(2003년 7월 1일), 인민일보, 2003년 7월 2일.

후진타오 「중국과학원 제16차 원사 대회, 중국 공정원 제11차 원사 대회에서의 연설(2012.6.11)」, 인민일보, 2012년 6월 12일, 2면.

후진타오 「중국과학원 제13차 원사 대회, 중국 공정원 제8차 원사 대회에서의 연설(2006.6.5)」, 인민일보, 2006년 6월 6일, 2면.

시진핑 「혁신적이고 활력적이며 상호 연결되고 포용적인 세계 경제를 구축하자-G20 정상회의에서의 개막사(2016.9.4)」, 인민일보, 2016년 9월 5일, 3면.

시진핑 「〈전면적인 개혁 심화에서 나서는 몇가지 중대 문제에 관한 중공중앙의 결정〉에 대한 설명」, 인민일보, 2013년 11월 16일, 1면.

시진핑 「실크로드 정신을 고양하고 중국과 아랍국가의 협력을 심화하자- 중국·아랍국가 협력 포럼 제6차 부장급 회의 개막식에서 연설」, 인민일보, 2014년 6월 6일, 1면.

시진핑 「지속적인 발전을 도모하고, 아시아 태평양의 꿈을 함께 쌓아가자-APEC 정상회담 개막식에서의 연설(2014.11.9)」, 인민일보, 2014년 11월 10일, 2면.

시진핑 「협력 동반자 관계 심화를 통해 아시아의 아름다운 보금자리를 함께 만들자-싱가포르 국립대학 연설(2015.11.7)」, 인민일보, 2015년 11월 8일, 2면.

시진핑, 모스크바 국제관계학원에서의 연설-시대전진의 흐름에 순응하여 세계 평화와 발전을 촉진하자(2013.3.23)」, 인민일보, 2013년 3월 24일, 2면.

시진핑 「세계적 과학 기술 강국 건설을 위해 노력하자-전국 과학기술 혁신 대회, 양원 원사 대회, 중국 과학협회 제9차 전국대표대회에서의 연설」, (2016.5.30.) 인민 일보, 2016년 6월 1일, 2면.

시진핑, 「'일대일로'건설을 함께 추진하자-'일대일로'국제협력 정상포럼 개막식 연설 (2017년 5월 14일)」, 인민일보, 2017년 5월 15일, 3면.

시진핑 「전국인민대표대회 제12기 제1차 회의에서의 연설(2013.3.17)」, 인민일보, 2013년 3월 18일, 1면.

시진핑 「개혁개방 40주년 경축대회에서의 연설(2018.12.18)」, 인민일보, 2018년 12월 19 일, 2면.

시진핑 「18기 5중 전회 정신을 배우고 이행하기 위한 성급, 부급 주요 간부 특별 세미 나 연설(2016.1.18)」, 인민일보, 2016년 5월 10일, 2면.

시진핑 「중국 국제우호대회 및 중국 인민 대외우호협회 설립 60주년 기념식에서의 연 설(2014.5.15)」, 인민일보, 2014년 5월 16일, 2면.

시진핑 「중국과학원 제19차 원사 대회, 중국 공정원 제14차 원사 대회에서의 연설 (2018.5.28)」, 인민일보, 2018년 5월 29일, 2면.

시진핑, 「중국과학원 제17차 원사 대회와 중국 공정원 제12차 원사 대회 연설(2014년 6 월 9일)」, 인민일보, 2014년 6월 10일, 2면.

시진핑, 「중국 발전의 새로운 출발점, 세계 성장의 새로운 청사진-G20정상회의 개막식 기조 연설(2016년 9월 3일)」, 인민일보, 2016년 9월 4일, 3면.

「시진핑 중국 동부 7개 성과 상하이시 당위원회 주요 책임자 심포지엄에서 "우위를 바 탕으로 기회를 잡아 적극적으로 행동함으로써 '13차 5개년 계획' 동안 경제 사회 발전을 체계적으로 계획해야 한다"고 강조」, 인민일보, 2015년 5월 29 일, 1면.

시진핑 농촌개혁 좌담회에서 '새로운 상황에서 농촌 개혁을 더욱 강력히 추진하여 농 업기초가 튼튼하고 농민들이 안거낙엽 할 수 있도록 촉진할 것'을 강조, 인민 일보, 2016년 4월 29일, 1면.

「시진핑, 베이징-톈진-허베이(京津冀) 협력 발전에 관한 특별 보고회에서 상호 우위를 보완하고, 확실한 호혜 공영 추진을 통해 베이징-톈진-허베이의 통합 발전을 위해 노력해야 한다고 강조, 포럼에 장가오리(張高麗)도 참석해」, 인민일보,

2014년, 2월 28일, 1면.

「시진핑, 중국공산당 중앙정치국 제22차 단체 학습에서 도농 통합 발전 체제 메커니즘을 완비하여 많은 농민들이 개혁 발전의 성과를 누리도록 해야 한다고 강조해」, 인민일보, 2015년 5월 2일, 1면.

「시진핑, 중국공산당 중앙정치국 제35차 단체 학습 시 협력을 강화하여 글로벌 거버넌스 체제 변혁을 추동하고 인류의 평화와 발전이라는 숭고한 사업을 함께 촉진하자고 강조」, 인민일보, 2016년 9월 29일, 1면.

「시진핑, 중국공산당 중앙정치국 제31차 단체 학습시 역사 경험을 바탕으로 협력 이념을 혁신하고, '일대일로' 건설이 각국의 공동 발전을 추진하도록 해야 한다고 강조」, 인민일보, 2016년 5월 1일, 1면.

「시진핑 중국공산당 중앙정치국 6차 단체 학습 주재, 레드라인을 엄수하고, 오염을 철저하게 관리하자」, 인민일보(해외판), 2013년 5월 25일, 1면.

「시진핑, 중앙정치국 단체학습을 주재하며 농민이 개혁 발전 성과 공유를 강조해」, 인민일보(해외판), 2015년 5월 2일, 1면.

「시진핑 주석, 유엔 '교육 우선' 글로벌 이니셔티브 1주년 기념 활동서 영상 축사 발표」, 인민일보, 2013년 9월 27일, 3면.

논설위원 칼럼: 「자원 절약과 환경보호라는 국가 기본 국책을 견지하고, 5중전회의 3가지 정신을 철저하게 관철 이행한다」, 광명일보, 2015년 11월 3일, 1면.

인민일보 논설위원 칼럼 4탄 「전면적인 쇼오캉사회 건설의 결정적 단계에서 위대한 승리를 거두기 위해 녹색발전 고수하고 생태환경 개선에 주력해야 한다」 인민일보, 2015년 11월 3일, 1면.

「녹색발전으로 아름다운 중국을 건설하자-18차 당대회 정신 실속있게 관철하고 실천할데 대한 다섯 가지 관점」, 인민일보 논평, 2013년 3월 3일, 4면.

「사람을 중심에 두는 조화롭고 살기 좋은 도시의 본질이다-'13차 5개년 계획'의 개막전을 위한 4가지 이론」, 광명일보 논평, 2016년 1월 7일, 2면.

비홍지(筆宏基) 「생태 성 건설을 견지하여 하이난을 더 아름답게 하자」, 하이난일보, 2017년 6월 23일, 4면.

천인허우(陳仁厚)등, 「모든 중국 인민으로 하여금 전면적인 초요사회에서 살게 하자-시진핑동지를 핵심으로 하는 당중앙의 빈곤구제사업 중시 실기」, 인민일보,

2015년 11월 27일, 3면.

국가 발전개혁위원회·외교부·상무부 「실크로드 경제 벨트와 21세기 해상 실크로드 공동 건설 추진을위한 비전과 행동(2015.3)」, 인민일보, 2015년 3월 29일, 4면.

국가통계국, 「'중화인민공화국 2017년 국민 경제 및 사회 발전 통계공보' (2018.2.28)」, 인민일보, 2018년 3월 1일, 10면.

국가통계국의 『중화인민공화국2016년 국민 경제와 사회발전 통계공보』(2017.2.28.)인민일보, 2017년 3월 1일 제10면.

국가통계국의 『중화인민공화국2015년 국민 경제와 사회발전 통계공보』(2016.2.29.)인민일보, 2016년 3월 1일 제10면.

「국무원, '중화인민공화국 과학기술 성과 전환법 '실시 촉진과 관련한 약간의 규정 인쇄 발표」, 인민일보, 2016년 3월 3일, 2면.

황췬후이(黃群慧), 「혁신 발전: 발전 개념에 대한 새로운 돌파」, 광명일보, 2016년 1월 17일, 6면.

「자원 절약은 생태환경 보호의 근본책이다」, 중국환경보, 2013년 6월 17일, 2면.

류이(劉毅), 「녹색화를 실현하는 데는 아주 큰 도전에 직면해 있다-중국사회과학원 도시발전 및 환경연구소 소장 판가화 인터뷰」, 인민일보, 2015년 4월 25일, 9면.

「청산녹수는 금산은산이다-저쟝 시절 시진핑 동지의 중요 논술 발췌」, 절강일보, 2015년 4월 17일 3면.

판자화(潘家華), 위샹(禹湘) 「중화민족의 영속적 발전을 위한 견고한 지원」, 인민일보, 2016년 10월 12일, 7면.

「7, 서민들로 하여금 좋은 생활을 누리게 하자- 민생 개선과 사회 거버넌스 혁신에 관하여」, 인민일보, 2014년 7월 10일, 8면.

「모든 중국 인민으로 하여금 전면적인 초요사회에서 살게 하자- 시진핑동지를 핵심으로 하는 당중앙의 빈곤구제사업 중시 실기」, 인민일보, 2015년 11월 27일, 3면.

선멍저(申孟哲), 「대국은 어떻게 '투키디데스 함정'을 피하는가」, 인민일보(해외판), 2015년 11월 27일, 16면.

「생태를 우선시하여 아름다운 중국을 건설하자」, 학습시보(學習時報), 2016년 5월 19일, A3면.

자오러지(趙樂際), 「인간과 자연의 조화로운 발전의 길로 나아가자-방문 소감」, 인민일
보(해외판), 2012년 11월 2일, 2면.

「국민 경제 및 사회발전을 위한 13차 5개년 계획 제정에 대한 중국공산당 중앙위원회
의 제안(2015년 10월 29일 중국공산당 제18기 중앙위원회 5차 전체회의에서 통과됨)」,
인민일보, 2015년 11월 4일, 1면.

「중공중앙 정치국 상무위원회 회의 소집, 현재 경제 정세와 경제 업무 연구, 중공중앙
총서기 시진핑 사회」, 인민일보, 2013년 4월 26일, 1면.

「중화인민공화국 인민 경제 및 사회 발전을 위한 13차 5개년 계획 요강」, 인민일보,
2016년 3월 18일, 1면.

시진핑·리커창 베이징에서 개최된 중앙 도시화 업무회의에서 중요 연설, 장더장(張德
江), 위정성(兪正聲), 류윈산(劉云山), 왕치산(王岐山), 장가오리(張高麗)등 참석」,
인민일보, 2013년 12월 15일, 1면.

「중앙민족업무회의 및 국무원 제6차 전국 민족단결 진보 표창 대회 개최, 중국내 각 민
족의 지혜와 힘을 극대화해」, 인민일보(해외판), 2014년 9월 30일, 1면.

학위 논문

류홍위(劉紅玉) 『마르크스 혁신 사상 연구』, 박사학위 논문, 후난(湖南)대학, 2011년.

시진핑 동지를 핵심으로 하는 당 중앙은 '두 개의 100년' 분투 목표와 중국의 위대한 부흥인 중국몽을 실현하기 위해 새로운 중국 사회 경제 발전단계의 특징과 긴밀하게 결합해 '혁신, 조화, 녹색, 개방, 공유'를 주요 내용으로 하는 완전히 새로운 발전 이념을 형성했습니다.

5대 발전 이념은 뉴노멀에 들어선 후 중국 경제의 주요 특징을 잘 파악했을 뿐 아니라, 중국 경제발전의 눈부신 업적을 총결산하고, 계승하며, 혁신한 것입니다. 5대 발전 이념의 제시는 역사 유물론과 변증법적 유물론 정신으로 가득 차 있을 뿐 아니라 미래 사회 경제 발전에 중요한 지도적 의미를 가지는 시진핑 총서기의 국정 운영 사상의 이론적, 실천적 토대 중 하나가 되었습니다.

이 책은 국가사회과학기금에서 실시한 18차 당 대회 이후 당 중앙정치국의 새로운 이념, 새로운 사상, 새로운 전략 특별 연구 프로젝트인 '시진핑 국정 운영의 새로운 사상 연구(승인번호:16ZZD001)'의 성과 중 하나로, 2016년 7월 계획되어 2017년 6월에 순조롭게 마무리되었습니다. 프로젝트 승인 후, 프로젝트 책임자인 리페이린[李培林] 중국사회과학원 부원장은 연구 계획을 수립하고, 개요를 작성하고, 연구 과제를 나누고 정리하는 모든 과정을 총괄했습니다. 이 책의 집필진으로 리페이린(머리말), 장이[張翼](제1장), 황쥔후이·리샤오화[黃群慧·李曉華](제2장), 두양[都陽](제3장), 판자화·리멍[潘家華·李萌](제4장), 야오지중[姚枝仲](제5장), 왕츙·웨이중·장핑[王琼·魏衆·張平](제6장), 양춘쉐·양신밍[楊春學·楊新銘](맺음말) 등이 참여했고, 연구팀은 자료를 광범위하게 수집하고 여러 차례 세미나를 개최하고 전문가를 초청하여 개요와 내용 작성에 대해 검토를 했습니다. 초고가 완성된 후, 여러 차례의 수정, 심사와 평가를 거쳐 최종적으로 20여만 자에 이르는 연구 전문 서적이 탄생하게 되었습니다.

이번 연구 프로젝트를 진행하면서 중국사회과학원 당 그룹의 지도와 지원을 받았습니다. 중국사회과학원 과학연구국은 프로젝트 책임 단위로서 연구 프로젝트에 대한 구체적인 지침을 내렸습니다. 연구를 지원하고 후원해주신 전국 철학 사회과학 업무 판공실에 감사드립니다. 이 프로젝트를 위해 수많은 업무 조직과 조정 역할을 수행한 두양 연구원, 연구 조교로 참여한 장펑위[張豊羽], 진항[靳航], 왕위허[王於鶴], 런이[任一], 왕웨이[王維], 장카이[蔣凱], 란리샤[蘭麗霞], 리신웨[李心悅] 등 모든 분께 다시 한번 감사의 말씀을 전합니다!

저자

2019년 1월

지은이 소개

리페이린(李培林) 남, 1955년생. 중국사회과학원 학부위원회 위원, 정법학부
주임, 학부주석단 구성원, 연구원, 박사과정 지도교수로 활
약하고 있으며 전국인민대표대회 상무위원회 위원, 사회
건설위원회 부주임위원직을 맡고 있다. 또한 국무원 학위
위원회 위원, "13.5"국가발전규획전문가위원회 위원, 중국
박사후과학기금위원회 부이사장, 국가사회과학기금심사
평가위원회 사회학심사평가팀 소집자 등 직무를 겸하고
있다.

주요 저서로는 『보이지 않는 손: 사회구조 전환』, 『마을 종
말-양성마을 이야기』, 『사회전환과 중국경험』, 『조화사회
10강』, 『생활과 원본속의 사회학』, 『사회 개혁과 사회 거버
넌스』, 『리페이린 자선집』, 『국유기업 사회비용 분석』(공저),
『당대 중국의 조화와 안정』(공저), 『당대 중국의 민생』(공
저), 『당대 중국의 도시화 및 그 영향』(공저), 『당대 중국생
활의 질』 등이 있으며 『사회학과 중국사회』, 『중국사회 정
세 분석 및 예측』 연간보고(사회 청서)의 주필을 담당했다.

옮긴이 소개

김선녀(金善女) 베이징대학 석사학위 취득(2008년)
현재 중앙민족언어번역국 부교수

시진핑 신시대 중국 특색 사회주의 사상 학습 총서

인민중심의 새로운 발전 이념 고수
堅持以人民爲中心的新發展理念

초판1쇄 인쇄 2022년 6월 20일
초판1쇄 발행 2022년 7월 2일

지은이   리페이린 李培林
옮긴이   김선녀 金善女
펴낸이   이대현
편집   이태곤 권분옥 임애정 강윤경
디자인   안혜진 최선주 이경진
마케팅   박태훈

펴낸곳   도서출판 역락
출판등록   1999년 4월 19일 제303-2002-000014호
주소   서울시 서초구 동광로 46길 6-6 문창빌딩 2층 (우06589)
전화   02-3409-2060
팩스   02-3409-2059
홈페이지   www.youkrackbooks.com
이메일   youkrack@hanmail.net

ISBN 979-11-6742-212-5 94300
      979-11-6742-041-1 94300(세트)